高等院校经济学管理学系列教材

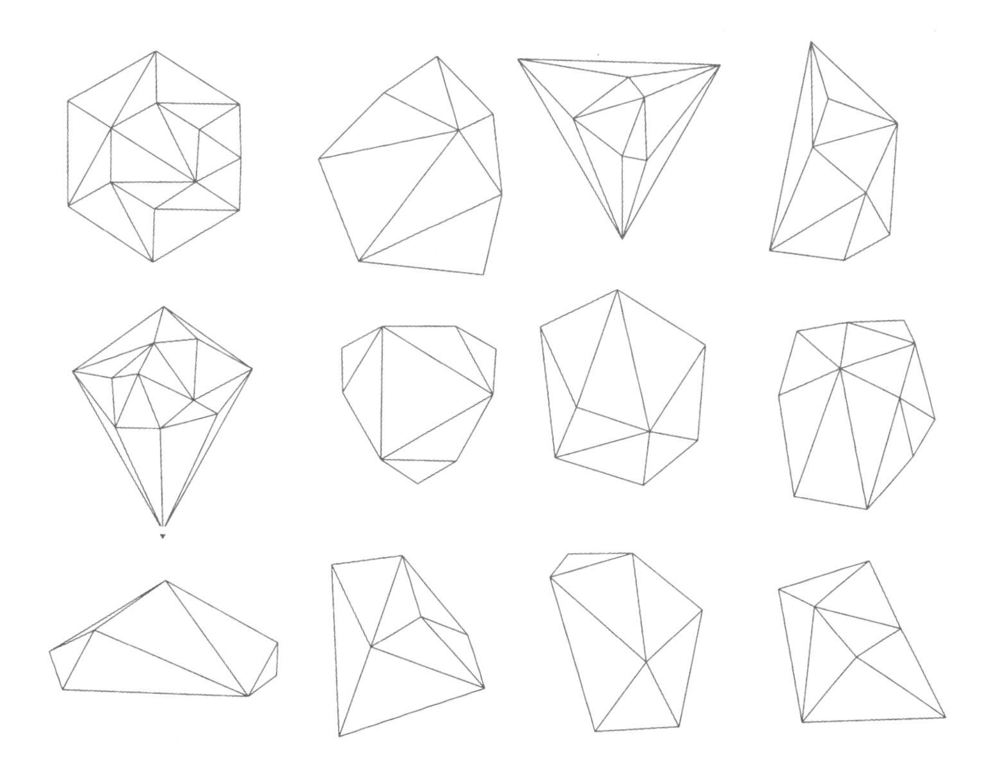

创新管理

（第二版）

Innovation Management

赵炎 编著

图书在版编目(CIP)数据

创新管理/赵炎编著. —2版. —北京:北京大学出版社,2017.3
(高等院校经济学管理学系列教材)
ISBN 978-7-301-27996-0

Ⅰ. ①创… Ⅱ. ①赵… Ⅲ. ①创新管理—高等学校—教材 Ⅳ. ①F273.1

中国版本图书馆 CIP 数据核字(2017)第 013069 号

书　　名	创新管理(第二版) CHUANGXIN GUANLI
著作责任者	赵　炎　编著
责任编辑	朱梅全　杨丽明
标准书号	ISBN 978-7-301-27996-0
出版发行	北京大学出版社
地　　址	北京市海淀区成府路 205 号　100871
网　　址	http://www.pup.cn
电子信箱	sdyy_2005@126.com
新浪微博	@北京大学出版社
电　　话	邮购部 62752015　发行部 62750672　编辑部 021-62071998
印 刷 者	三河市北燕印装有限公司
经 销 者	新华书店
	787 毫米×1092 毫米　16 开本　23.5 印张　515 千字
	2012 年 10 月第 1 版
	2017 年 3 月第 2 版　2018 年 6 月第 2 次印刷
定　　价	56.00 元

第二版前言

时光荏苒。《创新管理》的出版，一转眼已四年有余。四年的时间不长，但是在我们的社会中已经足够产生翻天覆地的变化。

中国不仅提出了建设创新型国家的战略目标，而且推出了大量的落地政策，包括建设全面创新改革试验区，把上海建设成具有全球影响力的科技创新中心，推进创客空间，等等。与创新政策相配套的，还有大量的创业政策、改革政策、产业政策。在中观层面，越来越多的行业、区域，自发地组织起了形式多样的网络，更多地参与知识和技术扩散的进程。在企业层面，越来越多的企业投身于科学和技术创新、服务创新、商业模式创新、创新并购等活动。越来越多的个人也投身于电商、微商，投身于创新创业。

就在这一如火如荼的滚滚大潮中，有几个人能保持清醒的头脑，对创新的本质、创新的影响和创新的方法进行深刻、系统的思考？

在这个信息传播成本几乎为零的时代，用电风扇吹肥皂盒的故事，想必很多人都听说过。但是，我们需要的不仅是一笑而过，更是冷静的思考：这个故事究竟告诉了我们什么？

国内的企业家，尤其是民营企业家，更多地选择用低成本的电风扇吹的方式，解决空肥皂盒的问题；而我所接触的发达国家的企业家、经理、教授，大多倾向于用高成本的方式(信息系统、高分辨率探测器、自动分拣系统)来解决问题。在这个现象的背后，隐藏着不同的思维方式，尤其是在问题解决方案上的根本性差异。

作为大学生创新创业指导专家，近几年我审了无数的创业计划书，见了很多同学上台慷慨陈词。相当多的人上来就说："我要做一个 App"。有一个同学上来就说："我要做一个学校食堂的 App"。然而，为什么要做 App？难道不用 App 就不能解决问题吗？做 App 的意义何在？

创新，从源头上说，就是解决问题。最重要的，是发现生活当中的问题。一本书、一支笔、一盏灯、一辆车、一条道路、一栋楼房……问题无所不在。主要是你能不能通过仔细的观察，去发现最重要、最关键、最有影响的问题，并且进行清晰的描述、深刻的分析？其实，这和科学研究具有同样的道理。做好这一步，接下来才是：这个问题需要用 App 解决吗？稍作思考就能发现，其实大多数问题是用不着 App 来解决的！从这个意义上说，我们现在最欠缺的，是仔细观察的能力和精神。

在电脑、网络、智能手机、Wifi 充斥的时代，人们的注意力下降，已经是不争的事实。很多人每天点击手机的频率达到 3 次/分钟，甚至更高。这对于人类的注意力造成了毁灭性的破坏(希望不是不可逆的)。失去了专注,人类就失去了观察能力;进而,思维变得短平快,也就变得肤浅。现在很少有人能像莱特兄弟那样躺在地上观察鸟儿拍翅膀的动作,一躺就是三四个小时。人类失去了沉思和反思的能力,这是对创新精神最大的打击。

因此,作为创新管理的研究者,我希望、更有责任呼吁社会对创新精神的培养,少一些功利心,多一些平常心。临渊羡鱼,不如退而结网。只有扎扎实实地修炼好内功,才能更有利于创新在我们这个东方文明古国(也是文明大国)生根发芽、开花结果。

《创新管理》(第二版)对第一版第十一、十二章进行了调整,删除了“组织与文化创新”“人力资源管理创新”等内容,增加了“创新并购”“创客”等内容。对前十章的内容,也按照最新的情况进行了更新,尤其是案例部分。希望这一次的再版,能够跟上时代的脚步。

感谢北京大学出版社姚文海编辑的热情帮助。学海无涯,观点有别。恳请广大读者、同仁提出宝贵的批评意见和建议。

赵　炎

2017 年 1 月 4 日

于上海大学

目录

第一章　创新的概念与意义

■ **章首案例**：新型的创新模式——众创 …… 1
第一节　创新的概念 …… 3
【全球化视角】创新的观点 …… 6
【本土化视角】创新的观点 …… 7
【全球化视角】三螺旋模型 …… 9
第二节　创新与创造力、创业的区别和联系 …… 9
【本土化视角】中国的创意产业 …… 18
【全球化视角】GlobInn（创新全球化）研究项目 …… 19
【全球化视角】欧洲创新记分牌 …… 19
第三节　创新的意义 …… 24
【本土化视角】企业管理创新的意义与路径选择 …… 27
【从创造力到可持续发展】欧洲着眼于区域创新和集群创新的计划与活动一览 …… 27
本章小结 …… 31
讨论题 …… 32
参考文献 …… 32
本章关键词中英文对照 …… 34

第二章　创新政策、创新系统与可持续发展

■ **章首案例**：美国政府“科技创新政策” …… 35
第一节　创新政策 …… 38
【全球化视角】框架计划：欧盟创新政策的典型代表 …… 42
【本土化视角】中国的创新政策 …… 44
第二节　创新系统 …… 44

【全球化视角】美国支持创新的相关政策 …… 45
【本土化视角】中国的创新型国家建设 …… 46
第三节　创新：实现可持续发展 …… 52
【本土化视角】小米手机“破坏性创新” …… 55
【全球化视角】美国绿色经济转型 …… 59
【从创造力到可持续发展】中国的绿色创新现状 …… 60
本章小结 …… 61
讨论题 …… 62
参考文献 …… 62
本章关键词中英文对照 …… 63

第三章　技术创新

■ **章首案例**：华为的技术创新 …… 65
第一节　技术创新的来源 …… 66
【本土化视角】我国政府文件中关于技术创新的定义 …… 67
【本土化视角】技术创新的贡献 …… 68
【全球化视角】法国加大创新驱动 研发经费由政府与企业分摊 …… 75
第二节　技术创新的类型 …… 75
第三节　技术创新的运作模式 …… 78
【本土化视角】顾客导向视角下华为自主技术创新能力构成要素 …… 82
【本土化视角】习近平总书记对自主创新的关注 …… 83
【本土化视角】产学协同创新——“清华同方股份有限公司” …… 85
【本土化视角】模仿技术创新——“联想乐 Pad” …… 87
【全球化视角】乐高的“分布式共同创造” …… 91
【本土化视角】中控开放式自主创新 …… 92
本章小结 …… 94
讨论题 …… 95
参考文献 …… 95
本章关键词中英文对照 …… 98

第四章　技术创新实施过程与风险管理

■ **章首案例**：奇点创新 TCL QUHD …… 99
第一节　新产品开发过程管理 …… 101
第二节　主导设计与技术标准 …… 107
【全球化视角】国内外学者对主导设计的定义研究 …… 108

【本土化视角】主导设计确立的三种动力 …… 112
第三节 进入时机 …… 115
【全球化视角】上海大众在华先动优势 …… 116
【本土化视角】云南白药集团后动优势 …… 117
【全球化视角】名企先动者与追随者竞争比较 …… 118
第四节 技术创新保护 …… 120
【本土化视角】哈药二厂的专利保护 …… 122
【全球化视角】可口可乐公司的商业秘密保护 …… 124
第五节 技术创新风险管理 …… 126
本章小结 …… 133
讨论题 …… 133
参考文献 …… 134
本章关键词中英文对照 …… 138

第五章 技术能力、技术战略和学习

■ **章首案例：**奇瑞汽车企业技术成长战略 …… 139
第一节 技术能力 …… 141
【全球化视角】Android手机帮助亚马孙部落停止砍伐森林 …… 145
【全球化视角】第三方外包服务平台 …… 146
第二节 技术战略 …… 147
【本土化视角】腾讯公司战略目标 …… 148
【本土化视角】中国物流产业融合的战略思路 …… 149
【全球化视角】联想集团的品牌塑造战略 …… 155
【全球化视角】电视杂志的重置战略 …… 156
第三节 技术学习 …… 156
【全球化视角】技术学习的来源 …… 158
【本土化视角】中国台湾地区半导体产业创新网络与技术学习策略 …… 160
本章小结 …… 161
讨论题 …… 161
参考文献 …… 161
本章关键词中英文对照 …… 164

第六章 创新网络

■ **章首案例：**东营市石油装备制造业创新网络的动态演化 …… 165
第一节 合作创新 …… 168

【全球化视角】国外学术界的研究主要集中在合作研发的原因 …… 168
【全球化视角】天壕节能与意大利企业合作开发清洁能源 …… 170
第二节 创新网络 …… 171
第三节 技术联盟 …… 175
【本土化视角】TD产业技术创新战略联盟 …… 179
【本土化视角】联盟网络对企业创新绩效的影响 …… 185
【本土化视角】结构洞度对联盟网络中企业创新绩效的影响 …… 185
【本土化视角】关系强度和结构对等性对创新绩效的影响 …… 186
【本土化视角】网络位置与资源位置 …… 187
第四节 产业集群 …… 189
本章小结 …… 202
讨论题 …… 202
参考文献 …… 202
本章关键词中英文对照 …… 204

第七章 服务创新的概念与特性

■ **章首案例：**余额宝的服务创新模式之概念创新 …… 205
第一节 组织服务的概念与特性 …… 206
【全球化视角】制造业的新观念：工业的服务化趋势 …… 208
第二节 服务创新的概念 …… 212
【全球化视角】物流企业服务创新模式 …… 214
【全球化视角】D公司数字阅读基地创新互动网络 …… 219
第三节 服务创新的特性 …… 219
本章小结 …… 227
讨论题 …… 228
参考文献 …… 228
本章关键词中英文对照 …… 229

第八章 服务创新的类型、驱动力及模式

■ **章首案例：**携程“服务创新” …… 230
第一节 服务创新的类型 …… 232
【本土化视角】特斯拉“体验式营销模式创新” …… 235
【国际化视角】跨国企业的组织创新——中国建共享服务中心 …… 237
第二节 服务创新的驱动力 …… 239
【本土化视角】比亚迪转型升级路径 …… 240

第三节 服务创新的模式 …… 243
本章小结 …… 246
讨论题 …… 246
参考文献 …… 246
本章关键词中英文对照 …… 248

第九章 知识密集型服务业创新

■ **章首案例：**知识密集型服务业后劲十足 …… 249
第一节 知识密集型服务业概念与类型 …… 250
【全球化视角】知识密集型服务业 …… 253
【本土化视角】知识密集型服务业 …… 254
【全球化视角】知识密集型服务业类型 …… 256
第二节 知识密集型服务业的创新过程与创新模式 …… 256
【本土化视角】知识密集型服务业发展现状 …… 259
第三节 知识密集型服务业与客户互动创新 …… 268
本章小结 …… 274
讨论题 …… 275
参考文献 …… 275
本章关键词中英文对照 …… 279

第十章 服务业与制造业的融合与互动

■ **章首案例：**东北地区装备制造业与生产性服务业融合 …… 280
第一节 服务业与制造业关系的三阶段 …… 282
第二节 服务业与制造业互动发展 …… 288
【全球化视角】国外综合性的生产性服务业集聚区产业结构演化 …… 294
【本土化视角】广州打造服务业与制造业互动发展产业体 …… 297
第三节 生产性服务业与制造业的融合创新 …… 297
【全球化视角】全球制造业服务化的趋势 …… 304
【全球化视角】服务型制造成为全球制造业发展新趋势 …… 305
第四节 服务创新与制造创新的相互影响 …… 307
本章小结 …… 311
讨论题 …… 312
参考文献 …… 312
本章关键词中英文对照 …… 315

第十一章 创新并购

■ **章首案例**:联想海外并购历程 …… 316
第一节 创新并购 …… 321
【国际化视角】兼并的概念 …… 322
【本土化视角】合并的概念 …… 322
【国际化视角】百度并购历史 …… 323
【国际化视角】LED产业并购案例 …… 326
第二节 创新并购动因 …… 326
【国际化视角】中粮海外并购 …… 328
【本土化视角】技术并购 …… 331
【本土化视角】滴滴收购优步 …… 332
第三节 创新并购整合 …… 333
【本土化视角】优酷土豆集团 …… 335
【国际化视角】并购整合 …… 336
【国际化视角】并购整合模式 …… 337
本章小结 …… 337
讨论题 …… 338
参考文献 …… 338
本章关键词中英文对照 …… 339

第十二章 创 客

■ **章首案例**:创新的实践体——“创客” …… 340
第一节 创客 …… 345
【本土化视角】关于创客的观点 …… 347
【全球化视角】CircuitHub创业项目 …… 348
第二节 创客平台 …… 352
第三节 创客模式 …… 355
第四节 创客空间 …… 358
【本土化视角】深圳柴火创客空间 …… 361
【本土化视角】北京创客空间 …… 363
【全球化视角】国内外创客空间 …… 363
本章小结 …… 366
讨论题 …… 367
参考文献 …… 367
本章关键词中英文对照 …… 368

第一章

创新的概念与意义

章首案例

新型的创新模式——众创

借鉴Dahlander对开放式创新核心过程的界定来为众创下定义：众创是指在现代互联网背景下，一方面热爱创新的大众（创新者）基于由企业搭建的或者自发形成的互联网平台实施创新活动并且通过互联网进行创新成果的展示或出售；另一方面其他企业或个人（需求者）通过互联网搜寻和获取创新成果并加以利用的一种新型创新模式。

众创的概念包含三层含义：第一，由于兴趣、低成本利基、自我价值实现或者其他社会因素的综合作用，大众创新的动机广泛存在。第二，创新需求的多样性及复杂性和互联网的匿名性及参与式特点使得大众创新的机会很大程度上得到了均等化。第三，海量的知识源以及日益提高的知识转移效率、创新社区的不断发展、逐渐成熟的创新工具包等，促进了大众创新能力的持续提高。这实质上是“动机—机会—能力”理论在众创模式下的具体应用。

众创是开放式创新理论发展深化和成熟的结果，是创新网络合作边界越来越大、大众创新能力越来越强、基于互联网的创新外部条件发生突破性变化的直接产物。在这种模式下，创新的主体不再是传统的企业，而是没有明确指向的普通大众。

首先，大众（创新者）基于兴趣、低成本利基、自我价值实现等动机在互联网上积极从事创新活动、展示并出售创新成果。这里的大众是指可能基于互联网进行创新活动的个人或组织。它并非是指所有的个体。一般而言，众创模式中的大众是富有创新精神的群体，他们对于某项技术或产品具有特殊的偏好，愿意花时间和精力主动去创造或改进产品或服务，是创新活动的实施者，并且大多时候是创新活动的主动发起者。大众基于互联网组成行业社区，该社区高度依赖于大众的兴趣和技能，具有很强的自组织性和动态性，并且大众基于社区的协作也十分灵活。大众进行创新往往不仅仅是利益驱动的，或者说至少是在自身兴趣基础上的利益驱动。

其次，另外一些大众（往往是企业）基于自身需求在互联网上积极搜寻和获取大众创新成果并加以利用。这里的大众是指积极利用互联网创新成果为自身带来价值的需求方，是一些创新型企业或者具有强烈创新需求的个体。众创模式的特性决定了参与众创需求的组织或个人往往是互联网企业或创业型企业。对这些需求方而言，创新所主要依赖的是基于分析性的知识，知识创造基于更为正式的模型和更为固定的流程，以及对基础科学原理与方法的应用。创新所需的知识投入和产出都是可以编码化的，并且易于分析和集成，因此更方便大众在互联网上从事创新工作。

与传统创新模式不同的是，被动的选择和实施变为关注创新成果的甄选和利用。需求方利用大众创新成果的过程是成果筛选、整合和利用的一系列动作的集合。首先，面对海量的网上创新成果，需求方要根据自身战略发展和市场需求变化，有效地进行创新成果的筛选，筛选的过程可能是以发起创新竞赛为起点，也有可能是直接寻找和发现好的创新成果。其次，需求方通过购买、投资等方式获取创新供给方的创新成果。有的成果不能直接据为己用，因为它往往并不能与企业的需求完全匹配，需求方需要对获取的创新成果进行进一步的加工或改善，以使其能够服务于需求方自己的产品创新或者过程创新，这个过程就是创新成果的整合。只有在筛选、整合的基础上，外部的创新成果才能真正被利用并产生商业价值。

1. Innocentive 网站的创新众包模式——企业主导式众创

众创的典型实践模式之一就是 Innocentive 网站的众包创新模式。Innocentive 网站最初是由美国医药制造商礼来公司于 2001 年基于“通过互联网促进科学创新”的思想创建的，用于生物领域的研发供求网络平台。经过十几年的发展，它的研发覆盖范围已经包括数学、计算机、工程、生物等多个领域。

从性质上讲，Innocentive 是一个在线研发中介平台，吸引企业发布创新需求，又通过一定的利益机制吸引大众解决创新难题。一方面允许大众免费注册成为“Solver”，另一方面使企业以签订协议的形式成为“Seeker”。问题求解者发布任务后，网站会提供摘要给解决者以便于其浏览。问题解决者可以查询所需解决问题的摘要、参与人数、报酬等信息。

为了更好地沟通，Innocentive 创建了一个对应企业和个人能单独沟通的黑箱，而保留自身检查黑箱的权利，以便监督创新的过程。为了规避信任风险，Innocentive 首先通过预交资金的方式保证 Seekers 有支付解决方案的资金，而且在 Solvers 确定参与创新时，与其签署协议以明确双方的权利和义务。Innocentive 网站的利润主要来源于收取研发难题费用一定比例的佣金。

Innovative 网站的商业模式是双边市场下的经营，网站在创新活动中发挥了重要的媒介作用和传导作用，为创新活动的发起者和参与者提供了有效的交流平台，设计了完善的利益机制。Innocentive 网站模式是典型的企业主导式众创的成功实践。

2. 苹果 App Store 的众创模式——大众主导式众创

Apple Store 是苹果公司于 2008 年 7 月推出的基于 iPhone 终端的内容服务产品的平台，以增加其 iPhone 终端的附加值。这个平台中共有三个利益相关者：苹果公司、程序开发者和消费者。其中，苹果公司主要致力于平台的开发和管理，为程序开发者提供程序开发包（SDK）以方便其开发和上传应用程序，并为用户提供下载入口和好的体验等。

一方面，那些爱好开发的组织或个人担任程序开发者的角色，他们借助 SDK 工具能够方便地开发和上传软件，并根据下载量的多少赢得报酬；另一方面，消费者根据需要在平台上方便地下载自己所需的软件，这些软件可能是免费的，也可能是收费的。该过程中，苹果公司收取一定的中介费用。

借助一系列成功的商业策略，诸如排他性策略、利益分配策略、差异化策略、定价策略、进入策略等，苹果的 Apple Store 得到了异常迅猛的发展，并且为全球软件市场带来了一种全新的模式，即"App Store"模式。不同于 Innocentive 模式下的众创，App Store 模式下的创新活动没有明确的创新需求，因此，这是典型的大众主导型创新模式。

资料来源：刘志迎，陈青祥，徐毅．众创的概念模型及其理论解析［J］．科学学与科学技术管理，2015，(2)：7—8.

1. 众创是一种怎样的创新模式？这种模式与过去的创新模式比如外包、众包有什么区别？

2. 你认为企业主导式众创和大众主导式众创两种模式的利弊是什么？

3. 众创模式的出现，是不是会影响企业有效的识别和构建自己的核心竞争力？它会给个人、企业、国家带来哪些问题？

第一节 创新的概念

一、创新的狭义概念

（一）熊彼特的创新

创新（innovation）的概念最早起源于美籍奥地利经济学家熊彼特（Joseph Alois Schumpeter）提出的创新理论，他在其德文版著作《经济发展理论》中，首次提出"创新"概念。按照熊彼特的定义，创新就是一种"新的生产函数的建立"，即"企业家对生产要素的新组合"，其目的在于获取潜在的超额利润。创新主要包括以下五个方面：

- 引入一种新的产品或者赋予产品一种新的特性；

• 引入新的生产方法，它主要体现为生产过程中采用新的工艺或者新的生产组织方式；

• 开辟一个新的市场；

• 获取原材料或半成品的一个新的供应来源；

• 创建一个新的工业组织或企业重组。

在熊彼特界定的创新范围里，前两个方面主要是针对技术的，实际上所指的可以大致理解为分别就是产品创新和工艺创新（过程创新）。他同时指出，只有发明得到实际的应用，才能在经济生活中发挥作用。熊彼特在1934年到1944年间研究提出的强调企业家作用的交互式创新理论成为第一代创新理论，见图1-1：

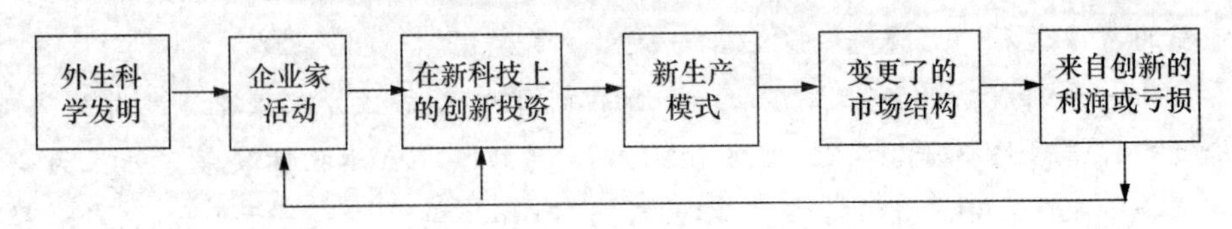

图1-1 熊彼特的创业家创新模型

资料来源： Mark Dodgson，Roy Rothwell. 创新聚焦—产业创新手册［M］. 陈劲，译. 北京：清华大学出版社，2000.

（二）后来的创新狭义概念

在20世纪30、40年代，人们对熊彼特的思想精髓理解的深度有限，所以一开始其学说并未引起大家的广泛注意。人们真正承认熊彼特学说的时间是20世纪50年代。从那以后，技术创新理论发展很快。学术界对创新的代表性观点主要有：

• 美国战略管理专家罗伯特・A. 伯格曼（Robert A. Burgelman）指出：技术创新是以技术为基础或由新技术推动的创新；技术创新的成功标准是商业上的（能否赢利）而非技术上的（能否执行任务）。

• 英国科技管理专家弗里曼（C. Freeman）指出：技术创新是第一次引入一个新产品（新工艺）所包含的技术、设计、生产、财政、管理和市场的过程。

• 美国国家科学基金会（National Science Foundation of U. S. A.）指出：在其1969年的研究报告《成功的工业创新》中将创新定义为技术变革的集合。认为技术创新是一个复杂的活动过程，从新思想、新概念开始，通过不断地解决各种问题，最终使一个有经济价值和社会价值的新项目得到实际的成功应用。

• 中国的技术创新研究始于20世纪80年代，许多学者都从不同角度对技术创新进行了研究。清华大学傅家骥教授提出："技术创新是企业家抓住市场潜在的盈利机会，以获取商业利益为目标，重新组合生产条件、要素和组织，从而建立效能更强、效率更高和生产费用更低的生产经营系统，从而推出新的产品、新的生产方法，开辟新的市场，获得新的原材料或半成品供给来源或建立企业的新的组织，它是包括科技、组织、商业和金融等一系列活动的综合过程。"①

① 傅家骥. 技术创新学［M］. 北京：清华大学出版社，1998：12—13.

• 浙江大学许庆瑞教授认为：技术创新泛指一种新的思想的形成、得到利用并生产出满足市场需要的产品的整个过程。一般包括产品创新、工艺创新、设备创新、材料创新、生产组织与管理创新，是产品创新和工艺创新的统一体。

这些定义大多数从“技术”的角度对创新进行界定，强调创新主要是从技术着手，对产品或工艺进行改进或变革，从而创造新的价值。技术创新包括从科学发明、研究开发成果被引入市场到商业化应用的一系列科学、技术和经营活动的全过程。这种观点指出了技术创新以成功的市场开拓为目标导向，以新技术的设想引入为起点。这种观点将科学发现、技术发明和技术扩散也纳入了技术创新的范畴。①

二、创新的广义概念

在最早提出创新的概念时，熊彼特就认为“创新”是一个经济概念，与技术上的新发明有着不同的内涵。“发明”（invention）是新技术的发现，而“创新”则是将发明应用到经济活动中去。技术进步、企业家活动和社会发展实际上是联系在一起的。后来的学者逐渐意识到，创新不仅局限在技术层面。创新过程以及它的空间格局要比过去所认识的情况复杂得多。研究与开发、生产和销售等是相互作用的，各种信息是频繁反馈的。创新不一定是由发明开始到扩散的线性模式，而是可能有不同的出发点，即不同的创新源，例如原料供应、生产、销售等企业价值链中的所有活动都有可能创新。另外，创新通常是在研究与开发活动之外，在生产实践中发生的。“在干中学习，在用中学习”。学术界对广义的创新概念逐渐成形：

• 管理学大师、美国的彼得·德鲁克（Peter F. Drucker）认为创新有两种：一是技术创新，二是社会创新。这种观点阐明了，技术创新是技术发明同社会经济相结合的过程。②

• 美国哈佛商学院教授克莱顿·克里斯滕森（Clayton M. Christensen）认为：“技术”指一个组织用来把劳动力、资本、原材料和信息转变成具有更大价值的产品和服务的过程。技术的这一概念超出了工程和制造业上的含义，包括了一系列市场营销、投资和管理上的过程。而“创新”指这些技术中的某一种所发生的变化。

• 清华大学傅家骥教授指出，经历从研究与发展（Research and Development，R&D）到市场实现这一过程的技术创新称为狭义的技术创新。而符合熊彼特的“发明—创新—扩散”模型的技术创新，即始于发明创造而终于技术扩散的技术创新称为广义的技术创新。

• 浙江大学许庆瑞教授指出，广义而论，技术创新并不是孤立的行为，而是系统性的企业行为，必须把产品创新与工艺创新、重大创新与渐进创新、使用已有的技术与获取新技术能力、技术创新与组织文化创新结合起来，在创新中集成

① 赵炎，等. 技术创业与中小企业管理［M］. 北京：知识产权出版社，2007.

② 彼得·德鲁克. 创新与企业家精神［M］. 彭志华，译. 海口：海南出版社，2000.

技术、生产和市场各职能部门的工作,创立以企业为中心、连接大学研究所和用户的技术创新系统,才能成功进行技术创新,培育和提高核心技术能力。

因此,创新与“技术”具有紧密的联系,然而并不局限于传统意义上的狭义的技术。“技术”既可以是根据自然科学原理和市场需要创造或改进形成的有形的新产品、产品质量或功能的改进,也可以是人们根据生产实践经验而形成的工艺流程、加工方法、劳动技能,这两种技术可以被视为“物化了的硬技术”;“技术”还可以是新的无形产品,尤其是服务的产生和提供,更加有效的组织方式和运营模式,更加合理的管理策略和沟通方法,新型的企业文化或经营战略,或者是开拓市场能力的营销技巧等,这些可以被视为“软技术”,见图 1-2。重要的在于,无论在以上哪个领域的创新活动,都必须包括从最初的新思想、新点子,通过必要的试验或实践活动,逐渐成形并被付诸实施,从而在企业、市场或社会中实现价值这样一个完整的流程。

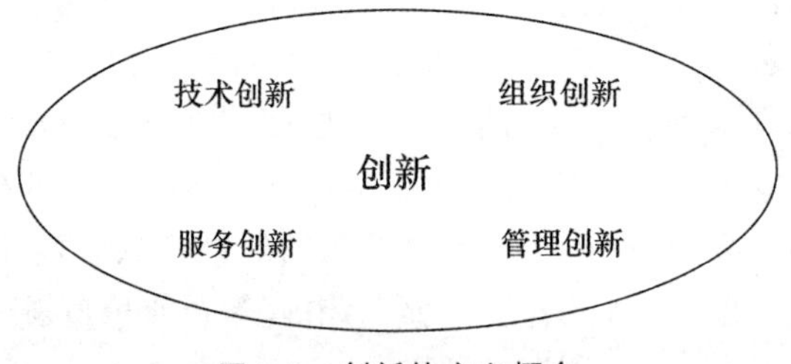

图 1-2 创新的广义概念

全球化视角 创新的观点

人人都在谈论环保。很快,随着一系列新型“智能能源”技术的使用,您可以停止空谈,亲自管理自己的碳排放。

未来 5 年内,您的手机会收到这样的来电:“家中空调向您报告,您出门前忘了把我关掉,家里没有人。我正在浪费能源。您是不是该把我关掉?”IBM 正在与休斯顿的 CenterPoint Energy 合作,安装 200 万只支持互联网的电表,用户可以使用 Web 浏览器或手机远程控制电器,从而节省时间、金钱和能源。

您将获得最新的用电报告,以监控电费以及耗电量,就像您现在查看电话账单一样。根据这些信息,您可以通知您的电力供应商:您每月允许的碳排放量是多少,每月开支是多少,以及使用家电的最佳时间。

——IBM

大家认为专注的意思就是统一将精力都放在必须专注的事务上,但这并不全面。它还意味着,要拒绝数以百计的其他好创意,你必须精挑细选。实际上,让我感到自豪的不但有那些我们做到的事情,还有那些我们选择不去做的事情。创新,就是对一千条创意说“不”。

——史蒂夫·乔布斯(Steve Jobs)(苹果公司前任 CEO)

本土化视角 创新的观点

撒切尔夫人说过一句话：英国目前在高科技领域落后美国十年，并不是英国的大学差、教育差，也不是英国没有人才，而是缺乏风险投资市场。这个观点对我们国家来说也有一定的借鉴意义。

——张景安（科技日报社社长）

如果看看亚马逊这样的公司，便会发现，它可能又有技术创新，又有新的经营模式，比如说广告业务的创新。再如微软、英特尔，创新既包括技术方面，也涉及产业生态链方面。像戴尔可能本身有很多的技术，但是它的直销模式是这个产业的NO.1，有开拓意义。所以每个公司要根据自己的市场定位与产业结合进行创新，而不仅仅是盯住技术创新不放。

——张亚勤（百度总裁），张维迎（北京大学教授）

我就是想把本职工作做好，遇到问题把它解决。

——王洪军（2006年度中国国家科技进步二等奖获得者，一汽大众汽车公司工人技师）

现在靠振臂一呼，几千个人排号的事，可能是越来越少了。那怎么办呢？只有绞尽脑汁想办法，去创新才行。如果大家不想办法，走价格竞争的这一条路，那么改革开放20年来，许多行业的全军覆没就是我们的前车之鉴。

——张民耕（北京银信投资公司董事长）

三、创新的主体

熊彼特把实现创新过程的人称为企业家，他认为企业家存在的唯一理由就是创新。企业并不是创新的唯一主体。创新的主体是多元化的，政府、企业、大学、科研机构、用户都是创新的主体。在创新系统中，包括官、产、学、研、用的多元化的创新主体各自承担着特有的创新功能，都具有不可替代的作用。

（一）政府（government）

在创新系统中，政府扮演宏观调控的角色，为企业、大学及科研机构提供各种政策支持，并规范经济活动行为与市场交易。政府还通过成立各种产权交易中心、生产力促进中心、科技企业孵化器等科技中介机构，推动技术转移与技术扩散，培育和支持科技型中小企业的发展。

（二）企业（firms）

企业是市场活动的主体。企业将大学或独立性的科研机构所产生的专利、技术秘密、版权等各种类型的科技成果以产品或者服务的形式最终推向市场，从而产生商业价值（business value）或市场价值（market value）；或者通过社会推广、企业内部推广和提升等活动，产生社会价值（social value）。此外，许多企业也成立了附属的研究机构，这些研究院所的主要职责是为企业的创新活动提供直接的技术支持或服务，包括产品的中试、临床实验、各类测试等。企业在创新系统中处于最为重要的主体地位。

（三）大学（universities and colleges）

作为教育机构，大学的职责主要是人才培养、科学研究、提供科技成果以服务社会等。人才作为一种重要资源，是任何创新主体都不可缺少的，大学培养的人才以多种方式输送给政府、企业、科研机构及科技中介。大学内的科学研究活动也产生了大量的技术成果，这些成果通过技术许可、技术转让、技术入股、成立合资企业等多种技术转移形式，产生创新的价值。

（四）科研机构（research institutes）

与大学类似，研究机构拥有一定数量的高水平科研人员、较丰富的知识储量和先进的技术设备，具有较强的知识创新能力。科研机构所开展的科研活动能够产生相当数量的技术成果，并转移到商业活动中，产生经济效益。大学和研究机构在研究开发活动方面的优势在于：它们集中有最优秀的科技人才，拥有最先进的科研仪器和设备，良好的学术环境有利于进行创造性的思维。由于政府、企业以及其他渠道的资助，它们可以从事本学科处于前沿领域的研究开发工作，不断开拓新的领域和取得新的研究成果。大学和科研机构的研究开发活动，是企业创新活动的重要源泉。

（五）用户（users）

用户作为创新的主体，主要体现在两个方面：一是在某种创新成果推出后，用户在使用过程中发现了新的矛盾，产生了新的需求，用户将这种需求反馈到原来的创新者那里，推动创新者进行新的创新；二是用户在创新形成的过程中就作为一个重要的主体参与进来，与企业等机构共同实施创新的方案，包括技术路径的选择、技术水平的提升、质量的改进、缺陷的弥补等；三是用户并不把需求反馈到原来的创新者那里，而是自行改进创新。①

（六）科技中介（intermediaries and agencies）

科技中介的存在，加快了企业与大学及科研机构的对接，便于企业对大学和科研机构的研究成果进行筛选和提取，提高科技成果转化率，有助于提升企业与大学及科研机构的合作效率。因此，科技中介的健康发展与良性运作能有效协调政府、大学、科研院所和企业之间的关系，起到桥梁和纽带作用。②

---

① 赵炎，等. 技术创业与中小企业管理［M］. 北京：知识产权出版社，2007.

② 王庆金，周雪，王阳. 科技中介与区域创新主体博弈研究［J］. 科技管理研究，2011，(4)：1—3.

全球化视角 ▶ 三螺旋模型

按照 Henry Etzkowitz 和 Loet Leydesdorff 在 1997 年提出的三螺旋模型（triple helix），创新的主体包括大学、产业和政府三种类型的机构。他们的角色相互渗透，已经在相当程度上偏离了自己传统的角色。在一定条件下，大学可以扮演企业的角色，帮助其在培育新技术的机构中形成衍生企业；而政府一方面在政策上表现出对学术机构进行激励，另一方面政府超出了公共管理等传统的职能，通过资助项目、改变管理环境或者主持建设科技园等方式向企业的角色渗透，更加注重财富的积累，来支持企业的发展；而企业也开始通过开展培训或者高水平的研究来扮演大学的角色。此外还存在着促进三者进行交互的中介机构，如科技园、技术转移办公室和合同办公室等。

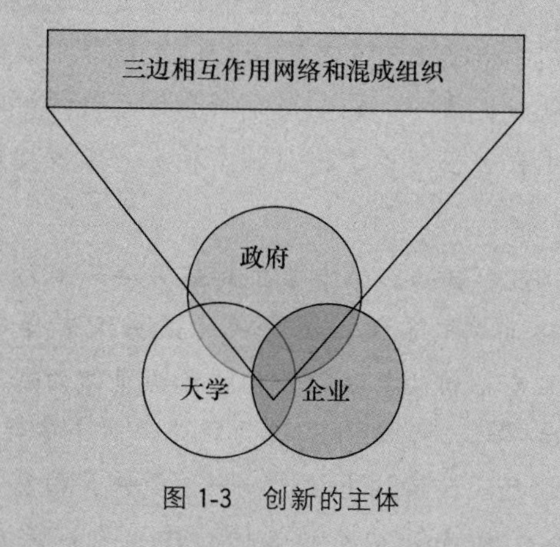

图 1-3　创新的主体

资料来源：李华晶，王睿．知识创新系统对我国大学衍生企业的影响——基于三螺旋模型的解释性案例研究［J］．科学管理研究，2011，（1）：2—3.

第二节　创新与创造力、创业的区别和联系

一、创造力

（一）个体创造力

在享受当代物质文明的同时，我们对各种发明、各种创新成果都印象深刻。在各种发明、各种创新的背后，创造力（creativity）起着重要的作用。

创造力也称作创造性，对它的研究可以追溯到高尔顿 1883 年出版的《人类能力调查》。由于不同的方法、出发点、判断标准或侧重点，不同的学者对创造力有不同的理解：

- Torrance 认为，创造力是一个过程，是对问题、不足、知识的缺陷，或

者对基本元素的丢失、不协调、不一致等现象变得敏感，并找出困难，寻求解决途径，做出猜想或构成假设，随后评价并检验前面的猜想或假设，最后将结果表达出来的过程。根据这种创造性过程的研究取向，每个人都具有创造力。[①]

- Amabile 则着眼于创造性产品，她认为创造力是对那些开放性问题产生出既新颖又有用的产品或思想等。[②] 类似地，Perkins 认为，创造性是能产生具有原创性（original）和适用性（appropriateness）的产品。根据创造性产品取向的观点，创造力只是少数人的事情。[③]

- 张庆林等人认为，创造力是人类所特有的、利用一定条件产生新颖独特、可行适用的产品的心理素质。[④]

（二）组织创造力

一个组织要想变得富有创造力，个体层面的创造力只是出发点，仅仅局限于个体创造力本身是不够的。组织创造力对于改进组织的绩效至关重要。因此，推动企业竞争优势的一个关键因素就是提供一个鼓励员工富有创造性的环境。组织，尤其是技术导向的组织，要想获得生存、参与竞争、引领市场，必须要比以前更富有创造力，更具有创新性。

- Amabile（1996）认为，单个员工对新方法和新技术进行的尝试与探索也许不能立即成为最终的创新成果，但这些尝试与探索却是团队和组织创新的基础。这些创造新颖且有价值的想法的行为被称为员工的创造力。[⑤]

- 柯克（Kirk）等认为，组织创造力就是许多个体在一起，以集体思考的方式尽可能多地提出设想，然后从中挑选一个适合需要的答案。[⑥]

- 哈林顿（Harrington）从互动性的角度出发，认为组织创造力是创造过程、创造产品、富于创造性的人和创造性环境几方面的结合以及它们互动的结果。[⑦]

---

① Torrance, E. P. The Nature of Creativity as Manifest in Its Testing. In R. J. Sternberg (Ed.). The Nature of Creativity [M]. New York: Cambridge University Press, 1988: 43—75.

② Amabile, T. M. The Motivation to be Creativity. in S. G. Isaksen (Ed.). Frontiers of Creativity Research: Beyond the Basics [M]. Buffalo, NewYork: Bearly, 1987: 223—254.

③ Perkins, D. N. Creativity and the Quest for Mechanism. In R. J. Sternberg & E. E. Smith (eds.). The Psychology of Human Thought [M]. NewYork: Cambridge University Press, 1988: 309—333.

④ 张庆林，Sternberg，R. J. 创造性研究手册［M］. 成都：四川教育出版社，2002.

⑤ Amabile, T. M. Creativity in Context: Update to the Social Psychology of Creativity [M]. Westview, 1996.

⑥ Kirk, S. J., Kent, F. S. Creative Design Decisions: A Systematic Approach to Problem Solving in Architecture [M]. New York: Van Nostrand Reinhold Company, 1988.

⑦ Harrington, D. M. The Ecology of Human Creativity: A Psychological Perspective [J]. in Runco, M. A., Albert, R. S. Theories of Creativity. CA: Sage, 1990: 143—169.

- 伍德曼（Woodman）等以具体的形式阐释了组织创造力的定义内涵，认为组织创造力是指在一个复杂的社会系统下，由工作在一起的个人创造有价值的以及有用的新产品、服务想法、流程或过程。①

因此，组织创造力是指在一个复杂的社会系统下，组织产生一系列新的有价值的想法，形成与新产品、新服务、新工艺、新过程、新方法等有关问题的解决方案的能力。

（三）创造力的构成

- Amabile认为，创造力包含三种成分：相关领域的技能（domain- relevant skills）、与创造力相关的技能（creativity-relevant skills）和任务动机（task-motivation）。相关领域的技能包括专业知识、专门的技能等，是创造力的知识基础；与创造力相关的技能包括适当的认知风格、能直接或间接产生新颖想法的启发性知识、有益的工作风格等，属于创造力认知风格方面的特征；任务动机包括对待任务的态度、完成任务时对自己动机的知觉等，是创造力的人格因素。这三个方面的相互作用决定着个体的创造性水平。②
- 施建农提出了创造力的系统模型，他认为创造力在本质上是由创造性态度、创造性行为和创造性产品，以及其他一些因素（如家庭、学校和社会环境，智力、人格、知识经验）组成。其核心是创造性行为，它包括创造性思维、创造性习惯和创造性活动。③

（四）创造力的激励和培养

与创造力有关的激励因素包括：与领域相关的技能、与创造力相关的过程和工作的内在动机，以及个体以外的工作环境因素。④

首先，与领域相关的技能包括个体在某一特定领域（如计算机技术或市场营销领域）所具有的知识、专长、技术能力、智力和天赋。

其次，与创造力相关的过程包括问题解决者的认知风格、独立冒险的性格特征、采用新视角看待问题的倾向，以及善于提出创意的工作风格和技能。

再次，工作的内在动机指的是一种工作状态：人们从事一项任务是因为任务本身有意思、让人投入、富有挑战和令人满意，而不是因为奖励、监督、竞争、评估等（后者称为“外在动机”），我们就说这个人具有工作的内在动机。

---

① Woodman, R. W., Sawyer, J. E., Griffin, R. W. Toward a Theory of Organizational Creativity [J]. Academy of Management Review, 1993, 18 (2): 293—321.

② Amabile, T. M. The Social Psychology of Creativity: A Componential of Conceptualization [J]. Journal of Personality and Social Psychology, 1983, 45 (2): 357—376.

③ 施建农. 创造力的系统观 [J]. 心理学动态, 1995: 1—5.

④ Amabile, T. M. Creativity in Context: Update to the Social Psychology of Creativity [M], Westview, 1996.

最后，工作环境是个人创造力的外在成分，它可以被认为是更一般的社会环境，包括团队氛围、组织氛围、高层管理者的行为和组织战略等。工作环境中有很多因素会阻碍个人创造力的发挥，如高层管理者规避风险的态度、苛刻地批判新想法的规范等。然而，工作环境中也有一系列能够促进个人创造力的因素，如善于合作、拥有多种技能并能关注创意的工作小组、鼓励开发新创意的主管等。

（五）创造力与创新的区别和联系

创造力与创新的区别见表1-1。“创造力”主要用来描述员工个人的活动。“创新”尽管在三个研究层次都能被采用，但更经常被用来描述团队或者组织对新方法和新技术的引入和实施。创造力在经济活动中是输入，而创新是成功的输出。创造力依靠创意或灵感以及发散性思维，而创新涉及集体知识的管理。创造力活动可以终止于发明创造或者新的思想，而只有真正付诸实施、实现了价值的才称为创新。创造力是生产创意，而创新是运作创意。①

表1-1 创造力与创新

	创造力	创新
单元	主要是个体	主要是组织
经济活动	输入	输出
依托	创意，灵感，发散性思维	集体知识
成功标准	发明创造，新思想，新方法	市场价值与社会价值的实现
成功的主要机制	生产创意	运作创意

创造力研究是创新研究领域的一部分。员工的创造力与团队和组织的创新紧密相关：创造力存在于日常工作之中，而创新则彰显了创造力累积的成果。创造力是创新的源泉，而创新则是创造力的良好归宿。保持旺盛的创造力，把握创新的机会，对个人和国家都有重要意义。

二、创业（entrepreneurship）

（一）创业的概念

- Knight（1921）认为，创业就是成功地预测未来的能力。②
- Kirzner（1979）认为，创业代表了正确地预测下一个不完全市场和不均衡现象在何处发生的套利行为与能力。③
- Shane和Venkataraman（2000）认为，创业就是发现和利用有利可图的

① 王佳基. 创造力与创新［J］. 科技管理研究，2008，(1)：263—264.

② Knight，Frank. Risk，Uncertainty，and Profit［M］. New York：A. M. Kelley，1921.

③ Kirzner，I. M. Perception，Opportunity and Profit［M］. Chicago：Chicago University Press，1979.

机会。①

• The US National Commission on Entrepreneurship (2003) 认为，不断的变化会产生创造财富的新机会，创业就是经济主体利用这些新机会的方式。

综上所述，创业是指某个人或者群体发现某种信息、资源、机会或掌握某种技术，利用或借用相应的平台或载体，将其发现的信息、资源、机会或掌握的技术，以一定的方式，转化、创造成更多的财富、价值，并实现某种追求或目标的过程。其中，那些掌握了一定的技术（无论专利技术或者非专利的专有技术）特长，并以此为基础进行完全自主的或者接受外部投资（天使投资或者风险投资）进行创业的行为，我们称之为技术创业。②

（二）创业活动的要素

创业是一个动态的过程。创业首先由机会启动，为了保证创业计划能够实施，接下来应当在组建创业团队之后或者过程中，去寻求必要的创业资源。机会、资源和创业团队这三个要素共同驱动创业的整个活动过程（图 1-4）。在创业的过程中，这三个要素的重要性不断发生变化。首先，在创业付诸实施之前，机会处于最重要的位置，这个时期最关键的工作便是寻找和选择机会；有了机会之后，下一步工作的重点就转向创业团队的组建；当一个新事业正式启动之后，对资源的需求也随之增加，这时的工作中心就是去寻求和获取各种必要的创业资源。一个良好的或成功的创业活动，就是能够及时根据创业活动的进展作出调整，发现每一时期活动的中心工作，从而保证创业过程尽可能处在一个动态的平衡状态。③

（三）创新：创业精神的核心

彼得·德鲁克将创业精神特指为创业者的个人精神和经营风格，从而赋予其更具战斗冲动的内涵。他还认为，凡是能够改变已有资源创造财富的潜力的行为就是创新行为。④ 创业与创新是密不可分的。创新活动处于创业的核心。

创业的主要驱动力不仅来源于个人独立和实现自我价值的欲望。创业者必须致力于发明一种新技术、产品或服务，或者找到一种生产现有产品的新方法，或者开拓新市场，或提供新资源。而这些活动都属于创新范畴，因为它们为社会提供了新的交易机会。如果社会能够接受这种创业行为，就表明社会认为新的要素比旧的要素更有价值。创新能够引起以前在市场中未曾尝试过的资源在使用方法上的改变。一般而言，成功的创新能为社会福利的增加做贡献，它扩大了社会的选择集合。

创业者主要是创建自己的、新的企业（往往是中小企业）的人，现有的大企业的CEO 更多的被称为经理人和管理者。然而并不是所有新创的中小企业都能够代表创业

① Shane, S., Venkataraman, S. The Promise of Entrepreneurship as a Field of Research [J]. Academy of Management Review, 2000, 25 (1): 217—226.

② 赵炎，等. 技术创业与中小企业管理 [M]. 北京：知识产权出版社，2007.

③ Timmons, J. A. Newventur Creation [M]. 5th ed. Irwin/McGraw-Hill, 1999.

④ 彼得·德鲁克. 创新与企业家精神 [M]. 彭志华，译. 海口：海南出版社，2000.

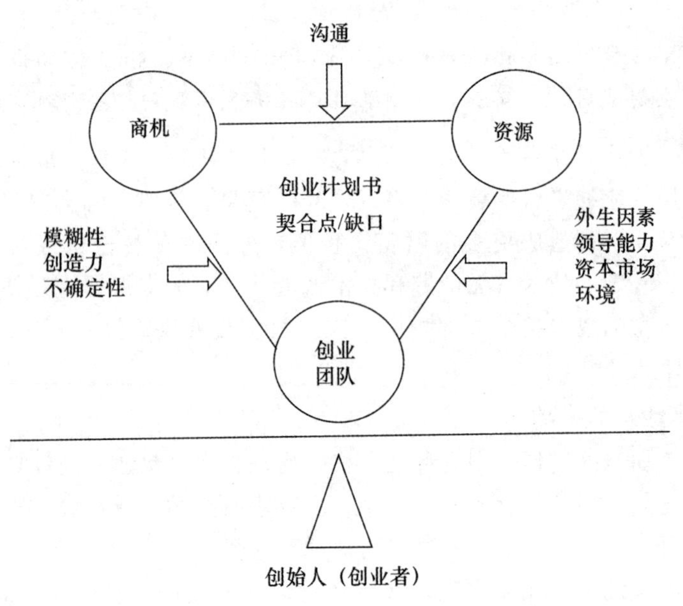

图 1-4 Timmons 创业模型

精神。创业者必须能够创造新颖的与众不同的产品、服务或者技术，改变商业模式，再造价值观。一些大型企业、旧企业、政府机构和非营利组织的工作人员，也正在通过各种方式来实践创业精神。只有能够在经济活动中进行创新的人才具有创业者的潜力。

创业者的创新包括多种层次：

1. 制度创新

制度创新要求具备两个前提：一是创新改变了潜在利润，二是创新成本的降低使制度安排的变迁变得合算。企业潜在的外部利润可能无法在现有的制度安排内实现。因此，在原有制度安排下的某些人，[①] 为了获取潜在利润，就会率先克服这些障碍，从而导致一种新的制度安排（或变更旧有的制度安排）。条件是，只有在创新的预期净收益大于预期成本的时候，创新才会做出。创业者推动的制度创新、企业结构的多元化，大大地丰富了制度创新的内涵。

2. 技术创新

创业者作为企业的经营管理者，一方面，自己直接参与企业的技术创新过程；另一方面，也通过多种途径对技术创新进程施加影响：首先，指引技术发展方向，运用经营知识、业界动态和市场信息指明技术创新的最终目的和用途；其次，倡导技术革新活动，用自己的影响力和先进的理念、前瞻的意识推动企业内部和企业联盟的技术创新活动；再次，提供技术创新支持，为技术创新提供所需的资源，包括资金供给、信息搜集、材料丰富，必要时直接介入技术创新人选的遴选；最后，促进技术创新应用，开发新技术、新产品、新方法的商业化“出口”，为企业技术创新“开源”，保证

① 可能是创业者，也可能是其他具有创业精神的人。

技术创新路径的通畅，从而发挥对技术创新的拉动作用。

3. 理论创新

创业者不只是简单的实践者。对于创业者而言，没有不出理论的实践，关键在于创造出的是不是能够有效运用于实践的理论。真正优秀的创业者除了做一名勇于开拓的先行者之外，还必须具备将零散琐碎的事实经验上升到系统化、规范化理论高度的能力。适时的总结、归纳、提高、升华，作为对今后工作的借鉴和出发点，是创业者素质合格的内在要求。

4. 风险态度创新

许多时候，创业者是风险厌恶型（risk averse）的，尽可能规避市场风险。然而在信息高度丰富、变革迅速发生的现代市场，创业者必须对各种突然情况（意料中的或意料外的）做出及时准确的反映，甚至必须预见到可能的变化而预先采取行动。这就要求创业者的风险态度发生改变，从经典的风险厌恶型向中性（risk neutral），甚至风险偏好型（risk preference）转化。承担的风险越高，往往意味着企业的可能收益越大，创业者的风险态度有可能发生扭转。① 风险态度的创新包括三个方面：观念创新，包括对传统的意识、惯例、习俗等的突破，如废除旧的不合理的规定和条款；思想创新，针对新生事物的喜好而言，比如对于将一种新方法付诸实施的热衷，而暂不考虑市场当前态势；角色创新，包括地位的跃迁、角色的更迭等，这就要求创业者“有所为有所不为”，适时转换自己的角色。张军认为，创业者不是通过市场来选择的，市场无法甄别创业者及其才能，成为创业者是创业者自己甄别自己的结果。因此创新本身很可能就要冒一定的风险。真正卓有成效的创新更可能是发生在制度的边界上而不是之内。② 所以，风险态度的改变和更新就成为其他方面创新的前提。

（四）创业的流程

创业的一般流程如图 1-5 所示：③

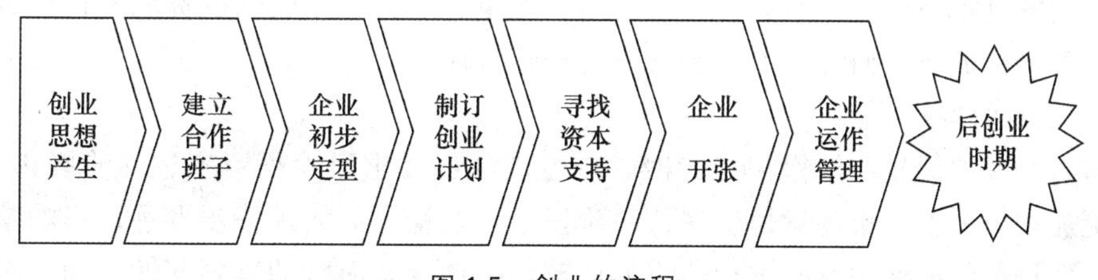

图 1-5　创业的流程

1. 创业思想产生

创业者通过自己的努力，掌握一种别人暂时无法掌握的、具有一定壁垒性质的技术或者“点子”。

---

① 赵炎，陈晓剑. 风险企业中的企业家团队［J］. 中国管理科学，2004，12（1）：122—130.

② 张军. 话说企业家精神、金融制度与制度创新［M］. 上海：上海人民出版社，2001.

③ 赵炎，等. 技术创业与中小企业管理［M］. 北京：知识产权出版社，2007.

2. 建立合作班子

创业者必须建立一个由各领域专家组成的合作班子。一个平衡的、有能力的班子，应当包括有管理和技术经验的经理和财务、市场，乃至工程、软件开发、产品设计等其他领域的专家。为了建立一个精诚合作、具有献身精神的班子，创业者不仅要让其他人相信跟他一起干是大有前景的，更需要以独特的气质、精神和文化来感染他们，凝聚成一个强有力的团队。

3. 企业初步定型

通过获得现有的关于顾客需要和潜在市场的信息，创业者带领团队着手开发某种新产品或者服务。在这期间，创业者往往没有任何报酬。风险投资者很少在这个阶段就向该企业投资，在这个阶段，支撑创业者奋斗的主要动力是创业者的创业冲动和对事业前景的坚定信念。

4. 制订创业计划

一份创业计划书，既是开办一个新公司的发展计划，也是风险投资家评估一个新公司的主要依据。一份有吸引力的创业计划书要能使一个创业者认识到潜在的障碍，并制订克服这些障碍的战略对策。

5. 寻找资本支持

大多数创业者自身缺少足够的资本创办一个新企业，他们必须从外部寻求风险资本的支持。创业者往往通过朋友或业务伙伴把创业计划书送给一家或多家风险资本公司。如果风险投资家认为创业计划书有前途，就与这个创业团队举行会谈。同时，风险资本家还通过各种正式或非正式渠道，了解、评估这些创业者的情况。风险投资公司往往是2—5家进行联合投资。

6. 企业开张

如果创业计划书得到认可，风险投资家就会向该创业者投资，这时，创业者和风险投资者的真正联合就开始了，一个新的企业也随之诞生。风险投资家不仅成为这个企业的董事会成员，而且要参与新企业的经营管理。

7. 企业的运作

当新企业的规模和销售额扩大时，创业者往往要求风险投资家进一步提供资金，以便更加积极地参与市场竞争。在这一阶段，创业精神如何进一步发挥、影响整个企业，并根据形势的变化及时进行适当的调整，是创业者面临的重要问题。随着时间的推移，企业的成长和成熟，风险的降低，常规的资金来源（如银行）可能会进入企业。这时，风险投资家开始考虑逐渐退出。

8. 后创业时期

在经过若干年的创业历程后，如果获得成功，风险投资家就会帮助创业者进行企业股票的推广，经常采用的方式有进入公开市场融资（上市）、股权转让、管理层收购、员工持股等。如果企业的运作不理想，那么可供选择的方式有兼并与收购、股转债、破产清算等。

（五）创业与创新的区别和联系

创业与创新既相互联系，又相互区别，二者通过“创”联系在一起，而不同在于“新”与“业”的区别。“创”即创造之意，是思想的产生。①

- 创新是将新思想转化为新产品或新服务。创新是执行创造的活动，创造是创新过程的一部分。创业一般表示创业行为，创业精神则表示创业的特征。
- 创新强调通过创造产生与以前不同的东西，重点从技术和体制角度考虑；而创业则强调通过创造产生新的事业，即开创事业，一般是从经济角度考虑的。
- 创新成功主要看是否取得了新突破，而创业成功则看是否产生了新的事业。
- 创新过程包括产生创意阶段，创意开发阶段和新产品（产品开发）、新过程（过程开发）和新服务（服务开发）的商业化阶段，而这个过程受目标、变化方式、资源等组织因素的影响。最终，只有最合适的创意才能被批准执行，其他创意则要么被拒绝，要么经过整合重新进入新创意产生过程。创业过程则开始于机会，这个机会常常是创新的结果，经过对机会的利用和开发，最终产生新的事业。

创新与创业的联系和区别可以用图 1-6 表示。创新者以商业化需求为目的，通过开发、发明等活动将创意转化为市场需要的产品或服务。而创业则是通过识别并开发商业机会最终产生商业价值或社会价值的过程。

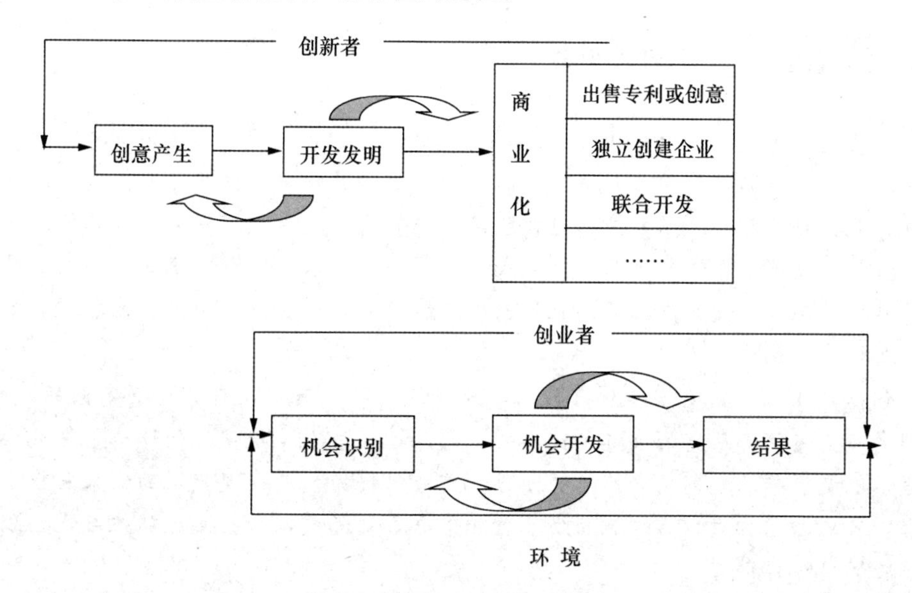

图 1-6　创新与创业过程

尽管创业和创新都包括商业化阶段，在生产商品和服务、将其引入市场的方式上，创业与创新相同。但从狭义上理解，创业一定伴随新事业的产生，在原有业务基础上的拓展（如原有业务开拓新市场）不能叫创业；而创新则不一定有新事业产生，

① 彭学兵，张钢．技术创业与技术创新研究［J］．科技进步与对策，2010，27（3）：15—19.

如转让专利也是一种商业化途径，但不是创业。

根据影响经济人行为的两个因素：商业化新思想的动力（即创业动力）和创造新思想的动力（即创新动力），Knudson 等划分出 4 种创业与创新组合类型：熟练企业主（master entrepreneurs），他们是熟练的管理者、风险承担者，但不是创新者；创新型创业者（innovative entrepreneurs），他们是熟练的创业者，同时也是创新者，但他们先考虑创业，再考虑创新；创业型创新者，他们是熟练的创新者，同时也是创业者，但他们先考虑创新，再考虑创业；熟练创新者，他们是熟练的创新者，但不是创业者见图 1-7：①

创造新思想的动力 \ 商业化新思想的动力	高	低
高	创新型创业者 或 创业型创新者	熟练创新者
低	熟练企业主	不知所谓者

图 1-7　创新与创业

本土化视角　中国的创意产业

创意产业（creative industry），又叫创造性产业，是指那些从个人的创造力、技能和天分中获取发展动力的企业，以及那些通过对知识产权的开发可创造潜在财富和就业机会的活动。创意产业通常包括广告、建筑艺术、艺术和古董市场、手工艺品、时尚设计、电影与录像、交互式互动软件、音乐、表演艺术、出版业、软件及计算机服务、电视和广播等。此外，广义的创意产业还包括旅游、博物馆和美术馆、文化遗产和体育等。

创意产业与一般文化产业的不同，是新的设计，新的思考，切割不同的片段，不同的市场定位。历史的痕迹是优劣并存的，往往给人以规律性的逻辑。系统性的思考不能是简单的复制或者简单的复原。随着科技的发展，现代人的需求与技术相结合，可以相辅相成，为创意的发展打开了更广阔的空间。在文化的基础上，创意与产业的结合强调营利性。

在国际上，英国、美国、澳大利亚、韩国、丹麦、荷兰、新加坡等国都是创意产业的典范国家，他们都有自己的发展特色，并产生了巨大的经济效益。

---

① Knudson, W., Wysocki, A., Champagne, J., and Peterson, H. C. Entrepreneurship and Innovation in the Agri-food System [J]. American Journal of Agriculture Economics, 2004: 1330—1336.

近年来，中国创意产业有很大发展，尤其是香港、台湾地区，发展迅速。上海、深圳、成都、北京等城市也正在建立一批具有开创意义的创意产业基地。

上海大力开展国际的电影节、电视节、音乐节、艺术节、各类设计展，在国际上赢得了广泛的声誉，创意产业已初具规模，形成了一定的创意设计方面的集聚效应。近年，上海开发改造和利用了100余处老上海工业建筑，对老厂房、老仓库进行了改建，形成了一批独具特色的创意工作园区，如泰康路视觉创意设计基地、昌平路新型广告动漫影视图片生产基地、杨浦区滨江创意产业园、莫干山路春明都市工业园区、福佑路旅游纪念品设计中心、共和新路上海工业设计园、“八号桥”时尚设计产业谷和天山路上海时尚产业园等。

到2015年，上海市文化创意产业增加值增幅将快于服务业平均值，占全市GDP的比重达到12%左右。“十二五”期间，上海将在创意产业重点实施27个项目，涉及基地、平台、活动、功能提升4个方面，包括国家数字出版基地、国家网络视听产业基地、国家动漫游戏产业示范区等。

全球化视角　GlobInn（创新全球化）研究项目

GlobInn（创新全球化）研究项目是欧盟第七框架（7th Framework Programme）中的一个重大课题，参与方包括英国、荷兰、意大利、挪威、印度、中国台湾等地领先的创新研究机构，以及中国上海大学的“全球创新与中国创业研究中心”。

该项目的全称是GlobInn：The changing nature of Internationalization of Innovation in Europe：impact on firms and the implications for innovation policy in the EU，其目的主要是通过研究欧洲企业的国际化知识采集战略及其对企业运作绩效的影响，加深对欧洲创新系统的国际化的演进的了解。“创新全球化”是指参与到“非本国”（即跨国）的创新采集活动中。项目对欧盟内部和欧盟外部的创新活动也做了严格的区分和细致的研究。项目的持续时间是2007—2010年。

全球化视角　欧洲创新记分牌

欧洲创新记分牌（EIS，European Innovation Scoreboard）是欧盟根据里斯本策略（Lisbon Strategy）发展而来的综合性创新评价指标体系，用以衡量及比较欧洲各国的创新表现。自2001年欧盟发布首份正式EIS报告起，EIS经历了一系列的修订和完善，已在国际上形成了一定的权威性。EIS是一个动态的、不断修正并趋于合理的综合性创新评价指标体系。自2001年欧盟发布首份正式EIS报告起，EIS经历了一系列的修订，已经形成一套较为成熟的指标体系。

欧盟通过与联合研究中心(Joint Research Center)的密切合作，针对各版本EIS所存在的问题，及时地修订EIS指标体系及研究方法。相关领域的专家、政策制定者及成员国代表也会被邀请参与EIS指标体系及研究方法修订，并组成研究小组。研究小组根据EIS“简单”“透明”“连续性”的原则，结合EIS所面临的主要问题，对现行的指标体系进行修订和完善，并最终提交出一套新的EIS指标及研究方法。

通过对创新过程更深入的了解，并吸取了之前各版本EIS的经验教训，2008—2010年EIS的指标体系从2007年的5大领域扩大到了7大领域，并被分成了创新驱动、企业行为、创新输出3大板块；指标数也由原来的25个增加到29个，其中近六成指标是修订或新设指标(2008—2010 EIS指标体系详见表1-2)。这些指标涵盖了创新的各个方面，指标与指标之间具有内在的相互联系和相对独立性。

表1-2 2008—2010年EIS指标体系

		与2007年比较	数据来源
创新驱动			
	人力资源		
1.1.1	20—29岁人口中，科学及工程类和社会人文类第一阶段高等教育(相当于我国专科、本科和硕士)毕业生比例(‰)	修订	Eurostat
1.1.2	25—34岁人口中，科学及工程类和社会人文类第二阶段高等教育(相当于我国博士)毕业生比例(‰)	修订	Eurostat
1.1.3	25—64岁人口中，接受过高等教育的比例(%)	相同	Eurostat
1.1.4	25—64岁人口中，参与终生学习的比例(%)	相同	Eurostat
1.1.5	20—24岁人口中，完成高中以上(含高中)教育的比例(%)	相同	Eurostat
	资助和支持		
1.2.1	公共研发支出占GDP比例(%)	相同	Eurostat
1.2.2	风险投资占GDP比例(%)	修订	EVCA/Eurostat
1.2.3	存款性金融机构放出的私人信贷占GDP比例(%)	新设	IMF
1.2.4	宽带接入不少于10人(不包括财务部门)的企业比例(%)	修订	Eurostat
企业行为			
	企业投资		
2.1.1	商业研发支出占GDP比重(%)	新设	Eurostat
2.1.2	信息技术支出占GDP比重(%)	修订	EITO/Eurostat
2.1.3	非研发性创新支出占营业额比重(%)	修订	Eurostat(CIS)
	创业与合作		
2.2.1	开展内部创新的中小企业比例(%)	相同	Eurostat(CIS)
2.2.2	参与合作创新的中小企业比例(%)	相同	Eurostat(CIS)
2.2.3	企业更新比例：新生及倒闭的中小企业数/中小企业总数(%)	新设	Eurostat
2.2.4	每百万人拥有的科学性公私联合出版物	新设	Thomsom/ISI

（续表）

		与2007年比较	数据来源
	创新产量		
2.3.1	每百万人拥有欧洲专利局（EPO）专利数	相同	Eurostat
2.3.2	每百万人拥有欧盟商标数量	相同	OHIM
2.3.3	每百万人拥有欧盟设计数量	相同	OHIM
2.3.4	技术收入与支出（版税、专利许可等）占GDP比重（%）	新设	World Bank
	创新输出		
	创新企业		
3.1.1	在产品或流程方面创新的中小企业比例（%）	新设	Eurostat（CIS）
3.1.2	在市场或组织方面创新的中小企业比例（%）	修订	Eurostat（CIS）
3.1.3	资源高效型创新企业（以下两个指标的平均值）		
3.1.3a	创新企业中通过创新减少劳动成本的企业比例（%）	新设	Eurostat（CIS）
3.1.3b	创新企业中通过创新减少原料和能源使用的企业比例（%）	新设	Eurostat（CIS）
	经济效应		
3.2.1	知识密集型服务业从业人员比例（%）	相同	Eurostat
3.2.2	中高技术生产业从业人员比例（%）	修订	Eurostat
3.2.3	产品出口中，中高技术产品的比例（%）	修订	Eurostat
3.2.4	服务出口中，知识密集型服务的比例（%）	新设	Eurostat
3.2.5	市场新产品销售额占营业额的比重（%）	相同	Eurostat（CIS）
3.2.6	企业新产品销售额占营业额的比重（%）	相同	Eurostat（CIS）

指标的统计结果，经过相应的转换及标准化处理后，将全部变成0到1之间的数字。再通过计算相应指标的加权平均值，得出各领域综合创新指数（dimension composite innovation index）、各板块综合创新指数（block composite innovation index）以及总体创新指数（summary innovation index）。

新版本与之前的版本相比，更加关注服务和非技术层面的创新以及创新的输出效应。更趋合理的指标设置及分类，使欧盟可以通过对一系列相互关联指标的统计，反映每个特定领域内各国的创新表现。

2009年1月，欧盟发布了2008年欧洲创新记分牌报告。报告根据上述指标及研究方法对2008年度欧洲各国的总体创新表现进行了分析比较，详见图1-8：

根据各国SII数据，并以欧盟平均SII作为标准，可以将欧洲各国分为4组：

- 创新领先国家（innovation leaders）。包括瑞士、芬兰、瑞典、英国、丹麦和德国。这类国家的SII远高于欧盟平均创新水平，所有该类型国家在人力资源、企业投资及企业创业与合作等领域都有非常强势的表现。

- 创新追随国家（innovation followers）。该类国家SII高于欧盟平均水平，但是离领先国家还有一定的差距，包括法国、卢森堡、爱尔兰、荷兰、比

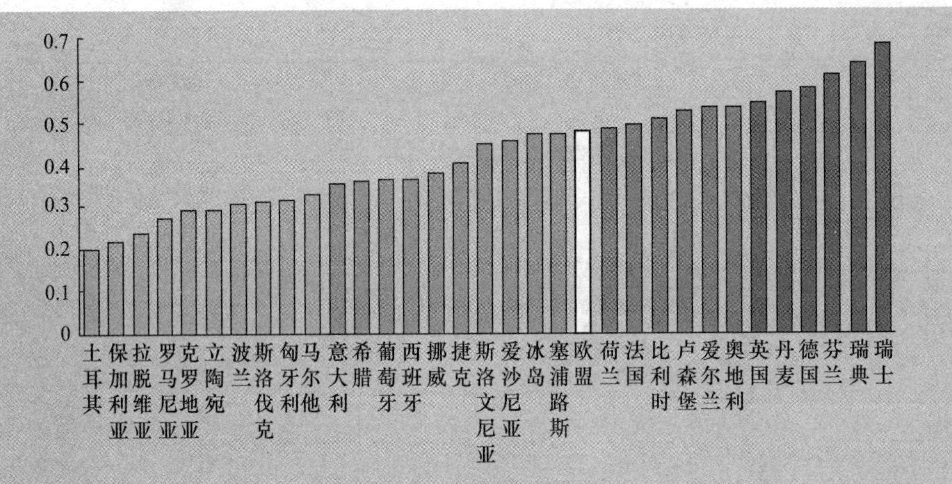

图 1-8 欧洲各国总体创新指数(SII)排名

利时和奥地利。除荷兰之外,该类国家在创新企业领域的表现都要高于欧盟平均水平,荷兰在创新企业领域的数值低于欧盟平均水平,但它是唯一一个在此领域实现增长的国家。

• 一般创新国家(moderate innovators)。包括塞浦路斯、葡萄牙、捷克、爱沙尼亚、希腊、冰岛、斯洛文尼亚、意大利、挪威及西班牙。这类国家的SII大多位于平均水平之下,尤其在创新产量方面,所有该类国家的表现都低于欧盟平均水平。

• 追赶国家(catching-up countries)。如保加利亚、罗马尼亚、拉脱维亚、匈牙利、马耳他、斯洛伐克、波兰、土耳其、克罗地亚、立陶宛等。这类国家的SII水平要落后于其他各类国家。

从数据中可以发现,综合创新指数较高的国家(创新领先国家和创新追随国家)在EIS各创新领域的表现较为均衡,而其他两组SII水平相对较低的国家(一般创新国家和追赶国家)在各创新领域的表现则参差不齐,如图1-9所示。

上述各组国家按照SII的增长速度又可分为增长领先国家、一般增长国家和低增长国家(分组情况详见表1-3)。各组的增长领先国家如果保持较高的增长率,很有可能逐步拉开与同组国家的差距,从而进入更高SII水平国家的行列;反之亦然。

表 1-3 各组国家按增长率分类情况

分组	增长领先国家	一般增长国家	低增长国家
创新领先国家	瑞士	德国、芬兰	丹麦、瑞典、英国
创新追随国家	爱尔兰、奥地利	比利时	法国、卢森堡、荷兰
一般创新国家	塞浦路斯、葡萄牙	捷克、爱沙尼亚、希腊、冰岛、斯洛文尼亚	意大利、挪威、西班牙
追赶国家	保加利亚、罗马尼亚	拉脱维亚、匈牙利、马耳他、斯洛伐克、波兰、土耳其	克罗地亚、立陶宛

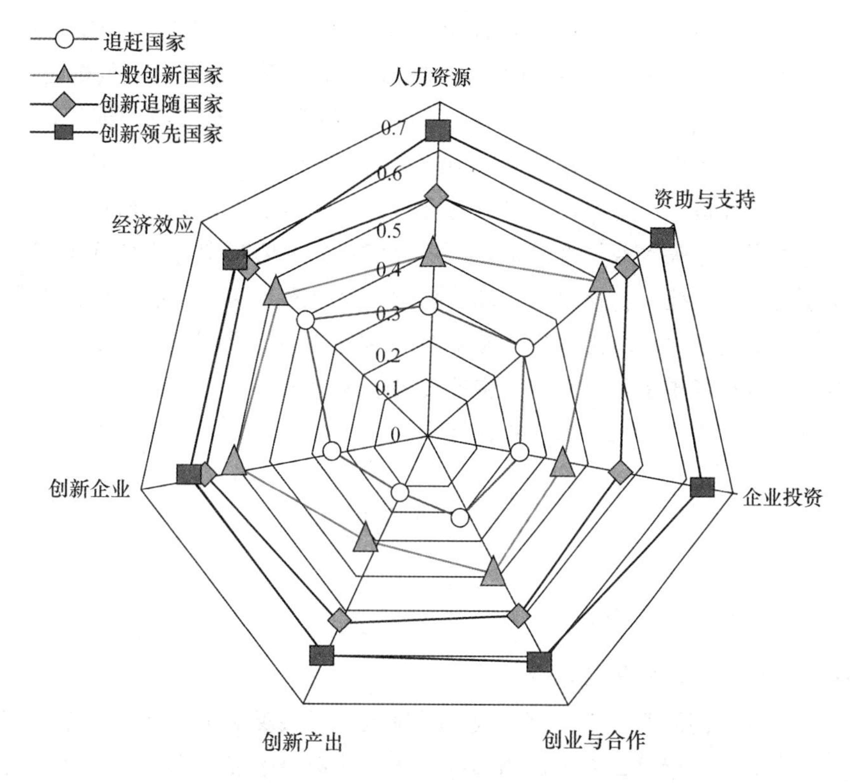

图 1-9　每组国家在各领域的综合创新指数（DCII）

另外，报告通过与美国、日本部分指标的比较发现，虽然欧盟与美、日之间仍存在一定差距，但是差距正在逐步缩小，这归功于欧盟在高等院校毕业生数量、宽带建设以及风险投资等方面取得了巨大的进步。但报告同时指出，在国际专利、政企合作、研究人员数量以及商业研发投入等方面，欧盟和美、日两国仍然存在较大差距。

三、“创价”：更贴切的翻译

熊彼特的创新概念包含的范围很广，既涉及技术性变化的创新，也包括非技术性变化的组织创新。归根结底，一切创新最终必须落实在价值创造上。因此，在更全面的意义上，“创价”更符合 innovation 的本来含义，能够突出价值创造这个核心元素；而“创新”则有失偏颇，仅仅强调了“新”的元素。

首先，某种创新活动，可能给某个企业的销售额、利润、影响力带来了积极变化，或者对某个非营利单位的组织、管理、机制、文化产生了积极的作用。创新可能为全行业乃至整个产业链上下游带来成体系、可持续、正向的价值和意义，或者促进全社会的福利增加。致力于以创新为导向的组织应该把创新能力带来的成功最终体现在业务增长和长期盈利上，而不仅仅是专利、商业秘密，甚至不是止步于新产品、新服务。

其次，创新绝不意味着一头扎进广阔的未知领域。企业可以在已有的优势领域通过有效创新更上一层楼。创新要以系统化的方式进行构想、开发，以满足客户需求，抢占竞争空白领域，并获得可持续的核心能力，从而实现长远的价值创造。

在大多数中国上市公司的财务报告中，R&D投入并没有被单独列项，一般都直接计入企业的当期管理费用，这是中国会计制度与国际会计制度的不同。这种处理方法传递了这样一种信息：企业用于研发的资金并不能为企业带来任何价值的增值，即它不能为企业带来未来收益的增加，相反还会使企业价值减少。这种认识在很大程度上源于企业的市场经验、长期以来的理念积累。反过来，这一误解也极大地阻碍了中国企业对创新的追求。事实上，中国创新的代表企业并非那些占有资源最多的个体，反而基本上是从市场中拼杀出来的。像比亚迪、无锡尚德、三一重工这样的企业，已经能够开发具有世界领先水平的原创性技术。

第三节　创新的意义

一、对国家和社会的意义

(一) 创新有利于中华民族的振兴

在当前激烈的国际竞争中，创新成为关键因素。人类历史就是一部创造、创新的历史。中华民族本身就是富有创新精神的民族，在历史上涌现出了许许多多具有创新精神的人物，如政治、军事领域的商鞅、管仲、曹操、王安石、张居正、毛泽东，科技领域的祖冲之、毕昇、李时珍、钱学森、茅以升，经济、企业领域的史玉柱、张瑞敏、柳传志。今天，消除中国与发达国家的差距要依靠创新。振兴中华民族需要开发我们的创新能力。

(二) 创新有助于提升生活层次和幸福指数

在国际社会，衡量人的幸福快乐的标准叫国民幸福总值（Gross National Happiness)，也称幸福指数。每个人都处在生活之中，都有切身的感受。比如，随着时代发展，各个年代的结婚必需品也在不断变迁，从简单地成家到木制家具的配备，从自行车的体面到家用电器的行头，再到“新结婚时代”的“房子、车子、票子”等，“三大件”的变迁反映了人们的生活水平在不断提高。许多当年看重的东西已经被时代淘汰，这从侧面反映出经济的发展、社会的进步和人们生活水平的提高。

(三) 创新有助于推动科技进步和社会发展

事实证明，每一次重大的创新都伴随着科学技术的重大突破，这也是人类社会发展的内在要素。公元前4000年，埃及人开始在尼罗河畔耕作，开创了最早的农业生产；公元前2000年前后，巴比伦人发明了炼铁技术，从而开始了农具制造业的发展；公元13世纪，中国活字排版印刷术的发明，推进了世界印刷业的发展和信息的储存、传播；1765年，英国的哈格里弗斯发明了以自己妻子名字命名的珍妮纺纱机，开启了纺织业的发展。自近代以来，人类积极推进能源、材料、信息、生命、空间和海洋等领域的技术创新，从而促使社会形态由农业社会向工业社会以及由工业社会向信息社会的转型。

（四）创新促进了文化繁荣和人类文明

在文艺发展的历史长河中，没有创新的文艺家，就不会有自己的地位。我国的文学史，实际上就是一部不断创新、不断发展的历史。以诗歌为例，从四言、五言到七言，从诗变为词、为小令，一直到近代和现代的诗歌，在形式上不断发展变化，在内容上不断丰富拓展，在创作上形成了一个又一个高峰，产生了一代又一代大家，如屈原、李白、杜甫、白居易、苏轼、辛弃疾、顾炎武、鲁迅、茅盾、郭沫若等。他们的诗歌、文章之所以能脍炙人口，流芳百世，正是因为他们能在前人的基础上不断创新。

二、对经济和产业的意义①

（一）创新有助于建设优秀的企业

创新有助于挖掘企业的知识、技术、管理等无形资产，着眼于在整个企业乃至外部知识资源的充分利用。创新具有再生性，其无限的增值和再利用能力将为企业带来巨大收益。创新有利于企业围绕市场合理有效地配置和使用企业的内、外知识资产，达到知识的最佳效益，其着重点转移到资产所包含的知识量上。创新注重共享性，使知识、技术、方法在企业内部迅速传播，有利于企业的知识量增加。

（二）创新有助于转变发展方式、调整经济结构

转变发展方式、调整经济结构是目前我国经济发展的核心要务，关键在于发挥科学技术在经济发展中的支撑和引领作用。建设创新型企业，有利于提高企业的竞争力，提高企业“引进来”“走出去”的能力，以企业创新发展推动产业技术进步。培育创新型企业500强，让优势企业率先实现创新发展，带头克服发展瓶颈，能够带动战略性新兴产发展业，进而实现产业结构优化升级，最终实现整个国民经济发展的创新驱动和结构调整。

（三）创新有助于建设创新型国家建设的支点

我国的《国家中长期科学和技术发展规划纲要（2006—2020）》和中国共产党“十七大”报告都明确指出，建设创新型国家，迫切要求提高自主创新能力，特别是企业自主创新能力。建设创新型国家的关键在于提高企业自主创新能力。美国、日本、德国和韩国的创新发展经验也都显示，正是那些创新型企业支撑了本国产业发展，提升了国家创新能力，还在一定程度上主导了全球的创新，是创新撬动经济发展的有力支点，如微软、英特尔、丰田、索尼、大众、西门子、三星、现代和LG等。

① 张赤东．建设创新型企业：战略意义、内涵、特点与着力点［J］．中国科技论坛，2010，(5)：47—51．

我国建设创新型国家也急需培育一批具备这样支撑能力的“支点企业”。推进创新型企业建设，就是要打造一批“支点企业”，提高企业创新能力，推动产业技术进步，支撑创新型国家建设。

(四) 创新有助于加强科技与经济紧密结合

从科技发展史上看，科技进步与经济发展关系密切，只有在与经济紧密结合时科技才能充分发挥第一生产力的作用。企业是国民经济的基础和支柱，是科技转化为生产力的集成环节。只有通过企业将新知识新技术引用到生产实践中去，才能发挥科技生产力的作用，促进社会生产力整体水平的提高。建设创新型企业，能够实现以科技创新推动经济发展，以经济增长需求拉动科技创新，实现科技进步与经济发展的紧密结合。

三、对个人的意义

(一) 培养创新导向意识有助于提高个人的创造力

创造力是创新精神的重要部分。培养创新导向意识，有助于个人在各种环境和背景下，更多地从实现价值的角度考虑问题，培养发散性思维，从而提高个人的创造力。只有作为经济活动的输入的创造力提高，作为输出的创新才会得到显著的增强。

现代文明越来越迫切地要求培养青年的独立性和自主性，为创造性人才的崛起奠定人格的基石。因此，要发展个体的创造力必须在民族文化中培养创新意识和创新观念。

一般人认为，只有绝顶聪明、智商极高的人才会具有创造力。然而心理学的研究结果表明，智力与创造力之间并没有多大的关系。国外的一项调查研究发现，“高创造力组”的平均智商低于“高智力组”的平均智商，甚至略低于在高校学习的人口的平均智商。这说明，创造力的培养只需要平均智商，而高智商的人却不一定富有创造力。一般来说，学习能力强总是与积累的知识多分不开，但并不是知识越多创造能力就越强，有时完备的知识容易导致先入为主，反而不易于产生创造性的发现。

(二) 加深对创新的理解有助于提高个人的认知力

技术创新因其更容易实现向现实生产力的转化而受到偏重，而那些具有间接、长远、隐性价值的服务、组织、管理、文化等各个领域的创新却不同程度地被忽视或弱化了。事实上，人类文明的演进，不仅包含技术创新，也包含各个领域的创新。仅仅依赖技术创新是不全面的。加深对创新的理解，能够帮助个人更好地理解现实生活中各个领域的工作及其价值实现方式，从而更好地适应工作和生活环境，更好地实现个人价值。

本土化视角　企业管理创新的意义与路径选择

增强自主创新能力，建设创新型国家，是事关社会主义现代化建设全局的重大战略决策，必将对我国综合国力的提升产生积极而深远的影响。建设创新型国家是一项系统工程，涉及社会的方方面面，企业管理创新是其中的重要内容。大力推进企业管理创新，努力形成具有中国特色的企业管理科学，是增强我国自主创新能力、建设创新型国家的现实需要和重要保证。

企业管理创新是推进科技进步和创新的重要环节。企业是科技成果转化为现实生产力的中介环节，推进企业管理创新对于推进科技进步和创新、不断提高我国生产力发展水平具有重要意义。改革开放之初，我国不仅总体科学技术水平比较落后，企业管理也比较落后，这在很大程度上限制了我国生产力的发展。随着改革开放的深入和社会主义市场经济的不断发展，我国科技事业取得长足进步，国外先进的企业管理理论也被陆续引入，我国企业经营管理落后的局面有了较大改观，涌现了一大批管理水平较高、技术研发能力较强、拥有自主知识产权的优秀企业。但也应看到，上世纪90年代中后期以来，随着我国买方市场的形成和市场竞争的日趋激烈，一些企业尤其是从事竞争性产品生产和加工的企业，为了追求短期利益，把注意力更多地放在了市场拓展上，相对疏于内部管理，影响了企业核心竞争力的提升。在新形势下，提高企业的核心竞争力，应高度重视管理在提高企业自主创新能力中的作用。只有让技术创新与管理创新协调发展，才能真正提高企业的自主创新能力。

资料来源：魏长霖，栾晓慧．企业管理创新的意义与路径选择［EB/OL］．人民网，2006-08-25.

从创造力到可持续发展　欧洲着眼于区域创新和集群创新的计划与活动一览

1. 协会和网络

名称	缩写	成立时间	地点	目标	网站
European Cluster Alliance		September，2006		The objective of the European Cluster Alliance is to go beyond the identification of good cluster policies and to facilitate a true policy dialogue between those who wish to jointly advance the European cluster agenda in areas of common interest.	http：//www.proinno-europe.eu/index.cfm?fuseaction=page.display&topicID=395&parentID=395
Clusters Linked Over Europe	CLOE	December，2004	Karlsruhe，Germany		http：//www.cluster-forum.org/

(续表)

名称	缩写	成立时间	地点	目标	网站
International Network for Social Network Analysis	INSNA	1978	the state of Delaware, USA	Publish Connections, a bulletin containing news, scholarly articles, technical columns, and abstracts and book reviews, Etc.	http://www.insna.org/
Innovations Systems Research Network	ISRN	1998	Canada	The ISRN's goal is to better understand how economic, social, and political conditions influence innovation and hence economic development at the local, regional, and national level. The knowledge resulting from this research is intended to assist policy-makers at all three levels of government to better understand innovation dynamics and craft more effective policy.	http://www.utoronto.ca/isrn/
TCI Network		1998	Barcelona SPAIN	To promote cluster-based competitiveness and development strategies. To promote methodologies for enhancing the competitiveness of clusters. To raise the professional level of cluster development practitioners.	http://www.competi-tiveness.org

2. 有代表性的创新集群计划和研究

名称	国家	简称	网站	目标
The Baltic Sea Region Innovation Network		BSR InnoNet	http://www.proinno-europe.eu/index.cfm?fuseaction=page.display&topicID=65&parentID=55&CFID=1387964&CFTOKEN=72271280	to help make the Baltic Sea Region a front runner in creating environments for policy makers and practitioners to establish joint activities, build strong industrial clusters and innovation poles to link national innovation systems and innovation programmes, and to develop methods to measure and evaluate cluster performance and policy success.

（续表）

名称	国家	简称	网站	目标
Central and Eastern European Cluster and Network Area		CEE-Cluster Network	http：//www.proinno-europe.eu/index.cfm? fuseaction=page.display&topicID=66&parentID=55	To shape a common policy in by defining common strategic issues, strategies and programmes.
Cluster Network		CLUNET	http：//www.proinno-europe.eu/index.cfm? fuseaction=page.display&topicID=67&parentID=55	To share experiences and implement concrete pilot projects related to cluster innovation and development policies.
European Cluster Observatory	European Union		http：//www.clusterobservatory.eu/	
Europe INNOVA	European Union		http：//www.europe-innova.org/index.jsp	Europe INNOVA is an initiative of the European Commission's Directorate General Enterprise and Industry which aspires to become the laboratory for the development and testing of new tools and instruments in support of innovation with the view to help innovative enterprises innovate faster and better. It brings together public and private innovation support providers such as innovation agencies, technology transfer offices, business incubators, financing intermediaries, cluster organisations and others.
Global Cluster Initiative Survey		GCIS	http：//www.cluster-research.org/gcis.htm	The Global Cluster Initiative Survey（GCIS）is a research project exploring microeconomic competitiveness projects throughout the world. Such projects can take various shapes and go under different names（for example SME development networks, cluster projects, regional competitiveness initiatives, science parks）, but cluster initiatives can be used as common term for all.

(续表)

名称	国家	简称	网站	目标
Innovation Systems and Economic Development: The Role of Local and Regional Clusters in Canada	Sciences and Humanities Research Council, Canada			To examine the impact and importance of cluster-driven innovation in Canada. The first of its kind in Canada, the study investigated how local networks of firms and supporting infrastructure of institutions, businesses and people in communities across Canada interact to spark economic growth.
Networking of national/ regional funding and innovation organisations for the involvement of SMEs in technology-based innovation clusters in Europe		INNET	http://www.proinno-europe.eu/index.cfm?fuseaction=page.display&topicID=71&parentID=71	To promote interaction and cooperation between regional, national and European funding schemes, to facilitate cross-border cooperation for SMEs in technology clusters and to strengthen the activities of SMEs in broad technology.

3. 部分有代表性的创新集群

国家	集群名称	地点	优势产业
France	Secured Communicating Solutions	Provence-Alpes-Côte d'Azur Région	secured communicating solutions
	Minalogic	Grenoble-Isère	micro & nano technologies and embedded software
	Pôle Mer	Pôle Mer Bretagne and the Pôle Mer PACA	maritime safety and security & sustainable development
	Mines Paris	Paris, Sophia-Antipolis, Evry	energy
	Mov'eo	Northern France	automobile
	Île-de-France	Paris-Region	complex systems
		Brest-Iroise	marine science and technology, ICT, life sciences
	First European Technopole	Sophia Antipolis Science Park	ICT, life sciences, education and training, energy and environment
	INRIA	SophiaAntipolis, Rhône-Alpes (Grenoble), Rocquencourt (Paris), Loria (Nancy), IRISA (Rennes)	

（续表）

国家	集群名称	地点	优势产业
Germany	Bio-Regions	17 regions in Germany (Berlin, Munich, Rhein-Neckar-Dreieck, Köln-Bonn-Aachen, N Braunschweig-Hannover-Göttingen, etc)	bio-technology
Italy	AREA Science Park: Padriciano and Basovizza	Friuli Venezia Giulia, Italy	multi-disciplinary: bio-technologies, chemistry, nano-tech, ICT
	Torino Wireless Foundation	Piemonte, Torino	ICT
Spain			
The Netherlands	HTCE	Eindhoven, Nord Brabant	ICT
	Chemelot	Geleen-Sittard, Limburg	material

本章小结

1. 美籍奥地利经济学家熊彼特最早提出创新理论，他认为创新就是一种“新的生产函数的建立”，其目的在于获取潜在的超额利润。实际上，创新与“技术”具有紧密的联系，然而并不局限于传统意义上的狭义的技术。创新活动必须包括从最初的新思想、新点子，通过必要的试验或实践活动，逐渐成形并被付诸实施，从而在企业、市场或社会中实现价值这样一个完整的流程。创新的主体是多元化的，政府、企业、大学、科研机构、用户都是创新的主体。

2. 在各种发明，各种创新的背后，创造力起着重要的作用。仅仅局限于个体创造力本身是不够的，组织创造力对于改进组织的绩效至关重要。创造力包含多种成分。与创造力有关的激励因素包括与领域相关的技能、与创造力相关的过程和工作的内在动机，以及个体以外的工作环境因素。创造力研究是创新研究领域的一部分。创造力是创新的源泉，而创新则是创造力的良好归宿。

3. 创业是一个创造财富、实现目标的过程。机会、资源和创业团队三个要素共同驱动这一过程。创新活动处于创业的核心。创业者的创新包括制度、技术、理论、风险态度等多种层次的创新。创业与创新既相互联系，又相互区别。在更全面的意义上，“创价”更符合 innovation 的本来含义，能够突出价值创造这个核心元素。

4. 一方面，创新对国家和社会具有重要意义：创新有利于中华民族的振兴；创新有助于提升生活层次和幸福指数；创新有助于推动科技进步和社会发展；创新促进了文化繁荣和人类文明。另一方面，创新对经济和产业也具有重要意义：创新有助于建设优秀的企业；创新有助于转变发展方式、调整经济结构；创新有助于建设创新型国家建设的支点；创新有助于加强科技与经济紧密结合。与此同时，创新对个人的意义也是显著的：培养创新导向意识有助于提高个人的创造力；加深对创新的理解有助于提高个人的认知力。

讨论题

1. 创新的概念应当如何理解？狭义的创新和广义的创新概念之间有什么联系和区别？

2. 创新的主体有很多种，每一种发挥什么样的功能？

3. 对个人而言，是不是创造力越高就意味着创新能力越强？反过来呢？

4. 怎样更好地发挥创新精神，从而更好地推动创业进程？

5.“创价”的概念能否涵盖创新的主要内涵？这个概念是否贴切？除了价值创造之外，创新是否还有更多的内涵？

6. 创新对经济和产业的意义是否必然成立？在中国目前阶段，大力提倡创新是必要的吗？

参考文献

[1] 伯大辉．海信集团创新体系及创新能力成长的仿真与实证研究［D］．青岛大学，2010.

[2] 德鲁克，彼得．创新与企业家精神［M］．彭志华，译．海口：海南出版社，2000.

[3] 傅家骥．技术创新学［M］．北京：清华大学出版社，1998.

[4] 胡明铭．区域创新系统评价及发展模式与政策研究［D］．中南大学，2006.

[5] 李华晶，王睿．知识创新系统对我国大学衍生企业的影响——基于三螺旋模型的解释性案例研究［J］．科学管理研究，2011，(1).

[6] 罗伯特·A. 伯格曼．技术与创新的战略管理［M］．陈劲，王毅译．北京：机械工业出版社，2004.

[7] 彭学兵，张钢．技术创业与技术创新研究［J］．科技进步与对策，2010，27(3)：15—19.

[8] 清华大学技术创新研究中心．创新与创业管理（第2辑）［M］．北京：清华大学出版社，2006：5—8.

[9] 施建农．创造力的系统观［J］．心理学动态，1995：1—5.

[10] 王佳基．创造力与创新［J］．科技管理研究，2008，(1)：263—264.

[11] 王庆金，周雪，王阳．科技中介与区域创新主体博弈研究［J］．科技管理研究，2011，(4)：1—3.

[12] 魏长霖，栾晓慧．企业管理创新的意义与路径选择［EB/OL］．人民网，

2006-08-25.

[13] 熊彼特．财富增长论：经济发展理论 [M]．李默译．西安：陕西师范大学出版社，2007：88—89.

[14] 张赤东．建设创新型企业：战略意义、内涵、特点与着力点 [J]．中国科技论坛，2010，(5)：47—51.

[15] 张军．话说企业家精神、金融制度与制度创新 [M]．上海：上海人民出版社，2001.

[16] 张庆林，Sternberg，R. J. 创造性研究手册 [M]．成都：四川教育出版社，2002.

[17] 赵炎，陈晓剑．风险企业中的企业家团队 [J]．中国管理科学，2004，12 (1)：122—130.

[18] 赵炎，等．技术创业与中小企业管理 [M]．北京：知识产权出版社，2007.

[19] Amabile，T. M. The Social Psychology of Creativity：A Componential of Conceptualization [J]．Journal of Personality and Social Psychology，1983，45 (2)：357—376.

[20] Amabile，T. M. The Motivation to be Creativity [A]．in Isaksen，S. G. (eds)，Frontiers of Creativity Research：Beyond the Basics [M]．Buffalo，New York：Bearly，1987：223—254.

[21] Amabile，T. M. Creativity in Context：Update to the Social Psychology of Creativity [M]．Westview，1996.

[22] Drucker，P. Post Capitalist Society [M]．New York：Butterworth Heineman，1993.

[23] Etzkowitz，H.，and Leydesdorff，L. Universities in the Global Economy：A Triple Helix of University-Industry-Government Relations [M]．1997.

[24] Harrington，D. M. The Ecology of Human Creativity：A Psychological Perspective [A]．in Runco，M. A.，and Albert，R. S. (eds)，Theories of Creativity [M]．CA：Sage，1990：143—169.

[25] Kirk，S. J.，and Kent，F. S. Creative Design Decisions：A Systematic Approach to Problem Solving in Architecture [M]．New York：Van Nostrand Reinhold Company，1988.

[26] Kirzner，I. M. Perception，Opportunity and Profit [M]．Chicago：Chicago University Press，1979.

[27] Knight，F. Risk，Uncertainty，and Profit [M]．New York：A. M. Kelley，1921.

[28] Knudson，W.，Wysocki，A.，Champagne，J.，and Peterson，H. C. Entrepreneurship and Innovation in the Agri-food System [J]．American Journal of Agri-

culture Economics, 2004: 1330—1336.

[29] Mark Dodgson, Roy Rothwell. 创新聚焦——产业创新手册 [M]. 陈劲, 译. 北京: 清华大学出版社, 2000.

[30] Perkins, D. N. Creativity and the Quest for Mechanism [A]. in Sternberg, R. J. & Smith, E. E. (eds), The Psychology of Human Thought [M]. NewYork: Cambridge University Press, 1988: 309—333.

[31] Schumpeter, J. A. The Theory of Economic Development [M]. Cambridge, MA: Harvard University Press, 1934.

[32] Shane, S., and Venkataraman, S. The Promise of Entrepreneurship as a Field of Research [J]. Academy of Management Review, 2000, 25 (1): 217—226.

[33] Timmons, J. A. Newventur Creation—Entrepreneurship for the 21st Century [M]. Boston MA: Irwin/McGraw-Hill, 1999.

[34] Torrance, E. P. The Nature of Creativity as Manifest in Its Testing [A]. in Sternberg, R. J. (eds). The Nature of Creativity: Contemporary Psychological Perspectives [M]. New York: Cambridge University Press, 1988: 43—75.

[35] Woodman, R. W., Sawyer, J. E., and Griffin, R. W. Toward a Theory of Organizational Creativity [J]. Academy of Management Review, 1993, 18 (2): 293—321.

[36] http: //wiki. mbalib. com/wiki/%E4%BC%97%E5%8C%85.

本章关键词中英文对照

众包 crowdsourcing
创新 innovation
发明 invention
研究与发展 Research and Development, R&D
商业价值 business value
市场价值 market value
社会价值 social value
三螺旋模型 triple helix
创造力 creativity
创业 entrepreneurship
风险厌恶型 risk averse
风险中性 risk neutral
风险偏好型 risk preference
创意产业 creative industry
创新全球化 GlobInn
欧洲创新记分牌 European Innovation Scoreboard, EIS

第二章

创新政策、创新系统与可持续发展

章首案例

美国政府“科技创新政策”

1. 制定相关法律政策，支持科技创新发展

美国历届政府为了科技创新的发展都提出了许多计划，并制定了相关的法律法规。如肯尼迪政府提出的1962年的工业技术计划和1965年实施的国家技术服务计划。1980年所建立的第一部《技术创新法》，允许美国大学将联邦政府资助研究的结果申请专利，这项政策大大激励了大学研究者从事具有潜在商业应用研究或与商业部门合作的决心和信心。1980年到1993年短短十几年时间美国政府制定或提议了九项相关的法律法规，重要的有：《贝荷—道尔法》，主要解决了政府资助及与其签订合同时产生的发明专利的政策限制。《史蒂文森—怀德勒技术创新法》，为使联邦实验室的科技创新活动更倾向于商业化提供了法律基础。《国家合作研究法》，有效地解决了相互合作研究企业的反垄断的法律效力。

进入21世纪之后，美国以新能源领域的发展为重点，同时大力加强清洁能源、医疗卫生、环境及气候变化等领域的研发，并且在国家空间、信息通信、材料与制造等相关领域也相继出台了若干新计划及新政策。2010年公布的《美国能源法案》规定了排放量的标准，并以2005年为参考标准进行有计划的减排。

在医疗卫生领域，发布了首个国家卫生安全战略，公布了首个抗击艾滋病国家战略，启动了基因型—组织表达研究计划并通过了《2010年干细胞治疗与研究在授权法》。《2011—2015财年环保局战略规划》提出了关于空气、水资源、污染等5个相关方面的战略目标以及5个交叉基本战略。与此同时，美国也发布了新的国家空间政策，旨在作为今后航天活动的基本准则。2010年相继颁布了《加强网络安全法》《网络空间中可信身份的国家策略》《国家纳米技术行动计划》。美国政府通过制定及完善税收、知识产权等相关政策有力地促进了创新活动的开展，对美国科技创新的发展产生了积极深远的影响。

2. 提升高校的基础研究和创新能力，加大对大学R&D的投资

美国高校具有两项非常重要的职责，即培养优秀的科技创新人才以及进行原发性的科技创新研究。据相关资料归纳，美国的研究型高校所培养的博士研究生总量占所有大学中的75%以上，而政府拨款给研究型高校的科研经费的总额占所有高校获得经费总额的90%左右，在Nature和Science上发表的论文数量占所有大学发表总额的80%左右。美国具有世界上最发达的高等教育，在世界大学前百名的排名中，美国的高校占到50%以上，这就是美国的科技创新能力始终领先于世界各国最根本的原因。由此可见，美国对于高校中的人才尤其是创新型高校人才的培养、引进及使用等方面有其独特之处。

自第二次世界大战后，美国长时间一国的R&D投入超过OECD所有成员R&D投入的总和。美国政府支持并建立了许多高校及基础科学实验室，引导并支持企业与企业间联合开发研究，使得美国科技创新的R&D进一步提高。美国政府在20世纪90年代以后，着重加强政府与企业的合作，鼓励产业界增加R&D投资，重视教育并加大对大学R&D的投资。美国大学的实验室承担了科技创新的主要力量。政府为了其长远目标，使美国保持其科技大国的领先地位，必须要加大对科研与教育的投资。

3. 促进企业科研发展能力的加强

企业是科技创新的最重要主体。在美国，企业的创新能力对于国家整体创新能力的发展起着关键性的作用。美国政府一直致力于采取相关措施用以扶持企业的发展、促进企业的研发，而采取最多的则是税收制度、支持中小企业、政府采购等措施。

一是税收制度。美国利用税收制度来促进企业科研能力的发展。例如为了促使企业更好地进行创新与投资，在2010年财政预算中奥巴马政府拨款750亿美元，提出要实行研发税收减免永久化。研发税收的形式大体分为三种，一种是科研利润与应缴纳税额相互抵消，一种是在进行科研的过程中给予企业相应的补助，最后一种是对于利用率不大的项目加快淘汰，以减少所应缴纳的税率。美国国内税法规定了可以享受20%退税优惠的两种情况，一种是所有的公司和机构，如果第二年所投入的研究经费较前一年相比增加，可以获得该增加部分20%的退税。另一种是，不但公司和机构享有20%的退税，个人和其他进行研究的机构，如果其研究成果具有潜在的商业性，也同样可以享受较头一年增长投资额的20%退税。

二是支持中小企业的快速发展。早在80年代初期，中小企业的科技创新发展在美国就受到了重视。于此之后，美国为了适应其社会经济的发展情况相继实施了一系列措施，解决了小企业贷款难、税收重、申请审批程序繁琐、发展机会少及创新水平低的许多问题。90年代以来，美国政府公布了较多鼓励与扶持中小企业进行创新的科技政策。其中主要有帮助中小企业尽可能多地参与到政府的相关计划，推动中小企业进行宣传并推销其产品，支持中小企业相关人员退休计划。政府主要通过减少对于中小企业的政策管制，为中小企业开拓国外市场以及加强美国的劳动力来扶植美国中小企业的发展。

在当今知识经济的大背景下，提供税收减免、增加资本供应的易得性、支持技术创新企业的发展模式逐渐发生了变化。中小企业如雨后春笋般地逐渐发展起来。美国政府意识到，在当今社会不能一味地支持大型企业的创新，更应该支持中小型企业的发展，因为今天的大企业正是从昨天的小企业发展起来的，而当今的中小企业更具创新的活力，更能创造经济的增长及就业和机会。中小企业是美国技术创新的核心力量，美国一半以上的创新发明是在小企业实现的，小企业的人均发明创造是大企业的 2 倍。

三是政府采购促进企业创新。在先期阶段，政府的订购对于产品的发展是非常重要的激励方式，而在产品投入生产之后政府责无旁贷地应成为此创新产品的首要购买者，用以引导市场的发展。创新逐渐成为经济增长的关键因素，美国政府也转变其角色，从一开始的购买者成为现在创新的支持者与推动者。

4. 加强主体间的合作

美国具有数目较多的国家实验室和科研体系，具有世界一流的科学家、技术及庞大的资金，具有强大的科技创新能力。美国政府为了促进企业的科研活动，制定了相关的政策对其进行调整，其一是为了鼓励企业科研的热情，制定了相关的税收减免政策；其二是促进企业与企业之间的相互合作。

为了使科技成果进一步转化，应促使政府与企业间广泛合作，形成政府与企业全力合作的科研机制，共同进行科技创新。盖格曾指出，它们非常用心地创造“集聚”效应，使得产学双方的人员可以进行较高水平的交流。而这种交流能够迅速促进大学的理论研究及科技创新向企业转移。实际上，大学对科技创新及社会的贡献多种多样，其在研究过程中的发现和产生的科技信息，可以帮助企业提高在各领域的创新效率；还可以帮助国家培养具有高素质水平的科研人员；也可以直接参加到应用与开发的研究中去；大学还可以在科技扩散中发挥重要的作用。但是，大学的科研机构对国家科技创新最主要的贡献在于公开科学领域内的贡献。

企业正是看中了高校对于科技创新能力的培养，才把它看作是创新的不竭动力。目前，美国 200 多所高校校园成立了超过 1000 个正式的高校与企业联合开发研究试验中心。到 1994 年为止，MIT 的毕业生和在校教师已在全球创建了 4000 家至今仍相当活跃的公司。美国政府以高校为基础，成立了许多跨学科的实验室或研究室。提升了高校的科技创新能力，也就提高了企业在市场上的竞争力。美国政府的开放制度和政府的法律法规体系以及文化发展等方面因素就形成了相对完善的创新制度结构和制度环境。

资料来源：马佳美．我国政府科技创新政策导向研究［D］．哈尔滨理工大学，2014.

问题

1. 上述材料体现了哪些“创新政策工具”？

2. 我们从美国科技政策中能得到哪些启示？对我国科技能力的发展有哪些借鉴作用？

第一节 创新政策

一、创新政策（innovation policy）的定义与内涵

（一）创新政策的定义

为了在日益加剧的国际竞争中加强创新能力，提升竞争力，保持传统的竞争优势，从20世纪80年代开始，西欧发达经济体在国家和欧盟的层次上兴起了创新政策研究。关于创新政策的定义有许多观点：

• 最早提出权威的创新政策概念的是 Rothwell & Zegveld（1985），他们认为创新政策包含产业政策与科技政策两部分，其中科技政策包含技术职业教育、专利系统、在科学技术基础建设内的基础科学研究与应用研究的提升。① Rothwell & Dodgson（1992）进一步以政策工具的异同来区分产业科技政策与产业政策，他们把技术教育、有关专利、以基本设施为本的理论研究与应用研究政策归为产业科技政策，把租税、投资奖励、产业再造、关税等相关政策归为产业政策。②

• 鲍克（1997）认为：创新政策是政府为鼓励技术发展和其商业化以提高竞争力的各种社会经济政策的总和，它处于经济政策的中心位置，直接鼓励创造与变化。③

• Luke Georghiou（2006）将创新政策定义为：任何能够帮助企业提高创新能力的政策，包括提供研究和教育的科学基础设施及直接、间接的技术开发支持，以及一系列旨在构建网络的政策。这些政策使市场更加有利于创新，促进科技的转移，帮助公司掌握相关的能力，在各领域提供基础设施的帮助，如标准和知识产权等。此外，其他公共政策也会影响创新，包括宏观经济政策、教育普及、政府采购、监管（污染、保健、安全）及竞争政策等。④

---

① Roy Rothwell，Walter Zegveld. Reindustrialization and Technology［M］. Harlow：Longman Group Limited，1985.

② Rothwell，R. & Dodgson，M. European Technology Policy Evolution：Convergence Towards SME and Regional Technology Transfer［J］. Technovation，1992，12（4）：223—238.

③ 鲍克，等. 技术创新与产业化问题研究［M］. 北京：经济科学出版社，1997.

④ Luke Georghiou，Effective Innovation Policies for Europe：The Missing Demand-side，Prime Minister's Office，Economic Council of Finland，2006.

综上所述，创新政策是指一个国家或地区政府以促进创新活动的产生、利用和扩散为目标，规范创新主体行为而制定并运用的各种直接或间接的一系列公共政策和措施的总和，它是一个在实践中不断完善的政策体系。①

（二）创新政策的内涵

尽管上述各种定义在内容的外延上有所差异，但在概念内涵上存在共同点：

- 强调创新政策涉及诸多的政策领域
- 强调整合，即各种相关政策的有机结合
- 强调应以创新活动作为政策对象

另外，创新政策既不同于主要关注科学发展和科学家培养的科学政策，也不同于主要目标在于支持和扩大技术开发的技术政策。创新涉及的不仅仅是技术问题，还包括组织与管理问题。创新政策是一个有着更为广泛含义的范畴。科学政策、技术政策与创新政策之间的区别如表 2-1 所示。②

表 2-1　科学、技术和创新政策

政策	主要特征	研究趋势
科学政策	科学教育 大学和政府实验室的研究 基础研究 集中于大问题，如空间问题、核能问题等	选择性（前瞻性）国际化
技术政策	对创造“战略性”和“通用性”技术的支持，比如信息技术、生物技术等，以及对于新技术企业（NTFBs）的鼓励等	有针对性的研究努力；国际与开发合作 知识产权（IPR）保护；管制 环境问题；优惠采购
创新政策	资助技术扩散 鼓励科学转移 以中小型企业为重点	创新的系统方法；网络建设 中间产品的开发；区域化/分散化 培育企业“能力”与“资源”

二、创新政策的工具

黄悦胜（2002）认为，创新政策不仅是技术政策与科学政策的结合，还是科学技术政策与其他政策的有机结合，它们形成一个完整的政策体系，包括涉及创新活动的金融财税政策、社会发展政策、资源环境政策、外交政策、教育政策、人才与就业政策等，如图 2-1 所示。③

从国内外的实际运用来看，典型的创新政策工具包括财政投入、税收优惠、政府

① 黄悦胜．中国中小企业技术创新政策与创新模式研究［D］．中南大学，2002.

② Dodgson，M.，Bessant，J. Effective Innovation Policy：A New Approach［M］. London：International Thomson Business Press，1996.

③ 黄悦胜．中国中小企业技术创新政策与创新模式研究［D］．中南大学，2002.

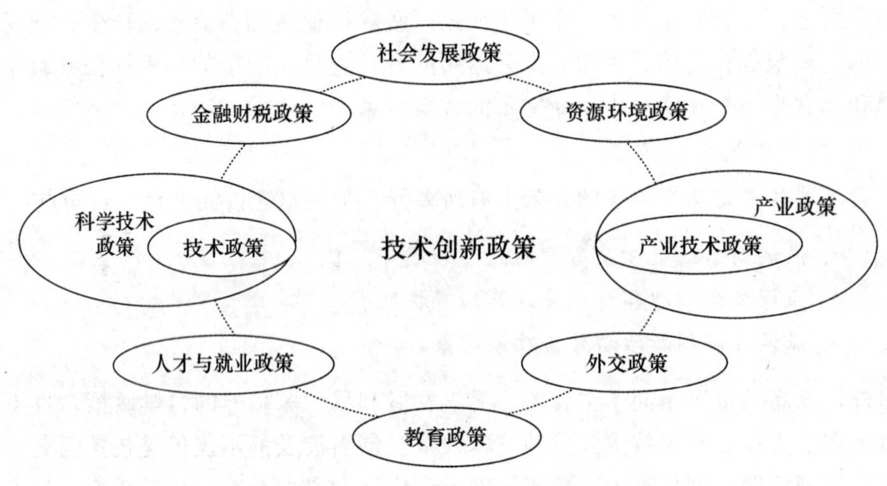

图 2-1　技术创新政策的范围

采购、风险投资、知识产权保护、中小企业及科技中介服务等。①

1. 财政投入政策

对创新实施直接财政投入，使创新者很容易感受到由于创新活动带来的好处，从而能够提高创新者的积极性。财政投入政策具有较大的灵活性，该政策可以根据国民经济的发展状况和财力情况进行及时调整。

例如，日本政府直接对创新项目进行资助，投入对象主要是政府和大学的研究机构、企业重大技术创新项目。对企业进行的技术研究、应用研究经费或研究开发所必需的设备费和运转费，其中的一半由政府补助金提供。

韩国政府通过信用保证金制度支持中小企业的创新活动。政府设立信用保证基金和技术信用保证基金，其中 99.1%的信用担保提供给了中小企业。到 20 世纪 90 年代初，利用信用保证的中小企业已经达到了 30502 家。

政府的财政投入具有如下特点：各国政府继续加大对研发活动的直接支持力度，但相对企业研发活动的投入而言，政府投入所占的比例日益下降。政府的投入更多地着眼于促进企业与其他创新主体的合作，为提高国家竞争力需要而着重发展某些产业和某些领域的关键技术。

2. 税收优惠政策

税收优惠政策就是政府放弃一部分税收收入，而将其让渡给企业，从而激励创新主体。

日本政府制定的《增加试验研究经费的纳税减征制度》规定：当试验研究开发经费的增加部分超过支出的最高水平时，对增加部分免征 20%的税金（几经调整，目前的水平是 25%）。《促进基础技术开发税制》规定：对购置用于基础技术开发的资产免征 7%的税金。

① 李锦慧. 黑龙江省自主创新政策研究［D］. 哈尔滨工程大学，2008.

美国的《经济复兴税法》规定：对于高出企业过去3年研究开发支出平均额的部分，将减税25%；对于试验研究用的机械设备，将折旧期限大幅缩短为3年，对于产业用的机械设备的折旧年限定为5年。

3. 知识产权保护制度

从法律的角度来保护创新者的收益，能够提高创新者的积极性。它的优点主要表现在法律的严肃性和适用的普遍性上。在承认知识产权保护制度对促进创新发挥积极作用的同时，也要注意其对技术扩散的不利影响。

自20世纪80年代开始，美国政府推出一系列知识产权保护政策，如设立联邦巡回上诉法院（CAFC），作为对专利确权、侵权诉讼的专属上诉法院；提高美国专利商标局（USPTO）在联邦政府公共政策制定过程中的影响力；通过《拜—杜法案》，使私人部门享有联邦资助科研成果的专利权成为可能，从而产生了促进科研成果转化的强大动力。

4. 风险投资政策

风险投资（venture capital）是由职业金融家投入到新兴的、迅速发展的、具有巨大竞争潜力的企业中的一种权益资本。风险投资机构与创新企业分担创新过程的各种潜在风险，从而降低创新过程中的不确定性。风险投资政策是一种非常明确的风险分担政策。

作为风险投资的发源地，美国政府很少参与风险投资的直接管理，而是一方面充分利用其高风险、高回报的特点，通过调节其潜在投资者的风险收益比来诱导投资，另一方面致力于改善风险投资的外部环境，降低其风险因素。这种间接调控的优点在于，既有力地支持了风险投资的发展，同时又保证了风险投资公司独立灵活的运行机制，实现了政府与市场的有效结合。美国没有专门针对风险投资的法律，但是《公司法》《证券法》《基金法》等能够覆盖风险投资领域。

5. 中小企业政策

创新过程存在多方面的不确定性，尤其表现在技术开发与市场开拓两个方面。相当多的中小企业承担了与这些不确定性相关的种种风险，充当创新中试验基地的角色。中小企业的出生率和死亡率都很高，企业经营风险较大，中小企业也成为企业家培训的基地。

美国特别重视两类中小企业的发展：一是有发展前途的高新技术中小企业，这类企业成为银行贷款担保的重点对象，美国政府还鼓励“小企业投资公司”（SBIC）直接向它们贷款；二是少数民族、残疾人和其他在竞争中处于不利地位的人群（包括黑人、青年及妇女）所办的中小企业，“小企业投资公司”直接向这些企业提供优惠的直接贷款，控制这类人群的高失业率。美国政府主要为中小企业提供信贷担保。美国政府直接对中小企业提供融资一般有三种情况：一是向中小企业进行风险投资；二是向遭受自然灾害的中小企业提供自然灾害贷款；三是向中小企业提供出口信贷。可见美国政府对中小企业的资金援助有限。中小企业的资金来源除了企业自身，更多地依赖于证券市场和短期借款。

6. 政府采购政策

政府采购政策主要是通过创造和扩大政府市场以减少创新过程中的市场不确定性。通过政府的市场行为，政府有意识地引导和促进企业创新活动的速度、规模和方向。政府采购形成一个大市场，起着需求拉动作用。在本国产业尚处于幼稚期时，这种推动作用尤为重要。

美国的政府采购政策态度鲜明地倾向于本国产业，并通过立法形式直接保护本国企业。美国在政府采购领域最重要的法律是1933年制定的《购买美国产品法》。根据该法案，美国政府必须购买本国的货物和服务，并且在美国生产的增加值达到50%以上才能算本国产品；除非有关机构或部门的负责人断定，本国所供应的货物或服务的价格“不合理”，或者购买它们将不符合美国的公共利益。因此，在《购买美国产品法》的监督下，美国90%以上的政府采购都购买本国产品。

7. 科技中介服务

科技中介服务是连接科技成果供给者和科技成果需求者的有效渠道。它通过开展科技信息交流、技术扩散和转移、科技成果转化、科技评估和鉴定、创新资源配置、管理咨询等服务，使企业、科研院所、大学、政府和市场需求之间形成紧密的内在联系。科技中介在促进科技成果快速转化、降低创新交易成本、规避创新风险、提高科技成果交易效率等方面发挥重要的作用。因此，创新政策也需要对科技中介组织提供支持，从而对创新行为产生拉动作用。

全球化视角 ▶ **框架计划：欧盟创新政策的典型代表**

框架计划（Framework Programmes，FPs）设立于1984年，是欧盟最重要的创新政策之一。框架计划主要针对的是创新活动初始阶段的研发与科研活动，其设立之初的主要目标是：确保欧盟在核心技术领域拥有充足的知识和经验积累；促使欧洲能够从联合研究与开发中获得规模经济效益；协助各成员国的研究开发工作，提供信息和技术，避免重复研发；缩小成员国之间科技支出上的差异，推动各地区科技协调发展。

为整合各成员国的科研力量，提升欧洲总体研究水平，欧盟从1984年起已实施了6个框架计划并取了丰硕的成果。历经两年的准备，总预算约为500亿欧元的欧盟第七框架计划（以下简称FP7）于2007年1月正式启动，预计于2013年完成。“欧盟科技框架计划”作为当今世界上最大的官方科技计划之一，是欧盟成员国共同参与的重大科技研发计划，也是欧盟投资最多、内容最丰富的全球性科研与科技开发计划，以研究国际前沿和科技难点为主要内容。

FP1（1984—1987年）：项目的征集、运作和管理还处于起步阶段，以能源研究为主，主旨是开展工业技术创新研究。

FP2（1987—1990年）：从以能源研究为主转变为以农业和工业研究为主，首次加入了有关经济和社会协调发展的内容。

FP3（1990—1994年）：将生命科学列为重点研究领域，提出“以科学技术促进发展”的概念，首次把“人力资源开发”作为专项计划，强调科研成果的推广应用。

FP4（1994—1998年）：欧盟正式成立后的首个框架计划，经费大幅攀升，信息通信技术、新能源、交通和生命科学作为重点，首次把“国际合作”列为专项计划，使欧盟科技框架计划跨出欧洲。

FP5（1998—2002年）：国际合作得到了世界各国的广泛认可与支持，研究目标和领域更加集中，但缺乏整体战略考虑，项目数量多而规模小，重点不突出，项目评审程序复杂。

FP6（2002—2006年）：更加强调项目的规模效应，从独立项目向综合项目发展，倾向长期性、结构性投入，改进了项目的申报、评审和管理程序，制定了明确的战略目标，即建立“欧洲研究区”，努力实现欧洲的创新一体化。欧盟对科技合作的资金投入不断增加，研究领域逐渐扩展，影响力与日俱增。

FP7（2007—2013年）：经费大幅增加，总金额达532亿欧元，重点有所变化：更加重视“国际合作”和“人力资源流动”两大专项计划，更加鼓励第三国的高水平科学家与欧洲科学家共同参与框架计划，实现欧盟“更能吸引世界顶尖人才”的目标，着力提升基础研究的地位，增加基础研究项目立项的数量，促进欧盟多个大型科技研发平台的建设（如移动通信技术研究平台、纳米电子技术研发平台等），加强“科学与社会”专项计划，推动欧盟实现其在2010年成为“世界上最具活力和竞争力的知识型经济体”的目标。与以往框架计划相比，FP7具有以下特点：持续时间加长，由以往的5年增加至7年；经费投入大幅增长，FP7总金额几乎是FP6的三倍；更加重视基础研究，每年约有10亿欧元的经费投入；首次加入了“社会经济科学和人文科学”专题；申请程序更加简化；财务模式更加灵活；强调研究领域比研究方法更重要；对评审等运行机制进行简化；将研究发展重点放在欧洲工业的需求上；创立欧洲研究理事会，资助欧洲科学界的精英。

FP7支持特定的优先领域，它由四个专项计划和一个核研究特殊计划（即欧洲原子能共同体计划等）组成。其项目组织模式包括合作计划（cooperation）、原始创新计划（ideas）、人力资源计划（people）、研究能力建设（capacities）四部分，其中，“原始创新计划”是FP7新提出的项目模式。FP7更加重视基础研究，每年计划投入约10亿欧元。（1）合作计划确定了10个优先领域：健康，食物、农业和生物技术，信息和通信技术，纳米科学、纳米技术、材料和新制造技术，能源，环境（包括气候变化），交通，社会经济科学和人文科学，空间，安全。其中“社会经济科学和人文科学”是新设立的优先领域。（2）原始创新计划由欧洲研究理事会负责实施，支持有风险、有高影响力的研究，促进新兴和有快速影响力的领域达到世界级科学研究水平。欧洲研究理事会设立两项基金：①针对青年学者的启动基金，支持事业初期的创业者；②针对事业有成、领军研究人员，支持优秀、前沿的研究项目。(3) 人力资源计划的目标是通过与外国科学家的合作来加强欧洲研究，通过研究人员的流动建立持久的联系，具体实施则通过“玛丽·居里”行动计划。(4) 研究能力建设计划致力于支持欧洲研究和创新能力建设，包括加强基础学科研究、加强中小企业创新能力、建设知识区域、提高欧洲的研究潜力、促进科学与社会的融合、支持研究政策发展的协调性、加强国际合作等。

20 多年以来，框架计划在推动欧盟研究成果扩散、提高研发人员素质、加快科技人力资源流动等方面发挥了十分积极的作用，是欧盟创新政策中效果最突出的政策之一。

资料来源：张敏．欧洲科技研究十年述评：2001—2010［EB］．中国社会科学院欧洲研究所，2011.

本土化视角 中国的创新政策

近年来，自主创新成为很多地方政府调整经济结构、培育新的经济增长点的有效抓手。2006 年的全国科学技术大会上，胡锦涛同志提出了建设创新型国家，要坚定不移地走中国特色自主创新道路。同时，国务院发布实施的《国家中长期科学和技术发展规划纲要（2006—2020）》（以下简称《规划纲要》）明确要求，把提高自主创新能力作为调整经济结构、转变增长方式、提高国家竞争力的中心环节，把建设创新型国家作为面向未来的重大战略选择，全面推进具有中国特色的国家创新体系建设。为了保证《规划纲要》的顺利实施，中共中央、国务院出台了《关于实施科技规划纲要、增强自主创新能力的决定（2006—2020）》，并制定《实施〈国家中长期科学和技术发展规划纲要(2006—2020)〉的若干配套政策》，从科技投入、税收激励、金融支持、政府采购、引进消化吸收再创新、创造和保护知识产权、人才队伍、教育和科普、科技创新基地和平台、加强统筹协调等方面积极给予优惠政策，以提供支持和保障。此外，为了建设以市场为导向、以企业为主体的创新系统，努力构建全面而高效的国家创新体系，尽快进入创新型国家行列，2007 年对《科学技术进步法》进行了修订。

资料来源：范柏乃，段忠贤，江蕾．中国自主创新政策：演进、效应与优化［J］．中国科技论坛，2013，(9)：4—5.

第二节 创新系统

一、国家创新系统

(一) 国家创新系统（national innovation system）的定义与内涵

Freeman（1987）首先提出国家创新系统的概念，他认为国家创新系统是“政府或商业的组织网络，他们各自或相互间的活动激发、引进与传播了新的科学技术”。[1]组织、技术和制度应当被视为一个整合系统，包括产业界、学术界、政府部门从事创新活动的单位，都是国家创新系统的成员。Freeman（1987）还指出，英国、德国、日本和美国等发达国家的技术追赶和技术跨越，不仅是技术创新的结果，也是国家创新系统演进和发展的结果。

总体而言，国家创新系统就是位于或者说植根于一国的疆界之内的，在生产、扩散和使用新的和经济上有用的知识过程中各种成分和关系的相互作用系统（Lundvall，1992）。[2]

1996年，经济合作与发展组织（Organization for Economic Cooperation and Development）发表了《国家创新系统》报告，认为国家创新系统是建立在创新过程中各主体之间的联系能够显著改进技术业绩的前提基础之上的。[3] 一个国家的创新绩效在很大程度上取决于私营企业、大学和公共研究机构以及在这些角色中工作的人们如何相互联系起来成为一个知识创新和使用的集合体，它们之间的联系可以采取专利共享、合作研究、人员交流、设备购买等形式实现。

国家创新系统的核心内容是科学技术知识或者信息在一国内部的循环流转，包括：（1）企业之间的相互作用，主要指企业之间合作研究活动和其他技术合作；（2）私人企业和公众机构的相互作用，主要指企业、大学与公共研究机构之间的相互作用，包括专利共享、合作研究、合作出版、合作经营等；（3）知识和技术的扩散，这是创新系统中最传统的知识和物质流动，包括产业新技术的工业采用率、机器设备采购交流等途径的扩散；（4）技术人员流动，主要是技术人员在私人企业和公共机构内部以及两者之间的流动。

全球化视角 美国支持创新的相关政策

（1）2006年1月31日，美国总统布什在国会发表的国情咨文中宣布了“美国竞争力计划”，通过大力支持物质科学的基础研究和能源研究来提升美国的竞争力。

（2）2006年2月7日，布什在提交给国会的2007年度财政预算中提出，在未来10年中要将美国国家科学基金会（NSF）、国家标准和技术局（NIST）核心项目和能源部（DOE）科学办公室的研究经费总额增加一倍。

（3）2009年、2011年，美国接连发布两份创新战略报告，表示将推动可持续增长和高质量就业，保障经济增长和繁荣昌盛，奠定创新的核心地位。

（4）美国在世界上最先比较系统地制定政策支持中小企业与政府共同出资进行

---

① Freeman，C. Technology Policy and Economic Performance［M］. London：Frances Printer，1987.

② Lundvall，B. A. National Systems of Innovation［M］. London：Printer Publisher，1992.

③ OECD. 以知识为基础的经济［M］. 机械工业出版社，1997.

研究并取得专利权，鼓励将知识产权注册给中小企业，要求国家实验室促进成果向企业转移，拿出部分资本支持中小企业的科技研究，允许企业使用国家实验室等。在股票市场上开辟了NASDAQ市场，专为中小型科技企业提供直接融资渠道。

资料来源：黄培光．完善我国创新制度体系的思考［J］．重庆社会主义学院学报，2014，(4)：2.

（二）国家创新系统的组成与结构

Lundvall（1992）认为国家创新系统主要包括企业的内部组织、企业间的关系(产业结构)、公共部门、金融部门及其他部门、研究开发部门五个子系统。①

在中国，许多重要的国家部、委以及机构在中国国家创新系统里的政策制定方面起重大作用，包括科技部、国家发展计划委员会、教育部、国家经济和贸易委员会。而以下6类机构则构成了中国国家创新系统的核心：研究机构，国有企业，民营、合资和城市集体企业，大学，国防研究院所，乡镇企业。②

对国家创新系统构成的另一个较流行的划分是将创新系统分为知识创新、技术创新、知识应用和知识传播四个子系统，见表2-2：

表2-2　国家创新体系的系统结构及主要功能

名称	核心部分	其他部分	主要功能
知识创新系统	国家科研机构（国家科研机构和部门科研机构）、教学科研型大学	其他高等教育机构、企业科研机构、政府部门、基础设施	知识的生产、传播和转移
技术创新系统	企业	科研机构、教育培训机构、政府部门、中介机构和基础设施	学习、革新、创造和技术传播
知识传播系统	高等教育系统、职业培训系统	政府部门、其他教育机构、科研机构、企业等	传播知识、培养人才
知识应用系统	社会、企业	政府部门、科研机构等	知识和技术的实际应用

本土化视角　中国的创新型国家建设

目前，世界上公认的创新型国家有20个左右，包括美国、日本、芬兰、韩国等。这些国家的共同特征是：创新综合指数明显高于其他国家，科技进步贡献率在70%以上，研发投入占GDP的比例一般在2%以上，对外技术依存度指标一般在30%以下。此外，这些国家所获得的三方专利（美国、欧洲和日本授权的专利）数占世界数量的绝大多数。

---

① Lundvall，B. A. National Systems of Innovation［M］. London：Printer Publisher，1992.

② 加拿大国际发展研究中心，中华人民共和国国家科学技术委员会. 十年改革：中国科技政策［M］. 北京：北京科学技术出版社，1996.

目前，中国的创新能力较弱。2004 年，我国的创新能力在 49 个主要国家（占世界 GDP 的 92%）中位居第 24 位，处于中等水平。

在全面建设小康社会步入关键阶段之际，根据特定的国情和需求，我国提出，要把科技进步和创新作为经济社会发展的首要推动力量，把提高自主创新能力作为调整经济结构、转变增长方式、提高国家竞争力的中心环节，把建设创新型国家作为面向未来的重大战略。

2005 年 10 月，中共中央总书记胡锦涛在十六届五中全会上，明确提出了建设创新型国家的重大战略思想；在大会上通过的《中共中央关于制定国民经济和社会发展第十一个五年规划的建议》，将增强自主创新能力作为重要内容；2005 年，完成《国家中长期科学和技术发展战略规划》的制定，作出“加快建设国家创新体系”“建设创新型国家”的战略决策。2006 年 1 月，胡锦涛又在全国科学技术大会上指出，要坚持走中国特色自主创新道路，用 15 年左右的时间把我国建设成为创新型国家。建设创新型国家的总体目标是：到 2020 年，使我国的自主创新能力显著增强，科技促进经济社会发展和保障国家安全的能力显著增强，基础科学和前沿技术研究综合实力显著增强，取得一批在世界具有重大影响的科学技术成果，进入创新型国家行列，为全面建设小康社会提供强有力的支撑。

2006—2020 年，将是中国通过不断的努力进入创新型国家的战略机遇期，由此为全面建设小康社会提供强有力的支撑。这 15 年将横跨三个“五年规划期”，真正通过转型与创新发展，从初步纳入科学发展的轨道到全面纳入科学发展的轨道。从 2006 年起，五个方面的创新工作逐渐深入社会经济各领域，包括：实施正确的创新指导方针；提高原始创新、集成创新、引进消化吸收再创新等自主创新能力；深化体制机制改革；培养造就创新人才队伍；发展创新文化与精神等。

二、区域创新系统

（一）区域创新系统的定义与内涵

区域创新系统（regional innovation system）的概念最早是由英国卡迪夫大学的库克（Philip Nicholas Cooke）于 1992 年正式提出的，他认为区域创新系统主要是由在地理上分工与相互关联的生产企业、研究机构和高等教育机构等构成的区域性组织体系，而这种体系支持并产生创新。这个定义揭开了区域创新系统研究的序幕。[①] Autio（1998）进而把区域创新系统看作是“基本的社会系统，由相互作用的子系统组成……组织和子系统内部及相互之间的互动产生了推动区域创新系统演化的知

① Cooke, P. Regional Innovation Systems: Competitive Regulation in the New Europe [J]. Geoforum, 1992, 23.

识流”①。

区域创新系统包括以下内涵：具有一定的地域空间范围和开放的边界；以生产企业、研究与开发机构、高等院校、地方政府机构和服务机构为创新主要单元；不同的创新单元之间通过相互联系，构成一个具有空间结构的社会系统；创新单元通过创新结构、自身组织及其与环境的相互作用实现创新功能，并对区域的社会、经济、生态等产生影响；通过与环境的作用和系统自组织作用维持创新的运行和持续发展。

（二）区域创新系统的分类

区域创新系统研究主要是案例研究，不同地区的区域创新系统各具特色。研究者在各自的学术背景下，根据不同的维度，对区域创新系统进行了分类，如图 2-2 所示。

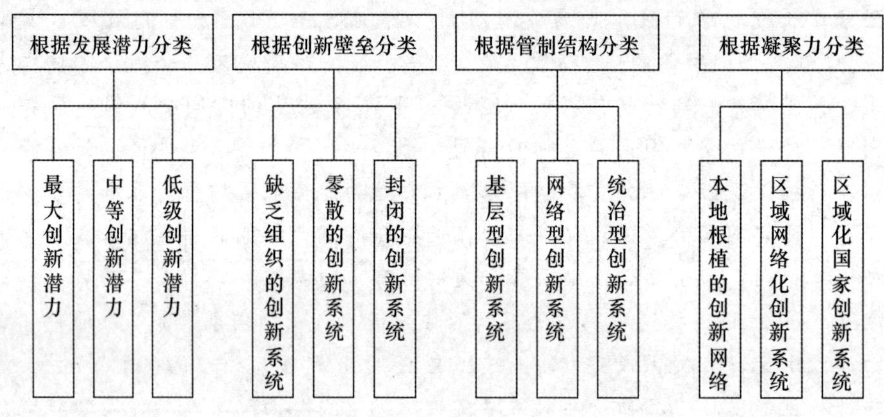

图 2-2　区域创新系统的分类

1. 根据发展潜力

Cooke 等（1996）从基础设施、制度能力、区域政策和企业组织方面对欧洲 11 个区域进行研究时，得出了三类区域创新系统：最大、中等和低级创新潜力。在具有低级创新潜力的区域创新系统里，高科技活动少，研究与生产脱节，创新支持的区域化程度低；在中等创新潜力的区域创新系统内，区域对创新的支持力度不一样，创新支持设施发展不均衡；具有最大创新潜力的区域往往拥有强大的创新机构，如大学和研究机构、技术转移中心等，同时具有较高的自治权。②

2. 根据创新壁垒

Isaksen（2001）通过对区域壁垒的分析，把区域创新系统分为三类：一是缺乏组织的区域创新系统，即缺少使交互式学习得以实现的主体，如区域促进中心或创新支持机构；二是零散的区域创新系统，即区域内主体间缺少区域合作和相互信任；三是封闭的区域创新系统，即创新主体合作主要存在于区域内部，与区域外的主体联系很

① Autio, E. Evaluation of RTD Regional System of Innovation [J]. European Planning Studies, 1998, (6): 131—140.

② Cooke, P., Hans Joachim Braczyk Hj, Heidenreieh M. Regional Innovation System: The Role of Governance in the Globalized World [M]. London: UCL Press, 1996.

少，是一种存在于老工业区中的创新系统。①

3. 根据管制结构

Cooke（1998）从“管制结构”维度出发，把区域创新系统分为三种类型：基层型创新系统、网络型创新系统和统制型创新系统，如下表 2-3 所示：②

表 2-3　根据管制结构分类的区域创新系统

表现＼类型	基层型	网络型	统治型
技术转移	主要在当地进行	多个层面进行	受制于政府的政策
企业筹集资金来源	分散	主要是银行	政府决定
区域合作	合作程度高，主要由当地倡导和推动	区域和国家倡导是混合的，高度依赖于各层次之间的协调机制	相互作用程度低，当地的倡导和合作少
研究	偏重应用型	理论研究与应用研究相结合	侧重基础型
系统协调调度	低	高	很高
案例	意大利	德国、日本	法国

4. 根据凝聚力

Asheim & Isaksen（1997，2002）根据社会凝聚力将区域创新系统分为三种类型：本地根植的区域创新网络，区域网络化创新系统，以及区域化国家创新系统。③如表 2-4 所示：

表 2-4　根据凝聚力分类的区域创新系统

表现＼类型	本地根植的区域创新网络	区域网络化创新系统	区域化国家创新系统
知识组织的相互作用	本地化较少的知识组织	本地化交互式学习	与区域外主体合作
合作的条件	地理邻近，社会和文化相近	更具计划性	合作主要涉及特定的创新计划
发展模式	内生型	内生型	外生型

（三）区域创新系统的构成

区域创新系统是由各个不同创新组织所组成的具有一定结构特征的集合，其中不

① Isaksen, A. Building Regional Innovation Systems: A Possibility of Endogenous Industrial Development in the Global Economy [J]. Canadian Journal of Regional Science 2001, 1: 101—120.

② Cooke, P., Uranga M. C., Etxebarria, G. Regional Systems of Innovation: An Evolutionary Perspective [J]. Environment and Planning A, 1998, 30: 1563—1584.

③ Asheim, B. T., Isaksen, A. Location, Agglomeration and Innovation: Towards Regional Innovation Systems in Norway? [J]. European Planning Studies, 1997, 5 (3); Asheim, B. T., Isaksen, A. Regional Innovation Systems: The Integration of Local "Sticky" and Global "Ubiquitous" Knowledge [J]. The Journal of Technology Transfer, 2002, 27 (1): 77—86.

同创新组织承担着不同的创新职能。区域创新系统由两个部分构成：区域创新活动主体和区域创新环境，如图 2-3 所示：

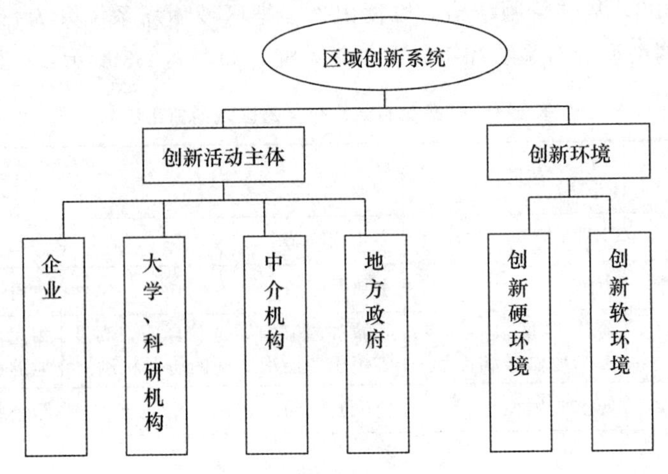

图 2-3　区域创新系统的构成

区域创新系统构成要素之间存在着三种复杂的联系：

(1) 区域创新活动主体之间的联系。包括企业与企业的联系、企业与其他创新活动主体之间的联系以及其他创新活动主体之间的联系。如供应链、客户关系、战略联盟、产学研合作等都属于区域创新活动主体之间的联系。就联系的内容来说，区域创新活动主体之间存在着经济、科技、文化和信息上的联系。

(2) 区域创新活动主体与创新环境之间的联系。一方面，区域创新活动主体的创新活动受到区域创新环境的制约与影响；另一方面，区域创新活动主体也能改变和创造区域创新环境。二者存在着互动关系。

(3) 区域创新网络。区域创新活动还表现在多个区域创新活动主体之间的网络关系，由经济网络与社会网络共同构成。任何创新主体的缺乏或者功能不完善都会使区域创新网络不稳定，也影响区域创新系统的功能。

(四) 区域创新系统的结构

目前，存在以下几种典型的区域创新系统结构模型：

1. Autio 的“二系统模型”

Autio (1998) 认为，区域创新系统主要由根植于同一区域社会经济和文化环境中的两个子系统构成：知识应用和开发子系统，知识产生和扩散子系统。① 前者由企业及其客户、供应商、竞争者和产业合作伙伴（即区域主导产业集群）所组成；后者则由各类从事知识、技能生产和扩散的机构所组成，主要包括公共研究机构、技术中介机构（技术授权办公室、创新中心等）以及教育机构（大学、高等技术学院、职业

① Autio, E. Evaluation of RTD Regional System of Innovation [J]. European Planning Studies, 1998, (6): 131—140.

培训机构等）和劳动中介机构。

2. Andersson & Karlsson 的“以集群为中心的区域创新系统模型”

Andersson & Karlsson（2002）认为，集群在区域创新系统中处于极其重要的位置，他们提出了以集群为中心的区域创新系统结构，如图 2-4 所示。① 区域创新系统的核心由集群企业所组成并被支撑和互补企业所环绕。

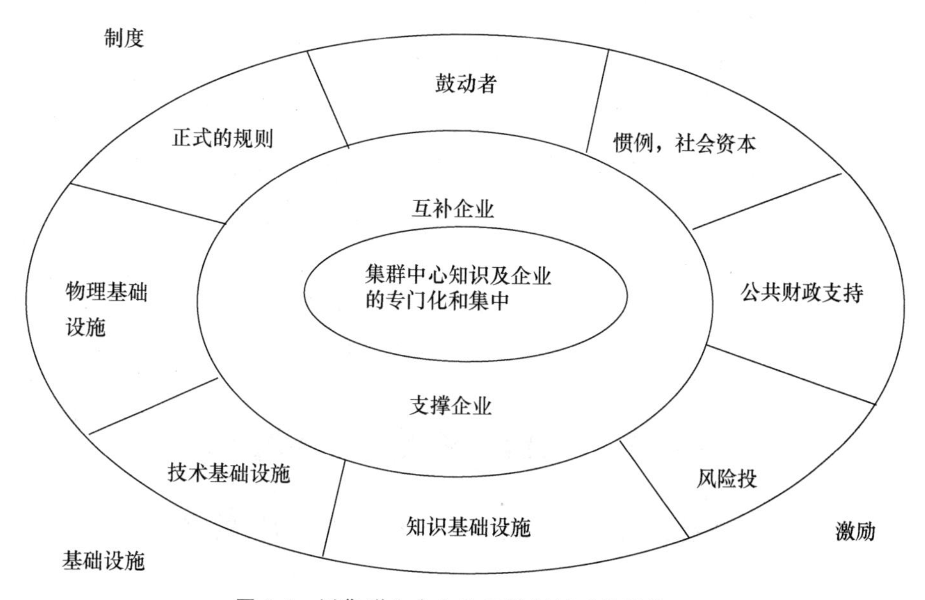

图 2-4　以集群为中心的区域创新系统结构图

3. Radosevic 的“四要素模型”

Radosevic（2002）从决定性要素、组织者和联盟三个维度对中东欧的区域创新系统进行了分析，给出了区域创新系统的四要素框架模型。② 他认为，国家的、区域的、行业的和微观的四种要素的互动导致了区域创新系统的出现。

4. Padmore & Gibson 的 GEM 模型

Padmore & Gibson（1998）提出了以产业集群为基础的区域创新系统构成三要素与六因素，并称之为 GEM 模型。③ 如图 2-5 所示，三类要素分别是环境、企业和市场。环境要素是整个创新系统的供应要素，即生产过程的投入要素，它又包括两个因素：资源和基础设施；企业要素是整个系统的结构要素，决定了集群生产效率，它由两个因素构成：供应商和相关产业，以及企业结构、战略和竞争；市场要素是整个集群的需求要素，它包括当地市场和外部市场因素。

---

① Andersson，M，Karlsson，C. Regional Innovation Systems in Small & Medium-Sized Regions：A Critical Review& Assessment［R］. JIBS Working Paper Series，No. 2002-2.

② Radosevic，S. Regional Innovation Systems in Central and Eastern Europe：Determinants，Organizers and Alignment［J］. Journal of Technology Transfer，2002，27：8796.

③ Padmore，T，Gibson，H. Modeling Systems of Innovation II：A Framework for Industrial Cluster Analysis in Regions［J］. Research Policy，1998，(26)：625—641.

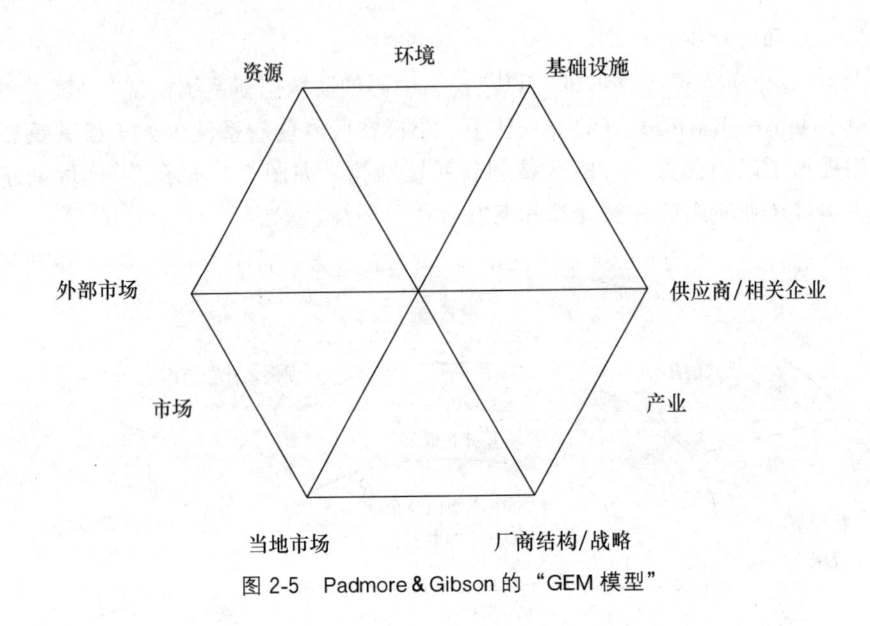

图 2-5 Padmore & Gibson 的“GEM 模型”

第三节 创新：实现可持续发展

一、创新对可持续发展（sustainable development）的推动作用

（一）创新促进企业可持续发展①

对企业来说，可持续发展是一种战略选择。企业实行可持续发展战略，一方面要将符合社会和生态可持续发展的要求作为公司经营方针的一部分，也就是追求与社会和生态的和谐；另一方面要强调自主创新能力，通过不断创新在变化的环境中保持竞争优势，实现永续发展。

然而，企业是一个经济组织。如何将企业经营目标与社会和生态可持续发展目标结合起来，实现经济、社会和环境的协调发展，是一个困难的问题。

企业的可持续发展取决于企业的核心竞争力。创新活动不仅能够为企业谋取利润、提升核心能力，也能够为企业的可持续发展创造良好的机遇。企业的核心竞争力从根本上讲就是以创新的手段，有效地整合多种资源，从而形成收益的可持续性。企业可以通过以下几个环节的创新来促进可持续发展：

（1）观念创新。企业应当鼓励讨论和采用新的经营思想、新的经营理念、新的经营思路，在实践中形成新的经营方针、新的经营战略或经营策略。优秀的企业领导者，不仅自己要进行观念的创新，而且能够在企业中倡导创新，鼓励企业员工大胆创新，培养和造就大量的创新人才。企业的观念创新一旦实现，就能够促进企业的经营水平不断提升，在市场竞争中实现持续快速发展。

① 高保同. 增强创新能力和推进企业可持续发展探析 [J]. 山西经济日报，2011，10 (6).

（2）机制创新。企业需要把各种创新活动制度化，从而对创新活动提供根本保证。这包括从组织、运营机制、企业文化等方面进行规范化，完善治理结构，提高管理水平，提高员工积极性，为企业实现可持续发展创造一个良好的内外部环境。

（3）技术创新。今天的企业面临着来自国内和国际市场、低端和高端市场、现有和未来市场等多方面的竞争。供应商、客户与相关配套企业的情况处在迅速的变化之中。今天的销售额、利润、市场份额并不能保证未来的成功。前微软董事长 Bill Gates（比尔·盖茨）总是告诫他的员工：我们的公司离破产永远只差 18 个月。企业运用高新技术和先进适用技术改造传统产业，增加科技含量，促进产品更新换代，提高产品质量和经济效益，是技术创新的重要内容，也是现代企业面临激烈竞争的必然选择。企业加快技术创新步伐，提升企业核心竞争力，最大限度地利用企业和社会的各种信息、资源，为企业技术创新服务，能够促进企业提高技术水平，充实技术研发队伍，改善员工的技术水平和知识结构，激发全员的斗志和潜能，突破知识产权的壁垒，全面提升企业的核心竞争力，从而为更好地开展增长型业务作好准备。

（4）营销创新。企业必须根据营销环境的变化，结合企业自身的资源条件和经营实力，寻求营销要素在某一方面的突破或变革。如果产品或服务无法销售出去，那么企业的生存和发展都无从谈起。通过营销创新，企业可以合理地整合各种资源，从而提高市场竞争力，扩大市场影响力。营销创新是企业在竞争中生存与可持续发展的必要手段。

（二）创新促进区域可持续发展[①]

对一个区域（包括国家）而言，创新活动能为其提供可持续发展的强大动力。

首先，区域创新促进经济增长。随着研究的不断深入，人们对创新在促进经济增长方面作用的认识不断深入，并将创新看作是经济增长的关键因素。亚当·斯密、大卫·李嘉图、罗伯特·索洛、罗默等学者的研究表明，区域创新系统通过提高区域创新能力，有力地推动区域经济增长。

其次，区域创新有利于绿色技术选择。当代人类社会的发展面临着资源、环境、生态、能源、粮食、污染等多种问题，其中很多问题是由于在特定时期和地区技术手段的不合理应用所造成的。可持续发展技术是既有利于提高人类生活水平，又有利于环境保护和资源利用的技术。但是由于技术本身的特点和经济因素，企业的技术选择往往面临技术范式、市场需求、转换成本等阻碍。区域创新系统可以建立选择机制，通过政府的政策措施、社会舆论和教育宣传，引导市场和消费者观念，改变企业的技术选择，使产业技术变革沿着可持续发展的轨道前进，从而有效地促进区域经济、社会和自然的协调发展。

最后，区域创新推动产业结构升级。可持续发展要求产业结构不断升级，着重发展高附加值、低资源消耗的知识密集型产业。区域创新有利于推动产业结构升级的共性技术、关键技术和配套技术的开发，为制造业提供先进高效的技术设备，实现资源

---

① 井雨霞. 面向可持续发展的区域创新系统能力和效率评价研究［D］. 中南大学，2009.

的优化配置，提高资源的利用效率。通过高新技术特别是信息技术的发展，能够有效提高工业化和信息化水平，带动与之配套的信息、技术服务、金融、法律和咨询等服务业的发展，促进知识密集型、附加值高、自然资源消耗少的产业迅速发展，推动第三产业的发展和产业结构升级。这一过程能够促使区域经济由粗放经营转变为集约经营、减少资源消耗、保护区域环境、提高经济效益，从而促进区域可持续发展。

二、可持续创新

（一）可持续创新的概念

企业的可持续创新（sustainable innovation），是指企业改变产品、服务或流程使之适应市场需求，获得可持续的竞争优势（sustainable competitive advantage），同时避免或尽可能减少对社会、资源、环境等产生的外部性问题的创新活动。[①] 一般的创新活动多是从现时的创新能力提升的角度来进行考量，注重现时的或者短期内的创新绩效；而可持续创新则从创新能力的持续增长出发，着眼于提高长远的创新绩效。

（二）可持续创新的内涵

企业的可持续创新的内涵主要包括两个方面：

就内部而言，创新行为所塑造的核心能力应当是可持续的。企业的创新应当综合考虑全球价值链一体化的布局与本地经济政治现状，通过全球化的经营活动，结合国际与国内自身资源优势，实现全球和本地的知识积累，打造可持续的核心能力，建立独特而可持续的商业模式，进而实现全球化和本地化的市场收益。我国目前的一些企业创新活动，例如山寨手机、盗版软件、其他通过盗用知识产权的方法开发新产品和新服务，以及大量依附于价值链低端活动的来料加工和装配业务，虽然短期内占据了大量的市场份额，然而其竞争优势只是建立在短期的市场偏好的基础上。由于不具备核心的知识产权、缺乏谈判能力、没有建立独特的商业模式或品牌、不具备价值链一体化能力等价值增长点，这些创新活动很可能因为外部政治、经济、技术、文化、知识产权环境等变化而迅速丧失市场竞争力，因此这些创新活动没有形成可持续的核心能力。企业要实现可持续创新，必须整合企业的有效资源，根据市场和环境等多方面的实际情况，及时对企业内部的业务构成、增长模式、运营机制、企业文化等进行调整和优化，以更好地适应内外部环境的变化，实现可持续发展的目标。

就外部而言，创新活动所依赖的资源必须是可持续的。这包括生态、能源、环境、社会等各方面的资源。企业必须顺应人类社会的发展趋势，不仅保证眼前业务的稳定进行，还要保证这种盈利模式建立在资源的良好维持、保护与再生的基础上，保证后代有资源可用。这就要求企业合理适度地开发利用自然资源和社会资源，科学分配，实现资源节约条件下的效益最大化。当前的中国企业的创新活动，许多是建立在

① 仝允桓，陈晓鹏. 企业面向低收入群体的可持续创新 [J]. 中国人口资源与环境，2010，20 (6)：125—130.

对环境的污染、生态系统的破坏、稀有资源和能源的过度开发的基础上的，在一些地方甚至造成居民健康状况恶化的悲剧。“焚林而猎，涸泽而渔”的教训不应当出现，必须尽可能避免“先污染，后治理”的情况。这就要求建立完善的政策法律体系和道德文化系统，对企业的创新行为进行有效的监控和约束，使得创新活动能够与经济社会的可持续发展保持一致，而不是背道而驰。

本土化视角 小米手机“破坏性创新”

北京小米科技有限责任公司（简称“小米公司”）成立于2010年4月，是一家专注于基于安卓系统的中高端智能手机自主研发的移动互联网公司，其核心业务为小米手机、MIUI、米聊，旗下主要有小米1、小米青春版、小米2、红米等九款手机产品。

2011年10月至2013年3月，小米18个月共售出1100万部小米手机。根据市场调研公司Canalys的统计，2013年第二季度小米在中国共售出440万台智能手机，略高于苹果的销量，并于2013年4月超越华为、中兴等知名国产手机品牌，跃居国产手机品牌亚军。作为中国智能手机市场弱势后入者，小米公司的快速发展显示出了与行业先入者相抗衡的实力，受到业内广泛关注和借鉴。

1. 高性价比的分离市场侵入模式创新

智能机主流用户可能会认为，与苹果手机相比，除了开锁键个性化外，小米的质量属于劣质；与安卓系统的手机相比，除了操作界面的图标设置模仿苹果外，小米只是现有技术的组合，但小米手机却成功进入了智能机市场，究其原因主要有：

（1）智能机用户中有一部分为80后和90后，这类群体对时代潮流敏感，垂涎于智能机，对手机性能挑剔，但经济承受能力有限，小米将之称为“手机发烧友”，并将这类群体设定为目标消费群体，将这部分市场作为进入市场的基点。小米通过主流智能机的高配置和1999元低价格的高性价比来吸引这类群体的关注，并将“我的150克青春”作为产品的宣传主题，努力使产品贴近该类群体。实践证明，小米的低价迅速获得了这类群体的认可。

（2）在位品牌智能机企业高配置、高价格的定位为小米进入市场提供了契机。在小米发布以前，市场上顶级配置的手机都在4000—6000元之间，并不重视这类追求高配置、低价格的智能机消费群体的需求，为小米提供了市场机会。因此，小米充分利用这一市场细缝，在配置能够满足智能机用户基本要求的基础上，以超低的价格迅速满足这类顾客的需求并有效增加了这类顾客的价值，避开了与在位智能机品牌企业的正面竞争，从而顺利进入智能机市场。

由此可见，小米准确把握了商业模式破坏性创新中的两个关键因素，即目标消费者和恰当的产品定位，用高配低价的产品来满足这一分离市场的目标消费者的需求。高性价比策略成功地为小米在智能机市场中的发展开辟了道路。

2. 互联网直销手机的营销模式创新

破坏性创新商业模式的另一个关键因素是企业如何将产品传递给目标消费者，因此营销模式十分重要。小米的销售渠道有两个，一是小米网，二是通信运营商渠道，其中小米网的权重是70%，运营商渠道为30%。小米的销售模式刚好与传统的手机厂商相反，首创了互联网直销手机的模式，除了运营商的少量定制机外，只通过电子商务平台销售。

最后，这种将销售终端放在网上的销售模式创新，使消费者可以足不出户便可在小米网了解到小米的方方面面，不仅为消费者提供了便利，而且有利于产品的知识传播及产品透明度的保持。

小米的营销模式创新除了渠道创新外，还将炒作与饥饿营销相结合。小米通过软文、论坛、微博的方式，使小米的身影出现在顾客所有能够接触的地方，并通过苹果式的发布会、性能测评、铺天盖地的新闻报道等炒作手段，为小米做大量的宣传，塑造了良好的口碑和品牌形象，也为小米的发售做了充分的铺垫。但在消费者对小米有一定了解后，小米并没有立即发售，而是通过时间来增加消费者的期望。

3. 基于社区互动的互联网研发模式创新

小米通过互联网与用户保持交流，并对不同社区渠道进行了鲜明的分工，即“微博拉新、论坛沉淀、微信客服”，特别是将小米论坛作为与用户交流的主要平台，通过论坛持续式运营来传播和创新小米技术，根据用户的评论和回复收集顾客的反馈信息，并让用户参与小米的研发。

小米的第一个成熟产品即MIUI操作系统，便是几十万米粉共同开发的，而且小米根据论坛中米粉的回应和讨论，不断更新MIUI，并于每周五发布MIUI开发版。小米选择通过社区互动来创新产品的研发模式，将顾客的参与感融入产品开发的源头，社区互动成为创造顾客参与感的基础，也为顾客群体的不断扩大提供了保障。

小米最初的50万核心用户便是在论坛传播中获取的，论坛目前注册用户已经将近1000万，每天有100万用户在里面讨论。论坛的专业运营团队监控和参与论坛讨论，及时处理用户的问题，有助于维护公司与用户的关系，塑造公司良好的口碑，并通过这部分忠实顾客的口口相传，不断吸引新的用户，使“发烧友”向“泛发烧友”扩展，不断扩大顾客群体，从而吸引部分智能机的主流用户。

资料来源：黄胜忠，余凤．弱势后入者的破坏性创新策略分析——以小米手机为例［J］．商业研究，2014，(7)：3—5.

三、绿色创新

(一) 绿色创新的内涵与分类

1. 绿色创新的内涵

绿色创新（green innovation）是在经济和环境协调发展的基础上的创新活动，它以可持续发展作为价值衡量标准，将技术和管理的创新作为激励机制。

对绿色创新的含义，不同的学者有不同的理解：

- 绿色创新是绿色技术从思想形成到产品推向市场的全过程。①
- 绿色创新是指创新主体以可持续发展为价值取向，采用系统科学方法开发新的科学技术管理手段，促进人与自然协调发展，推动经济、社会和生态效益增长，实现技术、经济、社会、自然可持续发展的过程。②
- 绿色创新是以可持续发展为根本目标，既追求经济效益又追求社会效益，创新主体多元化、成果扩散低成本化和公益化的创新。③
- 绿色创新就是通过技术、管理、消费等领域的创新，使产品的生命周期成本最小化、对人体危害最小化和对生态环境的危害最小化的创新活动的总称。

绿色创新应该是创新主体以可持续发展为价值取向，采用系统科学方法开发的新技术的管理手段，以促进人与自然协调发展，推动经济、科技、社会和生态效益的持续增长的思想、行为、技艺、方法的总称。

绿色创新是生态学向传统创新、尤其是技术创新渗透的一种新型创新系统，它建立在新的生态系统和经济社会系统中，在创新的各个阶段引入生态观念，从而引导创新朝着有利于资源维持、环境保护以及生态改善的方向发展。它以生态保护为中心，在生态系统中引入生态观念、培植绿色意识，追求生态经济综合效益，即经济效益最佳、生态效益最好、社会效益最优、技术效益最大化的有机统一，从而确保企业及整个社会的可持续发展。

2. 绿色创新的分类

绿色创新主要在四个不同层次上进行，即末端治理技术创新、绿色产品创新、绿色工艺创新和绿色意识创新。④

- 末端治理技术创新，是指对生产和消费产生的环境污染进行治理的技术创新。
- 绿色产品创新，即开发各种能节约能源、原材料，少使用昂贵或稀缺原材料生产的产品，在使用过程中以及使用后不危害或少危害人体健康、少影响生态环境的产品以及易于回收利用和再生的产品。
- 绿色工艺创新，包括目的在于减少生产过程中污染产生的清洁工艺创新和目的在于对已产生污染物排放的末端治理技术创新两个方面。清洁工艺技术创新不仅可以有效地减少废物和污染物的生产和排放，降低物耗、能耗，从而降低整

---

① 焦长勇. 企业绿色技术创新探析 [J]. 科技进步与对策，2001，(3)：73—74.

② 李平. 论绿色技术创新主体系统 [J]. 科学学研究，2005，23 (3)：414—418.

③ 万伦来，黄志斌. 推动绿色技术创新，促进经济可持续发展——“全国绿色技术创新与社会经济发展研讨会”综述 [J]. 自然辩证法研究，2003，(2)：94—95.

④ 陈国玉. 绿色技术创新演技 [D]. 南昌大学，2008.

个工业活动对人类环境的危害，而且可以降低利用资源的成本，使产品在品质上和价格上都具有较强的竞争力。

- 绿色意识创新，主要是指培养、形成保护环境、减少污染的意识的过程，如绿色教育、绿色营销和绿色消费等。

（二）绿色创新的原则

1. 多目标原则

绿色创新是一个多目标的创新系统，它在追求经济效益的同时还追求生态效益、技术效益、社会效益和人的生存与发展效益。

追求经济效益要求绿色创新为实现资源消耗的最小化和产出价值的最大化提供尽可能的手段。生态效益要求绿色创新活动最大限度地降低对环境的污染，有利于自然生态的平衡，有利于人与自然的和谐共存。技术效益主要是从先进性和创新性方面对项目进行评价，对产品创新和工艺创新同时予以考虑。社会效益则要求绿色创新要有利于社会和谐稳定和进步，有利于人与人、人与社会关系的和谐。人的生存与发展效益则致力于提高人的生活质量、拓展发展空间和促进人的全面发展。

2. 3R原则

3R原则就是把可持续发展的战略思想落实到操作层面的具体表现。3R原则是减量化原则（reducing）、再利用原则（reusing）和再循环原则（recycling）的简称。

减量化原则要求在生产过程中通过技术的改进，减少进入生产和消费过程的物质和能量流量。如改革产品的包装、淘汰一次性物品不仅可节省对资源的浪费，同时也可削减废弃物的排放量；制造轻型汽车代替重型汽车，既可节省资源，又可节省能源，同时又满足消费者的使用要求。

再利用原则要求延长产品和服务的时间强度，降低物质流动速率，提高利用效率，尽可能多次利用或以多种形式使用，避免产品过早成为废物。例如，将汽车设计模块化，使各种零件易于拆卸和再使用；从慈善组织购买二手货或稍有损坏但不影响使用的产品。

资源化原则要求产品完成使用功能后，重新变成再生资源，用于生产新产品，减少最终处置量，从而实现资源的闭路循环，实现资源的生态化。例如，将制糖厂所产生的蔗渣作为造纸厂的生产原料，将糖蜜作为酒厂的生产原料等。

3R原则实施的优先顺序是减量—再利用—资源化。实行3R原则是人类向不可持续的“用完就扔”社会的诀别。它鼓励人们先治理后排放，主张在生产和生活的开始和过程中减少废物排放，并把废物看作可以利用的资源进行循环使用和开发，实现“封闭的循环”，使工业生产和生活消费走向生态化。

3. 协调发展原则

绿色创新必须协调好经济、生态、技术和社会之间的关系，才能取得整体效益。协调发展原则体现了一种动态的、可持续的、发展的和谐思想。

全球化视角　美国绿色经济转型

绿色转型成熟与绿色发展期（2012—2030年）

1. 转型驱动因素及表现

美国总统奥巴马上台后提出“绿色经济”概念，政府认识到全球低碳经济的发展趋势，希望美国能够走在新能源技术前列，成为最大的清洁能源技术出口国，而不是最大的石油进口国。奥巴马政府也期待通过这一方式，既能刺激经济增长，增加大批就业岗位，又能为美国的持久繁荣确立更雄厚的新技术优势，希望绿色经济发展成为其重振经济、增加就业、占领21世纪全球科技发展制高点的重要支柱。

2. 环境保护政策及措施

政府推出了总额近8000亿美元的经济刺激方案，其重要内容之一就是发展清洁能源、积极应对气候变化。因此该方案也被誉为“绿色经济复兴计划”。经济刺激方案中用于清洁能源的直接投资及鼓励清洁能源发展的减税政策涉及金额高达1000亿美元。根据该计划，到2012年美国电力总量的10%将来自风能、太阳能等可再生能源，2025年这一比例将达到25%；为混合动力车和新燃料电池的开发提供24亿美元的资金，并为购买节能型汽车的消费者减税，力争到2015年使美国混合动力汽车销量达到100万辆。奥巴马承诺，美国对替代能源的投资将创造多达500万个就业机会。

在能源科研领域，美国政府也宣布在5年内投资7.7亿美元成立46个能源前沿研究中心；3年内拨款4400万美元，促进核能技术升级；拨款7.9亿美元，推动下一代生物燃料的发展。政府将温室气体减排方案与绿色技术创新联系起来，计划通过碳排放交易机制，在未来10年内向污染企业征收6460亿美元，其中1500亿美元将投入清洁能源技术的应用，以推动美国减少对石油和天然气等石化能源的依赖。此外，美国政府借助价格、税收、信贷、工资等多种措施，推动工业绿色转型。在政府奖励和补贴政策上，美国设立“总统绿色化学挑战奖”，支持化工界研发降低资源消耗、防治污染的新工艺、新方法，并在经济刺激计划中，划拨677亿美元用于发展绿色能源和节能交通。

在税收优惠方面，美国政府承诺为混合动力车和新燃料电池的开发提供24亿美元资助，并为购买节能型汽车的消费者减税。此外，美国各州规定，对于使用再生材料的产品，政府将优先购买。在绿色就业培训方面，美国大力提倡“绿领”概念，出台“绿色就业与培训计划”。美国每年从培训基金中拿出1.5亿美元，资助联邦和地方政府的就业培训计划，重点放在能源效率和可再生能源业的工作岗位上，每年培训3.5万名工人进入“绿色”行业。

资料来源：邬乐雅，曾维华，时京京，王文懿．美国绿色经济转型的驱动因素及相关环保措施研究[J]．生态经济，2013，(2)：4—5.

从创造力到可持续发展 ▶ 中国的绿色创新现状

绿色技术创新需要大量的资金投入。我国绿色技术创新资金只占国民生产总值的0.7%，远远低于发达国家水平。要解决中国的环境问题，绿色技术投资应占到GNP的1.5%左右。然而，我国企业对绿色技术创新缺乏足够的重视，不少企业甚至有侥幸心理，拿非绿色产品冒充绿色产品销售。绿色产品在商品总量中仅仅占有很小的比例（我国绿色标志产品有6大类型73种，德国绿色标志产品有7500多种，日本有2500多种），大部分居民尚不能优先选择绿色产品。当前绿色技术创新的资金主要来源于政府，企业还未真正成为绿色技术创新的投资主体，企业承担绿色技术创新的积极性没有得到有效激发。据资料显示，企业基建资金中用于绿色技术创新的只有4.5%，更新改造投资中用于绿色技术创新的仅有1.3%，排污收费只占应征额的51.4%，可见中小企业在绿色技术创新上的投资更少。目前，我国绿色技术中末端治理技术仍然占较大的比例。另外，政府的投资也要考虑投资的效益以及政府利益，政府一般对基础性的研究投入力度较大，而对应用研究投入力度较小。在技术创新的投资过程中，政府，尤其是基层政府，为了考虑大众的利益和需求，对产生近期利益的项目会投入较多的资金。而绿色技术创新往往风险较大，不确定性因素较多，不能保证在短期内带来明显的效益。因而，政府对这类投资不会有很大的积极性，束缚了绿色技术的创新。

我国现行的排污收费制度还很不健全，主要表现在以下几个方面：

(1) 在排污费征收和使用管理上忽视诱导机制的运用。我国环保资金的使用主要是拨款补助或者贷款贴息形式，这容易导致排污者形成“资金返还”的错误观念，从而“等、靠、要”环保资金，而不是积极治理污染。环保补助资金的无偿使用形式，不能提高排污者治理污染的积极性。

(2) 收费标准偏低。一些企业应交排污费低于治理成本，导致这些企业宁愿交纳排污费而不愿治理。例如，造纸厂处理1吨中段废水需要运转费1元，而每吨废水的排污费仅0.1元。所以，企业往往不采用成本相对较高的绿色技术，企业破坏环境的私人成本依然小于社会成本，政府管制对企业的约束机制没有达到应有的效果。

(3) 征收范围窄。我国排污收费对象主要是大中型企业和一部分事业单位，对中小企业、街道企业和乡镇企业的排污收费仅在部分地区实行。

(4) 执行不力。一些地方在排污收费中存在着“协商收费”的做法。

此外，我国目前还没有建立起成熟的排污权交易市场机制。在激烈的行业竞争中，为限制竞争对手的发展，有富余排污指标的企业不肯出售自己的节余排污权，造成排污权的浪费；或者漫天要价，扰乱了排污交易秩序。有关排污权交易的政策和法律滞后，排污权交易尚处于试点阶段，国家层面上还没有针对性的立法，排污权交易从审批到交易，都没有统一的标准。地方保护主义严重，使得排污权交易受到限制，排污权交易市场不能有效运作。当前对企业的罚责过低，治污费用居高不下，而某些企业宁愿受罚，也不愿购买排污权或者治理，这就使得排污权交易受到相当大程度的阻碍。只有当对超标排污企业的责罚程度高于其治污成本，治污成本又高于购买排污指标成本时，企业才有可能购买排污权。

资料来源：陈国玉．绿色技术创新研究［D］．南昌大学，2008.

本章小结

1．创新政策研究是从20世纪80年代，在西欧发达经济体开始兴起的。创新政策旨在促进创新活动的产生、利用和扩散，它包括各种直接或间接的一系列公共政策和措施。创新政策既不同于科学政策，也不同于技术政策，还包括组织与管理问题。典型的创新政策工具包括财政投入、税收优惠、政府采购、风险投资、知识产权保护、中小企业及科技中介服务等。

2．国家创新系统是植根于一国的疆界之内的，在生产、扩散和使用新的和经济上有用的知识过程中各种成分和关系的相互作用系统，其核心内容是科学技术知识或者信息在一国内部的循环流动。一般的国家创新系统主要包括企业的内部组织、企业间的关系（产业结构）、公共部门、金融部门及其他部门、研究开发部门五个子系统。中国国家创新系统则主要包括研究机构，国有企业，民营、合资和城市集体企业，大学，国防研究院所和企业，乡镇企业。

3．在地理上分工与相互关联的生产企业、研究机构和高等教育机构所构成的区域性组织体系会支持并产生创新，因此构成了区域创新系统。根据发展潜力、创新壁垒、管制结构、凝聚力等，区域创新系统可以分为不同的类型。目前存在几种典型的区域创新系统结构模型，如二系统模型等。

4．通过观念、机制、技术、营销等方面的创新活动，企业不仅可以谋取利润、提升核心能力，也能够为可持续发展创造良好的机遇。创新活动还能为区域提供可持续发展的强大动力，包括促进经济增长、有利于绿色技术选择、推动产业结构升级等。

5．企业的可持续创新是指企业改变产品、服务或流程使之适应市场需求，获得可持续的竞争优势，同时避免或尽可能减少对社会、资源、环境等产生的外部性问题的创新活动。就内部而言，创新行为所塑造的核心能力应当是可持续的；就外部而言，创新活动所依赖的资源必须是可持续的。

6．绿色创新是在经济和环境协调发展的基础上的创新活动，它是生态学向传统创新尤其是技术创新渗透的一种新型创新系统。绿色创新主要在末端治理技术、绿色产品、绿色工艺和绿色意识四个不同层次上进行。它包括多目标、3R、协调发展的原则。

讨论题

1. 创新政策的工具应当如何运用才能收到最好的效果?

2. 在国家创新系统中，知识流动处于怎样的地位？中国的国家创新系统的构成是否合理?

3. 区域创新系统和国家创新系统在哪些方面具有相似性？一个区域创新系统如何最好地嵌入国家创新系统之中?

4. 创新是否一定能促进企业的可持续发展？企业为什么要建立具有可持续性的创新能力?

参考文献

[1] 鲍克．政府采购法与企业技术创新 [J]．管理世界，1996.1.

[2] 鲍克，周卫民．技术创新与产业化问题研究 [M]．北京：经济科学出版社，1997.

[3] 陈国玉．绿色技术创新演技 [D]．南昌大学，2008.

[4] 高保同．增强创新能力和推进企业可持续发展探析 [N]．山西经济日报，2011，(6)．

[5] 龚颖莉．政府技术创新政策模式比较研究 [D]．大连理工大学，2009.

[6] 何心展，云飞．我国知识产权保护的现状及其对策研究．经济师．2007，(9)：10—12 页.

[7] 胡明铭．区域创新系统评价及发展模式与政策研究 [D]．中南大学，2006.

[8] 黄悦胜．中国中小企业技术创新政策与创新模式研究 [D]．中南大学，2002.

[9] 贾堪．提高企业自主创新能力的财政政策选择．中国财政．2006，(9)：35—37 页.

[10] 姜婧．日本循环经济的技术创新分析 [D]．吉林大学，2010.

[11] 焦长勇．企业绿色技术创新探析 [J]．科技进步与对策，2001，(3)：73—74.

[12] 井雨霞．面向可持续发展的区域创新系统能力和效率评价研究 [D]．中南大学，2009.

[13] 李锦慧．黑龙江省自主创新政策研究 [D]．哈尔滨工程大学，2008.

[14] 李平．论绿色技术创新主体系统 [J]．科学学研究，2005，23 (3)：414—418.

[15] 仝允桓，陈晓鹏．企业面向低收入群体的可持续创新 [J]．中国人口资源与环境，2010，20 (6)：125—130.

[16] 万伦来，黄志斌．推动绿色技术创新，促进经济可持续发展——“全国绿色

技术创新与社会经济发展研讨会”综述［J］．自然辩证法研究，2003，(2)：94—95.

[17] 张敏．欧洲科技研究十年述评：2001—2010［EB］．中国社会科学院欧洲研究所，2011.

[18] 张雄辉．韩国国家创新系统的特点与启示［J］．商业时代，2011，(14)：48—49.

[19] 真正的破坏性创新：山寨手机光荣完成历史使命［EB/OL］．http://www.ywcec.com/news/5054.html，2011-12-05.

[20] Andersson，M.，Karlsson，C. Regional Innovation Systems in Small & Medium-Sized Regions：A Critical Review& Assessment. JIBS Working Paper Series，No. 2002-2.

[21] Autio，E. Evaluation of RTD Regional System of Innovation [J]. European Planning Studies，1998，(6)：131—140.

[22] Cooker，P. Regional Innovation Systems：Competitive Regulation in the New Europe [J]. Geoforum，1992，23.

[23] Cooker，P.，Hans Joachim Braczyk Hj，Heidenreieh，M. Regional Innovation System：The Role of Governance in the Globalized World. London：UCL Press，1996.

[24] Dodgson，M.，Bessant，J. Effective Innovation Policy：A New Approach. London：Intemational Thomson Business Press，1996.

[25] Luke Georghiou，Effective Innovation Policies for Europe：The Missing Demand-side，Prime Minister's Office，Economic Council of Finland，2006.

[26] OECD. Innovation Policy. Paris，1982.

[27] OECD. Innovation Policy and Performance. Paris，2005

[28] OECD. 以知识为基础的经济［M］．机械工业出版社，1997.

[29] Padmore，T.，Gibson，H. Modeling Systems of Innovation II：A Framework for Industrial Cluster Analysis in Regions [J]. Research Policy，1998，(26)：625—641.

[30] Radosevic，S. Regional Innovation Systems in Central and Eastern Europe：Determinants，Organizers and Alignment [J]. Journal of Technology Transfer，2002，27：8796.

[31] Roy Rothwell，Walter Zegveld. Reindustrialization and Technology [M]. Harlow：Longman Group Limited，1985.

本章关键词中英文对照

创新政策 innovation policy

框架计划 framework programmes

风险投资 venture capital

国家创新系统 national innovation system

经济合作与发展组织 Organization for Economic Cooperation and Development

区域创新系统 regional innovation system

可持续发展 sustainable development

可持续创新 sustainable innovation

可持续的竞争优势 sustainable competitive advantage

绿色创新 green innovation

第三章

技术创新

章首案例

华为的技术创新

华为于2004年成立合资企业，与西门子公司共同面向中国市场开发TD-SCDMA移动通信技术，还与荷兰运营商Telfort签订了价值超过2500万美元的合同，并首次实现在欧洲的重大突破。此外，华为还成为英国电信首选的21世纪网络供应商。从此，华为在国内获得了国家关于手机生产的许可，并开始其自主品牌的手机生产。

华为于2006年在上海与摩托罗拉公司共同成立了联合研发中心，开发UMTS技术并推出了能充分体现华为聚焦客户、创新、稳健增长和和谐精神的企业标识。截至2007年底，华为在拉美的员工近2000人。2008年，与Global Marine合作成立了合资公司，提供海缆端到端网络解决方案，并与赛门铁克合作，共同为存储与安全产品的开发而努力，并于年底成为欧洲所有顶级运营商的合作伙伴。在国内，华为凭借自身的优势，表现出了极大的实力，并成为前三大供应商中的一分子。从1998年进入拉美市场开始，到2015年，华为硕果累累，不仅提升了拉美地区的经济增长速度，同时也实现了华为自身的持续快速发展。

2010年，华为获得英国《经济学人》杂志颁发的2010年度公司创新大奖。2013年，华为再接再厉，加大了对英国的投资，并在芬兰新建研发中心，在法国和英国成立了本地董事会和咨询委员会，为本地化经营打下了基础。同年，华为发布了全球首个400G WDM光传送系统，和全球33个国家的客户开展了云计划合作，并建设了7万人的全球最大的桌面云。华为是欧盟5G项目的主要推动者，是英国5G创新中心的发起者，它发布了5G白皮书，指出应该积极构建5G全球生态圈，并与全球20多所大学展开紧密的合作。

2014年，华为依靠其强大的研发创新实力，进入汤森路透2014年全球百强创新机构榜单，成为唯一上榜的中国大陆企业。作为全球领先的信息与通信解决方案供应商之一的华为在专利领域成绩斐然，截至2014年6月底，华为在全球累计共获得专利授权38539件，其中90%上为发明专利，在国产手机专利商中更是一枝独秀，占据半壁江山。据数据统计，华为每年将销售收入的10%以上用于研发，在近15万华为人中，超过45%的员工从事创新、研究与开发。此外，华为在170多个国际标准组织和开源组织中担任180多个重要职位，为行业的未来持续发展之路做出了突出的贡献。

华为从2004年到如今，一直坚持走自主创新的国际化道路，不仅获得了大量有价值的专利和国际认证，而且取得了可观的营业利润和销售收入，其2009—2013年的营业利润见下图3-1所示，销售收入令人惊叹。

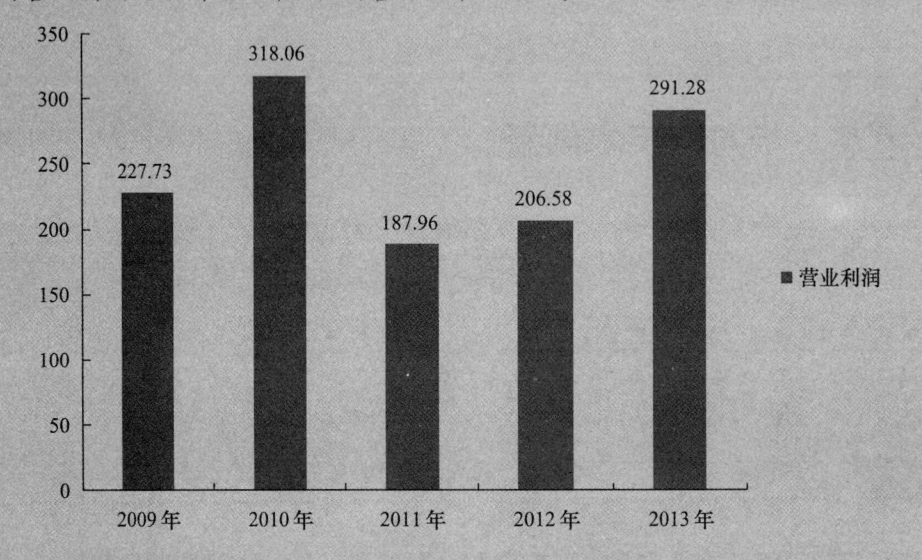

图3-1　华为2009—2013年的营业利润

资料来源：党召．高新技术企业技术创新比较研究——三星、华为技术创新及其对江苏企业的启示［D］．南京理工大学，2015.

1. 华为是怎样实现自身的技术创新目标的？
2. 华为是如何有效利用外部环境促进自身技术创新能力发展的？
3. 华为的技术创新战略给中国企业带来哪些启示？

第一节　技术创新的来源

一、技术创新的概念与特征

（一）技术创新的概念

技术创新是以其构思新颖性和成功实现为特征的有意义的非连续性事件。技术创新概念的发展经过了长期的过程。1912年，奥地利经济学家J. A. Schumpeter提出创新理论。后期技术创新的概念是在经济学家研究经济发展规律中所提出的创新概念和理论的基础上逐步形成的。1951 年，Robert M. Solow 对技术创新进行了较为全面的研究，他在《资本化过程中的创新：对熊彼特理论的评论》一书中首次提出技术创新的两个条件：新思想的来源和其后阶段的实现发展。1962 年，J. LEnos 在《石油加工业中的发明与创新》一文中首次直接对技术创新下定义："技术创新是几种行为综合的结果，这些行为包括发明的选择、资本投入保正、组织建立、制定计划、招用工人和开辟市场等"。1982 年，Freeman 提出"技术创新指新产品、新过程、新系统和新服务的首次商业性转化"。

本土化视角 **我国政府文件中关于技术创新的定义**

1999 年出台的《中共中央、国务院关于加强技术创新，发展高科技，实现产业化的决定》明确指出："技术创新是指企业应用创新的知识和新技术、新工艺，采用新的生产方式和经营管理模式，提高产品质量，开发新的产品，提高新的服务，占据市场并实现市场价值。企业是技术创新的主体。技术创新是发展高科技、实现产业化的重要前提"。

（二）技术创新的特征

1. 技术创新的经济特性

技术创新的概念强调技术手段的新颖性和技术创新的目的性，其中技术手段的新颖性表现出技术概念，技术创新的目的性表现出经济概念。因此，技术创新是经济概念与技术概念的结合。技术创新具有以下几方面经济特性：

(1) 不确定性。技术创新的不确定性主要体现在以下几个方面：技术不确定性（技术创新能否满足用户需求）、市场不确定性（变化的消费倾向）、经济不确定性（产业链资金是否充足）、战略不确定性（投资规划的适时调整）。

(2) 高资产性。技术创新是一个复杂的过程，从投入到产出会经历一个很长的周期，需要投入大量的人力、物力、财力以及时间。进行技术创新的主体需要一定的资产水平才可保障创新过程的持续性发展。①

(3) 高风险性。不确定性和高资产性决定了技术创新是一种高风险性的活动。技术创新投入的资源和人才、不可预见的创新阻力、不可测定的创新过程以及技术创新基本理论的成果能否商业化都提高了技术创新风险系数。

(4) 收益性。企业技术创新目标在于对经济利益的追逐，每一次成功的技术创新，其成果都将大大增强创新企业的竞争优势和竞争力，并为企业带来丰厚的回报。自由竞争市场中，创新收益的高低取决于创新产品的市场受欢迎程度。

① 吕燕玲，王艳杰，李晓云. 浅谈企业技术创新的重要性 [J]. 辽宁工学院学报，2001，9 (3)：23—24.

(5) 周期性。技术创新的周期从新技术的研究开发开始，经过技术创新实施、应用、市场实现到技术创新扩散，整个过程具有明显的周期性。技术创新的每个环节都以市场需求为导向，当市场出现新的需求，新一轮的创新开始启动。

2. 技术创新的管理学特征

从管理学角度看，技术创新是企业以市场为导向的一种技术经济活动，它是在技术新构想基础上，由研究开发或技术组合、试制、生产制造到商业化应用的一系列过程组成的。简而言之，技术创新始于技术构想，终于市场化商业应用。①

首先，技术创新中的“技术”是指一种广义的技术，它可以是人们根据生产实践经验而形成的工艺流程、加工方法、劳动技能；可以是有效的组织和管理方法；可以是开拓市场能力的营销技巧等，这种技术通常被人们称为“软技术”；也可以是根据自然科学原理和市场需要创造或改进形成的新产品、新服务、产品质量或功能的改进等，这种技术被称为“物化了的硬技术”。

其次，技术创新中的“创新”有两个层面的意思：其一是技术的“变革”，这种“变革”可能是根本性的，即创造出一种从未有过的新技术；也可能是局部性的，即只是对过去采用过的技术的一种改进、一种变化。两种情况只是创新程度上的差异，没有本质上的区别，也不能以此来判断技术创新效益的高低。其二是指技术创新活动具有“首次性”，技术创新是将创造的新技术或对现有技术的改进第一次引入企业的产品、工艺或销售系统中。

本土化视角 技术创新的贡献

据测算，目前技术进步对全国经济增长的贡献率不到30%，不仅低于发达国家的50%—70%，也低于发展中国家40%左右的水平。出现这种情况的重要原因是科技与经济脱节，要从根本上解决科技与经济“两张皮”的问题，必须建立新型的科技体制，克服原有科技体制中企业技术开发能力薄弱的弊端，促进企业建立以技术为核心的技术创新体系，形成产学研联合的有效机制，这是促进科技与经济结合，建立新型科技体制的重要途径。

二、技术创新的复杂性

技术创新是一个复杂的系统，由目标确立、市场调查、生产要素组织、产品生成、商业应用等组成要素按一定方式和层次进行有机结合而成的一个整体，每个要素性质和行为的变化都将影响整个创新过程的性质和行为，这使得技术创新系统充满复杂性，主要表现在以下几个方面：

① 赵炎，等. 技术创业与中小企业管理［M］. 北京：知识产权出版社，2007.

1. 非线性

技术创新系统的非线性指整个系统的行为不是各子系统行为的简单的叠加，各子系统和子系统要素之间相互耦合，相互影响，其中一个变量的微小变化对其他变量的影响是不成比例的，甚至无法预测。例如，技术创新过程中的各种技术知识之间、技术知识与其他创新要素之间都存在着非加合性的关系；各种技术创新之间存在着的相互补充、解释和强化的关系，使得产出的新技术知识要多于投入的知识的简单加合；各创新环节上的行为主体间相互作用以及正、负反馈回路，达到知识资源的综合集成与创新，不断增加知识与其他要素的结合，从而提高创新的效率。[①]

2. 层次性与涌现性

技术创新作为技术形态的一种转换过程可分为四个层次，即决策层次、R&D 层次、实施层次、实现层次。决策层次包括动机产生、设想形成、项目确立、确定对象和形成规划等要素；R&D 层次包括研究、设计、研制、试验、形成新产品样品等要素；实施层次包括生产要素的更新与配置、组织与生产、形成商业化创新产品等要素；实现层次包括创新产品的经营销售、市场开拓、售后服务、实现商业利润等要素。各层次之间相互交叉、相互协同，从低层次向高层次演化，形成一个完整的系统整体，实现各自功能的同时共同发挥出技术创新整体功能，即促进创新，提高创新力和竞争力。例如，计算机和互联网的出现和发展，带来了信息产业的同时，也创造了一个信息时代，远远超过技术成果本身的功能范畴，这是技术创新涌现性突出的体现。[②]

3. 动态开放性

技术创新的动态性表现在：当技术创新不受外界冲击的影响时，随着时间的推移，技术创新会沿着初始的路径按照一定的规律自动演化。技术创新要素的相互作用、相互影响以及不断进化使得技术创新会逐渐趋于稳定和有序。当受到外界因素冲击时，技术创新就具有较大的波动性。技术创新作为一个动态的系统，原来的平衡状态被打破后，系统会向新的平衡状态移动。开放性则表现在：从整体上看，技术创新的发展与整个世界经济形势的发展密切相关；从技术创新过程看，技术的发展、开发、扩散的每个环节都与外界发生着广泛的联系，企业竞争全球化、研究开发一体化、知识传播网络化、科学研究国际化、人才流动跨国化贯穿于技术创新的全过程。[③]

4. 自组织性

技术创新系统是非平衡态的，技术创新行为导致企业不断打破自身平衡、不断寻求偏离平衡态的机会，从技术创新与经济发展的关系可以得出：技术创新是经济增长的根本源泉，是企业获得持久竞争力的根本途径，也是传统产业改造和振兴的有效途

---

① 张合营. 技术创新的路径分析 [J]. 经济师，2006，11：88—89.

② 贾凤亭. 技术创新的复杂性思考 [J]. 辽宁工程技术大学学报（社会科学版），2003，5（1）：59—61.

③ 成思危. 复杂科学与管理 [J]. 中国科学院院刊，1999，14（3）：175—183.

径。正是这些技术创新的诱因，使得技术创新系统远离平衡态，因而自组织现象得以发生。① 作为技术创新主体的企业，可以根据社会经济、技术发展规律对原来企业所实施的制度、体制、组织等管理方式进行重新整合，使创新系统的组分得到组织、协同、平衡与配置，实现创新系统在功能结构上的优化，完成技术创新的自组织演化。②

三、技术创新的源泉与动力

（一）技术创新的源泉

1. 研究与开发组织

（1）大学和科研机构。大学和研究机构在研究开发活动方面的优势在于：它们集中拥有最优秀的科技人才，拥有最先进的科研仪器和设备，良好的学术环境有利于进行创造性的思维。由于政府的资助，它们可以从事本学科处于前沿领域的研究开发工作，不断开拓新的领域和取得新的研究成果。大学和科研机构的研究开发工作，是企业技术创新活动最为宝贵的源泉。从历史上看，19 世纪末 20 世纪初，一些最为重要的技术创新，大多数是首先在大学和科研机构形成发明，然后转移到企业变成有利于商品化和产业化的创新的。③

（2）企业的研究与开发部门。企业的研究开发越来越被认为是企业技术创新活动最直接、最重要的源泉。同大学和研究机构相比，企业的研究开发机构更了解企业的实际情况，也更了解市场的需求，研究开发活动易于与生产、销售活动联系在一起并形成整体。企业生成的发明因而也能够较为容易地变成创新。同时，企业的研究开发活动在改善企业的生产技术、培养和锻炼企业所需要的技术人才、提高企业的整体技术水平方面有着重要作用。

2. 个人发明家、技术创业家

（1）个人发明家。历史上，个人发明家曾经是发明和创新的主体。19 世纪和 20 世纪初被认为是个人发明家英雄辈出的时代，出现了瓦特、爱迪生、贝尔等一批伟大的发明家。一方面，这个时期的技术简单，对实验设备和资金的要求不多，发明家可以靠经验的积累从事发明；另一方面，所有重大的个人发明，也都是发明家创造性地运用科技知识的结果。

（2）技术创业家。从创新产品的生成来看，技术创业家无疑是最为重要的力量。技术创业家指直接从事创新活动的人，他们把新设想变成商品化创新，同时在推动创新成功时有着大量的组织和创业工作，创新成功后，事业得到发展，最终变成企业家。成功的技术创业家如微软创始人 Bill Gates、苹果公司创始人 Steve Jobs。

3. 用户与市场

用户与市场作为技术创新的源泉，主要不是指其知识来源，而是指创新产品的来

---

① Gramer，F. 混沌与秩序：生物系统的复杂性［J］. 上海：上海科技教育出版社，2000.

② 刘汶荣，李建华. 技术创新的复杂性特征研究［J］. 当代经济研究，2008，(8)：59—62.

③ 汤世国. 技术创新——经济活力之源［M］. 北京：科学技术文献出版社，1995.

源及其产生的动力机制。用户作为技术创新的源泉，实际上在两个方面得到体现：一是一项创新推出后，用户在使用过程中会发现新的矛盾，同时产生新的需求，用户会将这种需求反馈给之前的创新者，推动创新者进行改进创新；二是用户并不把新的需求反馈给之前的创新者，而是自行改进创新。市场指是市场需求产生的技术创新拉力，市场引发实际上是用户需求引发。市场需求本身不能生成创新，而它作为技术创新的重要源泉体现在对创新者的及时信息反馈，激发创新者进行创新，以满足需求或获取新利润的愿望。①

（二）技术创新动力

技术创新动力，指推动企业进行技术创新的某种力量或各种力量的集合。企业技术创新动力包括许多因素，可以从企业内部、外部两个角度对其进行分类。其中，内部动力包括：利润驱动力、技术创新保障力和管理创新支持力；外部动力包括：技术推动力、市场驱动力和政府支持力。② 企业技术创新各组成动力示意如图 3-2 所示：

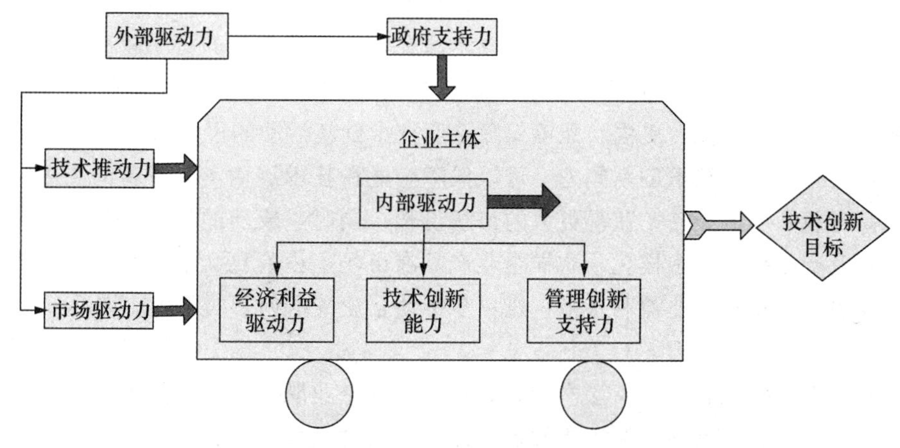

图 3-2 企业技术创新动力示意图

1. 内部动力因素

（1）经济利益驱动力

企业生存的关键在于利润，对于企业和企业家而言，盈利的企业才能继续生存和发展运作，故经济利益是技术创新的根本动力。企业技术创新利益是企业通过技术创新所能获得的各方面的满足，它是企业利益的重要组成部分。③

为了获得市场垄断地位，享受垄断期间的高额利润，企业一般甘愿冒引进新思想和克服旧障碍必要的风险。例如，美国微软公司（Microsoft）非常注重技术创新，多年来凭借其成功开发的操作系统（Windows 系列、XP、Vista 和 Win7）垄断着电脑系统软件销售行业，巨大的利润引导微软企业进行持续技术创新投入。不同的企业由

① 赵炎，等. 技术创业与中小企业管理［M］. 北京：知识产权出版社，2004.

② 张国强. 企业技术创新动力机制研究［D］. 西安科技大学，2010.

③ 吴艳. 技术创新的财政与金融政策工具研究［D］. 武汉理工大学，2006.

于技术创新的目的不同，其实施的创新类型也不一样。追求短期利润的企业一般不会在短期内用足够的时间和资金进行强度较大的工艺创新，而只有在生产技术和产品格局不变的情况下挖掘现有技术、管理及其他生产要素的潜力，进行模仿创新；追求中长期利润最大化的情况下，企业不计较一时的利润得失，宁可牺牲部分短期利润，增加资本积累，通过改进生产工艺来最大限度地降低产品成本，提高产品质量，不断推出新产品，从而在市场上确立自己的价格优势、产品优势和规模优势，以获得利润的长期稳定增长。[①] 总之，企业追求技术创新成功的过程，事实上就是创新利润的实现过程，创新利润具有诱导和促进企业技术创新的双重功能。[②]

(2) 技术创新能力

企业技术创新能力是指通过引进或开发新技术使企业满足市场需求，提高企业经济效益，增强企业竞争力的能力。技术创新能力能够保障企业技术创新活动的开展和实施，因而是推动技术创新的动力之一。企业技术创新能力主要体现在：技术创新人才投入能力、科技活动资金投入能力、创新产品生产能力和创新产品销售能力。通常情况下，企业的技术创新能力越强，企业实施和实现技术创新的概率越高。技术创新能力强的企业，积累了企业以往技术创新成功的经验，拥有开展技术创新成功的信心，驾驭创新风险的能力更强，能够保障企业技术创新活动的再次成功。

企业拥有较强的技术创新能力，可以保障企业在技术层面上取得新的突破，从而研发出具有新品质的产品，获得更大的市场份额；同时，成功的技术创新带来的新产品使得企业产品线趋于多样化，这样企业产品在市场上占有更大的优势，从而能够增强企业竞争力，提高企业盈利水平，进一步推动企业技术创新的不断前进。

(3) 管理创新支持力

管理创新是指从企业经营层次上，有效地利用企业既有资源对整个技术创新过程进行计划、组织、协调和控制，激发各方面的积极性，调动各方面的主观能动性，有效地协调人、物和企业之间的相互关系，为实现创新利润而协同努力。企业管理创新是从管理过程的角度，为企业技术创新活动提供一种新的管理方法，这种方法能够有效整合企业资源、协调人际关系、提高生产效率。管理创新主要体现在以下三个方面：

① 企业家创新意识。企业家创新意识促进技术创新行为的产生。Peter Drucker认为，创新是企业家的具体工具，也就是说他们利用变化作为开始一种新的实业和一项新的服务的机会和手段。企业家的创新意识直接影响整个企业的技术创新行为、引导企业技术创新方向、决定企业技术创新战略。创新意识推动着企业不断地了解和掌握技术创新可行性的信息，推动着企业在技术创新活动中持续发展。

② 创新管理制度。创新管理制度是企业资源整合行为的规范。创新制度首先界定

---

① 冯波. 企业技术创新的动力系统研究 [D]. 武汉大学，2005.

② 欧阳新年. 企业技术创新动力与利益激励机制 [J]. 科学管理研究，2004，22 (3)：21—25.

了产权责任，使得企业员工认识到技术创新是自身的权利和义务，明确技术创新的目的性；其次，人性化地设定利于创新的组织制度，使得企业、企业科技活动人员和企业资源之间能够按照明晰的组织制度，在技术创新过程中有序工作，保障资源的合理利用和优化配置；最后，通过一系列激励制度激发企业员工推动和参与企业创新的积极性，强化企业技术创新的力量来源。

③ 创新文化氛围。企业文化建设可以挖掘更强的人力资源潜力，不断提高企业竞争力，营造利于创新的文化，对企业技术创新的进行具有很大的感染力和向心力。富于创新的企业文化不仅可以引导科技活动人员的创新趋向，使之符合企业所确定的创新目标，而且能够约束和规范科技活动人员的创新思想和行为；另外，企业创新文化可以凝聚和团结企业科技活动人员的创新力量。

2. 外部动力因素

（1）技术推动力

技术推动指科学技术的发展推动技术创新。技术创新是以新技术投入为特点的技术经济活动，新技术既是技术创新的前提，又是推动技术创新的重要力量。一些根本性的创新如计算机、无线电通信产品等都是来自于技术的推动。① 科学技术上的重大突破，往往会引起技术创新活动，并形成高潮。

技术发展推动技术创新的主要途径包括：新技术思路诱导、技术预期、技术轨道和输入推动。②

① 新技术思路的诱导。R&D产生的新技术思路，往往会诱发企业家去组织技术创新活动，并将技术创新成果投入商业化运营。

② 技术预期。技术预期包括技术寿命预期、技术经济效益预期。当企业家预期到R&D产生的某项技术寿命周期较长，其应用可能带来较高的经济效益，他就会将这一技术投入商业化过程。

③ 技术轨道。重大的技术进展一旦范式化，就成为技术轨道。在这条轨道上，只要有某一项技术商业化，其同类创新就会沿着它本身开辟的轨道，自发地启动并完成多项渐进创新。

④ 输入推动。当新材料的引入使旧的工艺、设备无法或不能有效加工时，就会推动创新者变革工艺、改进设备，以适应生产发展。

（2）市场驱动力

市场是商品经济中生产者与消费者之间实现产品（服务）价值，满足需求的交换关系、交换条件和交换过程。在技术创新过程中，以市场为导向的技术创新才能给企业带来真正的发展。市场对技术创新的推动力包括两方面：市场需求拉动力和市场竞争压力。

① 市场需求拉动力。技术创新的想法来源于市场自身和客户的需求，企业为此创

---

① 张晨芝，毛蕴诗. 技术创新动力研究［J］. 现代管理科学，2009，(6).

② 欧阳新年. 企业技术创新动力与利益激励机制［J］. 科学管理研究，2004，22 (3)：21—25.

造新技术、新工艺从而生产出新产品来满足市场需求。技术创新的目的是占领新市场，创造新的市场价值。当创新的技术和产品符合市场需求并为市场所接受时，技术创新就会创造商业价值。[①] 20世纪60年代以来的有关技术创新的大量实证研究和分析表明，有超过60%的技术创新是由市场需求所致；在市场需求拉动下，技术创新是市场需求引发的结果，市场需求是决定企业技术创新活动速率和方向的主要因素。[②]市场需求可划分为有效市场需求和潜在市场需求两种。面对有效市场需求，企业能够准确把握市场信息，从市场需求中截获企业所需的有效信息以定位新产品或设计新服务，进而实践技术创新和占领市场；对于潜在市场需求，企业所得信息是未来需求，企业应通过分析、预测制定适合的创新战略。

② 市场竞争压力。市场竞争所形成的优胜劣汰推动着市场经济的运行；它迫使企业不断研究市场，进行技术创新，开发新产品。企业需要的生产要素通过竞争从市场上取得，企业生产的产品要通过竞争在市场上实现，企业的经济利益要在激烈的市场竞争中去争取和分配。[③] 市场竞争对企业技术创新活动的开展具有巨大的推动和压迫作用，主要表现为：首先，市场竞争迫使企业迅速收集有关竞争对手的情报资料，准确、及时地掌握市场信息，做到“知己知彼”；其次，市场竞争促使企业生产适销对路的产品，以此满足市场需求，扩大市场份额；再次，市场竞争能改变企业对技术创新的观念和理解，增强科技活动人员的创新素质；最后，市场竞争可以消除创新的不确定性所带来的消极因素，确定企业技术创新的可行性。

(3) 政府支持力

政府通常出于国家政治目的和国家经济发展计划的需要，利用组织、政策、法律和行为体系，对社会各层次的技术创新产生影响。政府作为一种非市场力量，在企业的技术创新过程中起着关键作用。这些作用主要表现在三个方面：政府为企业技术创新提供良好的外部制度环境，政府为企业技术创新培养创新人才，政府为企业技术创新提供一定的资金支持。

企业技术创新作为经济发展的重要推动力，其最终目标是要实现技术创新成果的商品化，为实现这一目的，政府应该通过改进商业环境、构建兼顾各方利益的知识产权保护体系、投资人力资源、加大对基础设施的研发等方法，形成利于技术创新的各种条件；政府亦可通过为基础研究提供直接的资助和发展竞争性的金融市场等方式，增加对技术创新的金融支持。[④] 具体而言，政府用以支持企业技术创新的微观方式体现在制度环境、人力资源和资金投入等方面，例如，政府对企业技术创新的人力和物力投入，建立保持市场有效竞争和奖励技术创新的法律环境，构建支持市场导向型的财政和金融环境以及为人力资源建设、知识产权保护、反垄断和就业提供良好的政策

---

① 周云祥等．市场呼唤有效技术创新的研究 [J]．科技管理研究，2009，(3)：33—34.

② 姜百臣．技术创新的市场需求导向 [J]．创新管理，2009，(1)：20—25.

③ 王三兴．市场竞争、知识产权与国家创新体系 [J]．现代经济探讨，2006，(10)：17—21.

④ 樊启淼等．创新推动发展与政府的作用 [M]．北京：经济科学出版社，2008：20—31.

环境。

全球化视角 法国加大创新驱动 研发经费由政府与企业分摊

法国在创新驱动方面的措施，如研发经费支出和科技成果转化、34个工业振兴计划、《法国—欧洲2020》战略建议等，值得关注。

在法国，研发经费往往由政府与企业分摊。一般情况下，企业的投入，往往还多于政府。以法国驻华使馆科技处提供的2010年的数据为例，法国当年研发经费中政府投资为160亿欧元，而企业投入却高达274亿欧元。

在科技成果转化方面，法国政府每年投入的研发经费占GDP大约2.3%。但很多研究成果，最终转化成产品，必须要通过企业，所以法国工业产权局非常重视知识产权，以及企业的创新能力。此外，法国政府在2011年成立了技术成果快速转化的公司，主动到法国各家科研机构去寻找有价值的创新，同时也鼓励科研机构里面的科研人员自己创业。在资金方面，法国通过公共机构BPIC以及科研税收信贷，支持中小企业主导的创新。

法国总统奥朗德于去年在爱丽舍宫提出了法国未来10年振兴工业的34项行动计划，提出要建设"新的工业法国"。34项未来工业计划涵盖可再生能源、全民低油耗车、电动汽车充电桩、高技术智能化纺织业、无人驾驶汽车、未来高速火车、重型飞艇、全电推进式卫星、智能电网、数字化医院、大数据、云计算、物联网、纳米电子技术、超级计算机、机器人技术、医疗生物技术、网络安全等诸多领域。法国将投入35亿欧元支持上述项目，并将鼓励私人投资，保证企业科研工作。

通过这些计划，法国描绘出一幅未来工业的美好前景，比如在交通运输方面，法国将拥有100公里只消耗2升汽油的节能汽车。在医疗健康领域，机器人将走入家庭为老年人服务等。

近年来，法国工业和企业竞争力加剧下滑，法国政府为此制定了《法国—欧洲2020》战略，提出加强创新以提升国家竞争力的9项建议。比如，明确法国科研需积极应对的9项重大社会挑战：资源节约化管理与适应气候变化；清洁、安全和高效能源；刺激工业振兴；健康与生活舒适；食品安全与人口挑战；交通与可持续城市体系；信息与通信社会；创新型和适应型的和谐企业；发展欧洲航天事业的雄心。同时，鼓励企业与科研实验室合作的系列政策，如研究税收抵免、卡诺科研机构网等。

资料来源：http：//legal. china. com. cn/2014-12/11/content _ 34291873. htm.

第二节　技术创新的类型

按不同的分类标准，可以将技术创新分为不同的类型，不同类型的技术创新要求不同类型的潜在知识，并且对产业的竞争者和消费者有不同的影响。归纳目前国内外学术界对技术创新的分类，以下列出最常用的对创新分类的四个维度：

一、产品创新与工艺创新

按照创新对象的不同，可以将技术创新分为产品创新和工艺创新。

(1) 产品创新。产品创新是指对产品技术进行的创新，为用户提供新的或改进的产品或服务，故产品创新具体表现在一个企业的产品或者服务中。企业的创新一般是从产品创新开始，源于市场需求，总以产品需求的形式表现出来。随着现代高科技的迅猛发展，产品创新领跑优势不断缩短，特别是高技术产品领域，没有持续的产品创新，企业难以维持稳定的竞争地位。例如，美国苹果公司（Apple Inc.）于 2007 年 6 月始推出的 iPhone 系列创新产品，以其快捷、多功能等特点成功领跑国际手机市场，并引起通信终端市场大调整。

(2) 工艺创新。它又称过程创新，是指一个机构在管理其业务方式上的创新，是对现有生产或服务过程技术的创新，包括新工艺、新设备及新的管理和组织方法。工艺创新的成果可以渗透于劳动者、劳动资料和劳动对象之中，也可以渗透在各种生产力要素的结合方式上。工艺创新通常以提高生产效率和生产能力为导向，例如汽车生产制造商对流水线的有效调整、快递行业中邮件快速分拣识别设备的发明应用等都属于工艺创新的范畴。

Bonanno 和 Haworth (1998) 研究指出：在竞争非常激烈的环境下，高质量公司适合选择产品创新，低质量公司适合选择工艺创新；在竞争不激烈的环境下恰好相反。[①]

二、能力增强型创新与能力破坏型创新

按照对企业创新能力的影响不同，技术创新可分为能力增强型创新与能力破坏型创新。

(1) 能力增强型创新。如果企业的技术创新是建立在其现有知识技术基础上，则属于能力增强型创新。例如，英特尔（Intel）公司先后问世的 286、386、486、奔腾、奔腾Ⅱ、奔腾Ⅲ、奔腾Ⅳ处理器都是在前一代基础上进行的技术改进升级创新，诺基亚（Nokia）5200、5300、5400 型号手机也是基于前一代产品技术，都属于能力增强型创新。

(2) 能力破坏型创新。如果企业的技术创新不是建立在企业现有技术的基础上或者使现有技术失去价值，则属于能力破坏型创新。能力破坏型创新的经典案例为计算器的产生对计算尺的影响。17 世纪到 20 世纪 70 年代，计算尺被工程师广泛使用于计算桥梁的结构性能、飞机航程和耗油等，美国著名的计算尺生产商 Keuffel & Esser

---

① Giacomo Bonanno, Barry Haworth. Intensity of Competition and the Choice between Product and Process Innovation [J]. International Journal of Industrial Organization, 1998, 16: 495—510.

公司每月生产50万只计算尺。70年代初市场上出现价格低廉的计算器后，迅速淘汰了计算尺，计算尺成为收藏家和博物馆的展览品。Keuffel & Esser公司没有生产计算器的技术基础，1976年退出市场。[①] 计算器技术的出现对Keuffel & Esser公司，乃至整个计算尺行业是一种能力破坏型创新。

三、突破性创新与渐进性创新

从技术的创新程度，即研发产生技术的先进性进行分类，技术创新可分为突破性创新和渐进性创新。

（1）突破性创新，又称根本性创新。突破性创新是指能够导致技术革命、产业革命以及使整个社会技术体系发生重大变革的"技术变革创新"，或者是能够导致新的产业部门或新的社会经济活动的"原理独创型创新"，或者是能够开拓新市场或取代现有产品或工艺的"原理发展型创新"或"功能综合型创新"。[②] 例如，蒸汽机的发明、电话的产生、计算机与互联网的发明等，引起世界出现根本性变化，都属于突破性创新的范畴。

（2）渐进性创新，又称延续性创新。渐进性创新是在现有技术基础上对已有产品或工艺进行的改进和创新，可能并不是很新的技术或者与已有技术脱离程度有限。这种技术创新对企业自身或用户而言是新异的，仅引起技术或市场的微小变化。例如，通信手机机构由翻盖式发展到直板式，又从直板式发展到按键触摸式，都属于渐进性创新范畴。

四、创造新市场的创新与融合新技术的创新[③]

按照市场和技术的变化程度不同，可以将技术创新分为创造新市场的创新和融合新技术的创新。

（1）创造新市场的创新。顾名思义，是利用已有的技术开发形成新的产品，创造出新的市场。如传真机和随身听等新产品的开发虽然对市场来讲是新的，但其中的技术范式并没有发生变化，也就是说对技术来讲并不是全新的，只创造了新的市场。

（2）融合新技术的创新。融合新技术的创新是在原有产品中应用全新的技术，进行了重大的技术改进，产品的性能等发生了重大变化，使技术产生不连续性。如从光学显微镜到电子显微镜、计算机移动存储设备从磁盘到U盘、从电子管收音机到晶体管收音机等都为融合新技术创新的范畴。

---

① Scuria-Fontana, C. The Slide Rule Today: Respect for the Past: History of the Slide Rule. Mechanical Engineering—CIME, 1990, 7: 122—124.

② 赵炎，等. 技术创业与中小企业管理［M］. 北京：知识产权出版社，2007.

③ 仲伟俊，梅姝呃. 企业技术创新管理理论与方法［M］. 北京：科学出版社，2009.

第三节　技术创新的运作模式

企业技术创新受到多种因素的影响。随着经济、科技的变化发展，企业技术创新的运作模式也在发生着变化。技术创新运作模式是指在一定创新理论指导下，为完成特定的创新目标而形成的相对稳定的技术创新体系及可操作性的活动规范和运作方式，企业沿着一定的技术路线在其内部条件与外部环境相互作用的基础上所形成的相对稳定的技术创新体系。它包含创新过程中有关创新思想和路径的确认、创新目标的选择、可操作性方案的组织实施、创新成果的应用和扩散等具体的活动规范和运作方式。不同的运作模式对企业发展产生不同的影响，并直接关系到技术创新的效果。①

技术创新运作模式的类型具有多样性。按照技术创新的动力不同，可分为技术推动模式、需求拉动模式和双重驱动模式；按照参与创新活动主体的不同，可分为自主创新模式、合作创新模式与模仿创新模式。同时，本节最后部分介绍了开放式创新和网络创新两大热点技术创新运作模式。

一、技术推动、需求拉动、双重驱动

（一）技术推动模式

技术推动模式是指由于创新主体拥有新的技术发明或发现，并利用这种发明或发现开展技术创新活动。熊彼特是该模式的最初倡导者，由于当时社会产品市场只是被动地接受产品，因此认为创新来自于技术推动。J. A. Schumpeter 认为，技术创新是经济发展的主发动机，在技术创新的过程中，需求拉动是不重要的，主动权掌握在生产者的手中，即技术创新是拥有技术发明和发现的创新主体在寻找技术发明的应用过程中完成的，同时间接地满足或者创造了某种市场需求。在这里，技术创新过程遵循一个线性模式，基础研究是起点，科学推动技术，技术创造需求，生产制造及商业化满足需求，从而对经济产生影响。在现实的经济发展过程中，无线电、尼龙和核电站等技术创新就属于这种模式。② 这种模式的创新轨迹如图 3-2 所示：

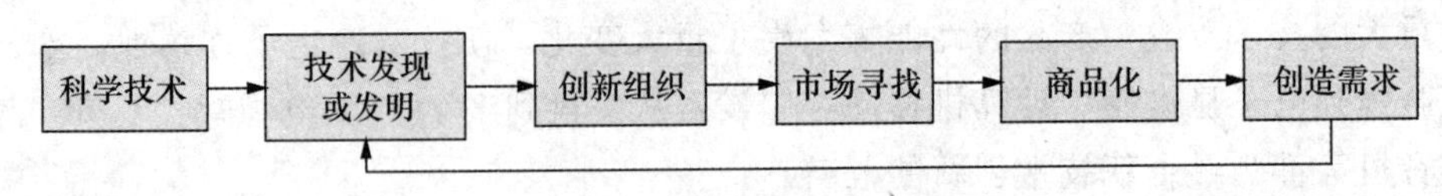

图 3-3　技术推动模式示意图

事实证明，大多数创新并非单靠技术推动，只有那些重大创新，即改变人们生活方式的创新是由技术推动的。然而，这样的创新毕竟很少，现在国内外 R&D 创新关系的实证研究也表明，R&D 投入越多，产生的创新并不一定就越多。科技投入的同

① 陈云霄．杨凌示范区涉农企业技术创新模式研究［D］．西北农林科技大学，2009．

② 李垣，汪应洛．关于企业技术创新模式的探讨［J］．科学管理研究，1994，(1)：42—45．

时，必须注意创新过程的组织方式，否则会造成科技成果等待转化的问题，缺少市场导向的成果，存在没有商业价值或距工程化要求太远的风险，从而导致科技投入越大，造成的损失就越大。①

（二）需求拉动模式

需求拉动模式是指由于客观存在的需求导致创新主体开展技术研究，并应用技术成果从事技术创新活动。倡导这一模式的代表人物是Schmulker。他通过研究19世纪上半叶到20世纪50年代美国铁路、炼油、农业和造纸工业等的投资、存量、就业和发明活动，发现投资和专利的时间序列表现出高度的同步效应，② 投资序列往往趋向于专利序列，相反的可能性则较小。据此，施穆克勒认为，通过外部事件、外部需求来解释技术创新比用发明过程更好。Schmukler在《发明与技术增长》一书中，提出发明创造受外部市场需求的引导和限制。随着社会、经济与技术发展一体化的加强，近代的众多技术创新都属这种模式。这种模式的创新轨迹如图3-4所示：

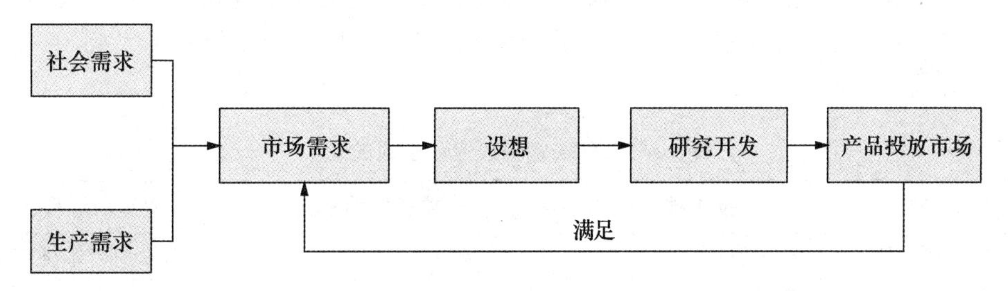

图3-4 需求拉动模式示意图

在需求拉动模式中，需求主要来自社会需求和生产需求，两者推动了技术创新活动的开展，即由于市场存在的客观和潜在需求，创新主体着手进行研究开发，通过创新活动的开展最终来满足市场需求。社会产品的日益丰富，造成企业间竞争加剧，市场需求在创新中的作用受到高度重视。

（三）双重驱动模式

双重驱动模式强调技术创新是由技术和市场双重因素驱动而发生的，即创新主体在全部拥有或者部分拥有技术发现或发明的条件下，受到外部市场需求的诱发，并由此展开技术创新活动。经济与技术的发展使得技术创新活动变得越来越复杂，其中所涉及的因素也越来越多。单纯依靠技术拉动或单纯依靠市场需求推动的技术创新活动已经越来越少，而由两种动力结合所引起的技术创新活动不断增加，由此产生了“双重驱动模式”。N. Rosenberg在Inside the Black Box一书中断言：“创新活动由需求和技术共同决定，需求决定了创新的报酬，技术决定了成功的可能性及成本”，强调了技术推动和市场拉动的综合作用。双重驱动模式的技术创新轨迹如图3-5所示。

市场与技术合力驱动型创新改变了传统的从纯科学研究到销售的线性过程，也更

① 曹苏娟．企业技术创新能力及模式研究［D］．安徽农业大学，2008.

② 赵丽．中小企业技术创新模式研究［D］．对外经济贸易大学，2006.

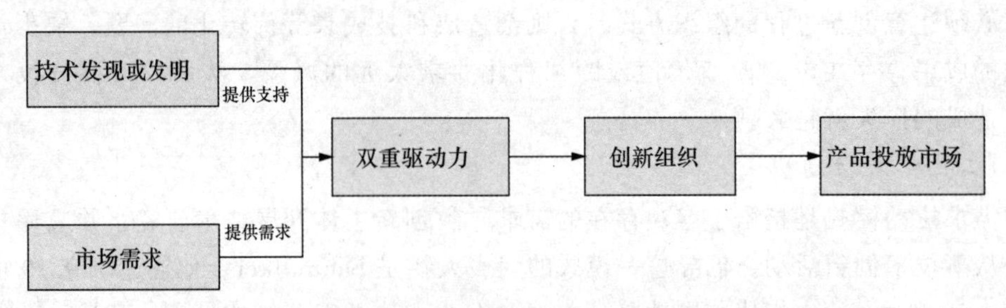

图 3-5　双重驱动模式示意图

新了以市场需求、销售作为技术创新起点的模型，其强调的重点是科技与市场在创新过程中共同作用下所形成的合力作用。加拿大学者摩罗（Manro）和诺雷（H. Noori）通过对加拿大 900 多个企业的调查发现，靠技术推动的技术创新占 18%，市场需求推动的占 26%，而靠双重推动的则高达 56%。双重推动模式强调把技术与需求综合考虑，认为技术创新是在科学技术研究可能得到的成果和市场对此需求平衡的基础上产生的，即技术机会和市场机会合成的结果，导致了技术创新的开展。

三者的比较见表 3-1：

表 3-1　三种技术创新运作模式的比较

比较	技术推动模式	需求拉动模式	双重驱动模式
创新的主要诱因	技术发明	市场需求	技术发明与市场需求
技术与需求的关系	技术创造需求	需求促进发明	技术与需求双向作用
创新难度	难	比较难	比较容易
创新周期	长	比较短	短
创新成功的关键人物	科学家	企业家	科学家与企业家
创新遵循的规律	技术发展规律	经济发展规律	经济与技术双重规律
创新成果的应用	难	容易	容易
采用较多的企业	大企业	中小企业	大中小企业
创新效果简评	根本性创新，导致技术的根本变化以及新产品的形成	渐进性创新，成果容易商品化，能够迅速产生经济效益	创新成果易于商业化，技术与经济发展相互促进

资料来源：林汉川．中国中小企业发展机制研究［M］．北京：商务印书馆，2003.

二、自主创新、合作创新与模仿创新

（一）自主创新模式

自主创新模式强调创新主体以自身的研究开发为基础，通过自身的努力取得技术的进展或者突破，实现技术成果的商品化、产业化和国际化，从而获取商业利益。自主创新模式使本系统（国家、产业或企业）得以掌握不易被他人模仿的核心技术，进而提高核心竞争力。企业自主创新模式如图 3-6 所示。

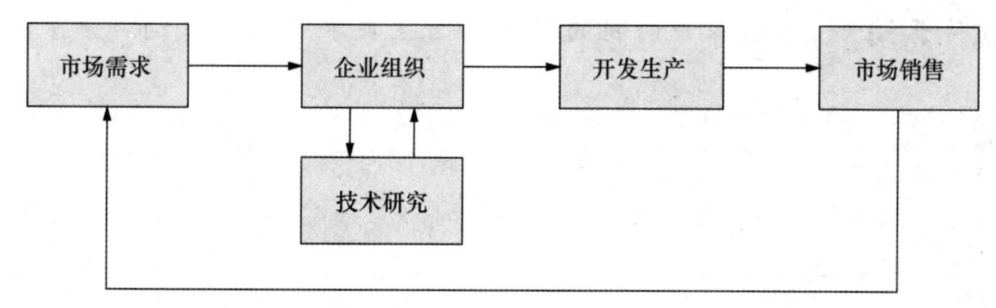

图 3-6 企业自主创新模式示意图

自主创新模式具有三个特点：①

(1) 技术突破的内生性。企业自主创新指企业必须拥有其中核心技术的自主知识产权。核心技术或主导技术必须是由企业依靠自身力量独立研究开发而获得的。

(2) 市场开发的率先性。率先性是自主创新所追求的目标，新技术成果具有独占性。自主创新企业的产品率先进入市场，领导本行业或相关行业的标准和技术规范，对跟进者形成技术锁定，从而能够稳固其在行业中的核心地位。

(3) 知识资本的集成性。企业通过整合内部和外部各种创新所需的资源，自主创新提供知识和能力上的内外部支持力量。这是自主创新成功的基础和必要条件。②

自主创新作为率先创新，具有一系列的优点：自主创新的成果一般都属于创新企业内部所有，这使得技术创新主体能够在一定时间内掌握与控制某项核心技术，为创新企业带来先发优势，在竞争中占据有利的地位，同时有助于树立良好的企业形象；二是在创新的开发与实施过程中，创新企业内部积累与掌握了丰富的产品生产开发与组织管理经验，为后续的生产经营、市场开拓以及新产品开发奠定了扎实的基础；三是在一些技术领域的自主创新往往能够引发一系列的技术创新，带动一批新产品的产生，推动新兴产业的发展；四是由自主创新开发出的新产品初期在市场都占据垄断地位，可以使企业获得超额利润，同时也能够率先与供应链的上下游各方建立稳固的关系。③

自主创新同时也有自身的缺点：首先新技术领域的探索通常都具有较大复杂性，因此要求企业必须具备雄厚的科研开发能力，同时需要巨大的人力、物力、财力的投入，加之研发周期一般都比较长，因此创新主体所面临的风险较大。其次，自主创新企业在市场开发与前期的消费观念、产品概念等的导入上也需要投入大量的资源，这具有很大的外溢效应，市场开发的收益很容易被其他跟随者无偿占有。最后，在一些法律不健全、不完善的地方，知识产权也一直是困扰技术领先者的一个问题。

---

① 常晓青. 浙江省企业自主创新风险问题研究［D］. 浙江工业大学，2005.

② 张志巧. 广西中小企业自主创新能力提升探究［D］. 广西师范大学，2007.

③ 赵玉林. 创新经济学［M］. 北京：中国经济出版社，2006：327—329.

本土化视角 顾客导向视角下华为自主技术创新能力构成要素

在顾客导向下，华为的自主技术创新能力主要关注的是从顾客中来，到顾客中去；实施知识产权战略；集成产品研发模块体系。其中，“从顾客中来，到顾客中去”包含顾客市场特征、顾客需求、顾客感知价值；实施知识产权战略包含专利规划、商标管理、知识产权管理制度、知识产权业务流程；集成产品研发模块体系包含预研、集成产品开发模块及专利地图。

1. 华为自主技术创新能力构成要素的定位为从顾客中来，到顾客中去

华为经营哲学观认为，企业生存、发展、竞争力都根源于企业的盈利能力，而持续的盈利能力源自于企业能够不断地生产出符合顾客需求且具有自主技术创新能力的产品。所以，华为存在的根本目的就是为顾客创造价值、满足顾客需求、为顾客提供优质的产品与服务，并以此来培育企业自主技术创新能力。

2. 华为自主技术创新能力要素的路径为实施知识产权战略

华为的知识产权战略由专利战略、商业秘密保护战略、通过确立知识产权的价值并维护和促进知识产权维持华为持续竞争优势而避免公司无形资产流失的知识产权价值化战略组成。为保证公司知识产权战略的有效实施，华为制定了《员工保密协议》《华为人行为准则》《文档保密管理规范》《计算机网络管理规定》《专利管理办法》等全方位的公司知识产权管理制度；建立了专门的专利数据库跟踪国内外专利发展情况和分析行业内技术发展的总趋势；积极地与行业内企业开展知识产权许可谈判并签署一系列知识产权许可协议，通过合理支付专利许可费来获取行业内领先企业专利技术的合法使用权。

3. 华为自主技术创新能力要素的流程为集成产品研发模块体系

在集成产品研发模块体系下的华为自主技术创新能力由预研、集成产品开发模块和专利地图三个有机统一的环节组成。

(1) 预研，是专利转化为产品的必经之路。当公司面临难以预测的市场前景、产品技术难度大且暂无确定的解决方案及难以发挥公司综合研发能力等情形，但是此产品的研发与公司战略相符合并且有较大的可能性成为市场的新增长点，此时此产品进入华为的产品预研阶段。

(2) 集成产品开发模块。华为实施基于顾客市场需求驱动的集成产品开发模块，它将产品开发基于顾客资产投资视角有效地适应顾客市场需求波动、基于顾客感知价值视角有效地保证产品的市场占有率。集成产品开发模块要求做正确的事，一次性把事情做好即要求第一次就为顾客提供成熟且稳定的产品，其管理思想要求产品必须严格按照业务计划来运作，使得进入顾客市场的产品都经过严格测试和验证，从而可以实施批量供货。

(3) 专利地图，即将专利信息“地图化”。华为通过编制专利地图准确地把握行业技术发展趋势和分析技术分布态势，并运用专利地图对竞争对手的技术分布情况进行实时跟踪，从而使得华为自主技术创新能力真正实现知己知彼。当前，华为的专利地图已经细化到某一特定的生产线。正是凭借准确的专利地图，使得华为非常清楚竞争对手持有的专利状况及自己在行业内的位置，从而为华为自主技术创新指明方向。

资料来源：邓小翔，丘缅．顾客导向视角下的组织学习与企业自主技术创新能力——华为公司的案例分析［J］．科技管理研究，2016，(2)．

本土化视角 习近平总书记对自主创新的关注

习近平总书记从三个方面论述了推进自主创新的举措。

第一，在科研投入上集中力量办大事。习近平指出："近年来，我们在核心技术研发上投的钱不少，但效果还不是很明显。我看，主要问题是好钢没有用在刀刃上。要围绕国家急需突破的核心技术，把拳头攥紧，坚持不懈做下去。"

第二，积极推动核心技术成果转化。习近平指出："技术要发展，必须要使用。在全球信息领域，创新链、产业链、价值链整合能力越来越成为决定成败的关键。核心技术研发的最终结果，不应只是技术报告、科研论文、实验室样品，而应是市场产品、技术实力、产业实力。核心技术脱离了它的产业链、价值链、生态系统上下游不衔接，就可能白忙活一场。"他强调："经过一定范围论证，该用的就要用。我们自己推出的新技术、新产品，在应用中出现一些问题是自然的。可以在用的过程中继续改进，不断提高质量。如果大家都不用，就是报一个课题完成报告，然后束之高阁，那永远发展不起来。"

第三，推动强强联合、协同攻关。习近平指出："要打好核心技术研发攻坚战，不仅要把冲锋号吹起来，而且要把集合号吹起来，也就是要把最强的力量积聚起来共同干，组成攻关的突击队、特种兵。我们同国际先进水平在核心技术上差距悬殊，一个很突出的原因，是我们的骨干企业没有像微软、英特尔、谷歌、苹果那样形成协同效应。"他强调："在核心技术研发上，强强联合比单打独斗效果要好，要在这方面拿出些办法来，彻底摆脱部门利益和门户之见的束缚。抱着宁为鸡头、不为凤尾的想法，抱着自己拥有一亩三分地的想法，形不成合力，是难以成事的。"

资料来源：http：//news. sznews. com/content/2016-04/28/content _ 13185798. htm.

（二）合作创新模式

合作创新模式是指创新主体根据自身的发展要求自由寻找合作伙伴的技术创新模式，参与合作的各方在此过程中实现优势互补，通常所采取的形式有企业间或企业与科研机构、高等院校之间联合开展创新，制造商与供应商合作，同业竞争者之间的合作等。企业采用合作创新模式主要目的在于：分担研究开发成本、分散风险；获得研究与开发的规模优势；促进企业间知识的流动，获得企业范围以外的技术专长；企业合作伙伴间的资源共享和能力互补；快速获得新技术或市场。[1] 由于全球科技创新步伐的加快以及技术竞争的日趋激烈，单个企业所面临的技术问题的复杂性与技术开发的高风险性等问题日益突出，因此许多企业都普遍采用了合作创新的模式。企业合作创新模式见图 3-7：

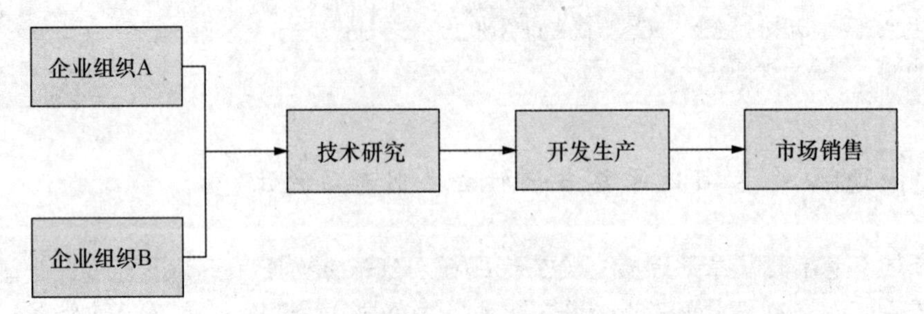

图 3-7 企业合作创新模式示意图

合作创新模式主要具有以下特征：创新主体多元化，即创新活动是在不同的主体之间共同进行的；合作形式多样性，既有资金与技术的合作，又有技术与技术的合作，也有人员交流等。首先，由于合作创新是一种由多个创新主体共同合作进行技术创新的模式，因此它有利于不同主体实现资源共享、优势互补与成果共享。其次，合作创新能够大大减少创新成本，缩短创新的时间，提高创新的效率，从而增强企业在市场上的竞争地位。最后，合作创新能够使得所有参与各方分散创新风险，有利于鼓励更多的企业到创新活动中来。[2] 企业参与合作创新不仅仅是出于技术的目的，还有开拓市场的目的。与市场进入相联系的合作动机包括：拓展产品范围，开发新产品，进入新的市场；实现市场的国际化、全球化扩张；影响市场结构，减少竞争，通过合作与其他联合体抗衡提高竞争地位。[3]

合作创新涉及多个创新主体，因此在合作过程中要就创新的目标及项目达成一致，需要耗费大量的时间搜集信息、谈判并最终达成契约。同时在内部的管理上也存在很大的困难。另外，创新主体的多元化，使得单个企业不能独占创新成果：企业间的合作很可能为将来培养了一个潜在的竞争对手，而与科研单位、高等院校的合作又涉及技术转让等方面的问题。

---

① Mothe，C，Quelin，B. Creating New Resources through European R&D Partnerships［J］. Technology Analysis &Strategic Management，1999：31—44.

② 罗炜，唐元虎. 合作创新系统浅析［J］. 科学学与科学技术管理，2001，(11)：56—58.

③ Hagedoorn，J，Schakenraad，J. The Effect of Strategic Technology Alliances on Company Performance［J］. Strategic Management Journal，1994，15：291—309.

本土化视角 产学协同创新——“清华同方股份有限公司”

清华同方股份有限公司（QHTF）成立于1997年，同年在上交所上市，是一家紧密依托高校的科研实力与人才平台的科技型企业。目前，企业经营以信息、安防、节能环保三大科技产业为主业，以金融投资和科技园业务为两翼，成为信息、能源环境、科技地产等领域的领军式企业，孵化培育了智能芯片、计算机、数字城市、大数据应用、多媒体、移动互联、半导体与照明、环境科技等12个产业集群，旗下已有多家上市公司。

作为一家高校孵化的科技型企业，股份公司与大学有着天然的合作基因，这种基因建立起的产学协同关系，加快了创新资源的交互，提高了知识创新效率，推动了QHTF的快速成长。

第一阶段（1997年以前），以学科性公司为发展主体，积极探索高校技术产业化道路。

在QHTF成立之前，大学院系创办了5家学科性公司，这些公司是在国家鼓励产学研合作和高校技术产业发展的大背景下，依托高校的技术成果和学术团队组建的科技型公司，隶属于高校的企业集团。分别是QH人工环境工程公司、QH信息技术公司、QHTF网络技术公司、QHTF实业公司、QH凯实科技公司。

第二阶段（1997—2001），以“技术资本”的方式构建交易型产学协同关系，建立新型企业经营管理体制，加快推动高校科技成果的产业化和公司业绩提升。原来隶属校企的管理体制，形式上是“企”，内涵上还是“校”。1997年6月，以高校企业集团作为主发起人，吸引社会资本和专业经营管理团队，将原有的5家校办企业组建成立QHTF，两天后公司股票在上交所挂牌交易。

第三阶段（2002—2007），以“创新合作”拓展产学合作网络，以市场为导向整合产学资源，构建关联型和交易型并重的产学协同关系。QHTF的高层还意识到需要强化基于市场导向的二次研发的能力建设，并在今后逐渐成为公司技术创新的主导模式。例如，与学校联合组建的公司在2004年推出了全球最大的中文知识门户网站，发布了具有自主知识产权的“eaONE”基础软件平台。

第四阶段（2008—2013），以产学协同关系网络为强大的资源支撑与依托，推动公司品牌化与国际化发展战略。QHTF除了继续与学校开展深度战略合作外，还与6个海外研发机构、3个国家级工程研究中心、6个联合实验室建立了产学合作关系，集团公司的各产业本部、控股子公司下设的研发基地与高校形成了多层次、全方位的合作，推动了产品的持续创新与技术升级。

例如，与学校共同起草了核技术领域的IEC62523国际标准并发布，成为我国在该领域正式发布的第一条国际标准；与学校电子工程系联合成立卫星导航接收机联合研发中心，布局卫星通信行业；联合学校的控股公司平台，收购了重庆国信控股有限公司的38.412%股权，借助该企业的金融资本平台的优势，进一步做大做强

QHTF在资本市场上的资源网络，积极探索金融资本与产业资本相融合的发展路径；与相关院系合作推进水治理、烟气脱硫、芯片、余热废热综合利用技术、电子信息、物联网等领域的技术研发和产品升级等。

这些企业业绩的取得，是充分借助和发挥了学校的资源优势，贯彻执行了“技术资本”“创新合作”的发展战略，将学校的技术、人才资源通过QHTF的资本、管理和商业模式设计导入到项目、业务或新公司中，为公司自身可持续发展源源不断地注入新动力，并为公司的业务拓展提供强大的资源支撑。

资料来源：李飞．创业导向的产学协同创新机理研究——跨组织关系管理的视角［D］．浙江大学，2014.

（三）模仿创新模式

模仿创新是指创新主体通过学习模仿领先创新者的成果与方法，引进、购买或者破译领先者的核心技术和技术秘密，并在此基础上进行改进完善的做法，模仿创新是一种被各国企业所普遍采用的创新模式。日本是模仿创新的典范，松下、三洋电机等公司都依靠模仿创新取得了巨大的成功。模仿创新是建立在模仿的基础上，对于现有的技术或工艺所做的进一步完善和开发，如生产流程的改善、功能的添加以及品质的提高等，它在本质上也是一种创新活动。包括两种方式：其一，完全模仿创新，即对市场现有产品的仿制。一项新技术从诞生到完全使市场饱和是需要一定的时间的，所以新技术诞生并投放市场后，会存在一定的市场空间，使得技术模仿成为可能。其二，模仿后再创新，即对率先进入市场的产品进行再创新。具体而言，是指企业通过学习模仿率先创新者的创新思路和创新行为，吸收成功的经验和失败的教训，在他人的基础上进行改进和完善，生产出在性能、质量、价格方面富有竞争力的产品，与率先创新的企业竞争的行为。[①] 模仿创新模式如图3-8所示：

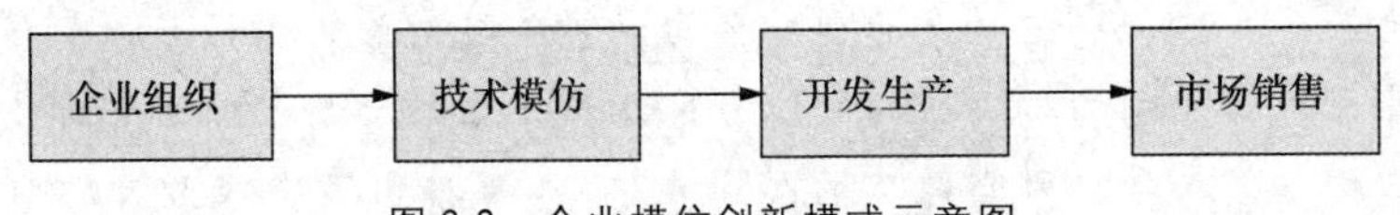

图3-8　企业模仿创新模式示意图

模仿创新由于是仿制而不是全新的创造，因此企业可以在率先创新者的技术成果的基础上，吸取前者开发过程中的经验与教训，有效降低了成本与风险，研发时间相对也较短。另外，模仿创新通常都是在率先创新者的产品投入市场之后进行的，因此在创新过程中可以根据产品等的市场表现状况，有针对性地对原有的产品与技术等进行改造，因而在产品成本和性能上也就具有更强的市场竞争力，成功率也就更高。

同其他的创新模式一样，模仿创新业具有自身的缺点，其中最突出的就在于它的被动性。由于模仿创新者在技术开发方面缺乏超前性，对于技术创新的投资也相对较

① 罗克·苏特．工业创新经济学［M］．华宏勋，译．北京：北京大学出版社，2004.

少，因此在技术能力的积累上存在一定的差距。同时，一味被动地追随使得模仿创新者在新的市场契机到来时，只能等待率先技术者，因而损失了市场机会，无法与先导者平分秋色。另外，模仿创新者还容易受到进入壁垒的制约，从而限制了创新的实施效果。这主要表现在两个方面，一是自然壁垒，即跟随者一般无法获得相关的核心技术；二是来自于法律和制度等方面的障碍，如专利保护制度就被率先创新者利用作为阻碍模仿创新的手段。早期生产盒式磁带的 TCL 公司就是这种战略的很好实践者，正是由于发现了 TDK 在中国的产品非常畅销。而后，又采取同样的战略进入电话、家电、手机等领域。韩国的 LG 和三星也都经历了从模仿创新到自主创新的蜕变过程，从当初名不见经传的小公司发展成为今天各自产业内的佼佼者。经过短短几十年的发展，三星公司已经可以与索尼相提并论。这种做法不仅使它们汲取了先导企业的经验教训，避免了大量的技术风险与商业模式等的失误，同时也省去了大量的研发经费和人力、时间，最有效地利用了全行业的创造智慧。①

本土化视角 **模仿技术创新——“联想乐 Pad”**

2010 年 1 月 27 日，在美国旧金山欧巴布也那艺术中心（芳草地艺术中心）所举行的苹果公司发布会上，传闻已久的平板电脑 iPad 定位介于苹果的智能手机 iPhone 和笔记本电脑产品之间，通体只有四个按键，与 iPhone 布局一样，提供浏览互联网、收发电子邮件、观看电子书、播放音频或视频等功能。因此，全球范围内掀起了一阵平板电脑的狂潮。随后，在 2011 年 1 月 6 日，美国拉斯维加斯的国际消费电子展（CES）正式开幕，作为国内最大 IT 厂商，联想首次展出了乐 Pad 平板电脑及配有乐 Pad 的双模笔记本电脑 Idea Pad U1。乐 Pad 是联想推出的第一款平板电脑，搭载 Android 2.2 操作系统，使用高通的 Snapdragon 处理器。乐 Pad 配合底座一起搭载基于联想全新优化的 Android 操作系统和 Windows 双系统搭载，但平板部分和底座部分，分别采用了相对独立的硬件配置和操作系统。当平板部分嵌入底座后会自动切换至 Windows 系统下，此时平板部分仅做显示器使用。联想凭借着优秀的模仿创新和固定的客户群，在乐 Pad 的研发和销售上取得了巨大的成功。

（四）三种模式的比较

将自主创新、合作创新和模仿创新三种模式进行比较分析，可以发现三者各有利弊，具体比较结果如表 3-2 所示。选择自主创新模式对自身资源的要求高，技术创新成本也高，而技术创新风险也相应提高，但成功的自主创新产品会显著提高企业竞争优势。采用合作创新使得企业可以有效利用外部资源，降低自身技术创新成本与风险，因企业合作因素，共同应对市场变化的能力强，成功的合作创新产品将明显提高

① 赵丽. 中小企业技术创新模式研究 [D]. 对外经济贸易大学，2006.

企业竞争优势。采用模仿创新对外部资源的依赖性强，对自身资源依赖、技术创新成本、创新风险以及新技术的控制度均比较低，因其为模仿性，故使用技术成熟度高，产品成功概率较大，大部分经济收益缘于量产，故对企业竞争优势的提升幅度较小。

表 3-2　自主创新、模仿创新和合作创新模式的比较

比较内容	自主创新	合作创新	模仿创新
自身资源	高	一般	低
外部资源利用	低	较多	高
技术创新成本	高	一般	低
技术创新风险	大	一般	小
技术成熟度	低	低	高
新技术控制度	强	一般	差
应对市场变化能力	一般	强	差
竞争优势增幅	显著	明显	少

三、开放式创新与网络创新

（一）开放式创新

在知识经济时代，企业仅仅依靠内部的资源进行高成本的创新活动已经难以适应快速变化的市场需求以及日益激烈的企业竞争。开放式创新正是在这种背景下逐渐成为企业创新的主导模式。开放式创新模式由美国学者 Henry Chesbrough 提出，即当企业着眼于发展新技术时可以基于特定的企业模式，利用企业内部和外部两条市场通道将企业内、外部所有新创意集成起来创造价值，同时建立起相应的内部分享机制，即强调外部知识资源对于企业创新过程的重要性。① 例如，软件开发中“开放源代码”的做法就属于典型的开放式创新思想。

Joel West 和 Scott Gallagher 认为，开放式创新模式主要有四个特征：创新环境的开放性、创新主体的开放性、创新资源的开放性、创意开发的开放性。② 例如，太阳微系统公司（SUN）的创意主要来源于著名大学的实验室，其工作站微处理器来源于斯坦福大学的研究成果，操作系统来源于加州大学伯克利分校开发的 UNIX 系统，图形界面软件系统来源于麻省理工学院开发的 X Window。通过这种“拿来主义”的组合创新策略，SUN 公司比 IBM、HP 等公司在工作站方面的研发投入要少得多，却获得了更强的竞争力和市场地位。

---

① Chesbrough，H. W. Open Innovation：The New Imperative for Creating and Profiting from Technology [M]. Boston：Harvard Business School Press，2003.

② Joel West & Scott Gallagher. Challenges of Open Innovation：The Paradox of Firm Investment in Open-source Software [J]. R&D Management，2006，36 (3)：319—331.

在开放式创新环境下，企业不必遵守必须拥有自己的创新，然后进一步开发、研制新产品和推向市场，并且自己分销、提供服务和资金以及技术支持等“自己动手”的套路，必须彻底改变“关注企业内部”的做法。在开放式创新模式中，企业可以同时将内部和外部创意统一于一个组织结构或系统内，同时使用内外部创意来创造价值。开放式创新模型如图 3-9 所示：

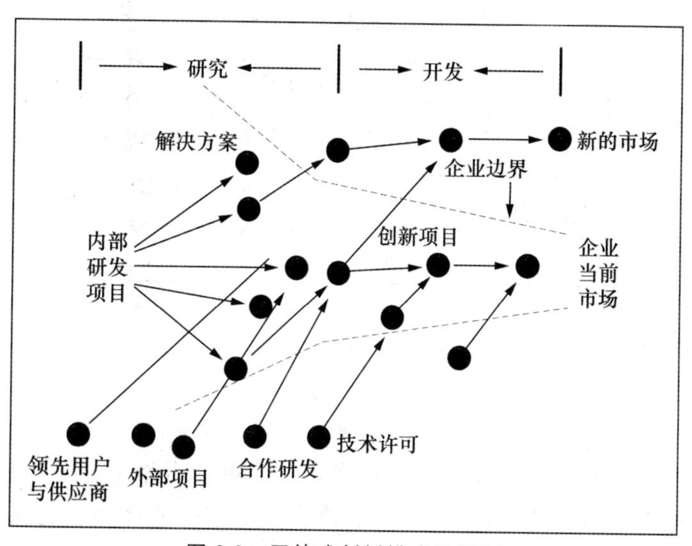

图 3-9　开放式创新模式示意图

资料来源：陈劲，陈钰芬．开放创新体系与企业技术创新资源配置［J］．科研管理，2006，(3)：3.

开放式创新模式又称漏斗式创新模式，简单而清晰地描述了企业实施开放式创新的过程。图中虚线描述企业边界，意指企业边界模糊，而不像封闭式创新那样将企业创新过程牢牢禁锢在企业内部。由上图可见，创新仍然主要来源于企业内部的研发过程，但是部分创新在研究阶段或开发阶段从企业内部渗透出去，同时企业部分创新来源于企业的外部。这里创新渗出的途径主要有企业雇员创立新的企业、外部专利权转让或者员工离职等，而渗入企业的创新的主要途径有技术购买与人才吸收等。①

通过与封闭式创新模式进行对比，可以进一步了解企业开放式创新的内涵和特点，表 3-3 对这两种创新模式的基本原则和主要特征进行了详细的对比，从中可以看出两种创新模式其实是相对的两个极端。通过基本原则的比较和分析，也可以归纳出两者明显的特点差异。封闭式创新的特点是：主要依靠内部创意、劳动力流动性低、风险投资少、新创企业很少且力量薄弱，并且大学等机构的影响力不重要。而开放式创新的特点是：外部创意多、劳动力流动性高、风险投资积极、新创企业数量众多，并且大学等机构的影响力很重要。

---

①　后锐，张毕西．企业开放式创新：概念、模型及其风险规避［J］．科技进步与对策，2006，3：140—142.

表 3-3　开放式创新与封闭式创新基本原则比较

封闭式创新的基本原则	开放式创新的基本原则
本行业里最聪明的员工为我们工作	我们需要和企业内外部的所有聪明人合作
为从研发中获利，我们必须自己进行发明创造、开发产品并推向市场	外部研发工作可以创造巨大的价值，而要分享其中的一部分，则必须进行内部研发
如果我们自己进行研究，就能最先把产品推向市场	不是非要自己研究才能从中获利
最先把创新商业化的企业将成为赢家	建立一个更好的商业模式要比贸然冲向市场好得多
如果我们创造出行业中最多最好的创意，我们必将胜利	如果我们充分利用企业内外部所有好创意，必将胜利
我们必须控制知识产权，这样竞争对手就无法从我们的创意中获利	我们应当通过让他人使用我们的知识产权而从中获利，同时应当购买别人的知识产权，只要它能提升我们的商业模式

资料来源：Chesbrough，H. Open Innovation，the New Imperative for Creating and Profiting from Technology，Harvard Business School Press，2003.

开放式创新可以均衡协调企业内外部的资源来产生创新思想，不仅把创新的目标寄托在传统的产品经营上，还积极寻找外部的合资、技术特许、技术合伙、战略联盟等合适的商业模式把创新思想变为商业现实，以尽可能多地为企业创造收益。因此，开放式创新强调组织的“无边界化”，提倡消除存在于企业之间、企业与科研机构之间创新流动的界限，这给企业带来的收益将会大大超过付出的成本。

开放式创新的本质是外部创新资源的获取和利用，通过内外部创新资源的整合和利用，提高创新绩效。在创新过程中与外部组织的互动获取新的科学技术知识尤其重要，利用外部知识、整合企业内外创新资源的能力成为创新能力的关键组成部分。中国企业在创新实践中正逐步学会利用外部创新资源提升创新效率。由国家统计局组织的全国范围的工业企业创新调查数据表明，企业在创新实践中内部研发费用仅占创新费用的30%左右，而从外部研发费用、获取外部机器设备和相关技术的费用占70%左右，见表3-4：

表 3-4　中国工业企业创新费用支出情况（2006 年）

	创新费用支出合计（亿元）	占创新费用支出的比例（%）			
		内部研究与试验发展	外部研究与试验发展	获取机器设备和软件	从企业外部获取相关技术
规模以上企业	5821.3	32.4	3.6	55.8	8.1
按企业规模分类					
大型企业	3068.1	35.5	3.7	54.7	6.1
中型企业	1655.2	34.1	4.0	50.8	11.1
小型企业	1098.1	21.4	3.1	66.5	9.0
按行业分类					
采矿业	249.5	27.0	4.4	64.2	4.4

（续表）

	创新费用支出合计（亿元）	占创新费用支出的比例（%）			
		内部研究与试验发展	外部研究与试验发展	获取机器设备和软件	从企业外部获取相关技术
制造业	5358.5	33.7	3.6	54.5	8.3
电力、燃气和水的生产供应业	213.4	8.2	4.6	80.8	6.0

资料来源：陈钰芬．开放式创新：提升中国企业自主创新能力［J］．科学学与科学技术管理，2009，(4)：3.

全球化视角　乐高的“分布式共同创造”

乐高创意平台（LEGOIDEAS）于2008年在日本推出，2011年推出全球版。在网站上，用户可以方便地注册，提交方案说明（通常提交的方案要非常详细，包括图片、说明）。粉丝对业余设计师的新套件创意进行投票。任何获得10000张选票的创意都会进入审核阶段，然后乐高会决定哪些可以进入生产阶段。所以前期的方案征集也是产品上市前的用户互动、市场调研、预热工作。目前为止，该流程已创作出十几个可用的套件，包括由女性科学家组成的模型试验室和大爆炸理论公寓。

乐高也积极和外部合作，如MIT media lab，借助外部的研发力量缩短开发时间。而促成更大幅度的开放式创新，则不得不提到“破坏规则者”这个顾客族群。当时，乐高公司与MIT合作开发的mind storm机器人玩具，一推出没多久，就被这类型的顾客公开程序代码，起初乐高公司暴跳如雷，但后来乐高公司选择开放平台，果然创造出更多更有创意的点子。

自此之后，乐高公司便利用这类型的顾客进行新点子或机会的探索，同时成立乐高mind storm的交流社群，也积极和教师们共同开发课程，现在mind storm已经是许多学校老师教学用教材，借以启发学生更多的创意。由乐高、MIT和使用者社群共同形成了一个包含供应者、合作伙伴顾问、外围制造商和教授等的完整生态系。而乐高也借由利润共享、智财保护等配套措施完善了开放式创新。

乐高也建立了“design by me”的设计平台，让顾客下载软件，也可将自己的创意上传到乐高的平台中，然后再经过顾客票选，胜出的概念可进入乐高的新产品开发中，最后进行商品化上市贩卖。“design by me”是一个利用群体智慧集结创作的平台，配合开放式创新的政策与相关的知识产权保护，让每一个人都有可能是产品设计师。乐高运用开放式的顾客共创平台，成功地缩短产品开发时程，由原来的24个月降至9个月，同时也大大地提升顾客的满意度。

同时，乐高开放式创新也有利润共享模式，并且成功应用在多个项目中。为了保证利润共享模式的顺利完成，乐高采用了知识产权保护等配套措施。通过分布式共同创造的形式，把志趣相投的各方力量汇聚起来的创新模式，乐高公司是这种创新模式的典型代表。

资料来源：关于开放式创新不得不看的八个案例［EB/OL］. http：//news. szhk. com.

本土化视角 中控开放式自主创新

中控集团始创于1993年3月，是中国领先的自动化与信息化技术、产品与解决方案供应商，业务涉及流程工业自动化、城市信息化、工程设计咨询、数字医疗、科教仪器、机器人、装备自动化、新能源与节能等领域。通过积极参与国家重大共性和关键技术的研究和开发，凭着自身的核心技术优势，中控取得了一系列突破性的成果，目前已形成一系列八项国际标准，并且组建了国家TC124/SC7智能记录仪表标准化分技术委员会。

1. 坚持自主创新战略，强化科技创新意识

在三大业务领域中，流程工业自动化业务针对大项目业务比例增大的现状制定了“中小为本、进军高端、整合资源、集中突破”的战略，逐步实现战略中心转移，在深挖传统优势市场的同时，以品牌为先导、以提升能力为目的，对战略市场和行业内其他重点领域进行针对性开发；公用工程信息化业务制定了专注于系统集成行业、成为拥有行业整体解决方案的高级系统集成和服务提供商的发展目标，将集成创新能力、精细化管理能力、整合外部资源能力、市场营销模式创新能力和成批系统化人才培养能力及培养体系等作为该业务核心能力提升的重要内容。

2. 掌握核心知识产权，制定行业标准规范

中控集团始终把知识产权战略作为公司发展的战略重点，高度重视专利与标准的自主知识产权的保护和管理，时刻遵循着技术专利化、专利标准化、标准国际化的指导思想，将技术研发和标准化工作紧密结合，通过“攻守兼备型知识产权战略”的实施，采用“强则攻、衡则守、弱则跟”的知识产权策略，中控的知识产权规划更加清晰和有标可循，从而推动自主创新和保障创新成果，起到积极作用。中控主导产品的研发活动主要根据国家和行业的重大需求与难题，进行核心技术攻关，形成发明专利库，继而制定国家或行业标准，并不断申请国际标准。在此基础上，开发相应的芯片、系统及大型控制系统，最终成功实现产业化。

中控坚持以获取自主知识产权的原始创新为核心的技术创新途径，同时结合集成创新，即专注于核心技术的研发，而大量外包集成非核心的设计与制造业务。如以中控的核心技术平台为主，并集成以研究所、大学及技术公司等辅助技术，获得了我国第一个拥有自主知识产权的现场总线国家标准EPA——由中控牵头制定的自动化领域第一个自主研发的国际标准。

3. 整合产学研优势资源，拓展全球化创新网络

(1) 中控与浙江大学等高校院所紧密合作

在上世纪90年代初“自动化行业的冬天”的背景下，如今中控的总裁、当时浙大的一名普通青年教师的褚健从日本留学归来，在国家政策的号召下，充分将产、学、研有效结合，与具有相同志向的一批青年教师开始了自动化的研究与开发，创造出一系列的科研成果，并将这些科技成果成功地转化为生产力。

（2）积极推进企业之间的合作

中控通过各种形式（项目和产品）与国内外企事业单位进行了多项合作。例如，凭借多年来在石化制造执行系统（MES）建设中的业绩和技术优势，2004年5月中控与中石化成为合作伙伴，并作为中石化MES建设的主要参与者，经过不断的努力，在技术攻关方面起到了重要的作用。2008年，中控先后参与了燕山石化、齐鲁石化、仪征化纤、中原乙烯及济南炼油MES项目推广。

（3）利用全球资源，拓展国际合作

近年来，中控与Honeywell、Fuji、Rockwell、Phoniex、NS、TI、Intel、Microsoft、Intellution等众多国际知名企业合作。作为国内著名的自动化产品提供商和软件开发商，中控得到Intel的很多关注，2007年10月底，双方正式签署战略合作、投资协议，成为正式合作伙伴，目前双方在中控的ESP-i SYS实时数据库等多项产品与技术上开展了有效的合作。为推进利用各种社会资源的进程，加强与外部社会团体的联系和沟通，以加快公司发展，公司出台规定，鼓励员工市场、技术、工程和售后服务等部门和个人以公司名义各行业地参加外部社会团体工作。

资料来源：赵君．我国装备制造业开放式自主创新模式研究［D］．辽宁大学，2012.

（二）互联网创新

关于网络创新，目前尚未形成统一的定义和概念。网络创新模式中的“网络”基本包含依附于计算机的互联网网络和创新研究新领域中的企业间创新网络两种。本章重点介绍互联网创新模式，关于企业间网络创新的内容详见第六章。

互联网刷新了人类通信技术的革命史，应用广泛且服务便捷，人们可以通过互联网聊天、玩游戏、看电影、查阅资料等，发展至今甚至可以利用互联网进行有效的广告宣传、推广以及在线购物、交易。互联网为不断满足网民的需求而创新发展，它不仅仅是科学技术的升华，对于人们的交流来说更是一种全新的方法。

互联网已经以其独特的优势成为大众传媒中的主力军，网络传播已经渗透到我们生活的方方面面。在这个高速的信息化时代，电子商务、电子银行、虚拟学习、远程医疗等新事物不断兴起；电信业、制造业、服务业等各行业发生了巨大变革，整个社会经济结构从以工业为中心逐渐转向以信息产业为中心，政治结构从金字塔形转向网络形；人们的生活空间变得更加宽广，人们意见的表达也在互联网的推动下日益自由，如近年来广泛兴起的博客、播客文化，在一个虚拟的、无限的平台里，自由的个体实现着自己的个人价值和社会价值。

互联网的传播威力震撼着越来越多的网民，搜索引擎通过关键字统筹处理信息并分类显示的创新模式如雨后春笋般发展起来。百度、Google的通用搜索模式所涵盖的信息量大、查询不够精确、深度也有所不及，在这种发展状况下搜索引擎针对性地作出了领域细分，垂直人脉搜索引擎就是针对特定领域、特定人群的特定需求而提供的网络服务创新模式。垂直人脉搜索作为一种互联网SNS社交平台的创新模式，以其

“专、精、深”的特点对真实的网络人群进行分类处理与垂直搜索。浓厚的行业色彩为各界商务人士匹配与其产品或服务供求互补的高端人脉资源，有效促进交流与合作。人脉搜索帮助企业及个人不断扩大影响力，使商务关系有效得到在线延伸与拓展，并将互联网应用技术推向了商业化领域的又一个高潮。垂直人脉搜索既突破了互联网的创新模式，也为中小企业拓展了一条全新的营销渠道，将在线商务价值垂直化、专业化，开创了互联网市场经济发展的新纪元。

网络社交成为新潮的互联网创新商业模式，从历史维度来看，它更是一个推动互联网向现实世界无限靠近的关键力量。目前，社交网络涵盖以人类社交为核心的所有网络服务形式，社交网络使得互联网从研究部门、学校、政府、商业应用平台扩展成一个人类社会交流的工具。例如，国外有名的 Facebook、Twitter 等社交网络，国内流行的如人人网以及博客、微博等形式。现在网络社交更是把其范围拓展到移动手机平台领域，借助手机的普遍性和无线网络的应用，利用各种交友、即时通信、邮件收发器等软件，手机也成为新的社交网络的载体。

计算机操作系统软件 Linux 是互联网创新的一个典型案例。Linux 操作系统软件实际上是由大量的志愿者软件设计师组成的网络开发出来的自由软件，该网络组织是有名的计算机虚拟组织之一。1991 年，Linus Benedict Torvalds 首先提出要开发一套自由操作系统来对抗 DOS/Windows 系统的垄断，这个提议得到了广大软件设计师的支持。在众多智慧集结下，Linux 系统的代码从 1991 年的 1 万行发展到 1998 年的 150 万行。Linux 系统的成功开发充分利用了互联网，首先，对外开放的源代码可使世界各地的开发者和用户检查这个软件，快速地找到并修改其错误；其次，最终用户可以按照自己的意愿自定义软件，有特殊需要的用户也可以完全按照认为合适的方式指定自己的 Linux；最后，互联网提供的快捷沟通有效防止了重复发明，通过共享源代码和思想节省了很多工作量。Linux 计算机操作系统吸引了大量的用户，截止到 1998 年，全球用户达到 750 万，40 多个国家中拥有 300 个用户团体，占领了 17%的服务器市场份额，到 2006 年，Linux 在桌面市场的用户数量翻了一番多。

本章小结

1. 技术创新强调技术手段的新颖性和技术创新的目的性，技术创新具有经济学特征和管理学特性，复杂性是技术创新的重要特点。

2. 按照不同的维度可以对技术创新进行不同的分类。常见的分类包括：产品创新与工艺创新；能力增强型创新与能力破坏型创新；突破性创新和渐进性创新；创造新市场的创新和融合新技术的创新。

3. 技术创新的源泉主要有研究与开发组织，个人发明家、技术创业家，用户与市场。企业技术创新受到利润驱动力、技术创新保障力和管理创新支持力等内部因素与技术推动力、市场驱动力和政府支持力等外部因素的共同影响。

4. 企业可采用的典型技术创新运作模式有多种，按照技术创新的动力不同，可分为技术推动模式、需求拉动模式和双重驱动模式；按照参与创新活动主体的不同，可分为自主创新模式、合作创新模式与模仿创新模式。

5. 开放式创新本质在于对外部创新资源的获取和利用，通过内外部创新资源的整合和利用，提高创新绩效。

讨论题

1. 技术创新的概念与其源泉和动力有哪些？
2. 企业如何有效利用内外部环境促进自身技术创新的发展？
3. 阐述技术创新运作模式的不同内涵及企业应如何选择适合自身发展的创新模式？
4. 阐述开放式创新的内涵以及企业应如何有效开展开放式创新活动？

参考文献

[1] 伯大辉．海信集团创新体系及创新能力成长的仿真与实证研究［D］．青岛大学，2010.

[2] 曹苏娟．企业技术创新能力及模式研究［D］．安徽农业大学，2008.

[3] 常晓青．浙江省企业自主创新风险问题研究［D］．浙江工业大学，2005.

[4] 晁华．企业技术创新发展模式初探［J］．全国商情（经济理论研究），2007，8：27—29.

[5] 陈劲，陈钰芬．开放创新体系与企业技术创新资源配置［J］．科研管理，2006，27（3）：1—8.

[6] 陈钰芬．开放式创新：提升中国企业自主创新能力［J］．科学学与科学技术管理，2009，4：81—86.

[7] 陈云霄．杨凌示范区涉农企业技术创新模式研究［D］．西北农林科技大学，2009.

[8] 成思危．复杂科学与管理［J］．中国科学院院刊，1999，14（3）：175—183.

[9] 戴汝为．系统科学及系统复杂性研究［J］．系统仿真学报，2002，14（11）：1411—1416.

[10] 戴燕．基于整合的国内外制药企业创新路径研究［D］．浙江工业大学，2006.

[11] 樊启淼等．创新推动发展与政府的作用［M］．北京：经济科学出版社，2008：20—31.

[12] 冯波．企业技术创新的动力系统研究［D］．武汉大学，2005.

[13] 葛红岩，刘晨书洋．企业技术创新动力的评价指标体系研究［J］．未来与发展，2010，6：59—62.

[14] 亨利・切萨部鲁夫．开放式创新——进行技术创新并从中赢利的新规则［M］．金马，译．北京：清华大学出版社，2005.

[15] 后锐，张毕西．企业开放式创新：概念、模型及其风险规避［J］．科技进步与对策，2006，3：140—142.

[16] 胡锦涛．在全国科学技术大会上的讲话［N］．光明日报，2006，10（2）.

[17] 霍绍周．系统论［M］．北京：科学技术文献出版社，1992.

[18] 贾凤亭．技术创新的复杂性思考［J］．辽宁工程技术大学学报（社会科学版），2003，5（1）：59—61.

[19] 姜百臣．技术创新的市场需求导向［J］．创新管理，2009，（1）：20—25.

[20] 李刚．民营中小型制造企业技术创新能力提升研究［D］．北京交通大学，2009，6.

[21] 李士勇．非线性科学与复杂性科学［M］．哈尔滨：哈尔滨工业大学出版社，2006.

[22] 李颖．湖南省自主创新能力评价及政策支持体系研究［D］．湖南农业大学，2008.

[23] 李垣，汪应洛．关于企业技术创新模式的探讨［J］．科学管理研究，1994，12（1）：42—45

[24] 林观秀．企业开放式创新及其运行机制研究［D］．暨南大学，2007.

[25] 林汉川．中国中小企业发展机制研究［M］．北京：商务印书馆，2003.

[26] 刘国新，李兴文．国外技术创新过程中的政府作用分析［J］．当代经济管理，2006，28（1）：112—117.

[27] 刘厚俊．南京技术创新与高新技术产业发展研究［M］．南京：南京出版社，2001.

[28] 路东良．天津市重点行业技术创新模式研究［D］．天津大学，2008.

[29] 吕明．黑龙江省高新技术企业技术创新机制研究［D］．东北林业大学，2008.

[30] 吕燕玲，王艳杰，李晓云．浅谈企业技术创新的重要性［J］．辽宁工学院学报，2001，9（3）：23—24.

[31] 罗克·苏特．工业创新经济学［M］．北京：北京大学出版社，2004.

[32] 罗炜，唐元虎．合作创新系统浅析［J］．科学学与科学技术管理，2001，11：56—58.

[33] 欧阳新年．企业技术创新动力与利益激励机制［J］．科学管理研究，2004，22（3）：21—25.

[34] 潘星．国有企业技术创新激励机制研究［D］．贵州大学，2009.

[35] 亓民洁．技术资本投资与企业成长之间的关系［D］．中国海洋大学，2010.

[36] 孙冰．企业技术创新动力研究［D］．哈尔滨工程大学，2003.

[37] 孙德芬．高新技术企业技术创新人员薪酬模式设计［D］．江西财经大学，2006.

[38] 谭冰．中小企业产品创新项目风险评价方法研究［D］．长沙理工大

学，2008.

[39] 汤世国．技术创新——经济活力之源［M］．北京：科学技术文献出版社，1995.

[40] 王三兴．市场竞争、知识产权与国家创新体系［J］．现代经济探讨，2006，(10)：11—14.

[41] 王文涛．济钢千万吨钢生产规模的水循环模式研究［D］．天津大学，2007.

[42] 王圆圆，周明，袁泽沛．封闭式创新与开放式创新：原则比较与案例分析［J］．当代经济管理，2008，30（1)：39—42.

[43] 温家宝．在2005年全国科技奖励大会上的讲话［EB/OL］．新华网，2006-01-11.

[44] 邢丽娜．企业规模与技术创新的关系研究［D］．山东理工大学，2007.

[45] 许箫迪，王子龙．技术创新的动力机制研究［J］．科技与管理，2003，5：131—133.

[46] 杨蕊愿．促进技术创新的财政政策研究［D］．苏州大学，2005.

[47] 叶金国．技术创新系统自组织论［M］．北京：中国社会科学出版社，2006.

[48] 远德玉，马世骁．企业技术创新概论［M］．沈阳：东北大学出版社，1997.

[49] 曾晶晶．加快辽宁企业技术创新的体制机制研究［D］．沈阳工业大学，2009.

[50] 张晨芝，毛蕴诗．技术创新动力研究［J］．现代管理科学，2009，(6)．

[51] 张国强．企业技术创新动力机制研究［D］．西安科技大学，2010.

[52] 张合营．技术创新的路径分析［J］．经济师，2006，(11)：88—89.

[53] 张继磊．中小企业技术创新模式探析［J］．科技资讯，2007，12（34)：194—195.

[54] 张利．久隆公司技术创新模式分析与改进策略［D］．山东大学，2007.

[55] 张向锋．技术创新的机制与模式探讨［D］．南京理工大学，2006.

[56] 张志巧．广西中小企业自主创新能力提升探究［D］．广西师范大学，2007.

[57] 赵凯荣．复杂性哲学［M］．北京：中国社会科学出版社，2001.

[58] 赵丽．中小企业技术创新模式研究［D］．对外经济贸易大学，2006.

[59] 赵炎，等．技术创业与中小企业管理［M］．北京：知识产权出版社，2007.

[60] 赵玉林．创新经济学［M］．北京：中国经济出版社，2006：327—329.

[61] 仲伟俊，梅姝呃．企业技术创新管理理论与方法［M］．北京：科学出版社，2009.

[62] 周朝明．自主创新与中国产业结构的优化升级［D］．东北财经大学，2007.

[63] 周云祥等．市场呼唤有效技术创新的研究［J］．科技管理研究，2009，(3)：33—34.

[64] 朱萍萍．湖北省高新企业技术创新模式研究［D］．华中科技大学，2009.

[65] 朱政贤，王丽宇．我国木材干燥设备市场亟待技术规范与正确导向［J］．木材工业，2002，16（1）：13—16.

[66] Chesbrough，H. W. Open Innovation：The New Imperative for Creating and Profiting from Technology［M］．Boston：Harvard Business School Press，2003.

[67] C. Scuria-Fontana，The Slide Rule Today；Respect for the Past；History of the Slide Rule，Mechanical Engineering—CIME，1990，（7）：122—124.

[68] Giacomo Bonanno，Barry Haworth. Intensity of Competition and the Choice between Product and Process Innovation［J］．International Journal of Industrial Organization，1998，（16）：495—510.

[69] Gramer，F. 混沌与秩序：生物系统的复杂性［M］．上海：上海科技教育出版社，2000.

[70] Hagedoorn，J，Schakenraad，J. The Effect of Strategic Technology Alliances on Company Performance［J］．Strategic Management Journal，1994，15：291—309.

[71] Joel West & Scott Gallagher. Challenges of Open Innovation：the Paradox of Firm Investment in Open-source Software［J］．R&D Management，2006，36（3）：319—331.

[72] Mothe，C，Quelin，B. Creating New Resources through European R&D partnerships［J］．Technology Analysis &Strategic Management，Mar 1999：31—44.

本章关键词中英文对照

技术创新 technological innovation
购买者转换成本 buyer switching costs
合资企业 joint venture
能力破坏型创新 competence destroying innovation
能力提高型创新 competence enhancing innovation
互补 complementation
顾客偏好 customer preference
顾客不确定性 customer uncertainty
工艺创新 process innovation
产品创新 product innovation
根本性创新 radical innovation
模仿创新 simulating innovation
合作创新 cooperative innovation
自主创新 self-dependent innovation
创新模式 innovation model
技术推动 technology push
需求拉动 demand pull
双重驱动 dual drive
开放式创新 open innovation
封闭式创新 closed innovation
网络创新 network innovation
技术创业家 technology entrepreneur
内部动力 inner power
外部动力 external power
非线性 non-linearity
自组织性 self-organization
技术标准 technical standard
网络效应 network effect

第四章

技术创新实施过程与风险管理

章首案例 奇点创新 TCL QUHD

2016 年的 CES（International Consumer Electronics Show，国际消费电子产品展）无疑是中国企业在唱主角。CES 已成为彰显中国科技实力的国际舞台，TCL、华为、中兴、大疆创新等一批中国企业纷纷亮相，而其中最为出彩的当属 TCL。

2016 年，TCL 在 CES 上放了个大招，引发全球轰动。TCL 全球首发高端品类 QUHD 量子电视及旗舰新品 X1，为全球显示领域指引了一条全新技术发展方向。TCL QUHD 融合量子材料、量子画质处理引擎以及多维度综合画质提升技术，通过“奇点创新”，率先突破 LED 技术天花板，不仅开辟了量子电视新品类，重新定义了电视未来，更有望助力中国制造抢夺工业 4.0 时代的制空权，为实现产品和技术“向上走”提供强力引擎。奇点创新撬动行业基石，QUHD 重新定义电视未来，“TCL 量子电视 QUHD，可以说是一种‘奇点创新’”。

“奇点”即“宇宙大爆炸”的起始点，是宇宙的起点，而基础科学同样是现代科技的起始点。基础科学的每一次突破，最终将引动由里及外、由下至上的链式革新。业内人士认为，区别于表层创新，“奇点创新”是一种本源创新。TCL QUHD 量子电视正是通过在量子显示技术方面的关键突破，率先实现量子科技在显示技术领域的落地，是引导未来全球量子电视大爆发的起始点。从基础材料的源头实现创新，正是“奇点创新”的最显著标志。QUHD 采用潜力巨大的量子材料，一举实现了显示技术从 OLED、ULED 等微米级到 QUHD 纳米级的量级突破，不仅带来了比 OLED 混光更纯净的光源，实现行业最高的 110%NTSC 色域，而且色彩控制更精细。可以说，在核心关键指标上，QUHD 已将现有显示技术优势逐个击破。

“QUHD 的‘奇点创新’，核心还体现在由 TCL 精英团队历时 3 年的精心研发、并拥有 8 项技术专利的量子画质处理引擎上”。TCL 量子画质处理引擎由精准彩色还原技术、S2H 动态提升、混合调光等 5 大核心技术组成。前者在信源色域与显示器色域之间，建立起一对一映射，实现信源色彩在显示器上的精准还原，使之再现色彩本身。S2H 动态提升则解决了 HDR 片源不足的问题，让普通的 SDR 片源在 HDR 电视上播放时也能展现出 HDR 的特色。后者则还原原始画面的运动轨迹，画面补偿更加流畅。正是量子画质处理引擎的率先突破，成功推动了 QUHD 的落地。

TCL 先人一步，率先将量子科技导入电视显示领域，已然拉开了全球量子科技大爆发的帷幕。X1 奠基全球高端电视丰碑 TCL 多媒体副总裁王汝林表示，QUHD 的推出不仅代表了彩电行业又一顶尖科技产品品类的问世，同时也代表了 TCL 曲面电视最高端产品的诞生，是 TCL 在曲面电视布局上的又一重大举措。以 X1 为代表的 QUHD 系列，真正诠释了何谓未来电视，让消费者提前享受下一代电视的极致画质体验。X1 拥有行业最高的 110%色域，最大程度还原大自然原色；拥有超越普通电视 1024 倍的亮度控制精度，实现了巅峰级的色彩控制效果；拥有超越传统电视 5—10 倍的 1000 万比 1 动态对比度，让 X1 的亮度范围接近于人眼的感知极限。

作为下一代电视显示技术 QUHD 的最新成果，TCLX1 已奠基起了全球高端电视产品的丰碑。除了画质领先，在软硬件配置上，其他产品也鲜有望其项背者。全套顶级配置，令 X1 完全无愧行业最高端电视的称号。X1 集当前最领先的视听技术于一身，配备了行业顶级硬件配置、黑水晶超清晰面板、哈曼卡顿 S 级曲面音响，以及 TV+OS 3.0 智能系统的旗舰电视，带来了极致的家庭娱乐体验，可以说是目前全球最顶级的科技产品之一。

将未来科技理念与顶级艺术天然结合，是包括 X1 在内的 QUHD 产品对工匠精神的最佳阐释。X1 运用了量子技术等未来 10 年最好的技术，经过数千道工艺精心打造，每项技术、部件、细节，都代表行业最高水准，既最大限度保留了自然之味，又将物的作用最大化。可以说，以 X1 为代表的 QUHD 系列重新定义了电视的现代形态、功能与设计，全面领衔未来电视新潮流风尚。

QUHD 开创的量子电视新品类，是 TCL 乃至中国电视产业谋求创新突破，冲击高端市场的重要载体。当前新常态下，中国经济正全面进入深度调整阶段，电视产业作为中国经济的重要产业之一，同样处于历史性的调整阶段，“供给侧改革”成为行业的高频词。可以预见，低速增长的行业新常态将会持续相当长一段时间。企业想在竞争中求胜，唯有通过技术及产品创新，开辟新产品品类蓝海，进入无竞争领域。

对于全球电视显示技术而言，QUHD 的出现是一个最清晰不过的信号。QUHD 量子电视诞生的更大意义在于，将推动中国电视业乃至中国制造业向前迈进一大步。当前日系品牌的集体衰落，全球电视市场格局再一次发生变化，而随着量子技术实现全面突破，TCL 量子电视 QUHD 的发布，将使得全球显示技术重心进一步东移。

资料来源：奇点创新：TCL QUHD 重新定义下一代显示技术［N］. 消费日报，2016-1-13（A04）.

1. 面对日益复杂的市场竞争环境，TCL是如何抢先一步创造奇点创新的？

2. TCL产品的创造和研发过程给予我们哪些启示？

第一节 新产品开发过程管理

新产品开发影响企业组织生产发展、成功与复兴，是企业的竞争优势的重要来源之一。[①] 目前在许多行业中，快速、高效开发产品的能力已成为企业核心竞争力的主要来源。在计算机硬软件、通信、汽车和家用电器等行业中，过去五年内推出产品的销售额超过总额的50%，新产品的成功开发、投入市场后良好的市场反应给企业带来巨大的经济效益。越来越多的企业将注意力转移到新产品的开发中，并不惜投入大量的资源保障开发项目的进展。尽管如此，新产品开发项目的失败率仍居高不下，根据资料统计，仅有不到5%的新产品开发项目取得了经济回报，其他都以失败告终。[②] 新产品高额的开发投入与低成功率形成鲜明对比，提高新产品开发的成功率迫在眉睫，因此新成品开发过程管理显得尤为重要。

加强对新产品过程管理，需要特别注意以下几个问题：一是新产品开发的目标；二是顺序开发过程与部分并行开发过程；三是用户与供应商参与方式的选择；四是新产品开发成效评价。

一、新产品开发目标

一个新产品的成功开发，需要同时实现三个目标：最大限度地满足消费者需求、缩短产品开发周期和控制开发成本。但是，这三个目标在实现过程中往往是矛盾的。

（一）最大限度地满足消费者需求

一个新产品要在市场上取得成功，它必须比竞争对手的产品性能更优、质量更高或价格更具吸引力。消费市场需求与购买力直接反映新产品开发成功与否。所以，最大限度满足消费者需求是任何一个企业产品开发的必然目标。

即使这些要求是显而易见的，但很多新产品开发目标却未能达到，常见的原因有：企业不十分清楚产品的哪些性能对用户而言最有价值或者是用户最需要的，这样难免会导致过多的资源应用在用户并不需要的产品性能开发上，造成用户需要的产品

① Brown, S. L. , Eisenhardt, K. M. Product Development: Past Research, Present Findings, and Future Directions [J] . Academy of Management Riview, 1995, 20 (2): 343—378.

② Berggren, E. , Nacher, T. Introducing New Products Can Be Hazardous to Your Company: Use the Right New-Solutions Delivery Tools [J] . Academy of Management Executive, 2001, 15 (3): 92—101.

性能不能得到充分的开发；企业过高地估计了用户对某些产品性能的支付愿望，虽然新产品性能很丰富，但价格过高，导致市场销售差的情况发生；企业不能细致区分不同消费群体的消费特点，不了解用户对产品的个性化需求，导致企业产品的性能可能面面俱到，但不能很好地满足任何一个消费群体的全部需求，造成任何消费群体对产品反应都一般；虽然与市场上已有产品相比，新产品包含非常多样和先进的技术，但是却不能满足消费者的需求，逐渐被市场抛弃。

(二) 缩短产品开发周期

如果一个产品从开发到进入市场的时间过长，即使开发出的新产品能很好地满足用户的需求，最终企业也可能面临失败。产品率先进入市场，会帮助企业提升用户对品牌的忠诚度，抢先获得产品生产需要的稀缺资源，增加用户的转换成本。较早地在市场上推出产品，则有更多的时间根据用户需求改进产品，生产良好的配套产品，增强竞争优势。

缩短产品开发周期可以有效降低开发成本。产品开发周期延长，则企业的各种资金成本（包括开发人员薪酬、开发成本）都会增加。其次，对于技术和产品更新换代快的行业，如电子信息行业，如果产品进入市场的速度太慢，很可能导致产品销售产生的利润还没有抵消开发成本时，其技术和产品就已经过时的现象产生，这会给企业带来比较大的损失。再者，企业的产品开发周期较短，可以在发现产品瑕疵或在技术升级换代时迅速地改进和升级它们的产品，充分利用第一先动者优势。①

过分缩短产品开发周期和过快地将产品推向市场也会带来一些问题。如过快地推出新一代产品，有可能引起消费者抵触情绪。消费者会为他们的购买行为感到后悔，会警惕地对待新产品以免他们购买的产品很快就因落后而被淘汰。同时，过快地推出新产品，可能会以牺牲质量为代价而导致推出新产品的效果并不好。再有，过分地缩短新产品的开发周期，可能会使开发团队负担过重，另外，为了快速开发新产品，常常会减少产品测试的时间，使其质量不能得到充分的保障。

(三) 控制开发成本

产品的成本和市场价格始终是影响企业市场表现的核心因素之一。如果一个企业强求开发超过消费者期望的产品或者过早地将产品推向市场，可能会产生开发成本急剧增加的现象。市场上会出现新产品的市场销售很好，但是由于开发成本过高导致其给企业带来的利润非常有限的情况，不利于企业新产品的持续性发展。对企业而言，新产品的开发不仅需要考虑效率，还需考虑未来的效益。

二、新产品开发过程

新产品开发过程主要有两种：顺序开发过程和部分并行开发过程。

(一) 顺序开发过程

新产品顺序开发过程如图 4-1 所示。在 20 世纪 90 年代中期前，大部分美国企业

① 仲伟俊，梅姝娥. 企业技术创新管理理论与方法. 北京：科学出版社，2009.

的开发过程也是在一个开发阶段结束后再进入另一个阶段的开发。每个阶段结束后，需要对前面各个阶段的工作进行评估，决定是继续进入下一阶段的开发还是返回到上一阶段进行修改，或者中止项目的开发。

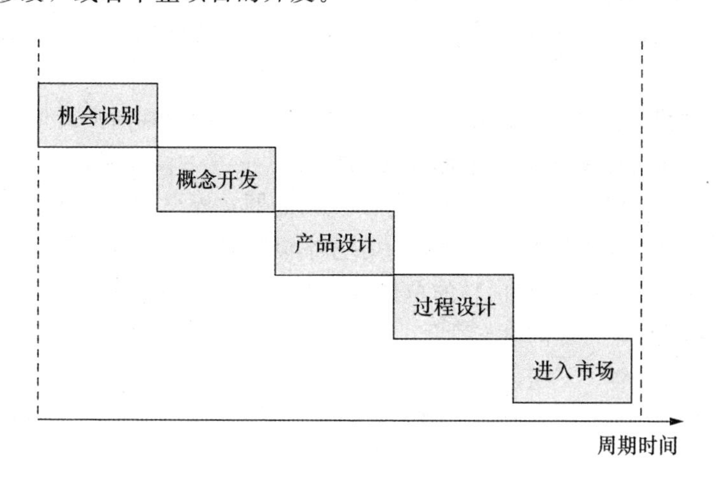

图 4-1　新产品的顺序开发过程

资料来源：Schilling，M. A. 技术创新的战略管理［M］. 谢伟，王毅，译. 北京：清华大学出版社，2005.

新产品开发过程一般包括五个阶段：第一阶段是机会识别，是在分析目前产品的市场销售情况、未来的生产和销售计划、公司的资源和能力等基础上，深入研究企业面临市场的变化、技术的发展、已有和新资源的开发和利用等带来的机遇，评价和选择哪些是企业可以把握和利用的机会。第二阶段是概念开发，是在通过机会识别了解了企业可以利用的市场和技术等机会的基础上，首次创造性地提出新的产品理念，明确产品的基本功能、特性和形式，然后对产生的多个产品概念从市场和技术等多个角度进行评价，并作出选择。第三、四个阶段是产品设计和过程设计阶段，是在产品概念设计的基础上，设计和开发新的产品，并配套开发相应的生产工艺技术，通过反复测试和改进，达到预期的产品和工艺生产性能要求，并形成产品的规模生产能力。最后一个阶段为进入市场，是在新产品开发和生产后，综合运用促销、分销、价格等各种营销策略，将新产品推向市场，产生良好的经济效益。

一般而言，机会识别和概念开发需要的信息主要来自研发人员和市场营销人员，产品设计与过程设计主要在研发人员的主导下完成，进入市场阶段是由营销人员主导、研发人员配合下完成。按照顺序开发过程开发新产品，容易出现的问题为：由于产品开发人员和工艺开发人员之间缺乏沟通，导致设计的产品很难乃至无法开发相配套的生产工艺，这样在产品开发和工艺开发阶段出现多次反复，需要进行多次的调整和修改，大大延长新产品的开发周期，增加开发成本。

（二）部分并行开发过程

新产品部分并行开发过程如图 4-2 所示。为了加快新产品的开发过程，缩短开发时间，避免在各个开发阶段之间来回反复，越来越多的企业采用了并行工程的开发思想。并行工程，即产品开发与概念设计之间存在交叉，概念开发开始后不久即开始产品的设计，产品设计开始后不久即开始过程设计，这样使得新产品开发过程中不同阶段的工作更加紧密地协调，最大限度地减少产品开发阶段设计出的产品既难以制造、成本又高的可能性，同时减少整个开发过程中不同阶段之间的反复，缩短新产品的总体开发周期。

并行开发过程具有自身的优点：其一，在产品开发的早期阶段就能够充分了解新产品的性能、结构等的可制造性问题，从而能够尽量减少设计错误，提高设计质量；产品设计阶段就可考虑产品加工、装配等工艺性问题，提高设计一次成功的可能。其二，采用预发布和反馈的项目工作模式（在方案设计和结构设计的一定阶段，向相关后续单位提前发布信息），发布信息的单位可以及时得到信息反馈以提高工艺性与可加工性，而且后续单位也可提前参与设计，使他们及时了解体会设计意图，同时在适当时候进行工艺和生产准备。其三，实现工艺、工装和材料的并行开发和准备，可精简设计过程，使制造系统与产品开发设计不构成大循环，从而缩短开发周期，提高产品质量。①

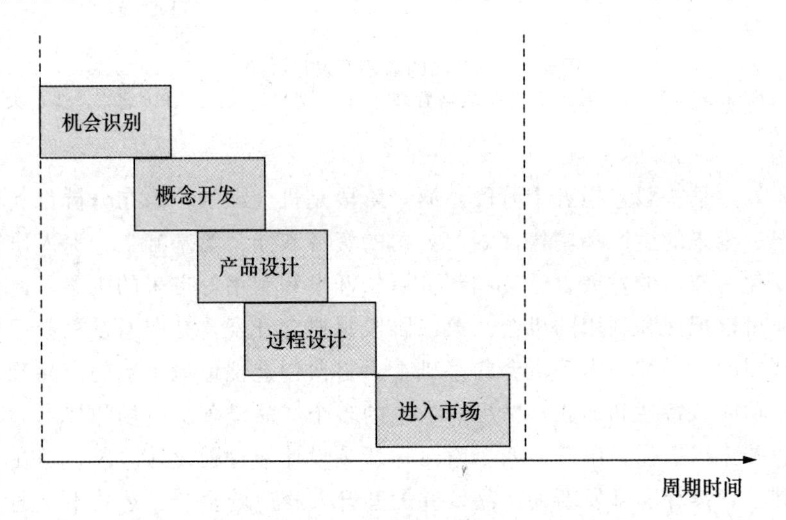

图 4-2　新产品的部分并行开发过程

资料来源： Schilling，M. A. 技术创新的战略管理［M］. 谢伟，王毅，译. 北京：清华大学出版社，2005.

并行开发过程并不是万能的。在一些情况下，并行开发过程会增加开发过程的成本和风险。例如，如果产品设计的变化要求工艺设计的变化，会导致在产品设计结束之前重新开始工艺设计。这样的风险在快速变化和具有高不确定性的市场中尤其高。②另外，当工艺设计开始后，即使产品在市场测试中显示产品设计不是最优的，管理者

① 赵焕明，顾力强，朱大林. 并行工程在客车开发过程中的应用［J］. 客车技术与研究，2003，25（5）：15—17.

② Eisenhardt，K.，Tabrizi，B. N. Accelerating Adaptive Processes：Product Innovation in the Global Computer Industry［J］. Administrative Science Quarterly，1995，(40)：84—110.

也不愿意更改产品设计。

三、用户与供应商参与

（一）用户参与方式

用户参与指用户涉入生产和传递相关的物质与精神方面的具体行为、用户努力程度和涉及的深度。① 用户参与的生产可以分为企业生产、共同生产和用户生产三种。用户参与新产品开发属于共同生产，指用户卷入新产品开发过程中的宽度（全过程或部分过程）和深度（参与水平的高低）。②

在新产品开发过程中用户参与并发挥作用的三个主要阶段为：创意概念阶段，设计开发阶段和产品测试支持阶段。创意概念阶段用户参与主要指用户是新产品构思的重要来源，用户更了解市场现存产品的问题，可以通过与企业讨论寻找完善方案，用户有效参与会减少企业市场研究的投入。③

设计开发阶段的用户参与指新产品开发过程一般需要技术专家、用户和供应商的合作。用户参与开发过程，可以缩短开发时间和减少开发成本，提高开发过程中的讨论质量，提升产品开发效率。④

产品测试支持阶段用户参与指用户对产品的测试及对企业提供反馈信息以促进产品优化改善。用户可作为企业新产品关联和接受程度的试验场，通过企业多样性用户对新产品进行的测试和反馈，企业可以收集到有益的改进建议。

新产品开发是一个多阶段的过程，用户参与也有很多维度，用户在整个参与过程中扮演着不同角色，企业与用户的互动中知识转移和创造更是涉及用户素质、企业文化、产品特征等因素，这些因素之间的作用十分复杂。用户及用户群体需要企业通过开展培训、建立企业用户社区等方式开展，有效控制和疏导，做到用户参与有序进行。

（二）供应商参与方式

在新产品开发过程中，企业已经普遍认识到供应商参与产品开发的重要性。供应商参与产品开发可以帮助企业抓住更多的市场机会，获取更多的知识技术和资源，从而降低风险，减少开发时间和成本，帮助企业获得显著的潜在经济效益。供应商参与

---

① Cermark, D. S. P., File, K. M. Customer Participation in Service Specification and Delivery [J]. Journal of Applied Bussiness Research, 1994, 10 (2): 90.

② Fang, E., Palmatier, R. W., Evans, K. R. Influence of Customer Participation on Creating and Sharing of New Product Value [J]. Journal of the Academy of Marketing Science, 2008, 36 (3): 322—336.

③ Griffin, A., Hauser, J. R. The Voice of the Customer [J]. Marketing Science, 1993, 12 (1): 1.

④ Lettl, C., Herstatt, C., Gemuenden, H. G. Users' Contributions to Radical Innovation: Evidence from Four Cases in the Field of Medical Equipment Technology [J]. R&D Management, 2006, 36 (3): 251—272.

新产品开发影响因素模型如图 4-3 所示。

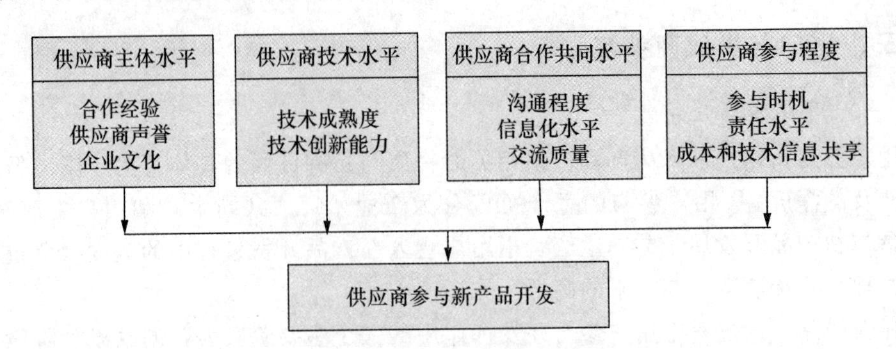

图 4-3 供应商参与新产品开发影响因素概念模型

资料来源：李霞，刁英，王芳．供应商参与新产品开发的影响因素研究［J］．工业技术经济，2009，(8)：2.

供应商参与新产品开发可按参与时机主要划分为三种类型：规划阶段参与、设计及开发阶段参与、试产阶段参与。

规划阶段参与包含概念开发与产品规划阶段的供应商参与，在这个阶段，由于信息和技术的不确定性相当高，设计变更频繁，因此供应商与公司间必须要有密切的沟通，同时需要供应商一起分担风险。

设计阶段参与表现为，随着设计阶段的发展，资料会越趋精确与复杂，如平面设计图、规格材料书等，由公司提出所需部件的需求界面与功能等相关规格，供应商提供各种解决方案建议书，交由公司选择。

生产阶段产品开发基本定型，供应商依照企业提供的蓝图设计程序及制造部件即可，此时产品的技术已相当成熟，供应商应着重于降低成本，提高质量与生产效率。此阶段供应商所负的责任与风险较小，信息沟通也相对较少。①

供应商参与新产品开发是科技进步和供应链管理思想发展的必然结果。只有让供应商有效地参与到新产品的开发过程中，才能高效地推出新产品，在市场竞争中处于优势地位。企业应注重加强同供应商之间的成本和技术信息共享，筛选各种方案来提高产品质量，减少开发成本，提高市场适应力和降低市场风险。

四、新产品开发成效评价

随着科学技术的发展和企业经济实力的增强，新产品开发的规模逐渐扩大，速度不断加快，因而导致开发活动风险性相应增加。开发新产品不只是利用新设计原理和加工技术，还需要对开发过程进行分析和评价，并根据评价结果采取有效对策。

对新产品开发成效评价的作用主要在于：帮助开发者正确把握新产品的发展方向，有效选择开发方式；帮助项目成员及时发现存在的问题，采取对策，减少损失；挖掘潜力，提高产品开发的综合效果；督促和检查产品开发工作的开展，促进开发工

① 何华安．新产品开发中供应商参与类型选择［J］．商业经济，2007，(10)：11—16.

作的深入开展和绩效提高。根据 Rubinstein 对研究开发评价方法的分类，新产品开发成效评价主要有以下四种方法：

- 专家评价法：以行业经验丰富专家的主观判断为基础的评价方法，通常以点数作为评价尺度进行衡量，常见如评点法、轮廓法、打分法等。
- 经济评价法：以经济指标为标准对研究开发进行定量研究评价，常见如指标公式法和经济计算法。
- 运筹学评价法：运用数学模型对多种因素的变化进行动态定量分析，可以从本质上逐步接近以求出最优解，常见如模拟法、线性规划法、相关树法等。
- 综合评价法：综合上述评价法以不同方式组合而成，此种方法是在综合考虑多种影响因素基础上建立的更为实用的评价方法。

对新产品开发评价主要关注两个方面：其一为新产品开发过程评价，其二为企业整体创新绩效评价。

(1) 新产品开发过程评价。企业测评开发过程进展和效率时一般会考虑以下几个问题：

① 新产品开发项目的平均周期是多少，进入市场的时间是什么时候，哪些因素起到主要影响作用?

② 过去五年内的产品开发项目，按期完成或基本按期完成的比率是多少?

③ 过去五年内的产品开发项目，超过预算的项目比率为多少? 原因是什么?

④ 过去五年内的产品开发项目，最终完成的项目比率是多少?

(2) 企业整体创新绩效评价。类似于新产品开发过程评价，企业整体创新绩效评价一般包括：

① 技术创新给企业带来的回报是什么?

② 销售额达到预期目标的项目所占比例是多少?

③ 过去五年内新产品销售收入占企业销售总收入的比例为多少?

④ 企业项目组合中成功的项目所占的比例为多少?

第二节　主导设计与技术标准

一、主导设计与技术标准的概念

(一) 主导设计

主导设计的概念来源于上个世纪 70 年代关于产业创新的研究。Abernathy 和 Utterback 在研究产品和工艺创新的关系时，将主导设计看作是引领一个产业从定制化生产到标准化大规模生产的转折点。① 产品主导设计是赢得市场信赖的一种设计，是竞争者和创新者为支配重要的市场追随者而必须奉行的一种设计。②

全球化视角 国内外学者对主导设计的定义研究

表 4-1 国内外学者对主导设计的不同定义

来源	主导设计的定义
Abernathy & Utterback (1978)	主导设计是在产品类别中建立了主导地位的单一架构。
Utterback (1994)	产品类别中的主导设计是赢得了市场忠诚的设计；如果竞争对手和创新者期望能够支配随后的市场，必须遵循这种设计，主导设计是在产品类型中被普遍认可为技术标准的产品，其他企业若想获得巨大的市场份额，必须采用这种标准。
Suarez & Utterback (1995)	主导设计是沿着产业的设计等级的特殊路径，在相互竞争的设计路径中建立了主导地位。
Christensen, Suarez, & Utterback (1998)	当一种产品设计的详细说明（包括单一设计特征或设计特征的互补品）定义了产品类别的架构时，主导设计就会在产品类别中出现。
夏保华	一个行业产品层系中的某个特定设计路径，在相互竞争的设计路径中确立了优势或提供了一种服务或功能的独特方式，在相当长的时间内取得并保持最大的市场份额。
吴定玉、张治觉	特定时期融合了许多单个技术创新并以一个新产品的形式表达出来的技术与市场相互作用的结果，是赢得市场信赖的创新者为支配重要的市场追随者而必须奉行的一种设计，是技术可能性与市场选择相互作用下广为接受的满意产品，并归纳了主导设计的 3 个特征：领先性、先导性、综合性。
邓龙安	在技术与市场不确定条件下形成的企业和顾客共同期望的一种产品技术结构。
谭劲松、薛红志	采用 Abernathy 和 Utterback 对主导设计的核心思想：主导设计是被广泛采用的产品架构；主导设计的出现显著改变了产业内的竞争本质，认为主导设计的确立标准是：有明显的标志预示着最主要的相互替代性技术放弃了积极竞争，因此直接或间接承认失败；某项技术与替代性技术相比取得了明显的市场份额优势，并且最近的市场趋势一直表明这种优势不断增强，若这两个事件中一个或全部发生，那么某项特定技术就取得了主导地位。

资料来源：谭劲松，薛红志．主导设计形成机理及其战略驱动因素研究［J］．中国软科学，2007，(7)：2—3.

① Abernathy，W. J.，Utterback，J. Patterns of Industrial Innovation［J］. Technology Review，1978，80 (7)：40—47.

② Utterback，J. M. 把握创新. 高建，李明，译. 北京：清华大学出版社，1999.

（二）技术标准

技术标准是一种或一系列具有强制性要求或指导性功能、含有细节性技术要求和有关技术方案的条件，其目的是让相关的产品或服务达到一定的安全标准或市场准入的要求。技术标准规定了产品的性能指标和合格标准。技术标准最早出现于18世纪大工业发展之初，主要应用于军事领域。

技术标准是根据技术性事项而进行的标准化，是生产活动的经验和总结，体现了类似公共物品的特性。从经济概念上来看，技术标准既具有消费的非竞争性，又具有排他性，这两者必须有机地统一起来。在技术标准对宏观经济的影响机制方面，Swann从产品创新的角度提出了“标准树”的理论。[①] 图4-4表示分别在有标准和无标准情况下的产品创新的不同表现。产品创新的目的是用市场化的产品和服务填满产品空间，有效的创新过程是形成一个茂盛的产品“树冠”。

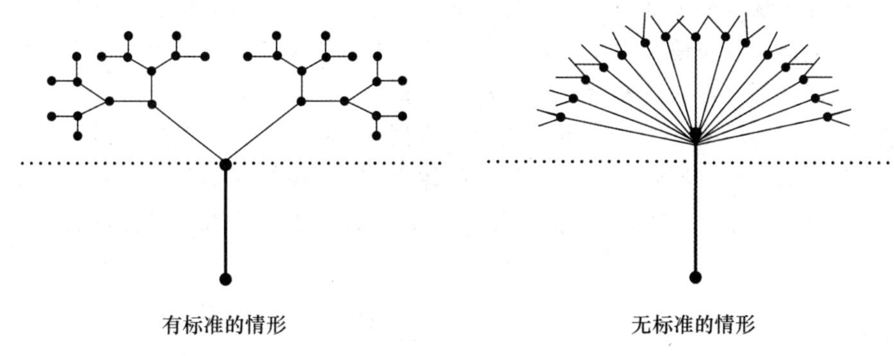

图4-4 产品创新图

由于科技的发展，标准化延伸到经济社会发展的各个领域，发展为产品标准、方法标准和管理标准，技术标准也从过去主要解决产品零部件的通用和更换问题发展成为一个国家实施贸易保护的重要壁垒和非关税壁垒的主要形式。

（三）主导设计与技术标准的联系和区别

主导设计与技术标准有着内在的联系，表现在：

（1）两者都存在着技术的平行竞争性。市场上出现主导设计之前，有很多竞争性的技术存在，随着对主导设计原理和结构的了解不断加深，必然使得人们逐渐完善主导设计。此时，主导设计及相关技术将会有不同的存在形式，对技术标准的形成有着导向作用。

（2）主导设计的确定，并不必然使得市场上的技术都依附该主导设计，竞争者可以对主导设计进行衍生和发展，使得主导设计更适合市场需求。[②]

① Swann，G. M. P. The Economics of Standardization：Final Report for Standards and Technical Regulations Directorate［R］. DTI，2000.

② 李龙一，张炎生．基于主导设计的技术标准形成研究［J]．科学学与科学技术管理，2009，6：37—42.

同时，主导设计与技术标准也有着一定的区别，表现为：

(1) 主导设计较容易随着市场需求的变化而进行改变，但是技术标准一旦确立，其变化的频率就会远远低于主导设计；

(2) 主导设计能够引导一项技术标准的形成，而技术标准的兼容性很强，可以涵括两种或两种以上的主导设计。

二、主导设计与技术标准的产生机理

(一) 主导设计的产生

在很多情况下，主导设计的形成表现出极度的路径依赖性，其形成是边际收益递增、政府管制和竞争驱动等因素组合作用的结果。

(1) 边际收益递增

许多产业市场呈现围绕一个主导设计而不是选择多种技术的特点，主要原因就在于这些产业会体现收益递增规律，即一个技术被采用的越多，它的价值就会越大。学习效应和网络外部性是收益递增的两个最主要来源。

① 学习效应。一项技术被采用的越多，发展的就越快；采用的效果越好，效率也就越高。学习曲线是学习效应的一个很好的体现。[①] 标准学习曲线如图 4-5 所示。每当生产者重复一个生产过程时，效率会提高，通常，提出新技术方案会降低生产成本和废品率。

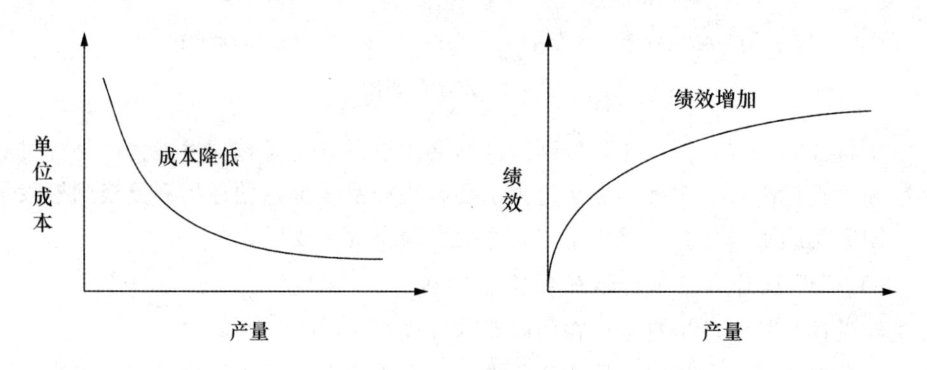

图 4-5　标准学习曲线

资料来源：希林. 技术创新的战略管理［M］. 谢伟，等译. 北京：清华大学出版社，2005.

② 网络外部性。大多数市场都具有网络外部性的特点，即使用一种产品的收益会随着同类产品用户的增加而增加。当配套产品比较重要的时候，市场的网络外部性表现得就非常明显。只有在能够得到一整套配套产品的情况下，才能发挥其功能或者才能令人满意。例如，Windows 操作系统具有大量的安装用户，所以大多数软件生产商都努力设计自己的产品，使得它们能够在 Windows 平台上稳定运行。配套产品的可获得性影响了用户对操作系统的选择，从而影响了安装用户的规模，这样就形成了技

---

① 周鹏著. 标准化、网络效应以及企业组织的演进. 大连：东北财经大学出版社，2005.

术自增强循环。如下图 4-6 所示：

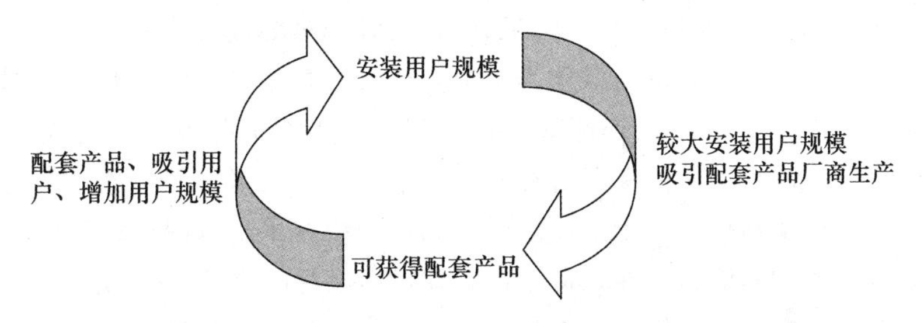

图 4-6　安装用户和可获得配套产品的增强循环

资料来源：希林. 技术创新的战略管理［M］. 谢伟，等译. 北京：清华大学出版社，2005.

（2）政府规划

在一些行业，如公共事业、通信电视，为保障技术的兼容性和消费者的利益，政府会选择强制介入，这些行业只能在法律的框架下去依附于一个主导设计。在政府管制强制实施单一主导设计的情况下，这种主导设计必然会使产业内的其他技术逐渐消亡。① 以数字电视产业技术标准的确定为例，最早研究高清晰度电视技术的国家是日本，美国于 1987 年才决定开发自己的高清晰度电视标准。在美国通用仪器公司提出全数字化高清晰度电视系统的概念后，美国的相关企业和研发机构在政府的统一组织下，很快就以全数字化高清晰度电视系统为基础，共同合作设计出一个新的系统 ATSC，并确定为美国数字电视技术标准。ATSC 制式标准的开发成功一举将日本在此领域内 20 年的高清晰度电视系统制式（MUSE）的技术领先优势化为乌有，并迫使欧洲不得不放弃继续研制 MAC 模拟制式的计划。

当政府强制性在一个行业中选择某一技术作为技术标准的时候，那么基于这个标准的技术必然会主导进入这个市场的其他技术。②

（3）竞争驱动

大部分市场会被一个或几个技术所主导。如果公司支持的技术没有被作为主导设计，它可能被迫采用主导技术，严重丧失在自己原创技术上的投资成本、学习成本和品牌，甚至可能被市场拒之于门外。主导设计能够延伸技术的生命周期。被采用的主导设计将影响生产者和消费者积累起来的技术知识和经验，也会促成行业在解决问题方面关于技术方法的发展。公司将会在自己已有知识的基础上去开拓、发展，而不会重新开辟另外一个陌生的领域。③ 这就导致了技术发展的一个粘性现象，并且会引导该领域未来的技术走向。存在主导设计的市场显示了完全不同于和平竞争、竞争者共存的市场特点。

---

① 谭劲松，薛红志. 主导设计形成机理及其战略驱动因素研究［J］. 中国软科学，2007，(7)：41—53.

② Melissa A. Schilling. 技术创新的战略管理. 谢伟，王毅，译. 北京：清华大学出版社，2005.

③ Dosi，G. Sources，Procedures，and Microeconomic Effects of Innovation［J］. Journal of Economic literature，1988，(26)：11—30.

（二）技术标准的形成

技术标准的形成主要受到三种因素的影响，分别为网络效应、转换成本和技术转化。

（1）网络效应的作用。网络效应是指某一行业或某一产品的现有消费群体构成买方的一个互动网络所形成的正外部效应，体现了网络价值随着网络规模的增大而增大。网络效应产生的根本原因在于自身的网络系统性、网络内部信息流的交互性和网络基础设施的长期垄断性。对于企业来说，如何利用技术集群的网络效应，将有助于加快提升企业技术创新能力，并且促进创新技术形成标准化技术。①

（2）转换成本的影响。转换成本是指由一种状态或行为到另一种状态或行为所产生的损失或需要付出的代价。技术创新转换成本是指从一种技术转换成另一种技术的损失或需支付的费用。通常讲，转换成本越高，在市场中已有技术实施技术标准就越有利。技术标准的建立和实施，很容易形成市场和用户的转换成本。

（3）技术转化的趋势。技术专利化、专利标准化、标准全球化是目前发展的趋势。标准化的技术和产品容易被技术受方和消费者所认可，因此，对于标准化的高新技术向市场快速扩散极为有利。企业为了保护自身的知识产权，可以采取把核心技术转化制定为技术标准，进而设置企业技术壁垒。

本土化视角 ▶ **主导设计确立的三种动力**

主导设计确立是技术、市场、政策、经济、文化和社会等多因素综合作用的结果。其中，技术创新推动主导设计的出现，市场（包括供方市场和需方市场）需求拉动主导设计的形成，社会、政治、经济、文化等行为规则促成主导设计的确立。因此，主导设计形成的关键影响因素可用图 4-2 所示的动力模型表示。具体分析如下：

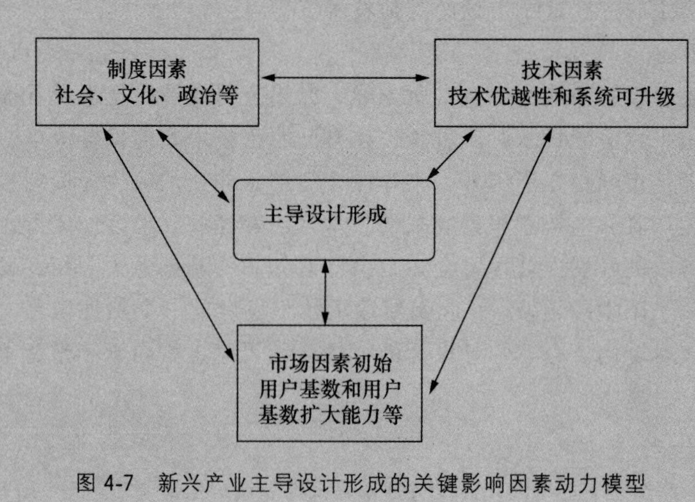

图 4-7　新兴产业主导设计形成的关键影响因素动力模型

① 李龙一，张炎生．基于主导设计的技术标准形成研究［J］．科学学与科学技术管理，2009，6：37—42.

1. 技术进步和技术竞争推动主导设计的出现

主导设计作为技术进步和技术竞争的结果，技术因素在主导设计形成过程中发挥着重要作用。因此，主导设计竞争的实质是企业间技术创新的竞争。技术创新竞争可通过产品创新和工艺创新两种手段实现，以达到降低产品成本、提高产品质量和性能、满足细分市场的目的。

影响主导设计出现的关键技术因素包括技术优越性、系统可升级性等，这些因素可影响企业、客户对某种设计的投入强度和创新战略，进而推动主导设计的出现。然而，主导设计的出现并不完全取决于技术因素，在众多产品设计中优越性最好的技术不一定是行业主导设计标准。例如，从技术性能角度看，在盒式磁带录像机市场上，日本JVC公司的VHS制式并不比SONY公司的Betamax制式好，但前者却成为行业主导设计标准。

2. 市场需求拉动主导设计形成

主导设计确立后，可通过对市场结构的影响来影响消费者预期，并引导更多消费者进入，以扩大用户基数，一旦用户规模达到一定阈值，市场便会向主导设计倾斜，主导设计参与者控制市场便成为可能。在网络效应下，用户基数通过信号传递机制影响潜在用户加入使用者行列，使用户基数扩大成为可能。同时，为了追求效率与合作，供应商及生产互补性产品的企业更愿意为高用户基数企业提供服务，以形成自我强化的正反馈效应。概括而言，市场关键影响因素主要包括初始用户基数、扩大用户基数的能力，这些因素共同影响大众市场的选择，进而拉动主导设计的形成。

3. 制度因素促成主导设计确立

在某些产业领域，为了满足用户利益需求，政府需要通过法律、政策等手段影响主导设计的出现。其中，制度因素主要包括起催化作用的金融资本、促进产业加速形成的政府政策等。

总之，上述三种动力共同作用促进主导设计的确立，它们不是孤立存在的，而是相互联系和相互作用。其中，技术因素影响市场，市场因素又反作用于技术，制度因素促成技术与市场耦合，而技术因素和市场因素共同促成制度创新。

资料来源：苟劲松，阮平南，李金玉. 基于主导设计的新兴产业形成障碍跨越策略研究［J］. 科技进步与对策，2015，(4)：2—3.

三、主导设计与技术标准的重要作用

（一）主导设计促进技术创新的持续性

主导设计演进所带来的技术创新的持续性，关键体现在前期创新与后续创新之间的相互作用，这需要明确主导设计演进所带来的技术创新持续性以哪些形式来表现。[①]

(1) 推动和反向强化作用。符合原有主导设计的产品为用户提供了更好的产品或服务，在某种程度上势必打破用户既有的生产经营体系的均衡，诱发系列新的技术创新。新的技术创新反过来又强化这种新的主导设计，使其不断成熟完善。

(2) 支持作用。主导设计演进一般是沿着一定的技术轨道进行的，在同一技术轨道中，技术发展具有很强的积累性，也就是说第一代主导设计对第二代主导设计有很强的支持作用。

(3) 衍生作用。新的技术创新是企业借助原有主导设计的技术在同一产品域内开发的适应不同用户特定需求的个性化产品，这些个性化产品一般在技术上没有太大太多的差别，因而原有主导设计作为一个技术平台或原型衍生出一系列相类似的技术创新的能力。

(4) 示范作用。在激烈的市场竞争中，当某家企业产品在市场上成为主导设计之后，其他竞争企业也会相继模仿创新。对于此类后续技术创新，原有主导设计主要表现在它的示范作用上，越能被更多的企业模仿，则其示范作用越大。

(5) 渗透作用。原有主导设计为新的技术创新提供关键技术。如果前后两种产品不属于同一产业，那么对于此类后续技术创新，原有主导设计主要表现在它能否和在多大范围内向相关技术或产品域渗透。

(二) 技术标准在创新过程中的重要地位

(1) 对知识产权的控制。[②] 通过技术标准化，可以借助国家、行业的相关产业、技术等标准、规定，对该项技术进行保护，间接或直接对已有标准化技术和相关技术起到一种保护作用，避免一些侵权方面的法律纠纷。

(2) 将后续同类和相似企业的技术研发纳入自己的技术体系。建立起技术标准后，后续发生的同类或者相似的技术研发，企业都可以纳入自身的技术研发体系，这样就能增强自身的竞争能力，并且更好地保护自己所占据的市场份额。

(3) 技术垄断向市场垄断过渡。[③] 如上所述，企业建立技术标准之后，在该领域具有绝对的主导性，并且在法律上具有保护作用。企业会利用具有优势的技术去垄断整个技术领域，并且把技术推向市场，从而垄断市场份额。

(4) 构建技术壁垒。企业建立技术标准，不但能借助标准赚取其他竞争者的利润，而且往往能够提高市场准入门槛，造成技术贸易壁垒，从而挤占其他竞争者的市场份额，在竞争中一直处于相对领先地位，确保自身的利益。

---

① 李艳红. 主导设计演进对网络型企业竞争力影响［D］. 湖南大学，2008.

② Katz，M. L.，Shapiro，C. System Competition and Network Efforts［J］. Journal of Economic Perspectives，1984，8（2）：342—345.

③ Joseph，F.，Garth，S. Standardization，Compatibility，and Innovation［J］. RAND Journal of Economic，1985，16（1）：70—83.

第三节　进入时机

前面一节所提的报酬递增特征表明，在某些行业，一项技术被采用的越多，就越有价值。在这样的产业中，采用技术较早的企业可以获得自我增强效应优势，例如，获得充足资金进行技术升级和配套产品推广以扩大市场占有率，在与用户的互动中减少市场不确定性、稳固企业技术市场根基。同时，当技术早期使用者在确定技术基础后可能由于实力、经验不足等忽略技术升级、扩散以及配套产品的完善，因而会造成企业发展的困境。企业对于进入目标市场的时机把握非常重要。

通常，一个产业内的竞争企业在市场进入机制中扮演三种角色：先动者、早期跟随者和晚进入者。先动者又称倡导者，是最早进入新市场并提供产品或服务的企业。先动者可以获得更高的收益和存活率，[①] 同时由于其高风险性，先动者也往往是最早失败的企业。[②]

一、先动者优劣势分析

先动优势指先进入市场的企业通过率先建立声誉、抢占有利地位、使用最佳销售渠道、规定行业标准以及设置转移成本和制度壁垒等方式获得率先进入者的优势，从而使后进入市场的企业在竞争中处于劣势地位。[③]先动者优势体现在以下几个方面：

- 品牌忠诚和技术领先。先行企业可以在相关领域长期赢得技术领先者的名声，利于塑造良好的企业形象，赢得消费者的品牌忠诚以及市场份额，而后来竞争者需要克服先行者已立品牌和领先技术的无形阻力。[④]

- 优先获取稀缺资源。市场先动者可以优先获取关键地段、政府许可、分销渠道以及供应商关系等稀缺资源，这将非常有利于其初期健康性发展，而且会得到政府和社会力量的支持。

- 把握购买者转换成本。如果购买者面临转换成本，尤其是转换成本较高的复杂产品，即使其他厂商推出了具有更好性能的产品，那些早已抓住顾客的先动者企业也能有效留住顾客。

- 获取报酬递增优势。当产业整体趋向于采用单个主导设计时，先动者进入时机将对企业的成功产生关键影响。对于一个具有采用规模报酬递增特点的产业，成为先动者会取得巨大优势，能通过自我增强的正向反馈机制取得好的市场

---

① Agarwal，R. Technological Activity and Survival of Firms ［J］. Ecomonics Letters，1996，7（52）：101—108.

② Golder，P.，Tellis，G. Pioneer Advantage：Marketing Logic or Marketing Legend? ［J］. Journal of Marketing Research，1993，5（30）：158—170.

③ 迈克尔·波特. 竞争优势［M］. 北京：中国财政经济出版社，1988.

④ Lieberman，M.，Montgomery，D. First Mover Advantages：A Survey ［J］. Stratigic Management Journal，1988，（9）：41—58.

占有力。

全球化视角 上海大众在华先动优势

自1985年上海大众成立起至1991年一汽大众成立，上海大众在中国乘用车市场中可谓一枝独秀，牢牢占据了半壁江山，其市场份额在六年期间中的均值达到了46%。一汽大众成立后，在1992年至1997年这六年中，上海大众的市场份额仍保持在40%以上，并将这样骄人的市场表现保持到了2001年前后。一汽大众自1991年成立后，市场份额虽然呈现逐年扩大趋势，但是市场份额的绝对值远不如更早进入中国市场的上海大众在相同进入年限时的表现，这说明即便南北大众拥有相同的外方母公司，但是相对上海大众来说，一汽大众在成立初期建立竞争优势时所遭遇的挑战更大；而较之上海大众而言，同期率先进入中国市场的另两家先动企业（北京吉普和广州标致）市场份额明显落后，且逐渐萎缩。这一现象说明先动者并非总是能够获取先动者优势，在率先进入市场时也可能遭遇很多不利因素，例如，面对更多不确定性，承担培育市场的成本等。

资料来源：王铁民，陈小犇．新兴市场中先动者优势的取得——大众汽车在华业务的分析及其启示．国际经济合作，2013，(2)：3—4.

尽管先动者存在一些明显优势，但企业过早进入一个新市场仍存在一定的风险。先动者一般面临更高的成本，这使得即使他们的产品收益很高，但长期利润较低的现状存在。[①] 先动者的劣势体现在：

- 研发投入巨大。先动者通常需要花费大量的资金开发新产品或服务所需的技术，并需要为此支付一定的费用，而后进入企业经常可以直接利用先动者在研发上的投资。
- 技术不成熟与配套困扰。先动者采用的技术一般为发展中技术，具有很大的不确定性，先动者容易被早期的技术所羁绊，甚至不得不为重建生产系统或配套产品的完善而花费大量的精力和财力。
- 在位者惰性。Hannan 和 Freeman 从组织理论的角度分析了在位者惰性。这些因素包括：组织例行标准和规则的建立，内部政治斗争，跟外部相关组织建立的稳定的交易关系。
- 市场不确定性。各种类型的"在位者惰性"使先动者很难适应市场环境的变化。[②] 消费者的需求也是动态的，如果在位者未能足够敏感和及时响应，那么跟

① Boulding，W.，Christen，M. First-Mover Advantage［J］. Harvard Bussiness Review，2001，10.

② 王生辉，张京红．突破性创新、在位者惰性与组织再造［J］．科学学与科学技术管理，2007，7：82—87.

随者就可能利用这个机会。

本土化视角 **云南白药集团后动优势**

云南白药集团以其差异化的战略定位，在激烈的日化行业竞争中，突破重围，从原来单一的白药产品转变成为现今的跨行业、多层次产品组合结构，不断调整品牌开发和提升策略，进而为我们呈现出一个"创新超越竞争"的企业成长案例。

1. 云南白药的市场选择与定位

云南白药企业作为行业弱势后动者，更可能选择行业先动者放弃或者忽略掉的高端市场进入日化行业，避开了在日化市场上的红海竞争、低价竞争。云南白药企业采取"创新性"进入，采用差异化的利基战略，通过市场细分，从市场空隙中发掘商机。同时，云南白药企业将目标人群定位于有口腔问题、吸烟的人群，树立起了企业"三高"的品牌形象。

2. 云南白药克服资源弱势的方式

作为日化行业的弱势后动者以及一家传统中药的生产商，云南白药企业面临的资源弱势主要来自行业的技术壁垒、品牌认知度不高、市场经验不足、产品种类单一、跨行业导致的组织管理不协调、零售终端渠道建设能力不足等。云南白药克服资源弱势的方法是以市场为导向，确立了"开发""设计"两条研发思路，有效地组织企业内部价值链活动控制成本，并迎合了国内消费者使用日化产品的"保护"心理，积极探索销售模式、建设营销队伍来提升品牌知名度。另一方面，还善于充分利用政府与社会对传统中医药民族品牌建设的支持，抓住新医改机遇带来的市场扩容机会，达到品牌形象建设的目的。

3. 云南白药实现后动优势的竞争策略

作为日化行业的弱势后动者，云南白药的后动优势主要表现在：由于日化市场和相关技术不确定性的解决，可以投入较少的顾客教育成本和市场开拓成本；吸收先动者的经验教训，减少试错成本；由于技术、制度的革新，利于优化内部资源、控制内部成本；低成本的模仿和学习，减少研发成本，实现高效率创新；改变产品标准和消费者认知模式，使先动者陷入困境。

云南白药实现后动优势赶超先动者的具体途径主要是通过创新来解决，以达到产品线延伸、产业链延伸以及品牌延伸。具体来说，作为日化行业的弱势后动者，云南白药实现后动优势的途径之一是通过市场细分实现产品创新，一方面走"蓝海战略"，另一方面拓展产品线来提高市场份额。其另一途径是非产品创新——建立"大健康"产业链，实现战略创新；整合内部资源，实现管理创新；竞争以强制强，实现技术创新；深化百年底蕴，实现品牌创新。

资料来源：朱业迪．创新型企业的后动优势——基于云南白药集团的案例研究［D］，2014.

全球化视角 名企先动者与追随者竞争比较

表 4-2 部分市场产品先动者与主要追随者竞争情况

产品	先动者	主要追随者	赢家
8 mm 摄像机	柯达	索尼	跟随者
一次性相机	Polaroid	柯达	先动者
微处理器	英特尔	AMD	先动者
PC 机	MITS	苹果、IBM	跟随者
微波炉	Raytheon	三星	跟随者
PC 机操作系统	Digital Research	微软(MS-DOS)	跟随者
表格处理软件	VisiCalc	微软(Excel)、Lotus	跟随者
VCR	Ampex	Matsushita	跟随者
可视游戏控制板	Magnavox	Atari、任天堂	跟随者
网页浏览器	NCSA Mosaic	网景、微软(IE)	跟随者
文字处理软件	MicroPro	微软(Word)、Wordperfect	跟随者

资料来源:Melissa A. Schilling. 技术创新的战略管理[M]. 谢伟,王毅,译. 北京:清华大学出版社,2005.

二、进入时机影响因素

企业如何在率先开发某项技术和等待别的企业进行开发之间作出决策?答案将依赖于以下因素:顾客不确定性、新技术提高的程度、必备技术和配套产品的状况、竞争对手进入的威胁、产业呈现报酬递增的程度以及企业的资源状况等。①

1. 顾客的偏好的确定

无论是顾客还是技术开发企业,都不能很好地理解新技术特征的重要性。当企业和消费者对技术有了足够的了解以后,那些在当初看来十分重要的技术特征却显得不再必要;而那些当初认为不重要的因素可能开始起关键作用。

2. 技术创新提高度

创新相对以前技术提高的程度影响企业及早进入时成功的可能性。此时,消费者对新技术价值的怀疑会减少,早期采用会更多,配套产品也能提供更多的支持。结果是,企业能迅速了解消费者的期望,从而也会被加速采用。

3. 创新的必备技术及技术成熟度

许多创新都要依赖一些关键的必备技术才能实现自身的功能。企业必须确认哪些必备技术对创新有重要影响,并评估要实现预期的功能,这些必备技术是否足够成熟

① 谢伟,王毅. 技术创新的战略管理[M]. 北京:清华大学出版社,2005.

或将足够成熟。必备技术越成熟，企业就能越早进入。

4. 配套产品对创新价值的影响

并不是所有的产品都需要配套产品的支持，而更多的产品可以直接利用市场已有的配套产品。如果市场上并没有创新所需的配套产品，而企业又没有能力自己去开发这个配套产品，企业就不可能成功地早进入。

5. 产业报酬递增效应存在情况

在那些存在报酬递增效应的行业，允许竞争对手早进入市场从而建立用户基础的行为是十分危险的。如果竞争对手建立起了可观的用户基础，其不断自我增强的优势将使企业很难跟上。如果还有力量促进采用的唯一主导设计，竞争对手的技术很可能就成为这个主导设计。如果此时专利等知识产权保护制度不允许企业提供兼容技术，企业将无法进入该市场。

6. 企业拥有加速市场对创新接受的资源量

一个拥有充足资金的企业，不仅能够经受住缓慢的市场启动，还能够通过积极投资来加速市场发展。企业可以采取市场教育、培养供应商和分销商，以及开发配套产品和服务进行积极投资的策略，都可以加速市场对创新的接受，从而赋予早进入企业更多的处置权。

7. 企业名声对顾客、供应商和分销商不确定性的减小

对于新技术开发能否成功，企业名声可以发出强烈的信号。顾客、供应商和分销商会根据企业过去的表现来评估企业的技术和市场能力。顾客会把企业的名声看作创新产品质量的象征，因此在决定是否使用创新产品时不确定性会减小。一个拥有技术领先者的良好名声的企业也更容易吸引供应商和分销商。

三、进入时机策略及优化

在决定是否采用一项新技术前，企业需要进行外部因素分析，以判定此项技术是否可以被采用。在决定使用新技术后，需要对内部环境加以分析，以决定企业采用的技术策略。一般来讲，对于一项新技术企业可以采取以下三种策略：①

- 抢先策略。抢先策略是指在外部环境分析可行的情况下，抢先进入。采用抢先策略的企业一般在行业中的地位居前，有较好的声誉，较强的研究与开发能力以及一定的试制与生产能力。

- 跟随策略。跟随策略是指跟随先动者进入的一种策略。跟随策略的企业一般应具有一定的产业地位和资本实力，具有较强的技术开发能力。

- 保守策略。保守策略是当新技术已经被普遍应用后才进入的一种策略。保守策略一般适用于企业技术、资本实力不强，规模较小的企业。

---

① 王成，王世波．技术进入时机的影响因素及策略分析［J］．改革与战略，2010，26（202）：72—74．

进入市场时机的选择充满复杂性。如果新技术满足了消费者的迫切需求，先动者可以给企业带来路径依赖的优势，这是一般后进企业无法超越的；如果新技术的市场反应不明显，无疑对先动者不利，同时为后进入者提供机会。后进入竞争者会在先动者的基础上对技术进行改进并引入市场，以获得市场认可。

为适应全球化市场竞争需要，企业应从自主技术创新的角度出发，取得自身先动优势。企业获得先动优势的途径有：

• 实施时基竞争战略。时基竞争战略旨在提高企业对市场的敏感度和快速反应能力。节约时间、提高效率是时基战略的核心思想，通过不断满足消费者变化的需求以保障企业在行业中的不败地位。

• 建立快速反应机制。主要内容有企业经营的快速决策、产品的快速开发与快速销售以及加快各种形式的创新脚步。

• 组建扁平化组织。组建跨部门的团队和工作流程，以市场为导向，以客户为中心，尽快适应客户在功能、时间和服务效益上的新变化。

• 完善客户沟通制。为避免企业技术创新方向的准确性，企业需主动接近顾客，了解产品在顾客使用过程中存在的问题，以有效弥补产品性能与市场需求的空缺。

进行进入时机决策的企业必须拥有开发符合消费者需求的技术所必需的核心能力，或者能够对技术进行快速开发，同时要求企业必须拥有快速循环的开发过程。拥有很好的快速循环开发过程，可以提供企业更好的机会使之成为先动者，而且能够利用从消费者那里反馈得来的信息进行技术修改，以创造出更贴近消费者的需求的产品。

第四节　技术创新保护

在制订公司技术战略时，一个非常重要的事项就是如何保护技术创新。保护技术创新是一个非常复杂的问题。严格保护技术创新，可使自己成为创新的最主要受益者。而不严格地保护创新，可以鼓励配套其他厂商来支持使用这项技术，从而促进了技术扩散，使得这项技术可能成为主导设计，对公司更有利。

目前，绝大多数创新技术都比较容易被竞争者模仿，因此个体和公司通常会采取一些法律措施来保护自己的创新。大多数国家通常会提供以下几种方式保护技术创新的知识产权：专利、商标、版权和商业秘密法。

一、专利、商标与版权

专利、商标和版权都是用来保护知识产权的，三者具有不同的保护对象。简单而言，专利用于保护技术创新，商标用于保护区别于商品的文字或符号，版权用于保护具有原创性的艺术或文字成果。例如，对于一台PC（personal computer）而言，硬件设计通常用专利法来保护，标识“DELL”由商标法来保护，计算机软件则通常用版权来保护。

通常认为正式的知识产权保护起源于15世纪的英国，当时的英国君主开始将盖着国玺的“专利证书”（letters patent）授予制造商和商人，即给予其某些特权。1449年，亨利六世授予Utynam的约翰一个新东西：专利，从此约翰享有了20年内独占生产一种彩色玻璃的方法，[①] 这是专利最早的雏形。关于商标最早可以追溯到公元前3500年，但直到18世纪才出现保护商标的法案。1791年，Thomas Jefferson应帆布制造商要求倡议制定一项保护商标的法令。法国和英国分别在1857年和1862年颁布了相关商标法令。[②] 第一个国际性的商标协议是在《工业产权保护巴黎公约》中制定的。知识产权在经济社会发展中将发挥越来越重要的作用，我国《国家知识产权战略纲要》于2008年6月5日正式颁布实施。

（一）专利

专利（patent）是受法律规范保护的发明创造，它是指一项发明创造向国家审批机关提出专利申请，经依法审查合格后向专利申请人授予的在规定的时间内对该项发明创造享有的专有权。作为交换，发明者在专利到期后必须向公众披露发明的细节。我国专利一般分为三种：一是实用新型专利，即对产品的形状、构造或者其结合所提出的适于实用的新的技术方案；二是外观专利，即对产品的形状、图案、色彩或者其结合所做出的富有美感并适于工业应用的新设计，即产品的样式；三是发明专利，即对产品、方法或者其改进所提出的新的技术方案。

专利属于知识产权的一部分，是一种无形的财产，具有与其他财产不同的特点。其一为排他性，也即独占性，它是指在一定时间（专利权有效期内）和区域（法律管辖区）内，任何单位或个人未经专利权人许可都不得实施其专利。其二为区域性，是指专利权是一种有区域范围限制的权利，它只有在法律管辖区域内有效。一般技术发明在哪个国家申请专利，就由哪个国家授予专利权，而且只在专利授予国的范围内有效。其三为时间性，是指专利只有在法律规定的期限内才有效。专利权的有效保护期限结束以后，专利权人所享有的专利权便自动丧失，一般不能续展。

技术创新产品开发要投入资金、人力和设备，高技术开发更需要有高投入和承担高风险。申请专利保护，才能享有对自己技术创新成果的独占权，实现知识产权保护。取得专利许可后，专利的主体才具有了市场竞争的主动权，取得市场垄断基础上获得的丰厚回报，用以进行下一步的技术创新，促使技术创新活动形成良性循环。

---

① U.K. Patent Office.

② U.S. Trademark History Timeline.

本土化视角 哈药二厂的专利保护

哈尔滨中药二厂曾研制开发出一种药品"消咳喘"，很畅销，但由于没有申请专利保护，在不到2年的时间内，全国就冒出20多家与该成果完全相同的产品，致使该厂曾经供不应求的"消咳喘"，大量积压，销售量、利润大幅度下降。沉痛的教训使哈药二厂认识到了专利保护对一个产品、一个企业的重要性，后来该厂与省中医研究院联合开发了"双黄连粉针剂"，并申请了专利，产品投放市场后，没有一家仿冒，销售量连年大幅度增长。

（二）商标

商标（trademark）是商品的生产者、经营者在其生产、制造、加工、拣选或者经销的商品上或者服务的提供者在其提供的服务上采用的，用于区别商品或者服务来源的，由文字、图形、字母、数字、三维标志、颜色组合，或者上述要素的组合，具有显著特征的标志。

商标具有一系列基本特征：商标是用于商品或服务上的标记，与商品或服务不能分离，并依附于商品或服务；商标具有特别显著性的区别功能，商标的构成是一种艺术创造；商标具有独占性，注册商标所有人对其商标具有专用权，受到法律的保护；商标是一种无形资产，具有价值；商标是商品信息的载体，是参与市场竞争的工具。

企业实践中，要充分发挥商标战略的引领作用，引导企业进行创新：引导企业把商标战略纳入企业发展总体战略，指导企业提高商品制造、研发和应用能力；引导企业把自身发展与商标保护相结合，提高商标在市场和消费者心目中的认知度；鼓励企业培育商标专业人才，建立商标管理部门，做好国内外商标注册维权等方面的监控和预警工作；完善跨国并购活动中的商标保护制度，利用《商标法》发展和保护自己。

（三）版权

版权（copyright）即著作权，是指文学、艺术、科学作品的作者对其作品享有的权利（包括财产权、人身权）。版权是知识产权的一种类型，它是由自然科学、社会科学以及文学、音乐、戏剧、绘画、雕塑、摄影和电影摄影等方面的作品组成。

版权的取得有两种方式：自动取得和登记取得。版权法所保护的作品，主要分为以下两大类：一类是由确定作者本人原创的作品，如戏剧作品、文学作品、音乐作品及艺术作品；另一类是从原创作品中衍生出来的版权作品，如印象制品、电影作品、电台、电视传播及部分印刷品。

与专利和商标等其他类别的知识产权不同，版权是一种自动赋予的权利。创作者完成作品，并经任何形式公布发表后，即自动成为该作品的版权拥有者，无须注册或办理任何手续，即可受法律保障。

二、商业秘密

(一) 商业秘密的概念与特征

商业秘密是不为公众所知悉、能为权利人带来经济利益、具有实用性并经权利人采取保密措施的技术信息和经营信息。商业秘密是市场竞争的自发产物。商业秘密之所以成为知识产权中不同于专利和版权的重要内容，是由于其具有以下重要特征：①

(1) 商业秘密的本质特征。商业秘密从本质上讲是对具有竞争价值的商业信息的一种事实上的垄断。一方面，商业秘密的取得和消失是竞争性的，随着商业秘密的内容逐渐为人公知，它将因为不再维系任何竞争优势而成为公共资源。另一方面，商业秘密的使用和受益是垄断性的，商业秘密的拥有者支付一定的成本和费用来取得和维持对一项秘密信息的占有，通过自己使用或出售使用许可的方式回收上述投入并试图获得其所能带来的全部收益。

(2) 商业秘密的法律特征。商业秘密成为法律的保护对象，具有以下特征：

① 无形性。在现实的经济活动中，商业秘密是普遍存在的，也是不可穷尽的。任何可以带来竞争优势的商业信息都有充分的理由构成法律上的商业秘密，从而具有无形性特征。

② 秘密性。不为公众所知悉是构成商业秘密最基本的条件。商业秘密的使用价值主要是通过其秘密性来维持的，这是区别于专利权的本质特征。商业秘密一旦泄漏，就会给权利人带来重大的损失。

③ 价值性。其价值性具体体现在：一项商业秘密表现为在内容上与现有的技术、经营等方面的商业信息保持最低程度的不同性或者差异性；由于对该项商业信息的垄断而能够给其权利人带来显著的竞争优势。

④ 保密性。保密性是商业秘密成为法律保护对象的一个重要依据，即要求商业秘密的权利人对其所拥有的商业秘密采取必要的或者合理的保密措施。

(二) 商业秘密的侵犯形式

企业商业秘密受侵害的常见方式有：

(1) 因盗窃、利诱、胁迫或者其他不正当手段所受的侵害。另外，通过其他不正当手段如抢劫、欺诈等获得权利人的商业秘密，又如商业洽谈、合作开发研究、学习取经、座谈研究等手段套取权利人的商业秘密等。②

(2) 披露、使用或者允许他人使用不正当手段获取的商业秘密的侵害。行为人以不正当手段获取权利人商业秘密，往往不满足于非法占有商业秘密，一般都有进一步的目的以牟取不法利益。

---

① 秦铁辉，祝小静，黄蕾．企业竞争中的商业秘密保护［J］．情报科学，2004，22（3）：299—310.

② 李有星，丁卫强．论商业秘密的侵害与预防［J］．中国商业法制，1996，8.

（3）违反约定或者违反权利人有关保守商业秘密的要求，披露、使用或者允许他人使用其所掌握的商业秘密的侵害。行为人一旦不履行保密义务，披露、使用或者允许他人使用权利人的商业秘密，即对权利人构成侵权。

（4）第三人在明知或应知前三种侵犯商业秘密的违法行为的情况下，仍然从侵犯商业秘密的行为人那里获取、使用或者披露他人商业秘密的侵害。[①]

全球化视角 ▶ 可口可乐公司的商业秘密保护

可口可乐公司之所以敢在世界各地或各国建厂并赚世界各国的钱，其中一个最重要的原因就是他们不仅有保住了商业秘密就保住了市场的经营观念，而且还能在世界范围内长达100多年的时间里保住了价值约41亿美元可口可乐配方的秘密。

三、技术创新保护机制的有效性

在不同的行业与产业，技术创新保护机制的有效性具有很大的差异性。[②] 在制药行业，专利可以非常有效地保护技术创新，但在电子行业或软件行业，专利和版权对技术创新所能提供的保护相对较少，因为其他公司可以在不侵犯专利权的情况下围绕专利进行发明。事实证明，以专利的形式保护生产流程是困难的，而如果专利不能提供有效的保护，公司通常转而用商业秘密。

学习曲线效应与网络的外溢性使得一些企业呈现随着采用者增加报酬也递增的现象。[③] 此时拥有技术的企业有时会自由扩散技术以增加这些技术成为主导设计的可能性，如果一个企业控制了此项标准，就可以获得垄断资金并获得对其所在行业或相关行业明显的发展方向控制权。[④] 企业采用技术自由扩散策略，也会带来两种主要危险：技术被自由地泄露给众多竞争对手，公司也可能失去技术成为主导设计时获取垄断租金的机会，失去的技术控制权不容易再次夺回；技术的自由扩散可能引起生产商根据各自需求改进技术，从而导致整个技术平台的碎片化。为平衡上述矛盾，企业通常采用介于完全开放与完全私有间的部分保护创新策略。

（一）完全私有与完全开放

完全私有是指技术归公司所有，并通过一系列的专利、商标、版权、商业秘密以

---

① 黄勤南．新编知识产权法教程［M］．北京：中国政法大学出版社，1998.

② Levin，R.，Klevorick，A.，Nelson，R. and Winter，S. Appropriating the Return from Industrial Research and Development. Brookings Papers on Economic Activity，Microeconomics，1987，(3)：783—820.

③ Arthur，W. B. Increasing Returns and Path Dependency in the Economy［M］. Ann Arbor：The University of Michigan Press，1994.

④ Ferguson，C. H. and Morris，C. R. Computer Wars［M］. New York：Random House，1993.

及其他机制来保护它，这些技术一般只能由开发者合法地使用或扩展。由于它们的生产是基于受保护的技术，故完全私有系统通常同其他厂商的产品不能兼容。完全私有系统使得他们的开发者能够有机会从技术中获得经济效益，然而，它也使得用户因为高成本或兼容问题而不愿意采用。

完全开放是指一项产品或流程所采用的技术没有使用专利、商标、版权或商业秘密等机制加以保护，它可能是基于现有的标准或新开发出来的自由开放式技术。完全开放的技术可以自由获得、扩展和传送给任何其他人。这种技术扩散和商业化的速度一般很快，但开发者获得的经济效益相对较少。

许多技术系统都是介于完全私有和完全开放两者之间的，它们是部分开放的，但同时又有一些保护机制加以限制。按照开放程度的不同，可以将其分为完全私有、有限许可、中度许可、自由许可和完全开放五个层次。不同行业中的不同企业，会根据技术和产品的特点，选择不同的保护策略。

索尼和微软对他们的游戏机采用的是完全私有系统，而对游戏则为有限的许可权。原因在于鼓励其他开发商为游戏机开发游戏软件，但同时保留游戏机厂对游戏强有力的控制权，表现为其他为游戏机开发的游戏在商业化前必须得到游戏机厂商的许可。微软的视窗操作系统为开发的，微软对具有版权保护的视窗升级具有专属控制权，而对辅助软件开发商则公开部分源代码用以开发辅助软件，那些获得许可的厂商可以在其他商品中使用和捆绑被许可的软件，但不能扩展它。有些技术在初期是完全私有或部分开放的，但随着专利到期或版权到期等变为完全开放。

（二）技术保护的优点

由于受到保护的技术具有更强的盈利能力，开发商们通常会有更多的资金和更高的积极性投入到技术的开发、升级和销售中去。如果这项技术的成功收益被单个公司所获取，则这个公司进一步的技术投资热情会变得更高。从技术中获取的利润可能会被直接投入到这项技术的开发中去。

公司愿意牺牲短期经济利益来换取相关技术成为一种市场标准源于一旦市场标准确立，经济回报将保持高额和持久。而如果几家公司同时拥有这项技术，那么某一个公司采取牺牲短期利益来建立标准的风险就变大了，因为有其他公司对利益的追逐，长期的利益分配是不确定的。

技术保护使得技术的开发公司可以获得技术的构架控制能力。构架控制能力指公司能够决定技术的结构、运作和其他产品及服务的兼容性的能力，即指公司决定此项技术未来发展途径的能力。构架控制是非常有价值的，特别是当技术同其他产品或服务的兼容性非常重要的时候。控制了技术的构架，公司就能使自己的其他零件与技术兼容，同时限制其他公司产品与该项技术的兼容性。[①] 公司还可以控制技术的升级或更新速度、技术的演化途径和其他版本的兼容性。如果公司的这项技术能够成为一项

① Schilling, M. A. Toward a Genaral Modular Systems Theory and Its Application to Interfirm Product Modularity [J]. Academy of Management Review, 2000, 25: 312—334.

主导技术，那么公司通过这项技术的构架控制就可以极大地影响整个行业。

(三) 技术开放的优点

支持技术开放而不是一味保护技术最主要在于开放技术可以促进技术被快速采纳。如果多个公司一起进行技术及相关产品的生产、销售和升级，它们技术地位的确立速度一般会比单个公司参与快。另外，多个公司间的竞争也会使得技术价格下降，从而增加对用户的吸引力；多个公司一直支持某项技术也会使得用户或辅助品的生产商对技术的未来更有信心。这种信心会使更多的用户和辅助品生产商加入到整个产业中去，反过来刺激了更多的公司去支持这项技术。技术开放战略可以促进技术地位的确立和增加辅助品的可获得性。①

开放技术可以得到外部开发群体的溢出效应。例如，向全世界广大潜在技术受益者开放源代码，可以获取原来技术拥有者所不具备的庞大人才库和资源。同时，外部开放也有成本和风险。首先，外部开发者不同于内部开发者，他们之间缺乏协调。每个开发者都有各自的目标，他们不是为了使技术在未来形成统一的版本而努力，而是朝着不同的方向，甚至是冲突的方向前进。② 其次，他们的劳动很多时候是重复的，由于缺乏有效的沟通，常常很多人都在投入解决同一个问题。最后，是否以及如何把这些外部开发工作者的成果融入技术中去，并分发给其他用户也是一件很困难的工作。由于保护技术和开放技术都有着一系列收益和风险，公司在决策时应考虑以下几个因素：生产、营销能力和公司资本，行业内对单一技术源的反对，内部开发资源，防止碎片化，构架控制的利益。

第五节 技术创新风险管理

技术创新风险指创新主体在技术创新过程中，由于各种环境因素的不确定性、项目难度以及创新主体综合创新能力的制约所导致的技术创新活动的中止、撤销、失败或达不到预期经济指标而造成损失的可能性及其后果。加强对技术创新风险的管理，是改进和提高企业技术创新能力和水平的必然要求。

一、技术创新风险的类型与特征

(一) 技术创新风险类型

影响技术创新成败的因素众多而复杂，往往涉及政治、社会、市场、技术、生产经营和终端销售等多个方面。按照不同的风险成因，可以将技术创新风险分为以下

① Schilling, M. A. Winning the Standards Race: Building Installed Base and the Availability of Complementary Goods [J]. European Management Journal, 1999, 17: 265—271.

② Garud, R., Jain, S., Kumaraswamy, A. Institutional Entrepreneurship in the Sponsorship of Common Technological Standards: the Case of Sun Microsystems and Java [J]. Academy of Management Journal, 2002, 45: 196—214.

五类：

（1）政策风险。技术创新的政策风险是指社会政治、国家或地方法律、法规、政策等条件变化对技术创新的不利影响而导致失败的可能性。从长期看，宏观政策变化是不确定的。这种变化将直接给企业技术创新造成市场和资金筹措上的风险，会极大地改变技术创新的实际价值和投入成本，从而给技术创新的收益带来更大的不确定性。如不符合国家或地方政府的环保政策、能源政策、科技政策，无法获得产品、原材料、设备、技术的进口许可等。

（2）市场风险。① 市场风险包括两个方面：一是技术性风险市场化，即由于产品技术本身的不成熟，使得新产品在市场推广过程中有被消费者拒绝或被竞争产品攻击的风险；二是商业化风险，即技术开发是成功的，但新产品投放市场后未收到预期回报。这种风险则来自于新产品不一定被市场接受或投放市场后被其他同类产品替代。

（3）技术风险。技术风险主要来自技术创新的构思和实施阶段。由于技术创新的主体受技术水平和其他多方面因素的影响，不可能对创新技术的成果转化和投放市场的前景作出完全预测，从而产生技术风险。技术风险的来源主要有：技术本身不成熟，技术的快速变化和激烈竞争，生产制造能力，技术效果。②

（4）资金风险。技术创新的资金风险指可能因没有能力或计划不当而不能在技术创新的各个时段及时供应资金。技术创新项目计划期间，资金供应不足可能会导致无法立项或仓促立项。项目进行期间，资金供应不足会导致设备、原料的不足甚至关键技术人员的流失，从而导致项目流产。新产品投入生产期间，资金供应不足会导致生产设备、原材料、人员的缺乏或工艺的不相称，从而导致生产规模不够、单位成本上升或产品质量下降。创新成果引入市场期间，资金供应不足可能导致市场引导不足，从而无法开辟、扩大市场，使得无法获取利润，甚至不能回收创新成本。

（5）管理决策风险。技术创新的管理风险是指在技术创新过程中，由于管理失误而导致创新失败的可能性。如组织协调不力、其他部门配合不好、高层领导关注不够、调研不充分、市场信息失真、创新主体的领导人固执己见作出错误的决策、市场定位不准、营销组合失误、风险决策机制不健全、研发过程不协调等。③

（二）技术创新风险的特征

企业技术创新风险是由众多因素，包括内部因素和外部因素相互作用的结果。这些导致技术创新风险产生并使之变化的因素称为风险因素。技术创新风险因素具有以下几个特征：④

1. 技术创新风险是一种投机风险

投机风险是指既有损失机会又有获利机会的风险，其后果有三种可能：盈利、损

---

① 杨东．企业技术创新的风险及其防范［J］．科技管理研究，2002，（1）：28—30.

② 韩瑞国．企业技术创新风险管理研究［D］．昆明理工大学，2008.

③ 范钧．企业技术创新多阶段风险分析与预警预控［D］．中南大学，2008.

④ 万青．企业技术创新风险的基本内容及其管理策略［J］．经济研究，2009，（3）：34—36.

失、不盈不亏。技术创新风险属于投机风险。在复杂的风险因素作用下，技术创新的风险运动是一种矛盾运动，使得技术创新具有风险与收益的对立统一性。其统一性表现在风险与收益是对称的、共生的；其矛盾性表现在企业在进行技术创新决策时面临风险与收益之间的矛盾，从而不得不进行风险与收益的权衡。

2. 技术创新过程中的不确定性因素逐步递减

在技术创新过程中，随着时间的推移，企业了解的内外信息愈来愈全面、愈来愈准确，技术创新的一些潜在因素逐步转变为显现因素，一些预期因素逐步转化为当前因素，从而技术创新的信息由灰色状态逐步白化，使得技术创新的信息不确定性随着由技术阶段向生产阶段和市场阶段的推进而发生递减。① 项目风险随进度变化如图 4-8 所示。

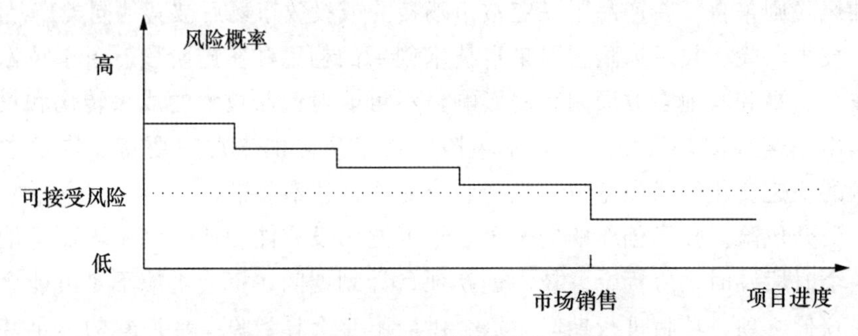

图 4-8 项目风险随进度变化示意图

3. 技术创新的风险随创新过程的推进而具有积累性

在技术创新过程中，风险影响在时间上具有从前向后的单向传递作用，即前一阶段的风险因素将对后续阶段产生影响。进一步考虑技术创新的决策阶段，则决策阶段的风险也将影响和导致技术阶段、生产阶段和市场阶段发生风险。例如，市场调研不足、决策失误将可能给技术创新的后续阶段带来致命的风险。

4. 技术创新风险是一种动态、可管理的风险

技术创新活动作为一种有目的、有组织的技术经济活动，通过对技术创新系统的组织管理，尤其是树立风险意识，完善风险管理，则能够在一定程度上防范和控制风险损失的发生和发展，使受控的技术创新活动向预期目标发展。虽然技术创新风险不可能完全灭除，但技术创新管理比较完善的创新主体，能够有效地防范和控制某些风险因素，其技术创新成功的可能性相对就会高一些。

二、技术创新的风险因素

技术创新是一项高风险的活动，可能由于外部环境的不确定性、技术创新项目的难度与复杂性、企业能力的有限性而导致技术创新活动延期、中止、失败或达不到预

---

① 吴涛. 技术创新风险的几个基本特征及风险管理对策 [J]. 科学管理研究，2000，18 (1)：1—3.

期的技术经济指标。对企业技术创新风险进行科学的管理，以降低或消除风险是非常必要的。

（一）环境因素

环境因素主要指属于企业外部环境的风险因素，[①] 主要包括：

（1）宏观经济形势变化。当宏观经济朝不利方向变动、走入低谷时，一方面影响新产品的市场需求，另一方面由于银根紧缩而影响到技术创新的资金来源。当宏观经济形势由萧条走入繁荣时，一方面有助于企业的技术创新活动，但另一方面，经济增长速度加快往往伴随着较高的物价增长速度，因而会加大技术创新所需原材料、设备等投入资金的需求量。

（2）消费者需求变动。消费者需求变动主要指消费者的购买行为、购买倾向发生预期不到的不利变动，而给技术创新产品的未来上市销售构成不利，这一风险因素在投资周期长而产品更新换代速度又快的产品中表现更是明显。此外，消费者对竞争对手产品的依赖性也会造成技术创新的风险。

（3）目标市场。潜在的目标市场容量大小关系到技术创新产品的市场前景问题。市场容量大小主要源于以下情况：一是需求者数量；二是平均每一需求者购买数量；三是新产品对原有产品的置换成本高低；四是新产品属于季节性市场或短性市场。市场容量偏小会影响到技术创新产品的市场前景。

（4）竞争对手。在技术创新项目的决策阶段所应考虑的竞争对手包括显现的竞争对手和潜在的竞争对手、生产本产品的竞争对手、将来可能出现的模仿者、其他正在或即将从事同一技术创新项目或更好项目的竞争者。对竞争对手的分析包括考虑其数量和实力以及市场结构。另外，竞争者的不正当竞争行为也对企业技术创新造成了威胁。

（5）信贷资金来源困难。[②] 国家的科技项目经费对企业技术创新仅起前期启动作用，后续产业化所需巨额费用靠企业自筹困难性极大。当前，企业信贷资金来源困难已成普遍问题。

（二）项目因素

项目因素指源于技术创新项目本身的因素。[③] 主要包括：

（1）技术不成熟。当一项技术处于不成熟阶段时，其一，会加大技术创新的工作量与难度；其二，技术创新失败的可能性会增加；其三，在风险传递作用下，技术阶段的风险会引发生产风险与市场风险。

（2）技术不先进。先进的技术并不一定会产生良好的经济效益，但落后的技术对于企业来说肯定不是长处。企业进行技术创新应做到技术上的先进性、适用性，以及同经济可行性的有机统一。

---

① 张玲．企业技术创新风险测度与评价研究［D］．哈尔滨工业大学，2006.

② 赵炎，等．技术创业与中小企业管理［M］．北京：知识产权出版社，2007.

③ 葛新权，李静文，彭娟娟，等．技术创新与管理［M］．北京：科学文献出版社，2005.

（3）技术难度与复杂性。技术难度越大，复杂性越高，则给企业带来的技术风险、生产风险也越大。

（4）项目的资金需求量大。当技术创新项目所需资金数量巨大时，它直接加大技术创新的财务风险，一旦创新失败，其风险损失也将很大。

（5）中间试验的难度与复杂性。在技术环节中，中间试验具有高收益性、高风险性特征。当中间试验具有一定的难度与复杂性时，技术创新的风险会加剧。

（6）新产品对原材料或零部件的技术性能要求。产品创新有时需要与之相配套、符合其性能要求的高水平、高质量的新的原材料或零部件。在专业化分工协作的情况下，原材料或零部件协作厂家可能不能及时按质按量提供所需。

（7）新产品对企业现有产品的替代与影响。当新产品与企业原有产品处于同一产品线和同一细分市场时，新产品便有可能对原有产品构成市场替代，或与原有产品在资源分配使用上产生矛盾。

（8）新产品与企业现有产品相关性差。新产品与企业现有产品的相关性包括市场相关、技术相关和生产相关。如果进入一个陌生的领域，则缺乏上述有利条件，增加了技术创新的不确定性，导致风险增加。

（9）生产新产品对现有设备和工艺的调整。如果新产品的投产需要对企业原有设备与工艺进行调整，显然会增加技术创新不可预见费用及整个项目投资。

（10）引进技术或引进设备工艺中的困难。有些技术创新活动需要在引进技术和设备工艺的基础上进行，此时可能遭遇汇率风险、债务风险，或引进低水平的技术、质次价高的设备，或在引进技术时落入对方的专利陷阱而受制于人。

（11）新产品的生产成本过高。由于设计不合理，批量过小，产品的单位成本可能过高；生产处于学习曲线的初期，学习对产品成本降低的功能尚未发挥，次品率高等，导致新产品的生产成本过高。

（12）新产品实现系列化、多规格的可能性低。新产品的系列化与多规格化除具有增加产品寿命周期的功能外，还具有扩张市场容量、分散经营风险等功能。

（13）新产品的质量与性能差、难以进入市场、促销困难、价格过高、寿命周期过短以及用户对新产品不了解，都有可能引起风险。

（三）企业能力因素

企业技术创新因素中，企业能力因素的影响最直接。① 常见因素有：

（1）企业生产规模偏小。虽然小企业在技术创新方面有一定的灵活性，但由于小企业在资金能力、技术能力、生产能力、市场能力方面的欠缺，它适合从事一些产品创新和模仿创新。

（2）企业资金实力弱。资金实力的强弱影响到技术创新成功率的高低，资金实力雄厚的企业有能力进行投资组合而使技术创新风险得到分散。

（3）企业现有设备技术水平、实验与中试条件差。产品创新依赖于新进的工艺与

① 彭文清．企业技术创新风险综合评价与对策研究［D］．南京航空航天大学，2007.

设备，有必要的实验与中试条件，否则会影响新产品的质量。

（4）企业科技人员实力差。技术创新本质上是知识的集成、加工与转化，人是技术创新活动的主体，一个企业如果科技人员实力不强的话，会对技术创新成败产生重要的影响。

（5）企业内部协作关系不畅。技术创新活动是一项系统工程，需要各个部门协调合作，企业对这种协作关系处理不畅会严重影响到技术创新的成败。

（6）企业广告及促销能力差。有些新产品需要适应市场要求，以市场为导向组织技术创新；而有些产品则必须引导市场及改变消费者偏好、消费者的固有习惯，由此广告及促销能力差的企业很难使新产品在市场上打开销路。

（7）企业管理能力低。一个管理基础工作薄弱、组织混乱、机构臃肿、工作效率低下的企业，技术创新是不会取得成功的。

（8）企业短期、中期、长期发展目标规划不当。企业制定的短期、中期和长期发展目标是否合理直接关系到企业技术创新项目的实施、计划和市场运作，目标规划制定不当会加大技术创新的风险。①

三、技术创新风险预控

企业技术创新是一项既重要又复杂的工作，不仅受到技术和经济因素的制约，而且还会受到社会政治、文化和自然环境的影响。因此，对企业技术创新风险进行预防控制，需要形成多方位的综合防范体系，政府、社会、企业自身都需要采取积极、有效的应对措施，以便控制、消除和规避风险，提高技术创新成功率，将技术创新可能的损失控制在最低程度。②

（一）技术创新风险企业外部预控

对于外部环境变化带来的技术创新风险，需要政府建立相应的机制为企业防护风险，社会采取一定的措施为企业合理分摊风险。

（1）完善创新环境法律体系，提供良好的技术创新社会氛围

建立健全企业技术创新的法律、法规体系，可以有效地维护企业的权益、激发企业技术创新的积极性、规范技术创新的行为，使技术创新健康有序地发展。健全反对垄断、保障公平交易、保护公平竞争的法制体系；提高各类市场主体的契约意识和信用意识；规范技术市场和其他市场，创造良好的技术创新市场环境，促进企业提高效率和实现资源的合理配置。

（2）实施积极的财政政策，鼓励企业开展技术创新

财政激励政策分为两大类。政府应加强研究与发展的补贴与税收优惠两方面的激励政策：一是要加大对创新的支持投入；二是改变现行的由承担单位提供配套资金的

---

① 周寄中，薛刚. 技术创新风险管理的分类与识别［J］. 科学学研究，2002，20（2）：221—224.

② 李晓峰，徐玖平. 企业技术创新的风险管理研究［J］. 经济体制改革，2008，3：72—76.

做法，改为政府对企业的创新项目给予补贴；三是对于增加研究与发展投入的企业、对应用新技术开发新产品的企业、对产学研合作的项目等给予税收优惠；四是对技术转化收入，实行按一定的比例抵免企业所得税；五是对技术含量高、产业关联度大的出口产品提高出口退税率，进口先进技术与设备可减免关税和进口环节税等。

(3) 建立科技贷款基金，实施相应的担保政策

目前，我国企业技术创新投资资金主要来自银行。技术创新、投资本身具有风险性和长期性，而银行贷款往往首先考虑支持“短平快”的项目，因此具有长远意义的技术创新贷款申请存在一定的难度。政府组织可以建立科技贷款基金，由其为技术创新企业向银行提供贷款担保。贷款担保的主要对象是风险适中、市场前景较好的技术创新项目。

(4) 建立健全技术开发机构，促进企业提高技术创新能力

建立以企业技术中心为主要方式的技术创新体系及运行机制，需要政府支持企业建立健全不同形式的技术开发机构。国家和各省重点企业都要建立高层次、综合性、对本企业发展战略拥有决策权的企业技术中心，并采取措施鼓励企业加大技术中心的投入力度，加速形成有利于技术创新和科技成果迅速转化的有效运行机制，优化科技资源配置。

(二) 技术创新风险企业内部预控

企业技术创新风险的内部预控指企业在技术创新中应建立相应的机制，提高自身的整体免疫力，以在技术创新中取得成功或减少损失。

(1) 建立风险管理机构，加强风险管理

企业技术创新风险的管理机构组成与分工如下：企业决策人，参与风险管理，作出风险决策；企业技术、经济和财务主管，提供风险决策方案与具体执行；创新项目有关部门负责人，负责完成本部门所承担的创新任务并提出具体的对策建议；专家，对涉及其专业领域的创新内容进行风险的识别，形成风险决策方案；日常工作人员，在风险管理中负责搜集、整理与创新有关的各种信息，同时承担事务性工作。

(2) 完善风险管理信息系统，降低技术创新风险

加强信息管理对于风险防范来说极为重要。企业信息管理包括外部信息管理和内部信息管理。外部信息管理的主要目的是减少不确定性，内部信息管理的主要目的是增强风险防范能力，两者相辅相成，同等重要。

(3) 采用技术创新多元化策略，分散技术创新风险①

多元化策略应包括产品设计多样化、产品销售多渠道，技术扩散全方位。多元化策略可以有效地降低企业的技术创新风险。多一次技术创新实施的失败可以用另一次技术创新实施的成功来弥补，这就是多元化策略能分散企业技术创新风险的核心机制所在。

---

① 饶扬德. 基于项目管理的技术创新风险管理[J]. 技术经济，2005，(5).

(4) 建立科学的决策程序和方法，提高决策质量

企业技术创新决策集团成员之间要广泛沟通，充分听取各方面意见，客观估价企业自身实力，认真做好可行性论证。目前，编制技术创新项目可行性研究报告是企业进行风险识别与风险分析的主要手段，是现阶段企业创新风险管理的重要内容。

(5) 建立吸引人才的激励机制，发挥人才的创新能力

企业做好现有人才的开发和利用，利于充分发挥最大效能。一方面，建立技术创新的激励机制，在企业内营造尊重知识和人才的创新氛围，提高技术创新人员的智力回报；另一方面，不断扩充科技人员的研究领域，改善其知识结构，使之成为既有技术专长，又有市场眼光的新型创新人才。

本章小结

1. 一个新产品的成功开发，需要同时实现三个目标：最大限度地满足消费者需求、缩短产品开发周期和控制开发成本。这三个目标在实现过程中往往是矛盾的。

2. 新产品开发过程管理需要解决好三方面问题：一是明确新产品开发的目标；二是选择合适的开发过程；三是注重用户与供应商参与的方式。

3. 主导设计与技术标准有着内在的联系和区别。主导设计向技术标准转化的基础条件包括：功能特性、市场特性、生产特性、法规特性。主导设计促进技术创新的持续性，技术标准在创新过程中的重要地位。

4. 先动者可能会获得建立品牌忠诚和技术领先者名声、优先获取稀缺资源以及把握购买者转换成本等优势。先动者也受研发投入巨大、技术不成熟与配套困扰、在位者惰性、市场不确定性等影响。

5. 为适应全球化市场竞争需要，每一个企业应从自主技术创新的角度出发，企业可通过实施时基竞争战略、建立快速反应机制、组建扁平化组织、完善客户沟通制等方式取得自身先动优势。

6. 目前，大多数国家通常会提供以下几种方式保护技术创新的知识产权：专利、商标、版权和商业秘密法。对于技术创新机制的选择，技术保护与技术开放各有优势，许多公司采用部分开发的战略。

7. 技术创新风险主要来自于宏观政策、外部市场、资金技术、管理决策等，对于技术创新风险的预控需要从内外两个方面进行。外部预控主要包括完善创新环境法律体系、实施积极的财政政策、建立健全技术开发机构等，内部预控主要包括内部风险管理机构的设立、风险管理系统的运行、技术创新多元化、提高决策质量等。

讨论题

1. 新产品开发的三大目标是什么？如何调和三者的矛盾？
2. 如何理解主导设计与技术标准的内涵以及对技术创新主体的重要影响？

3. 面对日益复杂的市场竞争环境，技术创新企业该如何把握进入市场的时机?

4. 试述技术创新成果保护形式的区别和保护机制的有效选择。

5. 企业应采取何种形式有效预控技术创新风险?

参考文献

[1] 程旸．中国通信业公司对外直接投资战略研究 [D]．上海社会科学院，2006.

[2] 范钧．企业技术创新多阶段风险分析与预警预控 [D]．中南大学，2008.

[3] 葛新权，李静文，彭娟娟，等．技术创新与管理 [M]．北京：科学文献出版社，2005.

[4] 耿方辉．高新技术企业技术创新风险管理研究 [D]．山东大学，2009.

[5] 顾炎．民营高新技术企业技术创新风险因素模糊分析及评价 [D]．浙江工业大学，2008.

[6] 韩瑞国．企业技术创新风险管理研究 [D]．昆明理工大学，2008.

[7] 何华安．新产品开发中供应商参与类型选择 [J]．商业经济，2007，(10)：11—16.

[8] 胡武婕．中国信息通信产业技术标准竞争与策略研究 [D]．北京邮电大学，2010.

[9] 胡泳．先动优势 [J]．商务周刊，2007，8 (20)：96.

[10] 黄勤南．新编知识产权法教程 [M]．北京：中国政法大学出版社，1998.

[11] 金明．基于3G标准建设方式分析的我国移动通信产业政策研究 [D]．天津大学，2007.

[12] 李龙一，张炎生．基于主导设计的技术标准形成研究 [J]．科学学与科学技术管理，2009，6：37—42.

[13] 李晓峰，徐玖平．企业技术创新的风险管理研究 [J]．经济体制改革，2008，3：72—76.

[14] 李艳红．主导设计演进对网络型企业竞争力影响 [D]．湖南大学，2008.

[15] 李有星，丁卫强．论商业秘密的侵害与预防 [J]．中国商业法制，1996，(8)．

[16] 李有星．论商业秘密的侵害与法律防范 [J]．商业经济与管理，2000，12：19—22.

[17] 刘常勇．科技创新与竞争力——建构自主创新能力 [M]．北京：科学出版社，2006，9.

[18] 刘凯．FDI与中国出口结构变化的关系研究 [D]．山西财经大学，2008.

[19] 刘秀新．自主技术标准化对中国通信设备制造业经济增长贡献的研究[D]．北京邮电大学，2006.

[20] 吕铁．技术标准与产业标准战略 [J]．世界标准信息，2005：93—102.

[21] 马岳红，袁健红．主导设计文献综述 [J]．科技进步与对策，2010，27 (15)：151—155.

[22] 迈克尔·波特．竞争优势 [M]．北京：中国财政经济出版社，1988.

[23] 彭文清．企业技术创新风险综合评价与对策研究 [D]．南京航空航天大学，2007.

[24] 秦铁辉，祝小静，黄蕾．企业竞争中的商业秘密保护 [J]．情报科学，2004，22 (3)：299—310.

[25] 饶扬德．基于项目管理的技术创新风险管理 [J]．技术经济，2005，5.

[26] 孙公绪，孙静．质量工程师手册 [M]．北京：企业管理出版社，2002.

[27] 谭劲松，薛红志．主导设计形成机理及其战略驱动因素研究 [J]．中国软科学，2007，(7)：41—53.

[28] 万青．企业技术创新风险的基本内容及其管理策略 [J]．经济研究，2009，(3)．

[29] 王成，王世波．技术进入时机的影响因素及策略分析 [J]．改革与战略，2010，(6).

[30] 王九云．技术创新过程中商业秘密权的保护战略与策略 [J]．学术交流，2004，120 (3)：69—72.

[31] 王少燕．主导设计竞争和企业技术创新战略研究 [D]．对外经济贸易大学，2007，4.

[32] 王生辉，张京红．突破性创新、在位者惰性与组织再造 [J]．科学学与科学技术管理，2007，7：82—87.

[33] 吴涛．技术创新风险的几个基本特征及风险管理对策 [J]．科学管理研究，2000，18 (1)：1—3.

[34] 夏若江．基于网络外部性市场价值多维性的竞争战略研究 [J]．科技进步与对策．2007，24 (3)：156—158.

[35] 徐达奇．企业技术创新风险特征与防范对策 [J]．交通企业管理，2008，11：70—71.

[36] 徐明华，史瑶瑶．技术标准形成的影响因素分析及其对我国 ICT 产业标准战略的启示 [J]．科学学与科学技术管理，2007：5—9.

[37] 杨东．企业技术创新的风险及其防范 [J]．科技管理研究，2002，(1)：28—30.

[38] 杨冬梅．技术标准形成的动态过程研究 [D]．东南大学，2006.

[39] 尹瑾．基于核心专利分析的中国中药生产企业专利战略研究 [D]．中南大学，2009，5.

[40] 张春玲，刘冰．基于企业资源角度的产业进入时机分析 [J]．企业经济，2008，4：64—67.

[41] 张玲．企业技术创新风险测度与评价研究［D］．哈尔滨工业大学，2006，6.

[42] 赵焕明，顾力强，朱大林．并行工程在客车开发过程中的应用［J］．客车技术与研究，2003，25（5）：15—17.

[43] 仲伟俊，梅姝娥．企业技术创新管理理论与方法［M］．北京：科学出版社，2009.

[44] 周寄中，薛刚．技术创新风险管理的分类与识别［J］．科学学研究，2002，20（2）：221—224.

[45] 周鹏．标准化、网络效应以及企业组织的演进［M］．北京：北京大学出版社，2005，6.

[46] Abernathy，W. J.，Utterback，J. Patterns of Industrial Innovation［J］. Technology Review，1978，80（7）：40—47.

[47] Abernathy，W. J. The Productivity Dilemma：Roadblock to Innovation in the Automobile Industry［D］. Baltimore；Johns Hopkins Press，1978.

[48] Allen，R.，Sriram，R. D. The Role of Standards in Innovation［J］. Technological Forecasting and Social Change 2000，20（2）；171—173.

[49] Brown，S. L.，Eisenhardt，K. M. Product Development：Past Research，Present Findings，and Future Directions［J］. Academy of Management Riview，1995，20（2）：343—378.

[50] Ferguson，C. H.，and Morris，C. R. Computer Wars［M］. New York：Random House，1993.

[51] Cermark，D. S. P.，File，K. M. Customer Participation in Service Specification and Delivery［J］. Journal of Applied Bussiness Research，1994，10（2）：90.

[52] Berggren，E.，Nacher，T. Introducing New Products Can Be Hazardous to Your Company：Use the Right New- Solutions Delivery Tools［J］. Academy of Management Executive，2001，15（3）：92—101.

[53] Fang，E.，Palmatier，R. W.，Evans，K. R. Influence of Customer Participation on Creating and Sharing of New Product Value［J］. Journal of the Academy of Marketing Science，2008，36（3）：322—336.

[54] Dosi，G. Sources，Procedures，and Microeconomic Effects of Innovation［J］. Journal of Economic literature，1988，(26)：11—30.

[55] Griffin，A.，Hauser，J. R. The Voice of the Customer［J］. Marketing Science，1993，12（1）：1

[56] Joseph，F.，Garth，S. Standardization，Compatibility，and Innovation［J］. RAND Journal of Economic，1985，16（1）：70—83.

[57] Eisenhardt，K.，Tabrizi，B. N. Accelerating Adaptive Processes：Product Innovation in the Global Computer Industry［J］. Administrative Science Quarterly，

1995，(40)：84—110.

[58] Katz，M. L.，Shapiro，C. System Competition and Network Efforts [J]. Journal of Economic Perspectives，1984，8 (2)：342—345.

[59] Lettl，C.，Herstatt，C.，Gemuenden，H. G. Users' Contributions to Radical Innovation：Evidence from Four Cases in the Field of Medical Equipment Technology [J]. R&D Management，2006，36 (3)：251—272.

[60] Schilling，M. A. Toward a Genaral Modular Systems Theory and Its Application to Interfirm Product Modularity [J]. Academy of Management Review，2000，25：312—334.

[61] Schilling，M. A. Winning the Standards Race：Building Installed Base and the Availability of Complementary Goods [J]. European Management Journal，1999，17：265—271.

[62] Lieberman，M.，Montgomery，D. First Mover Advantages：A Survey [J]. Stratigic Management Journal，1988，(9)：41—58.

[63] Melissa A. Schilling. 技术创新的战略管理 [M]. 谢伟，王毅，译. 北京：清华大学出版社，2005.

[64] Golder，P.，Tellis，G. Pioneer Advantage：Marketing Logic or Marketing Legend? [J]. Journal of Marketing Research，1993，5 (30)：158—170.

[65] Agarwal，R. Technological Activity and Survival of Firms [J]. Ecomonics Letters，1996，7 (52)：101—108.

[66] Garud，R.，Jain，S.，Kumaraswamy，A. Institutional Entrepreneurship in the Sponsorship of Common Technological Standards：the Case of Sun Microsystems and Jāva [J]. Academy of Management Journal，2002，(45)：196—214.

[67] Levin，R.，Klevorick，A.，Nelson，R. and Winter，S. Appropriating the Return from Industrial Research and Development. Brookings Papers on Economic Activity，Microeconomics，1987，(3)：783—820.

[68] Swann，G. M. P. The Economics of Standardization：Final Report for Standards and Technical Regulations Directorate [R]. DTI，2000.

[69] Utterback，J. M. 把握创新 [M]. 高建，李明，译. 北京；清华大学出版社，1999.

[70] Arthur，W. B. Increasing Returns and Path Dependency in the Economy [M]. Ann Arbor：The University of Michigan Press，1994.

[71] Boulding，W.，Christen，M. First-Mover Advantage [J]. Harvard Bussiness Review，2001，10.

本章关键词中英文对照

开发周期 development cycle
主导设计 dominant design
早期采用者 early adopters
早期进入者 early entrants
先动者 first mover
报酬递增 increasing returns
报酬递增优势 increasing returns advantages
采用的报酬递增 increasing returns to adoption
增量创新 incremental innovation
在位者惰性 incumbent inertia
学习曲线 learning curve
市场份额 market share
网络外部性 network externalities
组织创造力 organizational creativity
跨国公司 multinational firms
保护机制 protection mechanisms
独占性 appropriability
版权 copyright
专利 patent
商业秘密 trade secret
商标 trademarks
顺序开发过程 sequential development process
标准战和设计主导权 standard battle and design dominance
转换成本 switching costs
潜在进入者的威胁 threat of potential entrant
进入时机 timing of entry
创新类型 type of innovation
用户创新 user innovation
完全开放系统 wholly open system
完全私有系统 wholly proprietary system
赢家通吃市场 winner-take-all markets
技术转移 technology transfer
架构控制 architectural control

第五章

技术能力、技术战略和学习

章首案例

奇瑞汽车企业技术成长战略

奇瑞汽车股份有限公司于1997年1月8日注册成立，现注册资本为38.8亿元。公司于1997年3月1日动工建设，1999年12月18日，第一辆奇瑞轿车下线；以2010年3月26日第200万辆汽车下线为标志，奇瑞进入打造国际名牌的新时期。目前，奇瑞公司已具备年产90万辆整车、90万台发动机、40万套手动变速箱及5万套自动变速箱的生产能力。纵观奇瑞的发展历程，可以看出随着奇瑞技术能力的逐步增强，奇瑞的技术成长战略经历了从模仿创新—合作创新—自主创新的转变。

1. 模仿创新阶段

奇瑞汽车有限公司起源于安徽省芜湖市政府的汽车项目。安徽芜湖领导人在1995年1月考察欧洲汽车工业期间，得知英国福特的一条发动机生产线要出售，于是抓住这个机会把项目干起来，成立安徽汽车零部件工业公司筹备处（代号"951工程"），随后以2500万美元的价格购买了英国福特公司的发动机产品技术和一条生产线。

"951工程"的目标从一开始就是制造整车，上发动机项目就是为了造整车。所以当时在实施发动机项目的同时，整车项目也已经启动。还在样车出来之前的1998年3月，安徽汽车零部件工业公司的整车厂建设项目就已开工。1999年12月，安徽汽车零部件工业公司的首辆轿车下线。2000年，安徽省汽车零部件有限公司生产了2000多辆汽车。

2001年1月，安徽省汽车零部件有限公司正式更名为上汽奇瑞，在对英国福特公司的发动机产品技术和生产线进行技术消化和吸收的基础上，初步具备了整车制造能力，在购买捷达的AQ015变速箱的基础上以西亚特TDLEDO车为原型，经过局部改进，开发出了奇瑞"风云"汽车。奇瑞"风云"是一款造型大方的三厢轿车，配有1.6升的发动机，与桑塔纳、捷达和富康"老三样"属同一档次，但价格却低1/3，在市场一亮相就反响热烈。2001年全年，奇瑞轿车销售2.8万辆车，销售额达20多亿元。2002年，奇瑞轿车销售5万辆，销售额40多亿元。由于“风云”车一下子就打开了市场，所以奇瑞迅速走上大批量生产的轨道。

而奇瑞之所以能够这样做，是因为利用了已经在国内为引进车型国产化而发展起来的配套体系。这样通过引进英国生产线和发动机、捷达的AQ015变速箱，奇瑞迅速形成了整车制造能力，并在对各技术进行消化吸收的基础上，进行了各部分间的整合和局部改良，推出了“风云”汽车，自此，奇瑞汽车初具规模，开始参与汽车销量的角逐。

2. 合作创新阶段

在奇瑞汽车具有了一定技术能力，逐步走上正轨后，奇瑞在研发模式上开始实施“能做的自己做，做不了的，在自己控制下请世界一流公司一起做”的策略，以我为主，整合世界资源，服务国际、国内两个市场。奇瑞在委托研发中坚持以下原则：一是在合作研发对象选择上，将汽车开发分成多个部分，通过比较分析，选择国外技术力量最强的专业公司。如底盘的开发请世界最有经验的日本三菱公司、德国著名的Sachs公司、英国LOTUS公司帮助，使奇瑞的底盘最终达到最优的效果。二是在合作研发方式上实行紧密型合作开发。“奇瑞”技术人员与国外技术人员一起工作，通过合作中的学习，加强知识积累，增强消化吸收和创新能力。三是在委托研发项目上确立自主知识产权。如在发动机研发上，与世界上著名的发动机开发公司奥地利AVL公司合作，联合开发了新发动机ACTOTEC，奇瑞公司具有完全的自主知识产权。

为了学习产品开发技术，奇瑞合作开发上力度很大。奇瑞委托意大利和德国的设计公司开发新车型，并明确提出要联合开发。为此，奇瑞已经派遣了数十名技术人员参与开发工作。希望通过逐步加大长安技术人员的参与工作量，由少量参与部分开发工作，到承担主要开发工作，最后到独立开发。由于了解发动机的重要性，奇瑞启动了一个令中国汽车业界震惊的计划：在2002—2003年期间委托奥地利公司设计了从0.8到4.2升的18款发动机，全部达到欧四排放标准；与之相应，奇瑞汽车研究院发动机部件到2003年12月已经建立起一支多达200人的技术队伍。这些发动机正在奇瑞拥有的10个世界一流的发动机测试台架上进行测试，准备从2004年开始逐渐用在奇瑞的车型上。同时，奇瑞还与台湾福臻公司合资建立了一个模具公司以逐渐掌握模具制造技术等。

3. 自主创新阶段

为了避免“引进—落后—再引进—再落后”的技术引进路径依赖，奇瑞在不断的技术消化和技术合作的基础上，逐步走上自主创新之路。奇瑞从2005年的A520开始，都是自主知识产权产品，属正向设计。从发动机产品看，ACTOTEC开始了正向设计。奇瑞的目标是：在未来10年通过自主创新，构建关键零部件、动力总成、整车研发体系，建立自己的标准和数据库，保持公司的核心竞争力。

奇瑞投入巨资进行自主研发，每年用于产品研发的投入，都保持在销售收入的10%以上。投资4亿元人民币建设的奇瑞汽车工程研究院是国内装备最先进的汽车研发机构之一，拥有发动机台架试验室、整车转鼓环境试验室、排放分析室、整车道路试验室、总成零部件试验室、非金属件试验室、计量中心、气道试验室、电子试验室，完全具备整车造型、车身、底盘、发动机、变速箱、整车电子电器的开发设计能力，并初步形成有自己特色的具有国际水平的技术开发平台。

奇瑞引进培养一流研发人队伍，以“精彩的事业”“真挚的情感”吸引了一大批汽车企业的老专家、管理和技术精英；同时从德国、美国、日本等汽车发达国家以及跨国企业吸引了众多行业专家。奇瑞还下大力气培养员工，聘请咨询公司和行业专家讲学、授课，送出去大批人才到国外进行培训，并以联合设计小组的方式，与国外知名设计公司合作，培养自己的研发队伍，从而迅速培养自主开发的主力军。

奇瑞以全面了解掌握关键核心技术，实现技术跨越为企业技术创新的终极目标。关键核心技术引进不了，必须通过自主创新掌握。奇瑞坚持两条腿走路，一方面发挥后发优势，加速全面了解和掌握一般性的行业共性技术，广泛采用欧四标准，发动机、变速箱适应不同市场需求。奇瑞的自主开发瞄准的是世界最先进水平，公司每年都要从世界上选10个最好的发动机、10个最好的变速箱、10个最好的车型回来，把它们掰开来，撕碎了进行研究，分析人家走到了什么程度，用了一些什么样的先进技术。另一方面，选准突破口，瞄准跟踪国际上行业前沿技术创新和应用趋势，利用国家节能环保汽车工程研究中心落户奇瑞的契机，大力发展混合动力汽车关键技术，混合动力汽车的生产在2010年初具规模。

资料来源：陈辉国．突破性创新环境下企业技术能力构建和企业成长战略研究［D］．北方工业大学，2013.

1. 奇瑞汽车的技术战略是什么？

2. 奇瑞汽车是如何走出“引进、落后、再引进、再落后”的技术引进路径依赖的？

第一节 技术能力

一、技术能力的概念和构成

技术能力是指企业为支持技术活动和技术创新的实现，附着在内部人员、设备、信息和组织中的内生化知识存量的总和。① 技术能力体现为技术元(包括硬件设备、信息系统、软件和人员技能)、组织结构与过程、外部知识网络以及战略逻辑与共有价值观。这个概念包含四个层次:

- 从静态能力的角度来说,技术能力包括企业在核心技术和辅助技术方面的存量知识;
- 从动态能力的角度来说,技术能力包括对内外部技术资源存量进行配置和协调的能力;
- 从知识管理的角度来说,技术能力体现为企业对内外部技术知识的利用,体现为知识网络的广泛性和连接的密集性;
- 从战略角度来说,技术能力是企业为了支持技术战略的实现,经过知识学习和知识创造的长时间的积累,对产业技术发展和组织内在技术优势的认识与信仰。

概括而言,企业技术能力反映的是企业内在技术潜力和实力。企业技术能力的研究,始于20世纪80年代。Frasman是最早研究第三世界国家技术能力的主要代表人物之一。他提出技术能力必须包括以下七个要素:寻找可靠的、可选择的技术,并决定最适合的引进技术的能力;对引进技术实现投入到产出的变革能力;改进技术以适应当地生产条件的能力;使引进技术适合本地区实际生产条件的能力;对采纳技术渐进性创新发展的能力;在自身R&D基础上通过制度化研究取得较重要创新和突破的能力;制订基础研究计划并进一步提高、改进技术的能力。这七个要素构成了一个渐进的、螺旋式上升的系统,② 如图5-1所示:

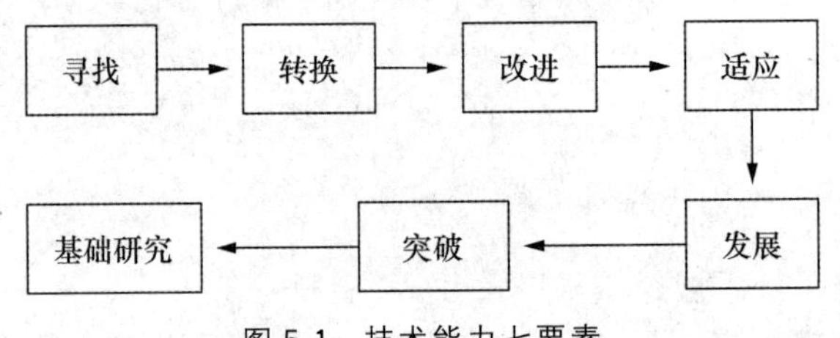

图5-1 技术能力七要素

Frasman从第三世界的角度研究技术能力,更多地从侧面反映技术引进吸收消化能力,没有反映技术能力的积累效应、自主创新能力的提高等内涵。Dore则把技术能力定义为如下三种能力的综合体现,是一个链式过程,即技术的搜索能力;技术的学习能力;技术的创造能力。他认为,二战过后,日本经济的快速增长就得益于这三种能力的动态应用。③

---

① 魏江. 企业技术能力理论[M]. 北京:中国科学技术出版社,2002.

② Fransman, M., King, K. Technological Capability in the Third World [M]. London: Macmillan, 1984.

③ Ibid.

二、技术能力与技术创新能力的关系

技术创新能力指企业依靠新技术上的创新推动企业的发展能力，也就是通过引入或开发新技术，使企业满足或创造市场需求，增强企业竞争的能力。企业的技术创新能力是一个由若干要素构成的、综合性的能力系统，是企业作为技术创新行为主体能够实施并完成技术创新行为的诸种内在条件的总和。①

技术能力与技术创新能力是两个既相近又不同的概念。这两种能力不是包含与被包含的关系，而是内涵和重点各有不同，相互交叉、相互促动的关系。

（一）技术能力与技术创新能力的区别

1. 内涵和重点不同

技术能力主要反映的是企业技术方面内在的、已经具备的和潜在具备的能力；而技术创新能力反映的则主要是企业在技术方面创新的能力，是技术能力和企业其他能力在产品和服务中的综合体现。

2. 相互促动的关系不同

技术能力是技术创新能力的重要基础，但不是技术创新能力的必要条件和全部。企业技术能力强只是为技术创新能力打下了很好的基础，技术能力强的企业，技术创新能力未必也一定强，如果企业缺乏创新观念和创新意识，即便拥有很强的技术能力，也不会转化为企业的技术创新能力。但技术能力弱的企业，其技术创新能力一定不会强。另一方面，技术创新能力强的企业，要么其技术能力已经比较强大，要么其技术能力会不断提高和增强，以适应企业强大的技术创新能力。

3. 涉及的范围不同

企业技术创新能力可以针对企业整体而言，也可以针对具体的创新项目而言。技术创新能力几乎涉及企业生产经营活动中的所有环节。而技术能力基本不包含资金投入、市场营销和商业化等环节。技术能力在企业中的横向联系和与各部门的组织协调则比技术创新能力更加深入和广泛，几乎涉及企业技术管理的全部内容。

（二）技术能力与技术创新能力的联系

企业的技术能力是企业技术创新能力的基础之一，而技术创新能力则是企业技术能力的一种表现。两者最终都反映在企业产品的技术产品上，技术能力是潜在的、内在的能力；而技术创新能力是相对外在的能力，但产品的技术水平，则是技术能力、技术创新能力的最集中体现。

---

① 魏江. 企业技术能力理论［M］. 北京：中国科学技术出版社，2002.

三、企业技术能力的提升

(一) 内部提升的基石：学习机制

发展中国家企业和发达国家企业技术能力的提高模式是不一样的，这已为现有研究所公认。不同之处主要在于：

- 发达国家企业是以知识创造为基础的学习过程，其研究对象都已经形成或接近形成核心技术能力；发展中国家的技术能力提高模式为“引进、消化吸收、创新”。
- 发达国家的技术能力大部分是由“研究型学习”累积而成的；发展中国家的技术能力主要在模仿性的“实践型学习”(“干中学”) 的过程中得以建立。

从总体上看，发展中国家企业技术能力的提高一般经历三个台阶：仿制能力、创造性模仿能力、自主创新能力。每一个进步都是技术学习的过程，每上一个台阶都是技术能力的一次提升。(如图 5-2 所示)

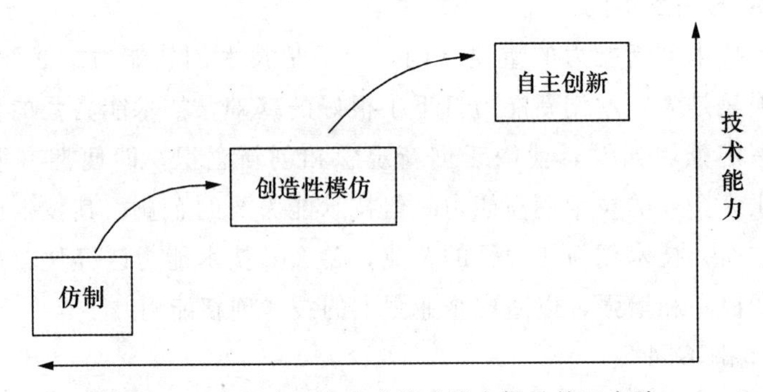

图 5-2 发展中国家企业技术能力提升的三台阶

(二) 技术能力的外部获取途径

外部途径是通过吸收外部技术知识提高企业的技术能力，主要包括技术引进、技术联盟和创新外包。①

1. 技术引进

从本质上说，技术引进分为三种：购买硬件、购买软件和引进隐性知识（嵌入在人脑中)。购买硬件优点在于方便、迅速、战略自主性高，但具有耗资较大和不易于获得核心技术知识的缺点；购买软件包括专利、许可证、设计技术等，其战略自主性低于购买硬件，能够获得一些核心技术，对于提高技术能力很有作用，但其范围只限于显性知识，无法获得研发的技能。

① 赵晓庆. 企业技术学习的模式与技术能力积累途径的螺旋运动过程 [D]. 浙江大学，2001.

全球化视角 **Android 手机帮助亚马孙部落停止砍伐森林**

巴西亚马孙流域的 Surui 部落，一直挣扎于保持其传统文化与砍伐原始森林的矛盾之中。谷歌地球小组开发了一个帮助部落人民既能保护森林，又能维持生存的计划。他们为部落成员们装备了 andriod 智能手机，培训他们使用，部落人民可以利用智能手机来测量树木的碳补偿值。

经过谷歌和部落人民 4 年的合作，这个项目在 2012 年 5 月得到验收。现在世界各地的公司如果希望为自身温室气体排放买单的，都可以通过购买碳补偿值，以此帮助亚马孙部落人民维持其生活方式。

2. 技术联盟

技术联盟是指由两个或两个以上有共同战略意义和对等经营实力的企业（或特定事业和职能部门等），为了达到技术创新而拥有市场、共同使用研发资源等战略目标，通过各种协议、契约而结合成的优势互补或优势相长、风险共担、生产要素水平式双向或多向流动的一种松散的合作模式。① 详见第六章的内容。

3. 创新外包

管理学大师德鲁克曾预言：在 10 年至 15 年内，任何企业仅做后台支持而不创造营业额的工作都应该外包出去，任何不提供向高级发展的机会、活动和业务也应该采用外包形式。② 企业的最终目的是最优化地利用已有的技术、管理和财务资源。

外包是一种基于协作的策略，它把跨企业的业务运作联合在一起，以实现企业的共同发展。其中，创新外包是可能获取最大收获、也具有最大风险的外包行为，使企业能够最大限度地利用资源进行创新，充分利用全世界最优的技术资源。创新外包主要以四方面为动力：③

- 需求每 14—16 年就增长一倍，给创新带来了巨大的机遇；
- 先进的软件、通信、市场反馈技术降低了相关的风险和成本，使小企业进入新市场的机会增多；
- 增加相互作用，提供互联网和其他信息技术，技术之间的交叉也更为容易；
- 对创新有效的激励措施，如降低税率、灵活的企业机制、贸易壁垒的不断降低等促使企业家不断地开发和探索新的知识。

---

① Culpan, R. Multinational Strategic Alliances [M] . INC: The Howorth Press, 1993.

② Peter F. Drucker, Management Challenges for the 21st century [M], Butterworth Heinemann, 1999.

③ Quinn, J. B. , Outsourcing Innovation: The New Engine of Growth [J] . Sloan Management Review, 2000, 41 (4): 13—28.

全球化视角 ▶ 第三方外包服务平台

天津鼎韬外包服务有限公司旗下第三方外包服务平台中国外包网于 2007 年 3 月 8 日正式对外发布，是中国第一家面向国际外包市场的网站和服务机构，以中国外包产业为基本点，通过专业的第三方外包服务平台，构建了信息、交易、行业交流到中介服务和产品开发的产业链条，提供基于网络的服务外包解决方案。

1. 商业模式创新

(1) 商业模式创新。以平台整合聚集行业资源，通过线上和线下全面服务构建针对整个行业的服务体系，实现 O2O 的商业模式。

(2) 商业参与者及利润来源。中国外包网平台的参与者有：发包方、服务商、政府机构和行业服务机构。对于发包商及服务商可以提供项目咨询、服务整合等，同时可以为地方政府提供外包园区服务咨询及平台开发管理培训等一体化服务。盈利主要来自两方面：首先是平台各核心功能提供的标准化服务的收益。其中，中国外包网以广告收入为主，B2B 交易平台目前采取标准的会员收费模式，知行网采取针对个人高级会员收费模式，云集网采取与服务提供商的分成模式。其次是基于庞大用户群的增值盈利模式，如招聘猎头、平台运营服务、数据发掘等信息服务收益。

(3) 市场环境。中国的第三方外包平台目前涉及的领域包括信息交流和项目发布两类，而国外的第三方平台的整合度要高一些。中国外包网的定位更接近于国外的第三方外包平台，表现在为政府机构提供外包类项目的研发和园区、建设方案等，为海内外外包企业客户提供特色的项目服务以及全面的信息和资源。

2. 经营模式创新

(1) 产品与市场细分。中国外包网通过整合国内外专业资源为外包行业及各参与主体提供有针对性的解决方案：可以为国内发包商提供外包咨询管理和培训，为海外外包服务商提供离岸咨询和分包服务，为海外发包商提供总包服务和离岸咨询，为国内外包服务商提供外包咨询、市场及推广和人力等服务，为各级政府提供招商引资、产业规划、平台运营服务。它拥有行业数据库帮助外包服务商遴选、评估外包园区，制定外包服务战略决策；国内的外包服务商则通过中国外包网接入海外发包商数据库、竞争情报数据库来选择服务项目。

(2) 商务链解决方案。中国外包网的商务链流程是：网站将项目信息列入平台数据库中，会员通过关键字分类检索发现项目信息后，会员双方可以就项目对接工作进行沟通和交流。通过投标平台，服务提供方会把项目信息发布在投标平台上，双方进行谈判，并以电子化合同的形式签约。交易后通过网络货款支付安全及合同双方信息安全的管理。

3. 技术模式创新

作为外包服务链的整合商，公司在全球首次提出云外包的概念，并开发出相应的平台云集网，通过建立标准化的服务处理平台，把服务经过模块化和流程化处理集成到统一云平台上，企业或个人可以进行全球范围的匹配，从而极大地改变了传统意义上单一服务商发包与接包的产业模式，更打破了外包服务的国际边界。

4. 信用模式创新

通过提供安全高效的外包服务、诚信认证以及支付等平台服务，极大提升软件外包方、接包方以及第三方质量保证公司在内的外包业务效率和质量。主要通过对企业资料、营业执照等进行资格审查，发包方、接包方及第三方资质认证，运用科学的外包项目管理工具，设立发包方和接包方的信用等级制度及举证投诉方式来处理发包方和接包方因诚信、信息作假等方面引起的争议问题，从而保证外包项目交易顺利完成。

资料来源：丁慧平，侯文华．基于电子商务链的第三方外包服务平台创新研究——以中国外包网为例［J］．现代管理科学，2016，(1)：2—3.

（三）创新网络

近年来，创新网络的概念已经得到了广泛传播，创新网络的出现为企业内部开发提供了许多新的机会。创新网络可看作是技术能力提高中所有外部途径的总和，这不是简单的加总，而是通过网络结构使所有外部途径能够有效地整合起来。因此，网络是所有成员之间关系的完整集，而这些关系的紧密或松散使之呈现出一定的结构，由此表现出一定的行为，导致每个成员企业在能力提高的外部途径上具有很大的差别。详见第六章的内容。

第二节　技术战略

一、技术战略的概念和基本要素

技术战略是企业总体战略的一部分，是经营层面的战略。技术战略可以定义为：积累、开发、利用技术资源和技术能力，保持和提高企业核心竞争力的方式。如果商业成功被技术开发渐增的速度、成本以及复杂性所支持并推动，那么将技术有效整合到经营战略是经营计划的一个关键方面，许多公司越来越认识到技术在创造价值和营造竞争优势方面的重要性。技术战略不应脱离经营战略而独自制定，反之，技术资源应被作为经营战略计划整体的一部分来考虑。图 5-3 列出了一个经理人在制定一个综合的经营和技术战略时必问的重要问题。① 技术战略本身可从经营战略中得到，它有

① Matthews, W. H. Conceptual Framework for Integrating Technology into Business Strategy [J]. International Journal of Vehicle Design, 1992, 13 (5—6): 524—532.

助于经营战略技术方面的沟通和执行。

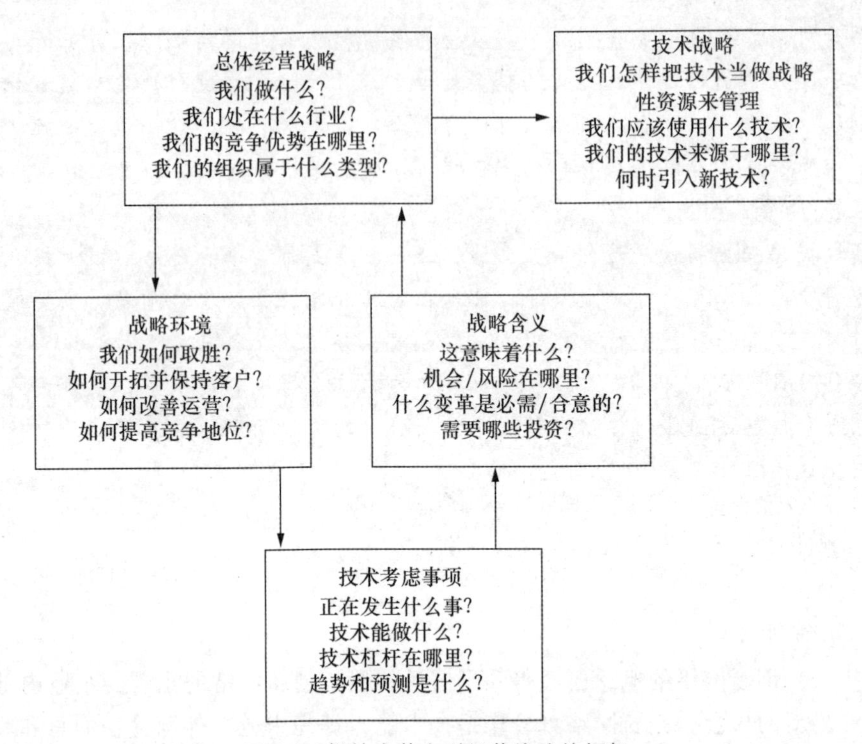

图 5-3 把技术整合到经营战略的框架

技术战略有如下一些要素：战略目标、战略思路、战略方案以及战略实施重点等。①

（一）战略目标

技术战略的目标是指企业在一定时期里要达到的技术目标，包括技术能力、技术水平或在特定产业占据的技术地位。根据涉及的时间长短有长期目标和短期目标之分。

长期目标具有超越性和相对稳定性。超越性是指制定的目标往往超过当前企业能力所能达到的水平；相对稳定性是指所制定的目标相对稳定，不轻易改变。长期目标的设立，能为企业指引奋斗的方向，对企业的发展有引导作用；同时，也能使企业明确差距，激励企业不断努力以接近和实现该目标。

短期目标是企业在近期要实现的阶段目标，与长期目标强调指导和激励不同，短期目标必须具有可操作性。

本土化视角 腾讯公司战略目标

腾讯公司战略定位为互联网服务和电信及移动增值服务供应商，并达到中国领先水平。腾讯定位的市场范围是中国。实现这一战略定位的主要业务手段是即时通

① 华锦阳. 技术创新管理理论与案例［M］. 北京：清华大学出版社，2007.

讯业务、网络媒体业务、网络增值业务、无线增值业务、互动娱乐业务等网络平台。可见，虽然腾讯致力于建设多功能的商业生态系统，但一直没有超越互联网的范畴，说明其定位是专一的、务实的。腾讯虽然尝试过国际化，但并没有把主要的精力放在国际化上。根据上面的分析，我们可以看到，国内的市场仍然是潜力无穷的，而且腾讯缺乏拓展海外市场的能力和经验，不适合盲目推行国际化战略。

腾讯公司将“为用户提供一站式在线生活服务”作为自己的战略目标，这就决定了腾讯必然要采取多元化的发展战略。中国互联网平台企业竞争激烈，需要优化竞争战略以应对越来越激烈的竞争。为克服大企业病，腾讯应当在建设全面的商业生态系统时借助外部力量，构建稳固的联盟体系。

资料来源：李伟．腾讯公司发展战略研究［D］．中国海洋大学，2014.

（二）战略思路

技术战略的思路是指实现战略目标所拟运用的基本技术路线、技术能力获取方式等。

本土化视角　中国物流产业融合的战略思路

产业融合化发展不仅从微观上改变了产业的市场结构和产业绩效，而且从宏观上改变了一个国家的产业结构和经济增长方式。产业融合是产业创新的重要方式，有利于实现产业结构的完善和升级，提升产业竞争力。根据物流产业融合的驱动力和模式，总体思路是采取“三位一体”战略，即通过大物流产业群战略、物流产业创新战略和物流市场开放战略的协同推进，构建中国物流产业融合的战略思路。

1．大物流产业群战略

徐寿波院士在其著名的“大物流产业群论”中提出：从实物形态看，整个国民经济是由物的生产、物的流动和物的消费三大领域组成，也可以说整个国民经济是由生产、物流和消费三大支柱产业群组成。这里将物流不仅仅看作是一个支柱产业，而且是一个支柱产业群，更是像生产和消费一样的一个支柱产业群。

“大物流产业群论”揭示了物流产业是国民经济的第三大支柱产业群。推行大物流产业群战略，促进大物流产业群内部各细分产业与生产产业群和消费产业群之间、大物流产业群内部各细分产业之间的互动与融合，加强生产、物流与消费三个支柱产业群之间的联系，通过价值模块的镶嵌模式、纵横交错渗透模式以及价值网络重组模式来促进大物流产业融合，利用不同支柱产业群之间操作性资源的流动，加强各大产业群之间的联系，推动和重构大物流产业群的价值网络，在重组与整合的基础上实现融合。政府要努力创造良好的政策支持体系推动大物流产业群内部与外部的互动，完善大物流产业群融合的环境，推动整个物流产业的融合与发展升级。

2. 物流产业创新战略

产业创新就是当资本（人力和物力）相对于劳动力和其他的资源禀赋更加充裕时，国家在资本和技术密集型产业中发展比较优势。不管是制造业还是服务业，产业创新的共同之处在于产业由低技术水平、低附加价值状态向高技术水平、高附加价值状态演变的过程。

Humphrey，Schmitz 认为产业创新可分为四个层次：一是流程创新；二是产品创新；三是功能创新；四是部门间创新；这种划分主要是从制造业的角度展开的。从物流业的角度来看，物流产业创新也可以划分为四个层次：一是物流流程创新；二是物流服务创新；三是功能创新；四是链创新。也就是从低层次的创新转向高层次的创新，同时也伴随着物流附加价值的提升，从单个企业的创新向产业层次的创新迈进。这种产业创新的演进过程推动了物流产业从一个特定环节中获得的能力应用于新的领域或者转向一个新的全球价值链，实现了价值网络的重构，推动了物流产业的融合。政府应当为物流企业营造有利于物流创新的环境，创造有利的政策支撑体系来支持物流产业创新，在此基础上推动物流产业的融合与发展升级。

3. 物流市场开放战略

开放才能促进融合，我国必须实行物流市场开放战略，才能够更大程度上和在更大范围内促进物流产业融合。首先，加快国内物流市场与国际物流市场的统一。目前，国内物流市场国际化，国际物流市场国内化，两个市场已经融为一体，不可分割。但是两个市场在政策、管理、机制和体制上仍然存在较大差异，这为物流市场更大范围的开放和融合设置了障碍。因此，实现国内物流市场和国际物流市场的统一，既是深化对外开放的需要，也是改革物流流通产业体制的需要，更是促进物流产业融合的需要。

其次，充分利用全球化的机遇融入世界市场体系。与国外物流产业发展相比，我国物流产业仍然存在较大差距，只有通过比较才能认识到自身的不足，我国应该利用全球化的机遇，通过物流产业创新发展新型物流产业，积极融入世界物流市场中，不断推动我国物流产业在世界范围内的融合与发展升级。

最后，我国物流业应当扩大“走出去”的步伐，积极参与海外投资。改革开放以来，我国大多是引进国外物流巨头在国内投资，而我国物流企业走出去的相对较少，因此，在物流业的开放战略中，急需形成一种“引进来中有走出去，走出去中有引进来”的战略格局。

资料来源： 高志军．物流产业融合的驱动力、模式与战略思路［J］．哲学社会科学版，2014，(4)：5—6.

（三）战略方案

技术的战略方案是为达到其战略目标而在战略思想指导下的具体行动方案，包括采取的战略模式、企业的技术定位和选择、如何培养和发展技术能力等。

(四) 战略实施重点

在基本完成战略方案的制定后，对实施战略方案过程中起关键作用的一些重要问题需要重点关注，作出安排。这些要点通常包括：

- 战略时机的把握。即分析出现的或潜在的技术机会、市场机会等重大机会，并作出决策。
- 资源的配置。即对实施战略所需的资金、设备、人员等作出规划，确定来源和使用去向。
- 组织安排。即对各相关职能部门内部、部门之间的关系，在组织结构和组织方式上进行设计、安排。
- 制度设计。即确定考核个人或团队或部门绩效的标准，设计职业发展或升迁轨道，制定奖惩措施，以激励技术创新工作，推动技术创新战略的顺利实施。

二、技术战略的模式

技术战略，根据技术竞争态势，分为领先战略、跟随战略；根据市场竞争策略，分为市场最大化战略、市场细分战略、成本最小化战略；根据行为方式，分为进攻型战略、防御型战略、游击型战略。表 5-1 将对这三种分类作进一步介绍。

表 5-1 各种战略类型的特点

	战略类型	优点	缺点	适用范围
按竞争态势分类	领先战略	优先占据市场地位，确定标准，制定法规便利，与用户比较容易建立良好的关系	开发成本高，面临和承担的风险大，需要连续投资	经济实力、研发能力、抗风险能力、快速反应和配合的能力、市场营销能力、知识产权保护意识等较强的企业
	跟随战略	能够发现现成的需求信号、技术路线和商业模式，避免不确定性，避免需求判断失误、技术路线失误、商业模式失误带来的成本	丧失进入市场的先机	较强的研发能力和市场营销能力的企业
按市场竞争策略分类	市场最大化	市场占有率、一般利润高，长期发展余地大	对技术及其他自由需求高，易受到攻击	技术实力强、配套资源雄厚的企业，或新兴技术领域中领先的企业
	市场细分	避开与优势企业的正面冲突，可获得一定竞争地位	机会相对较小，市场规模小	掌握一定技术，具有柔性制造能力的后进入市场的企业
	成本最小化	可取得价格竞争优势，产品研发费用低	对生产系统的技术和管理系统水平要求高，当原材料成本比重大时总成本难以控制	生产制造工艺、技术能力强、管理水平高的企业

（续表）

	战略类型	优点	缺点	适用范围
按行为方式分类	进攻战略	对于竞争的主动地位，可能争取新的领地	往往要付出很大代价，风险大	往往掌握了某种技术优势、具备向拟占领的技术和市场阵地进攻能力的企业
	防御战略	风险小，代价小	通常处于竞争的被动地位	技术、市场地位往往较高而稳固的企业
	游击战略	有时可以出奇制胜	具有较大的冒险性	技术、市场领域已被占领，后进入者机会已较少，但又出现了某种机会或优势时

三、技术战略的一般流程模型

（一）当前形势评估

战略开发的起点就是对当前形势的评估。基于对愿景、使命、目的和目标的清晰理解，需要对当前可用信息（例如，公司报表、战略档案、预算、计划和方案等）进行整理和分析。同时也应该对过去的行动进行回顾，从而评估战略绩效和促进学习。

（二）外部环境评估

对可在利益方面造成影响的外部因素、问题和驱动力相关信息的收集和评估（例如，市场调查、竞争者高标定位、技术趋势和供应商等），从而识别机遇和威胁。最常用的评估工具是Porter的“五力”模型以及利益相关者分析模型。①

（三）内部环境评估

对内部资源、能力（包括核心能力）以及限制相关的信息的收集和评估，并根据前面确认的机遇和威胁来识别优势和劣势。最常用到的评估工具是Porter在1985提出的“价值链”分析模型。

（四）战略选择的形成和评估

根据前面确认的机遇、威胁、优势和劣势形成对组织可行的战略选择，根据资源或绩效确认差距，以及评估源自战略计划的选择，该评估反映了与选择相关的潜在价值和可能的风险。最常用到的评估工具有Pearce与Robinson的技术SWOT分析等。② 这样一系列的战略选择将被开发及评估。

---

① Porter，M. E. Competitive Strategy：Techniques for Analyzing Industries and Competitors［M］. The Free Press，1980.

② Pearce，J. A.，Robinson，R. B. Strategic Management：Formulation，Implementation，and Control［M］. Irwin，1991.

（五）战略执行

一种战略只有当执行和更新机制到位时才有价值。① 战略执行的关键方面是如何将技术整合到产品和市场计划过程中。② 实施战略，包括对由此而来的系统、流程、计划、方案、行动等的管理。除了目标管理工具和方法，其他两种技术因为支持跨层级和职能界限沟通特别值得一提：

- 在组织内沟通战略目标和行动所需的“级联网格”，如图 5-4 所示：

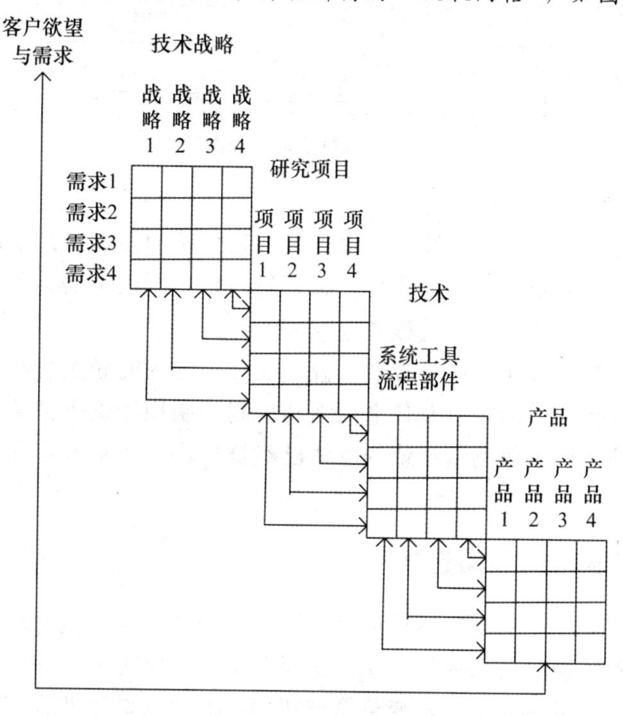

图 5-4　级联网格：毛虫战略部署方格③

- 开发与沟通战略计划所需的技术路线图，有两个主要的潜在作用：计划（如何达到一个明确的目标）以及展望未来的可能结果（可能出现的机会），如图 5-5 所示：

① Gregory, M. J. Technology Management: A Process Approach [J]. Proceedings of the Institution of Mechanical Engineers, 1995, 209 (B5): 347—356.

② Griffen, A., Hauser, J. R. Integrating R&D and Marketing: A Review and Analysis of the Literature [J]. Sloan School of Management Report, 1996, 13 (3): 191—215.

③ Zadoks, A. Managing Technology at Caterpillar [J]. Research Technology Management, 1997, 49—55.

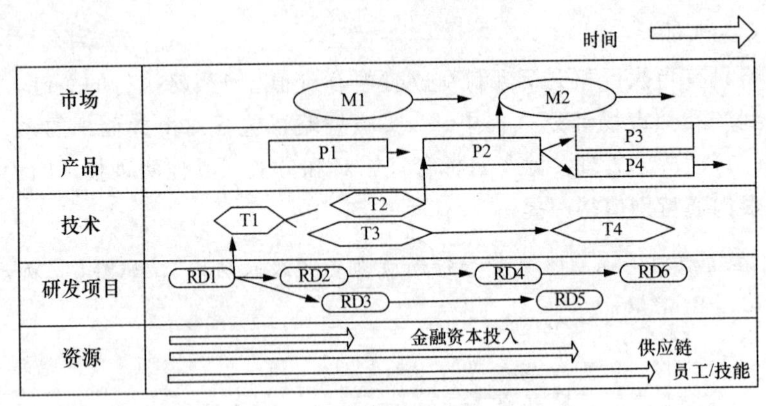

图 5-5 一般技术路线图结构①

（六）评估和学习

对结果的评价以及成果的传播，与组织学习和公司的知识管理实践相联系。战略的开发和执行对大多数企业的长期成功至关重要。它之所以重要是因为战略过程的结果被监测和评估，从而使学习和过程改进成为可行。

对于战略计划和执行相关的管理者来说，一个关键的问题是什么绩效测量方法对于评估战略的质量是合适的，以及什么反馈和控制机制用于确保战略的方向和质量随经验而提升。各种设计绩效测量系统的方法已经被提出，可被直接用于或使之适合于战略的形成和执行。

四、技术变革时的战略选择②

传统战略制定方法的重心是假设通过运用一系列功能强大的分析工具，高管们可以相当准确地预测任何业务的前景，从而选择明确的战略方向。但这一过程往往会低估不确定的影响，在某种意义上，变革是破坏的，虽然它对那些在市场上表现不错的现有企业意味着威胁，但同时变革也为那些挑战者、新进入者或在市场上表现欠佳的现有企业带来了机遇。企业面临由技术触发的经营转变时，最基本的要求是对自己的能力或知识基础有非常好的了解，其可采取的战略主要有以下几种，如图 5-6 所示。

（一）引发战略

当企业对变革本身存在重大影响，而且自身能力又非常迎合变革引起的能力需求时，该企业就能够有力地推进甚至引发变革，而引发可以作为一种扰乱竞争对手从而建立可防御的长期的市场地位的方法。如第一象限所示，这是创新者和先行者的典型战略，他们试图动摇目前市场领导者的地位。

（二）塑造战略

企业对变革动态有一些潜在的重大作用，但是其能力基础却非常缺乏匹配性，该

① 陈劲，方琴. 企业战略与技术创新决策——创造商业价值的战略和能力［M］. 北京：知识产权出版社，2005.

② 同上.

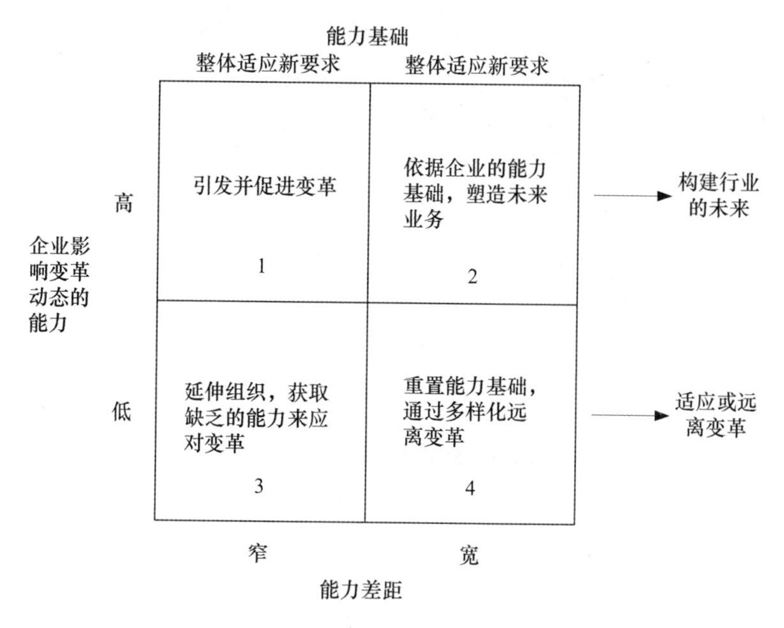

图 5-6 面临变革时的战略选择

资料来源：陈劲，方琴．企业战略与技术创新决策——创造商业价值的战略和能力［M］，北京：知识产权出版社，2005.

企业可以运用其影响力来让技术变革过程迁移，使变革的能力需求与自己的能力差距缩小。它可以朝着与自身核心能力更近一些而与其竞争对手的核心能力更远一些的路径推进。通过采取抢先战略，企业可以尝试塑造和构建业务来保障自己的利益。

（三）延伸战略

尽管企业可能对所处产业没有或存在很小的影响力，但其也可能与新的竞争游戏的能力需求比较匹配，如第三象限所示。企业可以通过能力构建来延伸自己，获得缺失的能力，如联盟等。

全球化视角 **联想集团的品牌塑造战略**

与三星差异化战略不同，联想的品牌塑造战略，主要是通过并购战略，利用并购对象的业务操作和品牌效应，借此作为自己品牌的依托，开拓国际市场，建立自己的国际化品牌地位，进行品牌国际化发展道路。在计算机销售停滞时期，联想收购 IBM 的 PC 业务，利用其品牌知名度，打开国际市场，进行自身品牌国际化推广。

后来，在智能手机从“云层”落地的过程中，联想抓住了这一市场机会，扩大其经营范围，拓展出联想手机业务，将已建立的品牌优势覆盖到手机移动业务，进一步提高品牌影响力。同时，联想不断地调整自身，合理借力，以求在电子产品市场追赶发展潮流。为此，联想公司相继收购了夏星手机和摩托罗拉移动业务，联想可以充分利用摩托罗拉形成的品牌效应和在全球市场的品牌影响力，直接获得进军全球市场的门票，大幅加快其品牌形象塑造的步伐。

资料来源：于梦琪．关于三星、联想品牌塑造战略的品牌辨析研究［J］．商场现代化，2015，(7)：1.

（四）重置战略

当企业既不适应新形势又不能对抗或影响变革时，如第四象限所示，企业如果通过延伸来弥补能力差距，只会使情况变得更糟。相反，企业如果选择重置其能力基础来实现业务多元化，就可以从变革的动乱中脱离出来。

全球化视角 **电视杂志的重置战略**

电视杂志的案例是重置战略的例证之一。电视杂志遭遇到这样一种情况，现在可以直接在电视机上预告节目和提供预览的电视菜单与扫描系统，这样可以帮助从数以百计的频道中选择节目。因此，先前十分有利可图的电视杂志没有什么选择，只能放弃节目预告部分，转向更传统的杂志。它确实没有什么希望掌握通过远程控制进行频道和节目选择的导视系统所需要的能力，能力差距太大。它知道如何处理内容，但缺乏软件能力，对硬件也不了解。新闻记者转向软件开发者是很困难的。像现在正影响电视广播产业的技术革命一样，根本性的技术革命没有给现在企业留下什么选择余地：除了重置，别无他选。

资料来源：陈劲，方琴．企业战略与技术创新决策——创造商业价值的战略和能力［M］．北京：知识产权出版社，2005.

第三节 技术学习

一、技术学习的概念

技术学习是企业在技术与创新活动中，对内外部知识进行搜索、选择、获取，并通过使用、思索和提炼，达到消化吸收，提高技术能力的过程。技术学习不是一个单一活动过程，而是多因素、多活动、多部门相互协调和相互作用的复杂过程，并对知识的不同类型、知识演化的不同阶段，表现出不同的特征和形式。[①] 韩国技术管理专家金林素强调技术学习是一个构建和累积技术能力的过程，[②] 而技术管理

① 赵晓庆．企业技术学习的模式与技术能力积累途径的螺旋运动过程［D］．浙江大学，2001.

② Kim，L. Imitation to Innovation：The Dynamics of Korea's Technological Learning［M］. Harvard Business Press，1997.

专家 Hobday 强调技术学习是组织利用内部和外部有利条件，获得新技术的行为。①对技术学习问题的研究起源于对学习曲线的研究。学习曲线首先是在飞机制造工业中发现的，在飞机装配操作中，随着学习时间的延长，需要投入的直接劳动时间会逐渐减少。

技术学习的概念包含以下几层含义：

• 技术学习是一个获得新知识、新技术的过程或行为；

• 技术学习的目的是为了提升企业的技术能力；

• 技术学习是一种组织学习，而不仅仅是技术人员个人的学习；

• 技术学习要充分利用企业内部和企业外部各种有利的条件，即可以通过企业内部有效的组织进行技术学习，也可以通过与企业外部单位的合作、合资等多种途径进行技术学习；

• 政府要为企业的技术学习创造必要的条件。

二、技术学习的来源

技术学习的来源包括企业对外部技术的学习和企业内的技术学习。之所以强调企业内的技术学习，是因为：

国内关于技术引进的大量实证研究，已经证明了单纯的机械设备进口并不一定导致企业技术能力的提高，也就是说技术能力的提高，并不是技术引进所自动产生的副产品，要提高技术能力，企业必须进行相应的对引进技术的消化、吸收工作，也就是技术学习的过程。②

从理论上而言，企业对外部技术的学习，是以一定的技术能力为基础的。不以一定的技术能力为基础，企业难以进行相应的技术学习工作。③ 因为：

• 技术的企业专有特性。同一种技术在不同的企业中，其存在方式及表现形式也许不同，这被称为技术的企业专有特性。

• 技术吸收的特性。对于外部成果的吸收，实则是一个技术打开的过程，不但要付出一定的费用，而且要以一定的技术能力为基础。

• R&D 课题的提出和评价。面对各个方面的创新需求和信息，而企业的资源是有限的，必然要求企业具有相当的 R&D 项目预测、评价和筛选能力，在缺乏技术能力的情形下，难以想象对创新机会的及时把握和项目评价的科学性。

---

① Hobday, M. East Asian Latecomer Firms: Learning the Technology of Electronics [J]. World Development, 1995, 23 (7): 1171—1193.

② 谢伟. 产业技术学习过程 [D]. 清华大学, 1999.

③ 谢伟, 吴贵生. 技术学习的功能和来源 [J]. 科技管理, 2000.

全球化视角 技术学习的来源

关于技术学习的来源，在技术创新研究领域内其主要理论进步主要体现在以下几个方面：

企业的干中学可产生增量的创新，用中学可以提高生产效率，并可在企业内导入体现型或非体现型的产品和工艺变化。

——Rosenberg (1976)

研究和开发作为一种搜索过程，可以使企业在特定的技术进步方向上，产生技术提高效应。

——Sahal (1981), Nelson& Winter (1982), Dosi (1988)

企业的能力存量在企业产生和吸收技术过程中起着很大作用。

——Teece (1986), Winter (1987), Cohen& Levin (1989)

三、技术学习的类型

技术学习的基本类型有：程序化学习、能力学习、战略性学习和转换学习，如表5-2所示：

表 5-2 技术学习的基本类型

学习类型	特点	学习方式	知识类型
程序化习	通过重复工作积累知识	干中学、用中学	know-what know-how
能力学习	在创造性过程中深化知识	研究开发中学、联盟中学	know-why know-how
战略性习	对新机会、新技术轨道的探询，对技术—市场发展前景的洞察	企业技术—市场定位，全新产品思想的发掘	know-why know-future
转换学习	消除现有的思维定势和技术范式，准备接受和开辟新的轨道	学习如何忘记 (learning unlearning)	

其中，"干中学"和"用中学"是程序化学习的两个著名特例，已为人们所熟知，主要体现于生产过程中重复操作效率的提高，是操作知识的累积。这两种学习构成技术能力积累的基础。

战略性学习和转换学习在技术能力提高中的重要性不能低估，在一定程度上，它们的有效执行，决定了企业能否从技术引进培育出高水平的技术能力。

（一）战略性学习

在这个层次上，能力将超越以往的做什么（know-what）和怎么做（know-how），而包括进一步的为什么（know-why）和智慧性预见（know-future），也超越程序化学习和能力学习的静态效率的标准。在这样的组织环境中，哪些能力是核心的、为什么等问题都必须弄清楚，这样就为组织未来的努力提供了充分的动力和方向（比如在寻求新的组织惯例和资源上)，使组织产生动态效率。比如，竞争环境的重大变化将使得原先高效（静态效率层次）的能力变得毫无价值，因为它不再适应新的环境条件。随着企业和外部环境的不断变化，持续地审视能力、核心能力和企业环境、企业使命、组织内部环境之间的关系，并对上述变化作出反应是战略学习环路的真谛所在。

在新产品开发过程中，战略性学习体现在新产品思想和原型的定义与反复的辩驳中。战略性学习使企业从以前的技术范式的束缚中解脱出来，从用户的潜在需要和最新的技术发展中去发掘新的设计思想。因此，它体现为技术知识与市场需求知识的交融，由此产生的创造性飞跃是战略性学习的本质。

（二）转换学习

如果说战略性学习是学习全新的创造和超越，那么转换学习就是一种“破坏”：对现有范式和思维定式的摧毁。转换学习存在于当组织根据环境的巨变，调整主要战略重点，特别是技术范式作出调整的情况下。这时候，企业所面临的技术—市场发生了根本性变革，企业现有的竞争地位开始动摇，竞争优势逐渐失去，战略逻辑已不再适用。企业被迫作出尝试，试图去理解新的竞争方式，尽管具有很大的模糊性和混乱。由于技术范式的逐渐消失，企业在寻找摆脱困境的方法时容易迷失方向。

转换学习的最重要的特征是“忘记”。此时，企业所面临的是全新的问题，以前的经验无从借鉴，线性的学习方式已无能为力，甚至有害。当企业面临技术或市场变革时，曾为企业提供市场优势的核心能力可能会成为核心刚性，① 企业可能过于倾心于现在的能力，而失去了适应环境变化的动态能力。② 需要利用新的技术和市场知识，通过企业内的产品组合和组织的大幅度调整实现资源重组，是企业重新获得竞争优势的必要途径。但资源的道路依赖性使重组的实现变得非常困难，除非打破企业原有的知识结构，而一旦企业经过多年积累的知识结构被打破，它更加难以赶上竞争对手。为了克服企业资源重组所带来的负面效应，Garud 和 Nayyar 提出了企业连续重组的思想，即在不断积累知识的基础上，通过连续的、间断性的、小规模的资源和知识重组，在技术变革时对知识进行重新激活，实现自主技术创新。③

四、技术学习的作用

技术学习是企业提高技术能力的最主要途径，一切需要企业技术能力作基础和保障的活动，都需要通过技术学习来实现。技术学习的作用，主要表现在以下几点：

- 技术学习能够促进经济增长和发展。从理论上说，一个国家经济增长的过

---

① Leonard-Barton. Core Capability and Core Rigidities [J]. Strategy Management Journal, 1992, 13: 111—126.

② Teece, D. J., Pisano, G., Shuen, A. Dynamic Capabilities [J]. Strategy Management Journal, 1997, 18 (7): 509—533.

③ Garud, R., Nayyar, R. R. Transformative Capacity: Continual Structuring by Intertemporal Technology Transfer [J]. Strategy Management Journal, 1994, 15: 365—385.

程是产业结构高级化的过程，而产业结构的高级化是以技术能力的提高为基础的。如果技术能力没有提高的话，生产要素是不能从一种产业转移到另一种产业中去的。因为如果没有一定的技术能力作为基础，就不能形成一种高级的生存函数，而不能形成一种更为高级的生存函数，就无法将资本、劳动力、能源、原材料等生产要素结合起来，产业结构高级化就成了一句空话。

• 技术学习能够促进企业技术创新。技术学习活动包括技术知识的吸收和创造、融合与共享等，很大程度上将激励企业的技术创新。

• 技术学习是企业研发工作的重要基础。不同知识背景的人员之间的碰撞，将能量的冲突疏导成创造性的，新知识得以产生。尤其在某些技术相关的知识上，得以从研发的角度来考虑产品和技术的开发。同时，技术学习重视技术投入，技术设备、人员和管理得到支持。

• 技术学习是企业对外学习的重要基础。企业在学习过程中，需要将分布在R&D、生产和市场部门的知识结合起来，将外部引入的知识和内部知识系统融合，使之充分交流，以产生问题的最佳解。

本土化视角 ▶ **中国台湾地区半导体产业创新网络与技术学习策略**

台湾半导体产业的崛起是后发地区高科技产业实现跨越式技术成长的典范。台湾半导体产业的成功在很大程度上要归功于其产业创新网络和有效的学习策略。在台湾半导体产业的发展过程中，策略联盟、合作网络的现象非常普遍，其合作形式有投资、联合研发、合资、加入产业标准联盟等。

在这个产业创新网络中，工研院电子工业研究中心及其衍生公司台联电和台积电扮演了超级节点的作用，它们从国外（主要是美国的RCA公司和荷兰的飞利浦公司）引进技术，并在消化吸收之后在产业内扩散。例如，1992年，台联电与通信业的敦南科技、旭丽电子共同开发新产品；1993年，台联电投资了包括讯康科技与欣兴电子、台微电子共同开发新产品；1997年，台积电与日月光就市场营销、研究发展、生产及客户的售后服务等各方面建立广泛的策略联盟。台湾半导体产业通过这个过程实现了将外部创新资源植入本区域内的产业创新系统。由于难以代码化的隐性知识在市场上交易不易，经由工研院及后续衍生公司的同事关系以及产业群聚的密集互动之下不同企业工程师因公或私人情谊面对面交流是台湾半导体产业技术学习的主要途径。这说明，由于技术的缄默性，产业创新网络中企业在选择技术学习对象时，必须综合考虑其技术水平以及网络连接强度，这样才能提高技术学习的效果。

资料来源：王月琴，许治．产业创新网络中企业技术学习研究［J］．中国软科学，2012，（6）：8—9.

本章小结

1. 企业的技术能力积累依赖于内部和外部的知识源。一方面，企业必须通过创造知识，形成独特的内生化能力；另一方面，企业也必须广泛吸收各方面的知识，充分扩展自己的知识领域，跟上最新的技术——市场发展趋势。从这两方面提高技术能力很重要，但是也不能忽视创新网络的作用。技术创新能力与技术能力不是包含与被包含的关系，本章着重分析了它们二者的区别和联系。

2. 企业运营于复杂而又不断变化的环境中，因此本身也很复杂。长期的成功需要融合愿景与战略，以及利用机会展示自己所需的灵活性；需要对由外部经营环境造成的机会和威胁以及组织内部的优势和劣势有正确的理解。如果企业控制的技术知识被用来将优势最大化，那么需要在市场上“拉动”和技术上“推动”之间建立适当的平衡。不要将技术问题与企业的运营方面，特别是行销与财务，分开来考虑，这一点非常重要。技术是许多企业的关键资产，如果打算从中获取潜在的价值，就需要进行管理。

本章对技术战略进行了详细的介绍，它被认为是经营战略的有机的一部分。同时，探讨了一般的战略过程，对每一过程步骤进行了更详细的讨论，提出了一系列实用的工具和技术，这些工具和技术在产业中被广泛用于对综合的经营战略开发和执行中的复杂任务进行管理。

3. 技术学习源于学习曲线，是提高企业技术能力的最主要途径。一切需要企业技术能力做基础和保障的活动，都需要通过技术学习来实现，包括内部和外部两方面的技术学习。技术学习共有四种类型：程序化学习、能力学习、战略性学习、转换学习。

讨论题

1. 为什么发展技术能力是一个学习的过程？
2. 企业的技术战略与经营战略之间有什么联系？
3. 从技术学习理论的演进中能得到什么启示？

参考文献

[1] 陈劲，方琴．企业战略与技术创新决策——创造商业价值的战略和能力[M]．北京：知识产权出版社，2005.

[2] 陈晔．边角余料创新术[EB/OL]．http：//www.21cbr.com/home/space-15762-do-blog-id-4342.html.

[3] 陈银燕．集成电路设计企业技术能力综合评价研究[D]．西安电子科技大学，2005.

[4] 党永嘉，苏醒．夏普的利润收割之道 [J]．21世纪商业评论，2008.

[5] 何巨峰．基于生态位的技术能力演化模型 [J]．工业工程，2008，11 (3)：32—36.

[6] 何巨峰，谢卫红．技术生态位与技术能力演化关系实证研究 [J]．系统工程，2008，26 (5)：36—41.

[7] 华锦阳．技术创新管理理论与案例 [M]. 北京：清华大学出版社，2007.

[8] 敬慧颖．县域特色产业集群演化模型及实例研究 [D]．河北工业大学，2006.

[9] 李少卿．边角余料创新术 [J]．21世纪商业评论，2009.

[10] 刘笑．陕汽技术能力形成、增长、对策研究 [D]．西安理工大学，2010.

[11] 刘彩莲．基于技术学习的技术创新扩散研究 [D]．西安电子科技大学，2005.

[12] 刘延松．复杂产品系统创新能力研究 [D]．西安科技大学，2008.

[13] 刘延松，张宏涛．复杂产品系统技术能力演进与业务模式升级——理论探讨及案例研究 [J]．科学学研究，2009，26 (S2)：487—490.

[14] 宋宝香，彭纪生．中国轿车工业自主品牌发展研究——技术学习的视角 [J]．管理案例研究与评论，2008，1 (4)：28—35.

[15] 宋建勇，胡宝民，敬慧颖．产业集群技术能力增长模式研究 [J]．科技管理研究，2006，(6)：46—48.

[16] 3M公司边角余料创新术 [EB/OL]. http：//www.3216.com/anli3.asp?id=2369.

[17] 童长凤．中国区域技术能力增长：技术学习的视角 [D]．兰州大学，2009.

[18] 魏江．企业技术能力理论 [M]. 北京：科学技术出版社，2002.

[19] 谢伟．产业技术学习过程 [D]. 清华大学，1999.

[20] 谢伟，吴贵生．技术学习的功能和来源 [J]. 科技管理，2000，21 (1)：8—13.

[21] 谢作渺，林强．宝钢技术创新战略分析 [J]．企业管理，2002，(6)：43—45.

[22] 张洁．高新技术企业自主创新管理能力成熟度模型与提升方法研究 [D]．南开大学，2010.

[23] 仲伟俊，胡珏，梅姝娥．民营科技企业的技术创新战略和政策选择 [M]. 北京：科学出版社，2005.

[24] 周亮．战略联盟与我国企业技术能力演变研究 [D]．武汉理工大学，2006.

[25] 赵晓庆．企业技术学习的模式与技术能力积累途径的螺旋运动过程 [D]．浙江大学，2001.

[26] Culpan，R. Multinational Strategic Alliances [M]．INC：The Howorth Press，1993.

[27] Dore, R. Technical Self-reliance: Sturdy Ideal or Self-serving Rhetoric. in Fransman, M. , King, K. eds. Technological Capability in the Third World [M] . London: Macmillan, 1984: 65—80.

[28] Fransman, M. , King, K. Technological Capability in the Third World [M]. London: Macmillan, 1984.

[29] Garud, R. , Nayyar, R. R. Transformative Capacity: Continual Structuring by Intertemporal Technology Transfer [J] . Strategy Management Journal, 1994, 15: 365—385.

[30] Gregory, M. J. Technology Management: A Process Approach [J] . Proceedings of the Institution of Mechanical Engineers, 1995, 209 (B5): 347—356.

[31] Griffen, A. , Hauser, J. R. Integrating R&D and Marketing: A Review and Analysis of the Literature [J] . Sloan School of Management Report, 1996, 13 (3): 191—215.

[32] Harris, J. , Michael G. 云计算会让外包过时吗? [J] . 21 世纪商业评论, 2011, (5) .

[33] Harris, J. , Michael, G. , Sun, L. 云计算让外包过时? [J] . IT 经理世界, 2011, (12) .

[34] Hobday, M. East Asian Latecomer Firms: Learning the Technology of Electronics [J] . World Development, 1995, 23 (7): 1171—1193.

[35] Kim, L. Imitation to Innovation: The Dynamics of Korea's Technological Learning [M] . Harvard Business Press, 1997.

[36] Leonard-Barton. Core Capability and Core Rigidities [J] . Strategy Management Journal, 1992, 13: 111—126.

[37] Matthews, W. H. Conceptual Framework for Integrating Technology into Business Strategy [J] . International Journal of Vehicle Design, 13 (5—6): 524—532.

[38] Pearce, J. A. , Robinson, R. B. Strategic Management: Formulation, Implementation, and Control [M] . Irwin, 1991.

[39] Peter, F. Drucker, Management Challenges for the 21st Century [M]. Butterworth Heinemann, 1999.

[40] Porter, M. E. Competitive Strategy: Techniques for Analyzing Industries and Competitors [M] . The Free Press, 1980.

[41] Quinn, J. B. , Outsourcing Innovation: The New Engine of Growth [J] . Sloan Management Review, 2000, 41 (4): 13—28.

[42] Teece, D. J. , Pisano, G. , Shuen A. Dynamic Capabilities [J] . Strategy Management Journal, 1997, 18 (7): 509—533.

[43] Zadoks, A. Managing Technology at Caterpillar [J] . Research Technolo-

gy Management, 1997, 49—55.

本章关键词中英文对照

技术能力 technology ability
技术战略 technology strategy
技术学习 technology learning
技术引进 technology introduction
创新外包 innovation outsourcing
技术变革 technology revolution
云计算 cloud computing

第六章

创新网络

章首案例 东营市石油装备制造业创新网络的动态演化

1. 初始阶段

1964年1月25日，国家正式批准组织华北石油勘探会站，形成了继大庆石油会战之后的又一场石油勘探和油田开发建设会战。当时中国的石油工业底子薄、基础差。会战所需要的石油装备大部分都是进口，但还是有很多企业作为胜利油田（九二三厂）的二级单位建立起来，如胜利油田工程机械总厂、西安地质调查处华北石油勘探大队的修配车间。20世纪60—70年代，胜利油田作为中国第二大油田，在改革开放的大潮下，其麾下的石油装备制造业稳步发展。胜利油田工程机械总厂经胜利油田管理局批准，在原来的胜利油田特种车辆改装和修理车间基础上，增加了石油油管、抽油杆、PE复合管等项目；胜利油田总机械厂经管理局批准后，也可以生产石油油管、抽油机、井口装置等产品；胜利油田动力机械厂等企业也纷纷成立。

这一时期的石油装备制造业企业大多由胜利油田的二级或三级单位组成，服从胜利油田管理局的领导。其创新联系也全部围绕胜利油田的需求展开，各个企业的领导人事任免、工资福利等一切指标按照胜利油田的规定执行。胜利油田的市场保护政策是这些企业发展壮大的保证，但也是这些企业发展到一定阶段就无法继续成长的“瓶颈”。

2. 裂变阶段

2000年5月28日，根据中石化重组上市的整体部署，胜利油田有限公司挂牌成立。一方面，除了钻采等一线企业得以在胜利油田继续生存外，其他的油田三产和后勤服务企业都和胜利油田脱离行政关系，转变为油田存续改制企业；另一方面，大量民间资本在吸收了部分改制企业分流下来的人员和技术后，相继投入石油装备制造业。

由于企业的创办人大多数为东营本地人，受到制度、市场和文化环境等多重因素的影响，东营市石油装备制造业创新网络主要基于亲缘、地缘所产生的社会关系来组织延伸。关系网络在某种程度上为创业者提供了一种较为廉价的资源获取方式。创办人常常会利用其在原企业的关系，以非正式的交流获得技术创新需要的信息，创新链接以同事、朋友、家人和亲戚为代表的强的、非正式的、个人的网络关系为主。与此同时，随着资源获取活动的进行，网络会出现路径依赖的现象，创新合作往往持续多年。通过对东营市家衍生企业的问卷调查和深度访谈，发现全部受访企业对创新过程中的关系网络持积极的肯定态度，社会邻近发挥着重要的作用。

3. 集聚阶段

“这里是胜利油田，石油装备集结”。后来迁入或创办的企业，空间上彼此邻近，通过嵌入东营石油装备制造业集群的生产、关系、创新网络，共享集群内独特的情境知识，促进创新的吸收、消化、创造与扩散，以实现经济利益的最大化。东营市石油装备产业集群新进企业的主要来源有两方面：一是和外国资本进行合资组建新的中外合资企业；另外一种途径是民营资本的注入。

这一阶段，东营市石油装备制造业的创新结网是以价值创造为导向、以提高技术创新能力为目的而进行的正式或非正式联系。这种联系依靠业缘关系，按生产的协调、知识的流动、创新的产生和交易效率的提高来进行组织。基于社会邻近的关系网络和基于价值链的贸易网络构成了强联系，一般来说，技术咨询主要发生在企业上、下游的生产网络或产学研创新合作的过程中，购买谁的产品，有了技术上的难题也就问谁；同行企业之间由于发达的情谊联系也在一起探讨技术问题。

4. 重组阶段

“依靠胜利油田，但不依赖”。此时，创新网络的知识关系、经济关系和社会关系有一定程度的重合，但网络链接以知识关系为主；等级制趋势明显增强，创新网络内部出现全球、全国、本地空间尺度的分异；临时性集成成为获取创新伙伴的重要方式。在全球尺度上，具有较高创新能级的企业（如科瑞和高原），依托其在技术、品牌和资源等方面的优势，获得外部创新及知识通道：在海外设立研发中心、博士后流动工作站或办事处等实体机构，捕捉创新信息；与国外大型公司、研发机构、高校等远距离技术合作；在国外设立合资公司；通过定期和非正式的展览会、研讨会等介质获取外部知识。在国家和地方尺度上，建立创新联系的方式则大致相同。

在延续衍生和集聚阶段建立的本地创新链接的基础上，积极寻找外部创新合作伙伴。主要方式包括：政府部门重点支持项目，依托供应链、竞争合作关系以及产学研、非正式关系等形成水平或垂直的专业化的创新合作，战略联盟以及协会、会议、展会及其他非正式交流形成的网络链接。

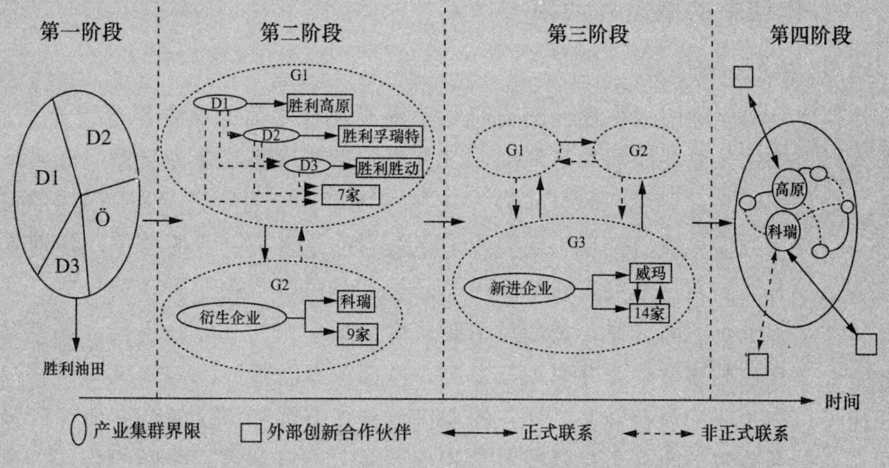

图 6-1　东营市石油装备产业集群演化示意图

综上所述，如图 6-1 所示，邻近性对东营市装备制造业创新网络的形成和演化是个累积过程，其中，地理邻近是先导，围绕胜利油田，采取园区发展模式，凭借品牌优势和各项优惠政策，吸引一大批石油装备制造业进驻，形成企业在地理空间上的集聚。经过长期磨合，亲缘、地缘、业缘等社会关系逐渐培育出信任感，社会邻近作用开始发挥，基于人际社会关系的非正式联系也逐步形成。

在认知邻近性方面，科瑞和胜利高原等技术能级高的企业，通过参加展会、建立海外合资公司等方式构建外部技术通道，迅速提升企业的基础知识与对外吸收能力，并与其他大型跨国公司建立良好的合作关系，而中小企业也在与国内其他地区的高校、企业的联系过程中建立了良性有效的交流平台。

资料来源：吕国庆，曾刚，马双，刘刚．产业集群创新网络的演化分析——以东营市石油装备制造业为例［J］．科学学研究，2014，(9)：5—6.

1. 东营市石油的核心集群网络包括哪些主体？
2. 东营市石油是如何形成自己的集群创新网络的？

第一节　合作创新

一、合作创新的概念和动因

（一）合作创新的概念

合作创新是指企业间或企业、研究机构、高等院校之间的联合创新行为。① 合作创新通常以合作伙伴的共同利益为基础，以资源共享或优势互补为前提，有明确的合作目标、合作期限和合作规则，合作各方在技术创新的全过程或某些环节共同投入，共同参与，共享成果，共担风险。现代技术创新往往是多个企业的合作，特别是一些重大创新或领先性高新技术尖端创新成果，已很少是由一个企业所单独完成。现代技术创新往往是多个企业的合作，无论是主要从事技术应用的企业，还是自身研发力量很强的企业，现在都注重整合外部创新资源，进行合作创新。

相比于以往企业的创新合作，现在的合作创新在范围和深度两个方面都有很大发展。在合作创新范围上的一个重要特点是相似企业（或竞争者）之间的合作，这种情形下是竞争中有合作、合作中有竞争。其间所表现出来的合作形式是：在基础研究或知识创新阶段，有关企业开展合作；在产品研制、生产和销售阶段，则由各方企业分别进行，以便通过市场竞争实现技术的扩散和完善。在合作创新深度上的重要特点是：不仅在一般技术和知识的创新上进行合作，而且也在各自的核心技术上进行合作，以便产生更大的竞争优势。②

全球化视角　国外学术界的研究主要集中在合作研发的原因

国内学者主要使用合作创新这一概念，而国外学者较少采用这一概念，较多使用合作研发、合作研究、共同研究开发等概念。美国 1984 年通过的“国家合作研究法案”（NCRA）将合作限制在产品和技术的原型开发阶段，以避免企业在生产、销售阶段的勾结行为和最终产品市场上的垄断。西方发达国家产业发展水平较高，产品技术含量较高，企业的技术创新合作倾向于创新前期阶段，即研究开发阶段，而在创新后期即工程化、商业化阶段进行竞争，以实现产品的差异化。

资料来源：罗炜，唐元虎．企业合作创新的原因与动机［J］．科学学研究，2001，（3）：91—95.

（二）合作创新的原因和动机③

我们可以运用不同的理论对合作创新的原因进行解释。这些理论观点大致可归纳为三大类，即企业资源和能力理论、交易成本理论、产业组织理论和竞争优势理论，

① 傅家骥．技术创新学［M］．北京：清华大学出版社，1998.

② 赵修卫，黄本笑．技术创新管理［M］．武汉大学出版社，2001.

③ 罗炜，唐元虎．企业合作创新的原因与动机［J］．科学学研究，2001，19（3）：91—95.

如图 6-1 所示：

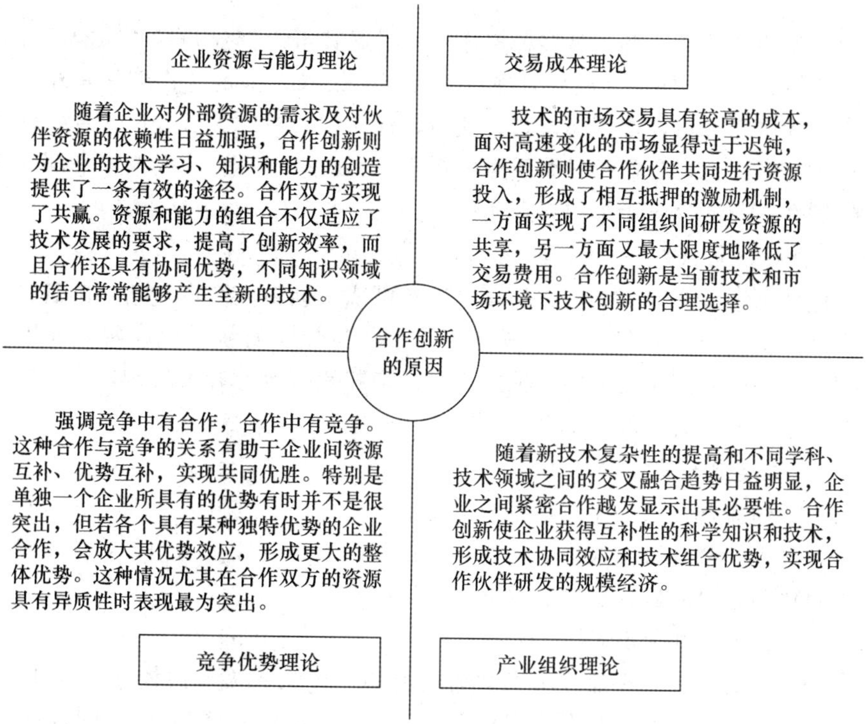

企业资源与能力理论

随着企业对外部资源的需求及对伙伴资源的依赖性日益加强，合作创新则为企业的技术学习、知识和能力的创造提供了一条有效的途径。合作双方实现了共赢。资源和能力的组合不仅适应了技术发展的要求，提高了创新效率，而且合作还具有协同优势，不同知识领域的结合常常能够产生全新的技术。

交易成本理论

技术的市场交易具有较高的成本，面对高速变化的市场显得过于迟钝，合作创新则使合作伙伴共同进行资源投入，形成了相互抵押的激励机制，一方面实现了不同组织间研发资源的共享，另一方面又最大限度地降低了交易费用。合作创新是当前技术和市场环境下技术创新的合理选择。

合作创新的原因

强调竞争中有合作，合作中有竞争。这种合作与竞争的关系有助于企业间资源互补、优势互补，实现共同优胜。特别是单独一个企业所具有的优势有时并不是很突出，但若各个具有某种独特优势的企业合作，会放大其优势效应，形成更大的整体优势。这种情况尤其在合作双方的资源具有异质性时表现最为突出。

竞争优势理论

随着新技术复杂性的提高和不同学科、技术领域之间的交叉融合趋势日益明显，企业之间紧密合作越发显示出其必要性。合作创新使企业获得互补性的科学知识和技术，形成技术协同效应和技术组合优势，实现合作伙伴研发的规模经济。

产业组织理论

图 6-2　合作创新的原因

一般来说，企业合作创新的动机可以归纳为三个方面：与研发有关的合作动机、与技术学习有关的合作动机、与市场进入有关的合作动机，如表 6-1 所示：

表 6-1　合作创新的动机

	与研发有关的合作动机	与技术学习有关的合作动机	与市场进入有关的合作动机
合作创新的动机	主要包括：技术协同效应；从事基础研究；降低研发活动所固有的不确定性；共担研发成本，获得规模优势；改善企业对创新成果的独占性；缩短创新周期、开发与商业化之间的时间间隔	获得合作伙伴的经验性知识和技能；技术转移，例如企业与大学、研究机构之间的合作，技术许可或交叉许可等较为松散的合作方式，常常使企业实现技术的跳跃，增强竞争优势	包括：拓展产品范围、开发新产品，进入新的市场；实现市场的国际化、全球化扩张；影响市场结构，减少竞争，通过合作与其他联合体抗衡，提高竞争地位

需要特别指出的是，许多合作创新并不是出于单一的合作动机而形成的，例如，某些企业可能需要合作伙伴的技术，有些企业可能只是需要借助合作伙伴的市场能力，或者企业之间还出于成本共同承担方面的考虑，因此合作创新的动机通常是多样的。

二、合作创新的组织模式

企业合作创新的具体形式是多种多样的，根据其组织特征和基本功能，可以归纳为五种主要模式：[①] 合同创新模式，项目合伙创新模式，基地合作创新模式，基金合作创新模式和研究公司合作创新模式。其中，合同创新模式属于分散式合作创新；基地合作模式、研究公司合作模式属于集中式合作创新；项目合伙模式中一部分属于分散式合作创新，一部分属于集中式合作创新。

（一）合同创新模式

合同创新是指以合同形式确定的合作创新模式。创新内容可包括基础研究、应用研究、产品或工艺技术开发以及市场开拓等。一项合同创新可形成两级或更多级合同。合同创新的一方主体是大学、独立研究机构和政府研究开发机构，另一方主体可能是企业、政府或研究开发基金会。

（二）项目合伙创新模式

项目合伙创新是企业为完成某一特定技术项目的研究与开发，通过合伙投入并合作组织研发过程，共享研发成果的一种合作创新。项目合伙按组织的形式不同，可分为集中型合伙制、分散型合伙制以及混合合伙制。

（三）基地合作创新模式

基地合作创新模式是企业在大学或研究机构（包括私人和政府建立的研究机构）建立共同技术创新基地的一种合作创新组织形式。企业对基地的投入有两种形式：一种是一次性投入，另一种是分散投入。

（四）基金合作创新模式

基金合作创新模式是指为促进某一或某些技术领域的发展，以大企业为主体联合中小企业及其他私人或政府机构共同出资建立一定规模的风险基金。

全球化视角 天壕节能与意大利企业合作开发清洁能源

2015 年 4 月 16 日，天壕节能与新比隆公司签定了战略合作协议，双方将在国内节能和环保领域开展技术研发和市场推广工作。资料显示，新比隆公司是一家意大利企业，是美国通用电气石油天然气集团最重要的支柱企业，主要生产透平机械、压缩机、泵及其他用于石油天然气行业的关键设备。

天壕节能表示，双方就共同开发广阔的余热利用领域、天然气销售及深加工领域、分布式应用等方面达成共识，将以合作开发、配套、实施 ORegen TM 发电技术为先导，持续推出各类创新的清洁能源服务解决方案，将对公司未来的长远发展产生积极影响。

资料来源： http://finance.ifeng.com/a/20150416/13640295_0.shtml.

---

① 傅家骥. 技术创新学 [M]. 清华大学出版社，1998.

（五）研究公司合作创新模式

研究公司合作创新模式是企业合作创新的一种新形式，研究公司是由多个大企业（有时也有中小企业和私人或政府研究机构参加）为增进和加速某一或某些技术领域的创新而共同组建的股份制形式的合作创新组织。它往往是一个开放的公司系统，参与企业既可按一定程序进入，也可按一定程序退出。一个研究公司所选择的创新项目的需求来自多个企业，企业可有选择地参与不同的创新项目。

第二节 创新网络

合作创新的方式虽然多种多样，但是概括起来，一般都是多个企业组成某种技术创新的网络关系，即创新网络。例如，在创新产业中的供应商和用户网络；同一产业中各创新先驱者与创新成果采用者的网络；地区性产业之间的网络；新技术中的战略联盟等。

创新网络强调各种组织之间复杂的交互关系。现代一些地区，如东亚特别是日本的成功挑战，北意大利工业区的创新能力，以及硅谷相对于128公路地区的成功，都充分显示了网络的力量。人们意识到，企业内外部网络是创新成功的基础；创新已经从企业转向网络。网络的重要性引出一系列相关概念，如知识网络、学习网络、创新网络等，这些都从不同方面表达了对创新网络的认识。

一、创新网络的含义和作用

创新网络是应付系统性创新的一种基本制度安排，网络构架的主要联结机制是企业间的创新合作关系。创新网络分为：合资企业和研究公司、合作R&D协议、技术交流协议、由技术因素推动的直接投资、许可证协议、分包、生产分工和供应商网络、研究协会、政府资助的联合研究项目等类型。①

创新网络可以看作不同的创新参与者的协同群体。它们共同参与新产品的形成、开发、生产和销售过程，共同参与创新的开发与扩散，通过交互作用建立科学、技术、市场之间的直接和间接、互惠和灵活的关系，参与者之间的这种联系可以通过合同或非正式安排形成，而且网络形成的整体创新能力大于个体创新能力之和，即网络具有协同创新特征。②

创新网络包含合作关系，但本文不直接采用“合作创新”这一更直观的概念替代“创新网络”，是因为：

（1）创新网络是一种组织形式，而合作创新表达的是一种行为方式，二者所观察

① Freeman，C. Networks of Innovations：A Synthesis of Research Issues [J]．Research Policy，1991，20（5）：499—514.

② Arndt，O.，Sternberg，R. Do Manufacturing Firms Profit from Intra-regional Innovation Linkages? An Empirical-based Answer. European Planning Studies，2000，8：465—485.

的角度不同；

(2) 创新网络既然是一种混合型的组织形式，它所包含的合作关系，就是一种特殊的合作关系，居于网络之中的企业行为是竞争与合作的辩证统一，运用创新网络概念可以更好地体现出这种特殊性；

(3) 创新网络是企业所有创新合作关系的总和，合作关系是网络的构成要素，而非网络本身；

(4) 网络概念正在管理学和社会科学领域得到愈加广泛的运用，使用这一概念，有利于进行跨学科对话；

(5) 中国的文化经济体现出明显的网络特征，网络概念是“中国经济研究的范式基础”，使用网络概念去研究我国的创新问题更具特殊意义。

一般来说，技术创新的创新过程具有知识密集、不确定的特点，而创新网络有助于企业获取互补性资产，缩短开发周期，加强科学、技术与市场之间的结合，增加企业在创新过程中的柔性，提高企业对市场及其他外部环境不确定性的应变力，降低创新风险，可以说创新网络在成功的技术创新过程中扮演着重要角色。创新网络在创新中发挥的作用主要表现在以下方面：

1. 网络可以提供创新过程中需要的知识

OECD 的报告将知识分为四大类：Know-What、Know-Why、Know-How、Know-Who。前两类知识是显性知识，而后两者是隐性知识，相对来说不易获得，但对技术创新成败至关重要，网络可以使参与者共享此类知识，缩短创新周期，提高创新成功率。

2. 创新网络有助于学习过程的实现

学习过程是企业技术创新的一个重要方面，网络有助于企业间的双回路学习过程的实现，通过网络学习更能提高企业创新能力。

3. 创新网络降低了技术创新过程的不确定性

技术创新的不确定性不仅来源于技术的迅速变化，而且还来源于市场的不确定性。此外，在网络中，企业在一个允许它们共享资源的体制内追求自己的利益，在规模和范围上实现了其他方式无法实现的经济性，增强了企业竞争优势。

二、创新网络运作的一般形式

创新网络的运作形式是指有关企业或组织以何种目的形成网络合作关系并以何种方式来实现其目的。由于参与网络合作关系的企业或组织多种多样，其动机也各有不同，因此创新网络的运作形式也是多样化的。总的来看，按照创新网络的成员特点及其合作目的，大致可分为以下五种主要形式：

(一) 企业—企业创新网络

该网络成员全部由企业构成，为了共同的技术开发或技术应用的目的而进行合作创新，同时也需要解决有关网络协调的问题。这一创新网络的运作形式如上海中芯国际集成电路制造有限公司与首钢集团的合作。2002 年，中芯与首钢合作在北京共同成立一家半导体生产企业——北京半导体制造公司（BSMC），是中国华北地区微电子业的发展里程碑。网络的基本结构与运作形式如图 6-3 所示：

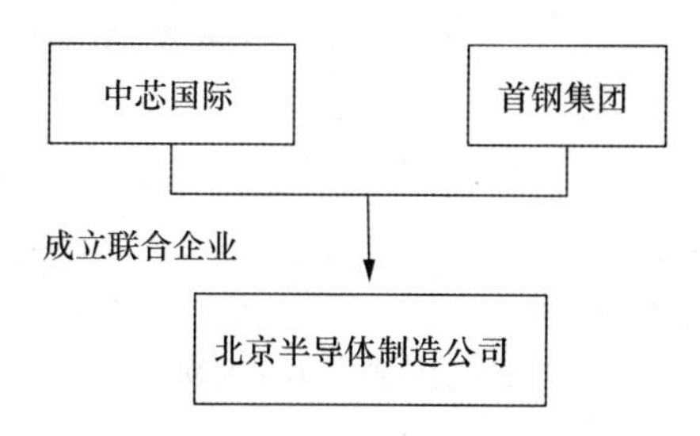

图 6-3 中芯国际与首钢集团的合作

（二）中介机构—企业创新网络

该网络成员中除企业外，还有中介机构。创新活动由企业进行，中介机构主要提供某种技术和商务支持服务或起协调联系的作用。这一运作形式通常为中小企业所采用，中小企业一般力量较弱，利用中介机构有利于为企业提供所它们需要的技术和商务支持，同时也能为网络的正常运转提供协调联络服务。如“第三意大利”中小企业网络和丹麦中小企业网络。

1.“第三意大利”中小企业网络

在北意大利工业区，小企业为加强自己的市场地位和竞争力量而倾向于进行联合与合作。典型情况是数个独立企业通过结成网络关系开展合作，并作为一个集体与提供共享资源的中心机构签订一个合同。网络的基本结构与运作形式，如图 6-4 所示。

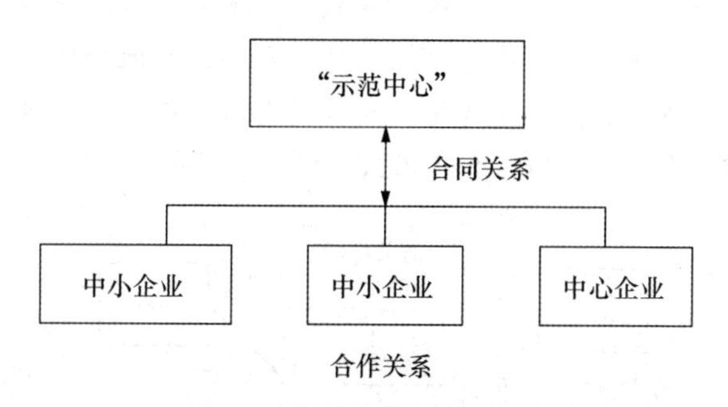

图 6-4 意大利中小企业网络

2. 丹麦中心企业网络

丹麦技术协会为推动合作，发起了一项正式的主要针对中小企业的网络计划。主要措施包括：一是政府对合作网络提供资助；二是培训网络代理人，通过网络代理人促进中小企业形成网络合作。代理人可以发挥的作用多种多样，如利用自己的经验识别合作机会、指导并推动企业开展合作、处理合作企业中的冲突、在合作企业间建立诚信和相互信任等。网络的基本结构与运作形式，如图 6-5 所示：

（三）大学—企业创新网络

该网络成员同时包括大学（包括研究机构）和企业，合作的目的是技术转移、合

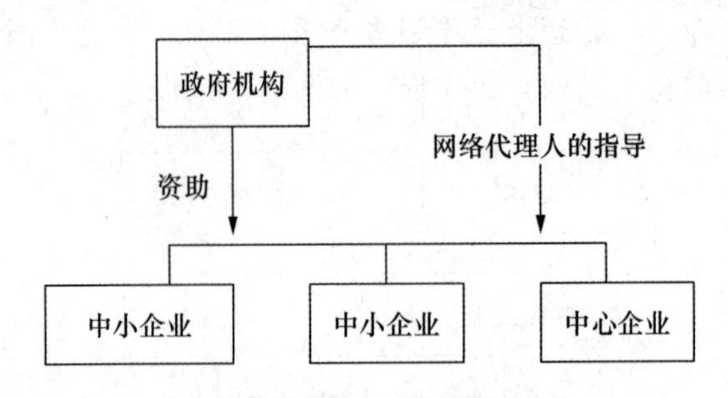

图 6-5　丹麦中小企业网络

作创新或者是科技成果的商业化。根据情况，网络运转可能是以企业为中心，也可能是以大学为中心。以企业为中心的网络的基本结构与运作形式如图 6-6 所示：

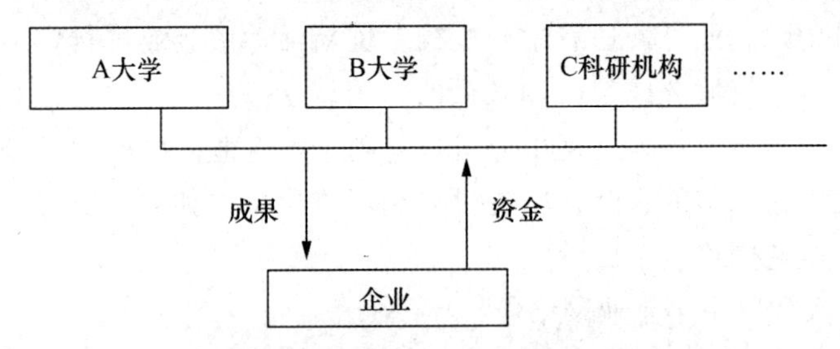

图 6-6　企业与大学、科研机构的合作

（四）中心组织—合作成员创新网络

该网络成员主要是企业，也可能包含其他组织机构（如大学、科研机构）。特点是有一个中心组织作为联结点，其他成员围绕中心组织开展合作，中心组织的运作是关键。一般情况下，网络中有关成员在研究阶段进行合作，产品开发、生产及市场开拓再相互竞争。网络的基本结构与运作形式如图 6-7 所示：

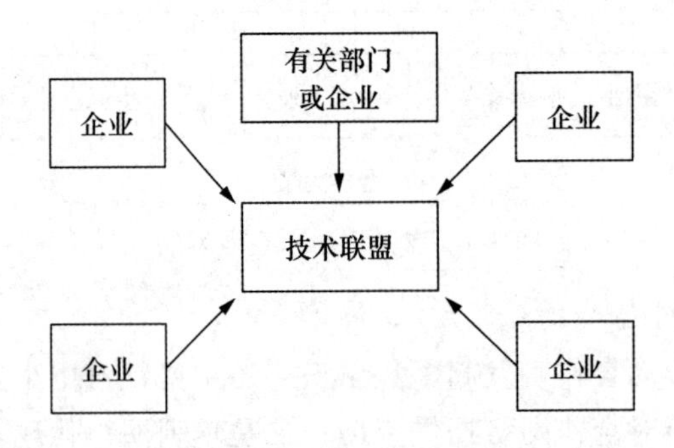

图 6-7　中心组织—合作成员创新网络的基本结构与运作

（五）供应商—客户创新网络

该网络成员主要是某种产品的供应商企业与产品组装企业，双方按产业链关系进行产品开发与生产的合作。离散型工业中，供应商—客户创新网络是企业创新网络的一种重要运作形式。以汽车工业为例，其网络的基本结构与运作形式如图 6-8 所示：

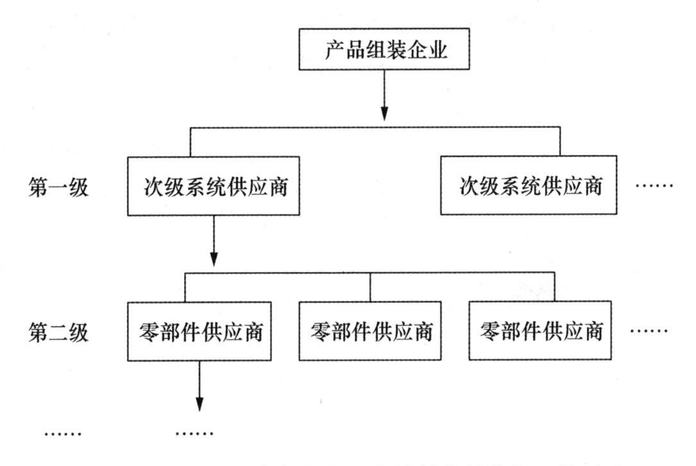

图 6-8　供应商—客户创新网络的基本结构与运作形式

三、创新网络的两种重要组织形式：集群和联盟

随着经济全球化和一体化的推进、企业分工专业化的加深、信息通信技术的发展，企业间网络逐渐成为现代经济活动的重要形式。开放式创新范式的提出，更加推动了企业间合作基础上的关系网络的发展。作为目前普遍存在的企业间网络组织形式，联盟和集群为企业开展创新活动提供了多元化的土壤和平台，都能够为企业提供知识联系，进而提升企业创新能力。广义的创新网络应当包含集群与联盟，它们分别是企业网络化发展在地理层面和关系层面的体现。①

第三节　技术联盟

战略联盟可以定义为企业间交换、共享或共同开发新产品或服务的自发性活动。它们可以是一系列动机或目标推动的结果，可以表现为不同的形式，可以建立在企业纵向或横向的界限上。② 其三个基本条件为：首先，联盟会涉及两个或更多个独立的企业；其次，联盟的目的是为了实现双方企业的特定战略目标，并共享联盟所带来的利益；最后，联盟可以多种不同的组织形态存在（包括横向或纵向的）。

企业的战略联盟的重要特性之一是联盟成员的相互合作关系。现代企业战略联盟主要脱胎于日本大企业的联合和兼并，并在美国的汽车制造业、信息产业和娱乐业中得到迅速的发展。随着经济全球化浪潮的兴起，许多大企业纷纷以跨国经营来赢得竞争优势，企业战略联盟自然成为重要的组织形式。与早期的价格、产量联盟不同，战

① 李新春. 战略联盟、网络与信任［M］. 北京：经济科学出版社，2006.

② Gulati，R.，Alliances and Sustained Competitive Advantage［J］. Journal of Management，1997，17（1）.

略联盟主要寻求在共同目标和共同利益驱使下，采用共同研发、许可销售、合资经营等非价格合作手段来降低市场风险、突破贸易壁垒和获取外部资源。

企业战略联盟的另一个重要特征是联盟伙伴之间的网络关系。伴随着企业间合作形式和网络组织形式的不断演进，在经济全球化和技术飞速进步的双重背景下，企业战略联盟这种企业间合作与网络组织成为目前产业组织创新的必然趋势，如图 6-9 所示。①

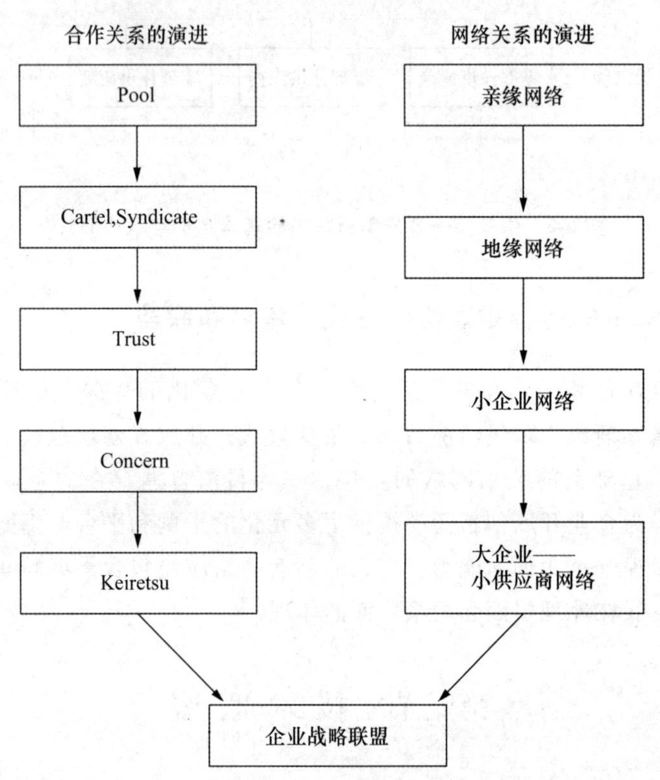

图 6-9 企业合作关系、网络组织关系的演进图

资料来源：任剑新．企业战略联盟研究——个新型企业组织的典型分析［M］．北京：中国财政经济出版社，2003.

一、技术联盟的内涵及类型

(一) 技术联盟的内涵

技术联盟是指由两个或两个以上有共同战略意义和对等经营实力的企业（或特定事业和职能部门等），为了达到技术创新而拥有市场、共同使用研发资源等战略目标，通过各种协议、契约而结合成的优势互补或优势相长、风险共担、生产要素水平式双

① 任剑新. 企业战略联盟研究——一个新型企业组织的典型分析［M］. 北京：中国财政经济出版社，2003.

向或多向流动的一种松散的合作模式。[1] 技术联盟作为企业间具有战略意义的实施技术资源长期共享的一种有效方式，是企业战略联盟的一种形式，是以技术创新合作为主要目的的战略联盟。企业间的战略联盟，85%以上是与技术创新活动相关的，国外很多学者直接把战略联盟称为技术联盟。

（二）技术联盟的类型

按技术联盟的组织形式可以将企业技术联盟分为以下几种类型，[2] 如表 6-2 所示。

1. 项目型技术联盟

项目型技术联盟是指企业围绕特定开发项目，为了节约研发成本，降低开发风险而相互合作。项目型联盟的组织结构特点为：联盟成员间无论是管理控制、职能执行，还是资源依附，都构成交叉性合作关系，联盟是所有成员相互作用的结果，各成员在这个网状结构中以各自不同的特征与能力，形成大小不同的结点。显然，项目型联盟中，有统筹能力、决策意见更具合理性、业务能力强并且资源贡献率大的联盟成员，无疑将成为联盟关系网络中较大的节点。

2. 购买型技术联盟

购买型技术联盟是一方从另一方购得技术，如专利许可、技术设备等，作为自身技术实力的补充。在这种技术联盟形式中，往往会要求供应方提供相关的技术培训，如派专家培训或允许购买方技术人员前往供应方考察学习等，购买方在新技术的应用与接受培训的过程中，逐步掌握该项技术。

3. 生产型技术联盟

生产型技术联盟是企业通过技术引进而获得技术能力的一种联盟方式。与购买型联盟一样，生产方越善于发挥自我学习的积极性和主动性，就越能在联盟中更好地提高其技术水平。

4. 公司型技术联盟

联盟成员共同投资建立一个新法人企业，该企业独立于联盟各方之外进行技术活动。联盟各方按照出资比例构成该公司的大小股东，他们是联盟的实际决策者；企业经营者对公司进行日常管理，对股东负责。公司型技术联盟还有一种演化形式，它不成立新的企业实体，而是通过联盟部分成员控制另一部分成员（往往只有一个企业）的股份，而从其技术活动中获取利益。

5. 技术组合型联盟

联盟各方分别贡献自己的优势技术，实现优势组合与叠加。这种技术联盟的目的是通过联盟伙伴竞争优势的叠加来塑造两者的核心竞争力。

---

① Culpan. Multinational Strategic Alliances [M]. INC: The Howorth Press, 1993.

② 生延超. 技术联盟创新系统理论与实证研究 [M]. 北京：经济科学出版社，2010.

表 6-2 技术联盟的类型

技术联盟类型	特点	联盟案例
项目型技术联盟	实现成员企业的资源互补，增强技术创新实力，其特点是联盟各方都有明确的技术创新目标，都服从于和服务于一项目标，一旦目标实现，技术联盟自动解散	Nokia与韩国运营商SK电信宣布结成技术联盟，共同推动第二代WCDMA技术发展；Qualcomm与Microsoft携手开发新型无线电通信设备与数据服务，以及Konka、Alcatel-Lucent联手开发新一代手机等
购买型技术联盟	从表面上来看是简单地购买技术，但实际上是通过技术购买实现自身技术能力的突破，从而具备超强的技术能力	Motorola与Snptrack结成技术联盟，其内容即后者向Motorola提供应用于无线设备的全球定位系统技术；恒基伟业与Microsoft结盟，购买其新的Windows 3.0嵌入式操作系统，该公司还将在此基础上研发以Windows 3.0为操作系统的高端掌上电脑产品
生产型技术联盟	合作中企业为伙伴生产新技术产品，在生产过程中，深入了解新产品的工作原理、新技术的创新原理及创新特色，并与自身特色相结合，实现新技术的本土化	西安长岭公司与日本东芝公司的冰箱技术联盟
公司型技术联盟	没有现有的技术以供转移，却有实在的联盟载体	Sadie网站与中华网站组建一家50/50全新合资公司，推进中国信息经济及电子商务的发展
技术组合型联盟	往往发生在业界实力较强的企业之间，联盟企业一般已处于或接近市场主体地位，联盟既不以技术引进为目的，也不以盈利为目的，技术组合的结果是使联盟方共同成为技术领先者或拉大与竞争者的距离	Lenovo与Microsoft曾经结成的技术联盟：在联想的场景式功能操作环境软件"幸福之家"零售版中加入Microsoft的字处理软件Word 97专业版，使得产品具有不可比拟的优势特色

二、技术联盟与企业的核心竞争力

形成战略技术联盟的动机是复杂的，主要的目标是分摊创新的高成本和高风险。在制药、通信等领域，技术联盟还在于能迅速缩短产品开发的周期以及快速的国外市场渗透。还有一些联盟则集中于新产品的用户与供应商之间的合作，目标在于协调和推进技术标准化并使之成为行业标准。技术联盟的动机归结为三个方面：技术开发、获取伙伴的缄默知识和技术转移、市场进入和寻求市场机会。这三个方面归根结底是为了提升企业在市场上与众不同的能力，获取竞争优势。①

企业技术联盟是企业竞争力提升的一种主要途径，这已经被过去20年企业的全球扩张所证明。技术是企业提升核心竞争力的主要因素，一个企业有三种途径可以获得先进技术：②

- 兼并或收购一个拥有先进技术的企业；
- 提升自己运用资源的能力；
- 与其他企业组建技术联盟。在技术联盟中，合作创新以及技术外溢最终可以提升企业的核心竞争力。

本土化视角　TD产业技术创新战略联盟

产业技术创新战略联盟（以下简称“联盟”）是指由企业、大学、科研机构或其他组织机构，以企业的发展需求和各方的共同利益为基础，以提升产业技术创新能力为目标，以具有法律约束力的契约为保障，形成的联合开发、优势互补、利益共享、风险共担的技术创新合作组织。从概念来看，产业技术创新战略联盟实质上就是以企业、大学、科研机构为共生单元的共生网络。

TD产业技术创新战略联盟前身为2002年10月由电信科学技术研究院、联想公司、华立集团、华为技术有限公司、中兴通讯股份有限公司、中国电子信息产业集团公司、中国普天信息产业集团公司自愿联合发起的TD产业联盟（TDIA）。2008年7月，联盟新增中国移动通信公司为理事会单位。截至2011年1月，联盟共有8家理事会成员单位和83家非理事会成员单位。联盟的使命是致力于在世界范围内推广TD技术，整合和协调产业资源，促进基于TD-SCD-MA、TD-LTE及其演进技术的通信产业健康发展，使TDIA成员在发展中达到共赢，为移动通信产业的发展贡献力量。

资料来源：付苗，张雷勇，冯锋．产业技术创新战略联盟组织模式研究——以TD产业技术创新战略联盟为例［J］．科学学与科学技术管理，2013，(1)：4—5.

三、技术联盟伙伴的选择

合作伙伴的选择既是技术联盟的起始点，也是关键点。技术联盟是通过企业之间的技术合作实现创新，从而共同赢得激烈的市场竞争。在实现技术联盟之前，首先要

---

① Hagedoorn, J. Understanding the Rational of Strategic Technology Partnering: Interorganizational Modes of Cooperation and Sectoral Differences. Strategic Management Journal, 1993, (14): 371—385.

② Lambe, C. J., Spekman, R. E. Alliances, External, Technology Acquisition and Discontinuous Technological Change [J]. Journal of Production Innovation Management, 1997, (14): 102—116.

树立明确的目标，并据此寻找或接受能帮助实现目标、弥补自身不足的合作伙伴。一个合适的联盟伙伴的基本条件是：能够为主体企业带来所渴望的技术、技能、知识风险承担、进入新市场的机会等优势，特别是能够增强企业的竞争力。

(一) 技术联盟伙伴合作的形式及其要求

从企业技术联盟伙伴之间的合作形式来看，可以分为横向合作、纵向合作两种形式，每种形式对联盟伙伴都有不同的要求，如表 6-3 所示。

(1) 技术联盟伙伴的横向合作：是指企业之间通过技术的横向互补实现技术创新。

(2) 技术联盟伙伴的纵向合作：是指技术联盟企业通过上下游技术关键环节的互补、协作实现技术创新。

表 6-3　技术联盟伙伴合作形式及要求

技术联盟伙伴合作形式	特点	动因	对伙伴的要求
横向合作	各企业在资源互补的前提下建立起来的利益共同体。能够使资源得到合理的利用，避免资源的浪费，实现互通有无，在优势互补的基础上实现技术创新	通过强强联合来扩充双方可共享的资金、技术、生产能力、可用物资、市场网络等资源优势，通过标准化、专业化的提高，增加生产规模，降低采购、生产、销售成本，从而扩大在行业中的市场份额	1. 双方在资源方面具有比较优势和先进性，并且这种优势与企业本身的资源形成互补性结构 2. 联盟双方自由的重叠度最小化 3. 双方在行业中占有独特的经营优势，在某方面处在行业的竞争前沿 4. 企业发展目标一致
纵向合作	合作伙伴之间的相互配合如同一部机器，各个部门必须始终有效地允许。企业之间在技术链条上形成不同的专业方向，并且在技术链条中具有供与求的双重属性	企业通过联合多个上下游成员企业形成集约控制群体，从而实现资源互补，降低企业间合作成本，规避市场风险，实现技术创新	1. 从需方对供方的角度看，对纵向联盟合作伙伴的最重要的要求是技术开发以及技术依托能力 2. 从供方对需方的角度看，对纵向合作伙伴的一般要求是：机遇识别确切，确有可靠市场；资金运作正常，回款有保障

(二) 技术联盟伙伴选择的原则

合作伙伴的选择是技术联盟成功的关键所在。在选择合作伙伴时具有一定的原则。

1. 资源匹配性原则

该原则指的是合作各方的资源在多大程度上能够有效地整合到一个统一的战略中去创造价值。这些资源可以是配套型资源或者增补型资源。大部分合作的动机是需要获取自身不具备的资源，这样的合作是建立在合作各方的资源配套的基础上的。其他的合作中，企业会寻求所拥有的资源与其自身资源相似的企业作为合作伙伴，这样的资源称为增补型资源。增补型资源的联合使合作各方能够获得市场力量或规模经济。例如，BP 与 Mobil 将它们在欧洲的许多工厂合并，以获得规模经济和降低成本。

2. 战略匹配性原则

该原则指的是合作各方在经营战略、经营方式、合作思路以及组织架构和管理方式等诸方面的兼容程度。合作各方的目标不必相同，只要一方目标的实现不以伤害盟友为代价即可。不理解合作伙伴的真正目标，或者目标与本企业不兼容的企业勉强结盟，都会导致冲突、资源浪费和机会的丧失。例如，GE 与 Hyunju 之间的勉强结盟，尽管 GE 希望通过联盟降低其现有汽车模型的成本，但是 Hyunju 的目标是开放新技术，设计新的汽车模型。由于 GE 的成本导向与 Hyunju 的研发导向之间不兼容，这个联盟最终失败了。

此外，针对联盟对象的选择问题，还应该遵从 Michel Robert 提出的原则：

• 不要仅仅为了弥补自身的弱项而结盟，否则从一开始就陷入被动的依赖关系中；

• 不要与试图通过结盟弥补自身弱点的企业联盟，联盟的基础是各方都要有特定的优势。这集中强调了联盟伙伴优势相长、良性互动的内在要求。

（三）技术联盟合作伙伴选择方法

在选择联盟伙伴时，必须首先了解自身优势和薄弱环节，在寻找联盟伙伴时才能有的放矢，减少盲目性，对联盟伙伴的选择主要应基于企业资源和能力的互补性，以双方的贡献、远景和亲密度为出发点，即它必须能够有助于企业实现其战略目标，如进入市场、分担新产品开发风险、获取重要技术等资源；双方结盟意图一致并有长期合作的可能和趋势；同时还要求具有文化相容性，以减少合作的摩擦。总之，合适的潜在伙伴与自身企业之间应具有互补性、相容性、整合性、一致性。根据市场需求、竞争需要或发展需要，选择自身企业所需的联盟伙伴。

对于企业来说，选择技术联盟合作伙伴，具有一般企业所共有的方法，包括直观判断法、招标法、协商选择法、合作成本比较法、ABC 成本法以及层次分析法。

四、技术联盟创新网络

技术联盟不仅是一对一的合作，还可能是一对多、多对多的合作，因此技术联盟是存在于企业间合作网络之中的。① 这一网络是多重的、相互交织的企业间复杂的结盟关系，通过正式或非正式合约而结成。这一复杂的组织“丛林”，不仅是组织之间复杂的相互竞争与合作联系，网络结构限制或约束处于网络之中的企业的行为，从而影响其创新绩效，同时，企业的行为也贡献于网络结构的进化和发展。

（一）技术联盟创新网络的概念

技术联盟创新网络是指以企业、研究机构、高等院校、风险金融投资机构等创新

---

① 张延峰. 战略联盟中信任、控制对合作风险的影响及其组合绩效研究［M］. 上海：上海财经大学出版社，2007.

参与者，以及这些创新参与者形成的技术创新联盟，所构成的一种开放式创新网络系统。① 它综合了垂直联盟、水平联盟的优势，整合创新参与者内外研发力量，全方位进行科技合作，实现技术互补。这些创新参与者基于技术需要结成网络，每个企业和机构都是网络上的节点，企业从网络中接触其他组织的知识资源，进行技术交易和合作。②

（二）技术联盟创新网络的构成要素、层次与特征

1. 技术联盟创新网络的构成要素

瑞典网络学派提出的网络理论模型包括三种构成要素：参与者、资源和活动参与者行为。用该理论来分析技术联盟创新网络，就是要分析该网络的参与者有哪些，资源如何，参与者能参与哪些活动等。

技术创新联盟网络的构成要素主要是：

（1）参与者。技术联盟创新网络中的创新参与者包括企业、科研院所、大学、风险金融投资机构、政府等多元创新主体。

（2）资源。技术联盟创新网络中的技术资源主要包括两类：① 纯技术资源，即已经体现在设备以及工作环境中的资源和与其相关的知识产权专利、版权等；② R&D人力资源。

（3）活动。技术联盟创新网络中各参与者的R&D活动包括：① 企业、研究机构和大学直接从事的创新活动；② 支持创新活动的风险金融机构的R&D风险投资；③ 技术创新网络中，政府的主要任务是为技术创新和高新技术企业的发展创造良好的外部环境，使创新投入与创新产出之间形成良性循环。如政府可以通过政策支持创新，引导并支持信息中心的建立和发展，为创新参与者提供便利的信息检索服务，维护创新参与者之间的公平竞争等。

技术联盟创新网络中创新关系的多样性表现为创新主体的多元性、技术创新联盟的多样性，即同一创新参与者所建立的多重合作创新关系。首先，创新主体多元化。创新主体包括企业、研究机构、高等院校、风险创新投资基金等。其次，技术创新联盟的多样性。单个创新参与者的创新能力有限，而创新项目可能涉及多个知识领域，需要技术知识融合和发展才能完成创新，因此创新主体企业需要结合多种类型的创新参与者形成技术创新联盟，创新网络包含任意类型的技术创新联盟。

2. 技术联盟创新网络的层次

技术联盟创新网络有三个层次：最高层次是网络层；第二层是技术创新联盟；底层为创新参与者。

（1）网络层。技术联盟创新网络的结点是网络中的一个个创新参与者，如创新企

---

① 孙利辉. 技术创新网络的构成、层次及其特征研究 [J]. 青岛大学学报，2005，(1)：64—68.

② 陈华，陈建，戴淑燕. 高科技企业技术联盟管理 [J]. 科技学与科学技术管理，2005，(4)：34—39.

业以及相关的供应商、客户、竞争者、企业、研究机构、大学、投行、政府的科技部门及其他以创新为目的的参与者。结点密度越大，交流机会越多、越频繁，创新网络的创新能力越强。链结就是用来描述这些结点之间的交互作用关系，技术联盟创新网络中的网络关系就是这些结点间双边关系的集合。

（2）技术创新联盟。技术创新联盟是形成创新网络的核心和主要实体，是创新网络参与者之间根据不同创新目的所构建的进行创新活动的组织形式。它联合各参与者的创新资源，有具体要完成的创新目标。技术创新联盟是创新网络中连接各公司的纽带，因此研究创新参与者的行为以及技术创新联盟的形成与发展的规律对创新网络的健康发展至关重要。

（3）创新参与者指拥有创新资源和创新目标的参与创新活动的单位。

3．技术联盟创新网络的特征

技术联盟创新网络的特征主要表现在以下几方面：

（1）技术联盟创新网络是基于创新过程而建立起来的，在该网络中的参与者之间流动着与创新有关的资源，包括资金、技术、信息和人才等。与单纯的信息网络相比，在创新网络中流动的介质具有创新性、技术性、多样性和复杂性的特点。参与者是平等的、互惠的。参与网络的目的就是获得和提供有价值的资源和信息。技术联盟创新网络作为开发企业特定信息的互惠和交流的平台，可以通过创新网络降低信息不对称性，提高资源可获性。

（2）技术联盟创新网络中创新参与者之间的互补替代关系具有相对性。首先，从创新投资角度看，参与者的互补替代关系是相对的。如 Compaq 和 Dell 作为 Intel 最新芯片的销售商而相互替代，但从供应商——Intel 的角度看，从研发成本到建立全新的制造厂，Intel 要投资 10 亿美元研制新一代芯片，而 Intel 可以把这些创新投资分配给 Compaq、Dell 和其他硬件制造商。市场越大，研发费用就分散得越广。作为顾客，可以分摊研发费用；大量的需求使创新产品的供应者更快地修正学习曲线。同时，合作研发的参与者在分担创新投资时，是互补的；在完成创新后的产品市场中进行竞争，是替代的。其次，良好替代者的互补作用。创新伙伴和良好替代者（指能起到有益作用又不会带来太严重的长期威胁的替代者）合作，会促进创新。良好替代者将对创新伙伴产生有益作用，如增加竞争优势（吸收需求波动、细分市场、保护成本、改善与创新资源和政府管理者的讨价还价能力、降低反垄断风险），改善现有行业结构（如提高需求、提供额外货源、改善行业结构），援助市场开发（如分担市场开发成本、减少风险、协助结果的标准化和合法化、协助提高技术水平），阻止进入（如制造进入的困难、封锁部分进入途径、拥塞销售渠道）等。

（3）技术联盟创新网络促进技术的创新、扩散与商业化。正式的与非正式的技术联盟网络不仅会导致更多的创新，而且有助于扩散现有技术、专业知识和能力，特别是来自参与不同国家的合作项目的公司之间的联系，更需要参与网络之间的技术交流，由此会带来更多的协调效益。而公司之间技术联盟创新网络的发展又使许多产业，特别是高技术产业形成一种错综复杂的层次依稀可辨的“层级星系”，其中处于核心、被一群伙伴所环绕的公司通常是各产业的世界主要企业。行业内公司网络的形成也导致许多产业的市场结构发生了变化。在许多产业，如国际电信产业，市场为数量有限的几个公司间的联盟组合所导致，每个联盟组合都是合作公司之间构成的网络，这些公司的并入网络主要是依据系统的技术群或技术发展轨道，其结果是形成国际寡头网络。

(4) 技术联盟创新网络使得市场结构越来越复杂，竞争对手变得难以辨认。一家公司可能同时参与多项合作，活跃在各种技术联盟之中；每家公司都有自己的联盟组合，并且这些联盟组合之间也可能相互重叠。因此，一家公司与某些伙伴在特定的网络中可能是合作关系，而在其他网络中则是相互竞争关系。

(5) 在技术联盟创新网络中占据优势位置可以获得两种利益，即信息利益和控制利益。网络通过两种机制提供信息利益：一种是关系嵌入，强调直接联系对获得精细信息的重要作用，拥有直接联系的行动者彼此分享更多的信息和知识。二是结构嵌入，强调伙伴在网络中占据的结构位置所带来的信息价值，信息不仅仅在网络中最接近的联结中传播，还通过网络本身的结构传播。无论是关系性嵌入还是结构性嵌入都强调技术联盟创新网络可以赋予某些行动者信息优势。

(6) 技术联盟创新网络中的某些企业能够在网络中最大限度地发挥控制优势。它们由于处于两个或两个以上其他行动者之间而获得控制优势，控制优势的发生有几种情况，例如，当两个或更多企业与某个焦点企业具有同样的关系时，或者当多个企业都想与某个企业结成联盟时，在这些情况下，处于中间角色的企业可以为自己创造优势，这些优势可以在伙伴关系中转变成具体的利益。

(三) 技术联盟创新网络与创新绩效

复杂联盟创新网络是将企业抽象成同质节点，将企业间的关联抽象成边，所生成的具有复杂性的联盟网络。主要采用社会网络分析的方法，该方法通过绘制出网络结构图，用图形化界面表明网络特征，为学者们的研究提供强有力的定量化分析工具。社会网络分析本质上是从结构和功能的交互作用入手，揭示网络结构对置身其中的各类成员的功能的影响。具体到企业研究，战略联盟的研究在引入社会网络理论和方法之后主要出现了两个新的特点：一是从研究内容上来看，使得对联盟的研究由只关注联盟及其成员的自身因素，上升到关注联盟所置身的微观企业条件、中观产业状况以及宏观社会经济环境等全局性因素；二是从研究层次上来看，使得对联盟的研究由个体及双边关系层次，上升到网络层次，且研究对象可以灵活地在网络层面进行转换，而不会影响到某些理论的适用性。

联盟的成功与否，很大程度上取决于企业的多少。创新绩效正是企业的既有或最终获利，是企业商业价值的最终表现形式。企业加入复杂的技术联盟创新网络中，目的就是为了提高自己的创新绩效，增加自己的价值。创新绩效可以由很多因素来衡量，如 R&D 投入、专利申请数、专利获取数、新产品数、新产品产值占销售总额的比重情况、新产品的开发速度或创新产品成功率等。本书主要关注的是专利，很多企业特别是高技术企业往往用专利来体现知识创造成果。

本土化视角 联盟网络对企业创新绩效的影响

企业资源、联盟关系的强弱以及联盟网络的网络密度、企业的网络中心性和结构洞等要素都对企业创新绩效具有直接影响：企业资源丰富、强联系和弱联系数目均衡度高、相对较高的网络密度、较高的网络中心性以及占据较多结构洞位置，有利于企业创新绩效的提高。

企业资源正向影响企业的网络中心性、结构洞与其创新绩效的正向关系；网络密度负向调节企业联系强度均衡度与其创新绩效的正向关系；网络密度负向调节企业网络中心性与其创新绩效的正向关系；网络密度负向调节企业结构洞与其创新绩效的关系：当网络密度较低时企业结构洞与其创新绩效正相关，当网络密度较高时企业结构洞与其创新绩效负相关。

资料来源：张红娟，谭劲松．联盟网络与企业创新绩效：跨层次分析［J］．管理世界，2014，(3)：4—5.

1. 技术联盟创新网络的整体网络复杂性

从研究变量的选取角度来看，大多数研究关注的因素都是整体网络所具有的一些结构上的特征，诸如网络的规模、密度、网络中心势、小世界性、结构对等性、稳定性、互惠性、子群、孤立点等，在研究中也是以整体网络的这些特征中的一个或多个作为解释变量，探讨它们对嵌入其中的个体或群体的各种能力或绩效的影响。

本土化视角 结构洞度对联盟网络中企业创新绩效的影响

为了研究如何提高联盟企业的创新收益，在参考了大量国内外相关领域的文献之后，作者认为企业在联盟网络中所处的结构洞位置与局部网位置都将对企业的创新性产生影响，进而提出结构洞度的概念。文中，作者结合社会网络分析法与负二项回归方法，以社会网络理论为基础，以中国家用视听设备制造业企业联盟网络为研究对象，研究了企业在其战略联盟网络中所处网络位置的结构洞度对企业创新绩效的影响。研究结果表明，企业所处联盟网络的结构洞度的确可以对企业的创新绩效产生显著的促进作用，这将对企业在选择联盟伙伴时提供重要的参考依据。

资料来源：赵炎，郭霞婉．结构调度对联盟网络中企业创新绩效的影响研究［J］．科技进步与对策，2012，(17).

2. 企业个体在技术联盟创新网络的嵌入

从研究变量的选取角度来看，主要关注某局部网络中的个体或群体所具有的一些结构上的特征，诸如个体网络的度数、规模、中心性，个体占有的结构洞、直接联系/间接联系、强关系/弱关系等，在研究中以这些特征中的一个或多个作为解释变量(自变量或控制变量)，探讨它们对网络及其成员的各种能力或绩效的影响。

本土化视角 关系强度和结构对等性对创新绩效的影响

社会网络认为关系性嵌入和结构性嵌入都会对企业的行为和绩效产生影响。本文以中国半导体战略联盟为实证对象，结合探索式联盟和开发式联盟来考虑结构对等性和关系强度对企业创新绩效的作用，最后得出探索式联盟需要维系更多的强关系，开发式联盟则相反；结构对等性对探索式联盟的创新具有负向调节作用，而前者与企业创新绩效存在倒U型关系，后者对近期的探索式创新存在负向作用；如果企业已经从高结构对等度的网络中获取了足够的利益的话，再通过维系强关系所获得的利益就不会太多。文章进一步结合中国半导体行业联盟的现状进行了一些分析，并提出了相关建议。

资料来源：赵炎，周娟．企业合作网络中关系强度和结构对等性对创新绩效影响的实证研究［C］．第4届中国科技政策与管理学术年会论文集，2011.

五、技术联盟的管理及政府决策建议

（一）技术联盟的管理

技术联盟对企业发展的重要作用，吸引了全球企业的关注和加入。20世纪90年代以来，企业之间各种各样的联盟协议每年以超过25%的速度增长。全球500强企业平均每家拥有60个主要的联盟关系。但技术联盟的过程又充满了风险。联盟的失败率很高，在对900家合资企业展开的一个研究中发现，只有不到一半的企业达到预期目标。造成合作失败的因素有很多种，归纳起来，失败的主要因素集中在联盟目标不明确，合作伙伴不相适宜，在联盟中位置选择不当，合作者彼此不能互相信任，组织管理、行为习惯、企业文化难以融合，等等。这些因素直接影响到技术联盟合作效果和联盟预期目标的实现，直接导致联盟解散。在建立技术联盟时，要注意以下几个问题的管理：①

1．明确联盟目的，避免盲目联盟

任何企业在建立技术联盟的初期都必须有一个明确的目的，不论目标是什么，必须明确自己的核心知识和能力是什么，自己的技术优势和劣势是什么，还需要在联盟中获取哪些技术资源，哪些潜在合作者具备这些技术资源，潜在合作者希望在联盟中获得什么，自己的联盟目的与潜在合作者的目的是否相合，等等。明确了这些问题的答案，才能确定与谁联盟和如何联盟。企业切不可为解决某些燃眉之急，没明确自己的真正需要就匆忙与别人达成协议，引起日后纠纷。当企业之间联盟的目标能相互融合时，就具备了建立联盟的基础。

---

① 陈华，陈建，戴淑燕．高科技企业技术联盟管理［J］．科技学与科学技术管理，2005，(4)：34—39.

2. 选择适宜的合作伙伴

不同的技术联盟合作形式，对联盟伙伴有不同的要求。在对伙伴进行选择时，需遵循资源匹配性原则和战略匹配性原则。详见本章第三节第三部分。

3. 选择联盟中的最佳位置

技术联盟是一个由多个节点相互联系构成的，内部充满知识流动的网络，每个企业就是网络上的节点。每个节点上企业获得的知识量不同，因而每个企业在网络上获取的技术利益也不同。企业可根据自己的实际情况，选择联盟网络中可获得最大知识量和技术利益的节点。

本土化视角 网络位置与资源位置

联盟网络研究热潮已然兴起，企业在联盟网络中的位置影响其创新绩效的实证研究逐渐增多。企业自身资源优势也应当在这方面研究中被纳入考虑范围。作者以中国化学药品行业1995—2010年战略联盟数据为样本，运用负二项回归模型，从资源位置与网络位置两个角度探究企业的联盟位置对创新绩效的影响。研究结果表明，企业的资源位置优势仅对联盟合作前期创新有显著促进作用，后期不明显；整体网络位置优势对创新产出有显著促进作用，个体网中心位置优势影响不明显。实证结果可为企业选择联盟伙伴及在网络中主动占据有利位置提供理论依据。

资料来源：赵炎，刘忠师．联盟中企业网络位置与资源位置对创新绩效影响的实证研究．研究与发展管理，2012，24（5）．

4. 保持联盟的和谐稳定与持续发展

企业在建立技术联盟后，管理工作重点应集中在如何发挥联盟的协调效应、保持联盟的和谐稳定和实现联盟的持续发展上。

（1）共同创造和管理创新资产

首先，企业在联盟前应使用严密的语言签订详细的联盟协议，明确各方权利义务、成本分摊方法、创新成果价值核算方法、利益分享方法等，为以后分配新资产利益以及解决纠纷提供依据。其次，在联盟进展中，在董事会领导下成立专门小组监督联盟运作和资产管理。最后，取得创新资产后，将联盟协议作为分享利益的准则，任何违例行为都付诸仲裁法律解决。

（2）平等合作、相互信任

平等合作、相互信任是促进协同作用发挥的重要因素。联盟是依靠合作各方的力量来完成的，合作各方都希望从对方那里学到一些知识或与对方共同创造新知识。但很多知识是缄默和隐性的，只有各方平等相待、相互信任，在一种没有沟通限制和心理障碍的氛围中，合作者才有可能逐渐领悟和学习到有价值的知识，创造出新的知识。任何一方轻视、怀疑、戒备和封锁消息都不利于沟通和协作。

（3）融合企业文化和行为方式

世界上没有两个文化背景、行为习惯完全相同的组织，联盟企业在长期的合作过程中不可避免地会产生各种冲突。冲突给合作造成障碍，影响协同效果和联盟稳定。这就要求企业之间、管理人员之间相互理解、尊重对方的文化和行为方式，对方好的文化理念和行为方式，要积极学习吸收；不适合自己的文化和行为，要充分理解，必要时大度地作出让步，积极推动双方的融合。

（4）保护本企业核心技术，培养技术力量

联盟中保持信任和沟通，并不意味着可以泄露核心技术。技术的泄密不仅会使企业丧失竞争的本钱，还会导致企业之间的猜忌和矛盾，最终导致联盟的解体。因此，企业对涉及自己核心技术的知识联盟必须保持高度戒备，对于哪些知识可以用来交流，哪些知识必须严格保密，企业必须有明确的规定。此外，企业也不可过分依赖联盟伙伴，因为过分依赖会导致对方提出过于苛刻的条件，或使企业陷入被动。企业必须尽力培养起自己的技术力量，在合作中时刻牢记，任何合作者都不是永远的朋友，也不是永远的敌人，他们看中的只是永远的利益。

（二）技术联盟的政府决策建议

政府可以从产业组织政策、国际贸易与投资政策方面予以支持。[①]

1. 产业组织政策

在过去的产业组织政策中，对于企业间合作，无论是横向还是纵向整合，都被认为有可能降低市场竞争的强度，因此，政府对企业兼并吸收有严格的规制政策，例如，美国就有专门的反托拉斯法。然而，企业技术联盟的涌现，对传统的反垄断政策提出了挑战。也即是说，并非所有的企业间合作都是危害市场竞争的，必须区别对待。如果企业间合作降低了市场绩效，政府应该予以规制；如果企业间合作增强了市场绩效，政府应予以积极支持。

2. 国际贸易与投资政策

跨国企业技术联盟是企业技术联盟中的重要形式，政府通过市场准入控制政策、贸易和投资政策可以显著促进跨国企业技术联盟的发展。

（1）通过设定外商投资产业目录，即设置一些产业为外商自由进入的产业，一些产业为外商有限进入的产业，另外一些为外商禁止进入的产业。外国投资者要进入限制性产业就必须采取与东道主企业组建合资企业等技术战略联盟的形式来突破进入壁垒。

（2）通过政府采购政策的倾斜来激励跨国技术战略联盟的形成。在发达国家，例如，在美国和日本，政府的许多庞大采购计划只对国内企业或合资企业开放，跨国公司欲获得这些国家的政府订单，只有选择与当地企业组建合资企业，形成跨国技术战略联盟。近年来，中国的许多政府采购如汽车、通信器材、办公用品等都局限在国内企业和合资企业中进行，这也在一定程度上刺激了跨国公司与中国企业建立技术联盟的积极性。

---

① 任剑新．企业战略联盟研究——一个新型企业组织的典型分析［M］．北京：中国财政经济出版社，2003．

第四节　产业集群

一、产业集群的内涵及特征

产业集群是指某一特定产业的企业大量聚集于某一特定地区，形成一个稳定、持续的区域性竞争优势集合体；或者是指一群既独立自主又彼此依赖，既具有专业分工、资源互补现象，又维持着一种长期的、非特定合约关系的企业在一定地域范围内的集聚。它包含两方面的含义：一是水平型产业集群，即同一产业内的企业以及与之关联度较高的其他产业的企业在空间上的集中分布；二是垂直型产业集群，即相互独立的不同产业部门之间由于存在着上下游关系而形成的集合。①

产业集群在其产生和发展过程中，具有某些共同的特征。②

（一）地理集聚性

地理集聚是产业集群最基本的特征之一，也是产业集群这一经济现象的基础。产业集群内部企业在地理上的集聚使得企业之间的经济活动高度密集，增加彼此之间的联系。在有限的地理区域内，集群企业频繁的交互，增强彼此之间的信任，促进集群的创新和发展。

（二）地方根植性

“根植性”来源于社会学，强调经济主体之间的地方联系。产业集群中的经济主体由于具有相同的文化背景和制度环境，它们都具有地方根植性，其经济行为深深嵌入当地的社会和文化环境之中。可以说，根植性从根本上强化了集群的竞争优势，使得集群本身的生产活动更加具有独特性，并与当地的社会、经济和文化紧密地联系在一起，促进了集群的可持续发展。

（三）分工协作性

分工专业化不仅能够降低产品的平均劳动成本，还可以增加整个社会获得和积累知识的能力。在产业集群内，不仅有产品供应商、最终成品生产商、销售商，还有一些辅助性的产业部门和机构。它们之间密切配合形成集体效率，体现出很强的专业化分工性质，具有较高的生产率，这是简单的企业集中所不具备的。

（四）区域创新性

产业集群的创新能力是产业集群获取竞争优势的必备条件之一。集群内部企业之间的知识共享有助于企业对新技术的引进、消化和吸收，使得它们可以快速地协同创新，从整体上增强集群的创新能力。在产业集群中，共同的社会环境和知识背景等因素大大方便了企业对创新信息的搜寻、获得和调整，增强自身的创新知识，在集群中形成创新的产业文化。这反过来又促进了经济主体对创新信息和知识的“干中学”和

① 赵修卫，黄本笑. 技术创新管理［M］. 武汉：武汉大学出版社，2001.

② 熊鹤. 基于集群创新网络的浙江服装［D］. 浙江财经学院，2011.

"用中学",提高了集群中区域创新的投入和效率。①

(五)专业化

专业化是产业集群的最显著特征,专业化导致产业集群中存在明显的规模经济和范围经济。专业化使得单个企业能够专精于某一产品,而多个同类产品企业的地理集中,则能够生产出较大数量的高质量、低价格的产品,其结果是不仅产生一定的客户采购规模经济,而且能够创造出一定的地域品牌效应。

(六)网络化

网络化促进了集群中厂商之间的共同行动,强化了合作,实现了资源共享、优势互补,其结果导致了产业集群既能获得一定的规模经济,又能获得一定的范围经济。

二、产业集群的模型

现代产业集群存在多种态势,可以概括出四种集群模型:②

(一)钻石模型

该模型由 Porter 提出,认为集群成长需要四大因素密切配合:生产要素、需要条件、关联与支持产业以及企业竞争与战略,政府则对这四组因素起综合协调作用。

(二)集体效率模型

该模型以 Marshall 提出的外部性为起点,认为集群的成长主要来自两个部分:外部性与联合行动,即企业的地理集中产生了经济上的外部性,然后还需要集群内企业进行联合行动才能产生更大的竞争优势。

(三)专业化模型

该模型主要集中于专业化分工,认为集群的健康成长需要培育集群内企业的专业化分工及在此基础上的分工协作关系。

(四)国际化价值链模型

该模型突出的是价值链理论,价值链强调不能单独地看待一个产品,而是应分析一个产品从概念形成一直到最终的消费者全过程。在价值链基础上再考虑企业间的相互联系,并扩展到整个国际价值链,就构成了国际价值链模型,实际上强调了不同国家或企业在全球贸易价值链中的合作及其关联的关系。该模型的一个基本思想是认为,目前许多发展中国家的产业集群大多数是全球价值链的一个组成部分。

无论哪种集群模型,都存在三个重要问题:一是集群不仅仅是许多企业的某种集中,更是产业集聚;二是集群是自然形成,而不是通过外力(如政府的推动)产生的;三是集群的生命周期与发展,大致会经历初始、集聚、成长和成熟等多个阶段,为防止集群过早衰退,需要通过集群内部的合作与竞争来保持其生命力和竞争力。

三、产业集群的效应

在全球竞争的大背景中,产业集群表现出明显的竞争优势。产业集群中普遍存在

---

① 吴德进. 产业集群论 [M]. 社会科学文献出版社,2006:81.

② 赵修卫,黄本笑. 技术创新管理 [M]. 武汉:武汉大学出版社,2001.

的是企业之间的网络化合作关系，其效应可以概括成以下 5 个方面：[①]

（一）知识外溢效应

包括技术知识、供求信息和经营经验。这些知识具有两个特征：一是公共物品特征，它们一旦被创造出来，传播的速度越快，拥有的人越多，为群体带来的福利就越多；二是人际传播特性，这些知识包含许多隐性知识，需要通过人际间的交往来传播。由于产业集群造成了密切的生产间的相互联系和频繁的人际关系，因而有利于知识（特别是隐含经验类知识）的传播和扩散。

（二）创新资源的可得性

产业集群也会带来相应的资源（包括人才、技术和资金）的集聚，而这种集聚又会进一步产生吸聚作用，如相互关联的企业倾向在地理上群集在一块，各类人才倾向于到企业集中的地方寻求工作，资金也愿意投向企业集中的地区和产业。这种由相互联系企业的集中带来的资源集聚，也为集群中的企业获得所需要的创新资源提供了便利的条件。

（三）模仿与追赶效应

在产业集群中，企业相互接近，促进了它们之间的相互了解，并强化了它们的相互影响，这特别有利于它们相互之间的模仿和追赶。一方面，由于知识和技术的外溢，当新的思想和技术出现时，其他企业能通过相互间的密切交往而进行学习和模仿；另一方面，当新的竞争者出现时，又会通过相互间的影响而迫使企业努力追赶。

（四）拉拔效应

即相互支撑的相关产业和企业之间，通过先进产业和企业在产品开发、生产和销售等方面的支持和影响提升自己的竞争力。这种拉拔效应是在产业集群的情况下，因为地理上的接近性使相互间的影响加强，以及知识外溢、创新资源的可得性、模仿效应的综合结果。因此，拉拔效应在产业集群中表现也更为明显。

（五）市场效应

产业集群还能造成广泛的市场效应。一方面是由于产业和企业的集中，使产品种类和数量增多，用户有更多的选择余地；另一方面，产业和企业的集中也促进了竞争，使产品质量提高，成本下降，用户也更愿意前往选购。

四、集群创新网络的概念、特征及结构

（一）集群创新网络的概念

集群创新网络指的是在某一具体产业集群内，由各行为主体组成的，以技术创新和制度创新为目的，在长期正式或非正式交流合作基础上形成的，能够促进集群内部知识创造、存储、转移以及应用的各种活动关系的总和。[②]

---

① 赵修卫，黄本笑．技术创新管理［M］．武汉：武汉大学出版社，2001.

② 熊鹤．基于集群创新网络的浙江服装［D］．浙江财经学院，2011.

集群创新网络的概念是由网络——创新网络——区域创新网络——集群创新网络的脉络演化而来的。区域创新网络与集群创新网络在概念上有交叉。区域创新网络是指一定地域范围内，各个行为主体包括企业、大学、研究机构、地方政府等组织及个人在交互作用于协同创新过程中，彼此建立起各种相对稳定的、能够促进创新的、正式或非正式的关系总和。区域创新网络主要强调的是创新网络所在的区域，而集群创新网络更多强调的是创新网络所在的集群。

集群创新网络区别于一般网络：第一，网络中的大多数成员都位于同一个区域内，即地理上的集中。第二，知识成为构筑集群创新网络的关键资源，尤其受空间限制的隐性知识更是创新网络取得竞争力的特殊资源。第三，企业是集群创新网络的中心主体，企业与大学、研究机构等行为主体进行密切的合作与协同创新。第四，正式关系和非正式关系是构成集群创新网络的主要联系方式，这就意味着集群创新网络不仅包括产业网络，还包括社会网络。第五，网络内形成特有的创新产业文化。这种文化是集群创新网络形成和发展不可或缺的因素，有利于催生创新灵感、激发创新潜能、保持创新活力的良好的创业氛围。

（二）集群创新网络的特征

1. 多元互补性

集群创新网络的行为主体是多元的，不同主体拥有不同的异质资源，它们在创新过程中承担一定的、不尽相同的创新职能，进行一定的、与创新活动有关的活动。多元主体把相互之间的物质和信息等各类资源联系起来，可以有效降低交易成本和各类风险，产生“1+1>2”的协同效应。因此，集群创新网络中的企业之间以及企业与大学、研究机构、中介服务机构之间能够互惠互利、优势互补、互相促进和共同发展。

2. 开放性

集群中的网络创新是主体之间相互合作、内外开放的过程。由于集群创新网络是连接比较松散的组织，集群中的创新主体在互动合作过程中必然会与集群外部的相关组织和机构发生联系，需要更多的合作伙伴，以获得更多的创新资源。同时，与外部创新主体互动，能够保证集群内部的创新活动适应外界环境的变化，增强集群的竞争力。

3. 动态性

集群创新网络始终处在不断变化与发展之中，其动态性主要体现在以下几方面：第一，网络中企业的进入和退出，引起集群创新网络结构的不断变化。第二，网络内的资源在不停地创造和流动，集群创新始终伴随着集群内企业的集体学习，创新资源分布于每个节点，相邻的企业间往往会高度分享创新成果和隐性知识。第三，与外界联系的动态性。集群要创新，必须突破地域的锁定，与外界进行知识互换和学习，以此提升集群自身的整体技术水平和创新能力。

4. 学习性

集群网络式创新是集群中企业之间、企业和相关机构之间集体学习的动态的累积过程。知识和信息会沿着创新网络中的联系流动，网络中的主体通过学习获取、利用知识而产生并传播创新，提高集群的技术能力。集群企业只有不断与网络中的节点进行学习和交流，才能在市场竞争中取胜，而集群企业所表现出来的这种不断的交流，使网络具有学习性特征。

5. 根植性

集群创新网络的地方联系不仅包括经济的，还有社会的、文化的和制度的等各方面。共同的区域空间内，由于具有相同或相似的社会文化背景和制度环境，企业经济行为深深根植于共同的圈内语言、背景知识和交易规则，易于产生聚合效应。各成员之间通过社会网络连接起来，有助于增强网络内的信任、显性知识的传播与扩散，而且更重要的是可以促进隐性知识在更广的区域范围内共享与流动，从而利于网络的创新。而且集群创新网络也只有通过本地化过程，在外部开放连接的同时更重视其根植性，才能不断从本地的创新环境中汲取“营养”和增强网络整体的创新能力。

6. 竞争协作性

集群创新网络内部的行为主体之间既有竞争又有合作的关系。当集群处于整体创新的模式时，内部行为主体之间更注重互动与合作，这种合作是在相互信任的氛围下的一种广泛的互动与合作。同时，这些主体之间还存在着竞争的关系，追逐最大的经济利益始终是企业的根本目标。有效地竞争可以为集群提供持续创新的不竭动力，而这种集群整体创新模式中的竞争其实就是一种协作竞争。

（三）集群创新网络的基本架构

1. 集群创新网络的节点

集群中的创新主体一般包括企业、大学、政府部门、中介服务机构等，它们之间相互协作，形成集群创新网络。因此，集群创新网络的节点也主要由它们组成，各节点之间的联结如图 6-10 所示：

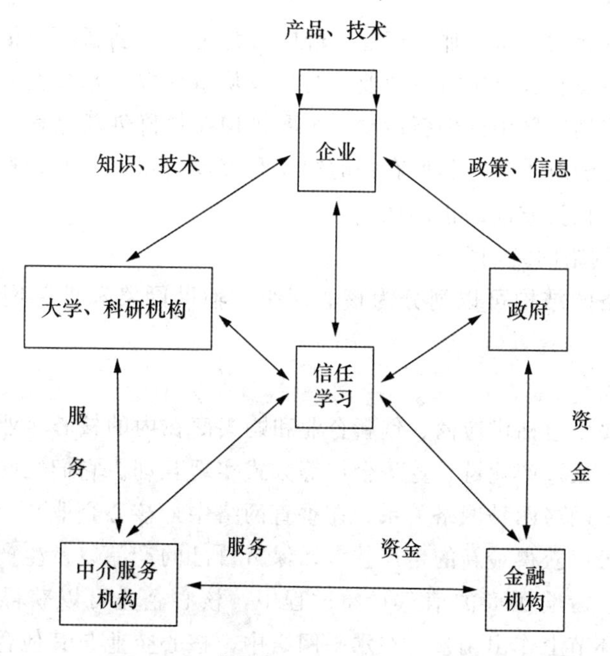

图 6-10　集群创新网络中各节点关系

资料来源：黄海云．区域创新网络的构建及运行研究［D］．福州：福州大学，2006.

(1) 企业

企业是产业集群中参与创新的最直接的行为主体，是集群创新网络的核心要素。按照产业链划分，主要包括各类销售代理、营销类以及外围的一些相关企业和互补企业等。可以说，企业是集群创新网络内创造价值的主体，是研究集群创新网络的重点和出发点。

(2) 大学及科研机构

大学和科研机构是知识和技术的重要供给机构，能够为集群创新直接提供外部知识和技术，不仅如此，它们还组织并参与集群中企业的创新活动，推动了创新知识和信息等在集群中的扩散。

(3) 政府部门

政府部门是产业集群创新成败的决定性力量。政府部门不仅为集群区域提供各种公共性硬件设施，还制定各种公共政策和法律制度，而这些因素很可能影响到集群中行为主体的创新积极性和创新效率。政府部门可以在市场机制无法发挥作用的时候，凭借自身特殊的身份弥补市场作用的缺陷，从而更有利于集群的创新和发展。

(4) 中介服务机构

中介服务机构在集群创新过程中扮演着重要的角色，主要包括各种行业协会、同业公会、创业服务中心、法律服务机构等中介组织。它们具有市场灵活性和公共权威性，可以有效地规范企业的竞争行为，促进资源的合理配置，协助解决企业创新时碰到的各类经营管理、资本及法律等方面的困难，进而提升集群创新的效率。

(5) 金融机构

如果缺少了资金的支持，那么产业集群中行为主体的创新活动很难完成。产业集群中的金融机构主要有国有银行或商业银行以及从事证券、基金交易的公司等，这些机构能够直接影响到集群中的创新活动。金融机构在集群创新过程中不仅仅扮演着融资的角色，同时也随时关注与集群有关的知识和市场信息，以便调整集群中企业的战略方针，确保自己投资方向的正确性。

2. 集群创新网络的结构划分

集群创新网络的结构可以划分为核心网络、辅助网络和外部网络三部分，如图6-11所示。

(1) 核心网络

核心网络主要由包括供应商、创新企业和购买商在内的核心企业和相关企业的互动关系组成，它们通过产业链、竞争合作等方式实现互动。它们之间的联结方式主要有垂直网络和水平网络两种网络关系。在垂直网络中，核心企业与上游供应商之间协作开发与创新，可以获得最新的生产技术，保持自己的产品以及生产工艺在市场竞争中的优势；在与下游购买商的信息互动过程中，核心企业可以获得市场上的最新消息，便于在各个环节上作出调整。在水平网络中，核心企业与其他企业之间可以形成包括相互之间如产出上的互补关系或竞争关系，市场开发上的互动关系，在要素投入

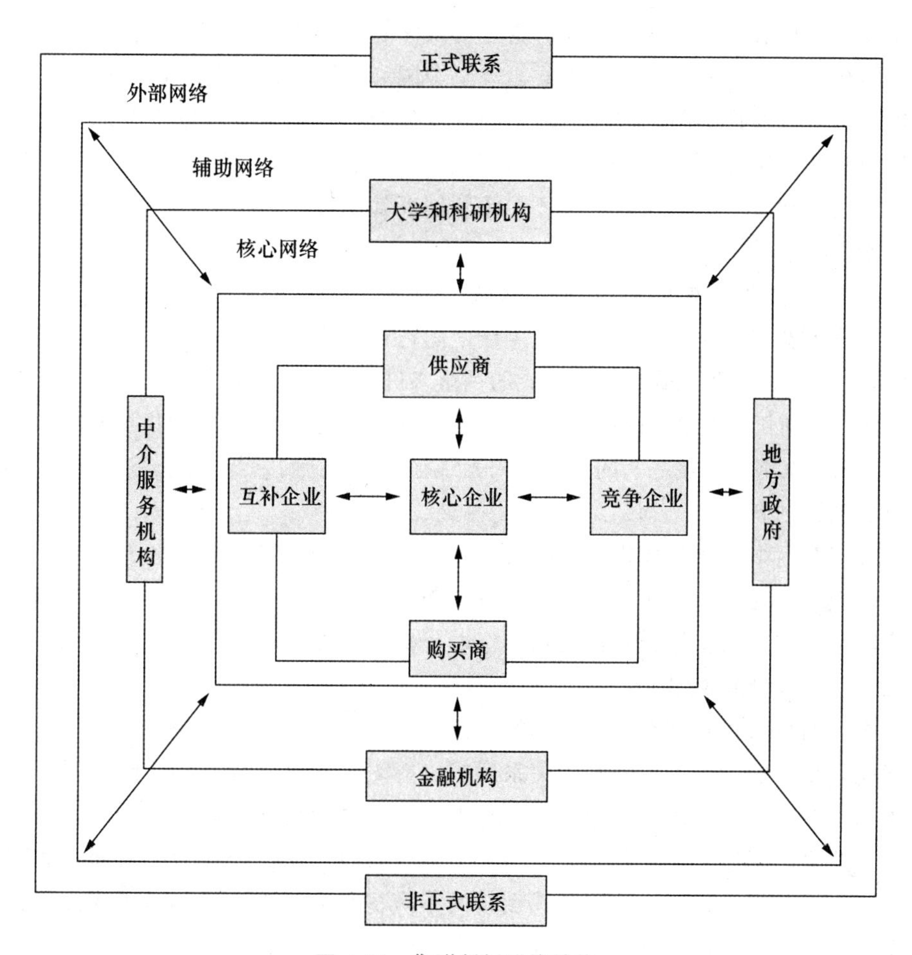

图 6-11 集群创新网络结构

资料来源：魏江．产业集群：创新系统与技术学习［M］．北京：科学出版社，2003.

上的资源和基础设施共享关系等。①

（2）辅助网络

辅助网络主要包括大学和科研机构、地方政府、中介服务机构以及金融机构。大学和科研机构不仅可以为企业输送人才，还可以为整个创新网络提供显性知识的存量和流量。地方政府在集群创新过程中为企业等创新主体提供公共基础设施和一些诸如法律、法规等政策性服务。中介服务机构则可以规范集群中企业的竞争和合作行为，促进集群中创新行为主体内部知识的整合和扩散。金融机构的主要职责是为企业和大学、科研机构的创新提供资金和贷款，以方便创新过程的顺利完成。

（3）外部网络

集群创新网络是一个开放的系统，创新主体在加强本地联系的同时，还要注重与外部创新主体进行资源、知识和信息上的联系，建立集群创新网络的外部网络。外部

① 魏江．创新系统演进和集群创新系统构建［J］．自然辩证法通讯，2004，26（1）：26.

网络主要是由集群内部企业与群外的企业、大学和科研机构以及中介服务机构等建立联系的网络系统，包括与其他的集群，甚至全国和全球范围内的集群的市场、资源和信息联系。本地的集群网络通过与外部网络发生合作和联系，可以不断地更新本地集群的知识基础，避免集群陷入“僵化和被锁定”的状态。同时，内部网络与外部网络之间知识的互动，可以形成良性循环，保证创新知识和信息的不断流动和扩散，促进创新的不断产生。①

3. 集群创新网络中各节点的联结方式

在集群创新网络中，每一个行为主体之间都可能发生直接或者间接的联系，他们通过之间存在着的各种正式或者非正式的关系来进行接触、沟通以及交流等，从而促进各自的学习与创新，在集群内部产生一种有效的内生创新力量，推动集群不断创新与升级。集群创新网络各结点之间的联结方式大致有正式创新网络与非正式创新网络两种。②

(1) 正式创新网络

正式创新网络主要是指集群中的行为主体在市场交易过程中形成的长期稳定的关系，主要表现为集群中企业与大学和科研机构、地方政府、中介服务机构等相互之间的正式联系。如产品交易、官方技术合作以及报告会等正式场合的联系与交流。

(2) 非正式创新网络

非正式网络与正式创新网络是相对的概念，非正式创新网络是指集群中的行为主体之间凭借自己的社会关系和私人关系形成的能对技术创新起直接或间接影响的交流网络关系。非正式创新网络主要通过人与人之间的社会网络关系起作用，如企业员工之间、企业家之间以及企业技术人员与大学和科研机构中的技术专家之间在非正式场合的交流以及频繁的接触等。非正式创新网络有多种表现形式，如非正式交流、基于信任基础上的合作、集群创新文化等。

(3) 正式与非正式创新网络的关系

正式创新网络与非正式创新网络并不是相互对立的，而是相辅相成的关系。二者在集群创新过程中相互协调，共同促进集群的创新；同时，它们彼此之间相互交叉，在功能上实现互补，正式创新网络经常要嵌入非正式创新网络中，而非正式创新网络要通过正式创新网络来发挥作用。可以说，正式创新网络与非正式创新网络是不可分开的整体，共同促进集群的创新。

五、集群创新网络的运行机理和动态演化

(一) 集群创新网络的运行机理

集群创新网络内各构成要素之间相互联系和作用的方式和过程，即集群创新网络的运行机理，具体包括资源共享和能力互补机理、集体学习机理和合作信任机理。三

---

① 王艳. 集群创新网络的内部运行机理及动态演化 [D]. 华东师范大学，2009.

② 熊鹤. 基于集群创新网络的浙江服装 [D]. 浙江财经学院，2011.

者之间既相互区别又密切联系，共同构成互为激励、彼此促进的动态化系统。①

1. 资源共享和能力互补机理

资源共享和能力互补机理构成集群创新网络运行的基础，为集群创新网络初期的网络构建提供了动力。

2. 集体学习机理

集体学习为集群创新网络协同创新提供了动态多元渠道，是实现知识激发创新的关键。

3. 合作信任机理

无论是资源共享和能力互补机理，还是集体学习机理，都需要完善的信用环境加以保障，因此合作信任机理为成员结网和集体学习提供了环境保障。

网络的信任程度越高，企业间越有可能投资于专有资产，提高成员之间的互补性；同样，能力的重叠性与互补性提高也促进了企业间的信任与合作，加强了本地化的合作氛围。两者的交互作用营造了创新的社会文化氛围和结构条件，创造了一种本地化组织间频繁的知识互动和学习交流，为集群创新网络内的知识整合和创造提供了基础。总而言之，能力互补和资源共享程度越深，合作信任越容易建立，集体学习的机会就越大，三者相辅相成，共同推动集群创新网络向高级演化。如图 6-12 所示：

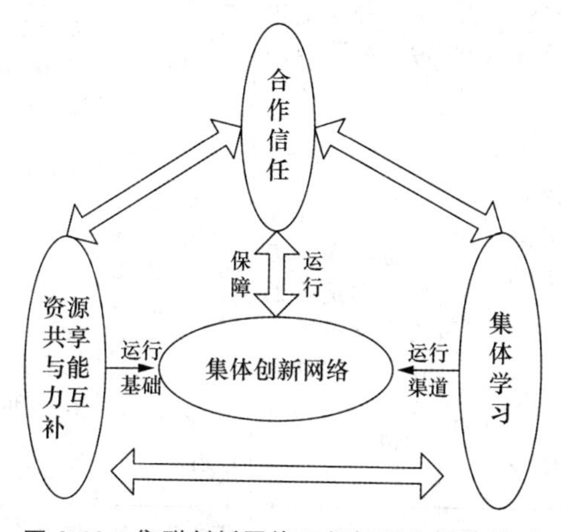

图 6-12　集群创新网络运行机理之间的关系

资料来源：王艳．集群创新网络的内部运行机理及动态演化［D］．华东师范大学，2009.

（二）集群创新网络的动态演化

集群创新网络的演化也即集群创新网络形成与不断发展的过程。结合集群创新网络运行机理，可以从宏观（网络密度、网络范围、网络稳定性）和微观（网络节点学习能力）网络发育特征在各阶段的变化情况来考察集群创新网络的演化路径。依据生命周期特性，将其划分为孕育期、成长期和成熟期。②

① 王艳．集群创新网络的内部运行机理及动态演化［D］．华东师范大学，2009.

② 同上。

1. 集群创新网络发育特征

(1) 宏观网络发育特征

宏观网络发育特征包括网络密度、网络范围和网络稳定性。网络密度（网络规模）是一个量度指标，描述了网络内实际存在的联系数量占可能联系数量的比例。网络密度的大小意味着创新网络内的企业可以获取的创新资源的丰裕程度。网络范围是指创新网络中企业与其创新伙伴之间的关系种类，代表集群创新网络中关系类型的丰富程度和关系的异质程度。网络的稳定性表征网络内节点不受机会主义影响，各种正式和非正式联系能够频繁进行，并能持久保持的程度。合作信任机理对集群创新网络的稳定性起着关键作用。（如表 6-4 所示）

表 6-4　宏观网络发育特征对集群创新网络的影响

		网络密度		网络范围		网络稳定性	
		高	低	规模大	规模小	强	弱
宏观网络发育特征对网络创新过程的影响	知识聚合	企业间互补性强，网络区域密集，带来充分的知识碰撞，但也可能带来网络的封闭性，不利于网络的外部知识获取	稀疏网络代表的是一种开放性网络结构，有利于网络外部知识获取和学习	网络内企业可能接受来自垂直和水平，甚至外界更大范围的异质知识源，可聚合的知识种类较多	网络内企业只可能在有限的范围接受知识，容易产生模仿	容易建立合作信任关系，减少道德风险，有利于集群企业间共享一些重要知识，利于获取多元知识	不容易建立合作关系，网络内企业间彼此持有怀疑心理，不利于知识的流动和聚合
	知识重组	密度网络有利于信任和规范的形成，促进资源优化配置	稀疏网络不利于信任关系的建立，容易产生机会主义行为，不利于知识的有效配置	网络内企业成员更能在需要时找到适合的能力互补的合作者，帮助其吸收和重组新知识	网络企业寻找帮助的知识提供者的范围小，不利于企业知识吸收和重组	持久的合作关系中，集群企业间彼此相互了解，知识传递方与接收方能清楚对方需求，知识流动顺畅，便于企业知识重组	没有经过长期的合作和相互了解，集群企业间的知识合作容易是一次性或短期性的，当企业面临知识吸收困难时，较难获得帮助，不利于知识重组
	知识创新	密度网络会形成密度和结构冗余，技术易产生封锁，不利于知识整合	稀疏网络中知识具有异质性，同时企业更具外向性，有利于知识整合和创新	网络企业的合作者和竞争者多，知识多元化的撞击，有利于转化知识，激发创新	网络企业知识缺乏或知识冗余性高，易产生技术封锁，不利于转化知识，激发创新	集群企业间的合作关系维持越长久，彼此间越可能共享某些重要知识，而这将有利于企业内部的知识开发	集群企业间较短时期的合作关系，促使企业不断寻找新伙伴，缺乏激发创新需具备的合作上的连续性

(2) 微观网络发育特征

微观网络发育特征主要是指网络节点的学习能力。网络节点的学习能力与集体学习机理密切相关，后者的良性循环最终由网络节点的学习能力反映。集体学习机理的建立与运行具有路径依赖性，可形成难被模仿的网络节点学习能力，从而形成产业集群的竞争优势。[1] 网络节点的学习能力主要表现为学习的内在欲望,[2] 对外部知识的聚合、转换和运用能力，以及团队合作能力，三者相辅相成。

2. 不同网络发育特征下的动态演化

（1）孕育阶段

集群创新网络的孕育期，也即集群重在纵向产业链上的建立和集聚阶段，以技术引进与吸引外商投资为主，此时企业的集聚仅仅是一种“集而不群”的状态。从网络特征来看，网络各节点的要素不够完善，网络密度相对其他阶段也最低，网络范围也最小，各网络节点间的联结也不够紧密，稳定性较差。由于企业之间的“创新氛围”无法在较短时间内建立，只能依靠声誉、网络制度规范、承诺等因素，借助政府协助，建立契约型信任。集群内部网络节点的学习欲望和团队合作能力得不到施展，网络节点主要进行知识聚合。一方面，个体通过观察、模仿和亲身实践，进行默会知识的转化；另一方面，集群成员企业的个体隐性知识逐渐转变为公共显性知识，例如，公共政策与制度、行业规范、道德原则、商业惯例等。集群内部学习氛围尚未形成，知识获取的主要途径是企业间模仿、企业间纵向合作、行业内正式沟通及外部技术引进、吸引外商投资。

（2）成长阶段

随着纵向产业链的完善，水平网络开始不断扩张，创新网络的演化进入柔性专业化阶段，企业之间开始广泛技术合作。由于众多企业的汇聚，具有相同的社会文化背景和历史基础，集群内人与人之间的信任度增加，隐性知识、信息和技能等在集群内快速扩散和流动。创新网络成员间相互信任度提升，契约信任过渡到认知信任。信任程度的加深推动了非正式联系的增加，因此网络节点的知识不断发生重组，汇集在一起在创新网络中不断地碰撞、激荡、分裂、重组，集体学习也开始发挥作用。从网络形态特征来看，网络各节点要素已经基本具备，集群创新网络已经达定的完善程度。资金、技术、知识、信息等资源可以在主体之间得到迅速的传播，网络资源总量也相应得到增加。网络对企业的“吸聚效应”，使得共享互补性增强，网络的密度增大，并呈现急剧增加态势。

（3）成熟阶段

伴随自主创新的技术愈来愈融入区域发展的过程，集群创新网络进入成熟时期，群内以自主创新为主，并拥有自身集群品牌效应。整个创新网络以集体学习为主要特征，各行主体不断地协同创新。网络各节点的联结更加紧密，创新资源的流动更加频繁，知识溢出效应明显。隐性的社会网络和人际关系网络等非正式创新网络体现出强大的作用。隐性知识、技术、信息在集群内的顺畅流动，极大地促进了群内企业的创新速度和效率，提高了创新绩效。大量相关企业的近邻促进了源于正式与非正式交流形成的社会一致性，提供了企业的共同认知，共同的经验和共同的参照系，提升了共

---

① 马萍．产业集群内的集体学习过程和机制研究［D］．华中科技大学，2004.

② 肖渡，沈群红．知识时代的企业合作经营［M］．北京大学出版社，2000.

同的文化和地方根植性，集群成员深深扎根于本地，真正体现马歇尔提到的“创新的空气”。从网络形态特征来看，网络各节点要素已经非常完备。这个阶段的集群网络最大的特征就是主体间关系开始稳定，网络密度趋于相对稳定。网络范围也因集群外部关系的拓展变得更加丰富，且不断提高关系的品质，获得较强的全球价值捕获能力。网络成员共同营造出“信任”“凝聚力”“互惠”“忠诚”的创新空气，激发创新。集体学习氛围浓烈，企业成员将从网络内重组来的知识，逐渐转化为个体内部的默会知识，转化为群内特有的竞争优势。集体学习的途径在前阶段基础上更加丰富，企业不断从网络母体进行衍生，并展现网络强大的创新活力。企业网络具有强开放性，网络系统中的企业与远距离的客户、供应商和竞争对手保持联系。

（三）集群创新网络的运行机理与动态演化的关系

不同运行机理作用于集群创新网络的不同阶段，表现出不同的网络发育特征。资源共享与能力互补在集群的建立初期发挥着重要的作用，随着合作的深入，交易的增加，合作信任将产生于企业网络之间，并营造良好的合作氛围。反过来更加促成了企业之间的合作与网络的发育，当信任逐步由强制性的契约信任过渡到共识信任，知识也逐步在网络内实现由聚合、重组到激发创新的过程。三种机理不断互为补充，互为促进，内涵发生变化的过程中，推动着集群创新网络更成熟。

六、集群创新网络对集群发展的作用

集群创新网络对于集群的发展和创新具有重要作用，主要表现在以下几个方面：

（一）集群创新网络加强了产业集群的资源共享和能力互补优势

集群创新网络的建立为企业提供了一个信息交流的平台，各种知识、信息能在集群企业间更快速便捷地传播，从而节约了企业的学习费用；企业与区域内大学、科研机构等行为主体之间通过网络联系发生强大的交互作用，推动知识创新的增值与创新的扩散；从整个产业集群来看，各个企业通过创新网络形成专业化的分工，相互之间形成优势互补，可以有效地降低交易成本，提高知识和资源的协同效应，从而提高产业集群的整体技术创新能力，增强产业集群的竞争力。

（二）集群创新网络为群内企业提供了集体学习机制

集群创新网络为群内创新主体提供了一种互动、开放式的学习过程，通过各种正式与非正式的交流渠道，企业不仅可以利用知识溢出效应获得个体难以获得的知识，而且可以通过交互式地沟通增加彼此的信任度和默契感。而隐性知识对于集群的重要程度往往高于显性知识，对隐性知识的学习更能反映创新的成效。

（三）集群创新网络降低了企业参与创新过程中的风险

技术创新过程存在许多不确定的因素，研发周期长，产品的生命周期短，单个企业进行技术创新需要承担更多的风险，而创新网络通过企业间的分工协作，减少了创新的不确定性，而且企业可以利用内部网络广泛的技术基础迅速开展创新活动，从而降低企业参与创新过程中的风险。

七、产业集群的政府决策建议

政府在产业集群产生和发展的过程中往往起着重要的作用。这是因为，产业集群在处理产业集群内的关系时，一般要比政府的行政行为更为合适，但产业集群的能力是有限的，产业集群外的事情往往需要政府的支持和帮助。

（一）产业集群的外部环境

因产业领域、市场环境、民族国别、文化氛围的不同，产业集群的生成和发展没有一定的模式，一切因时、因地、因资源、因制度而有所不同，政府对产业集群的作为更应从产业集群本身的特点出发加以支持。不过，产业集群也有一些共性的东西，如产业集群的产生和发展有其内在的规律，更多的是在一定外部环境条件下自生的生态系统。政府不应该试图改变产业集群的生态模式，但对于产业集群与外部环境的交流，政府可以创造条件，加以扶持。如政府应创造条件使企业能自由进入或退出集群产业，新的企业的进入往往会带来新思想、新方法、新的竞争方式，从而使原有的结构分化、瓦解、重组，促进新的创新，提高整个行业的竞争力。如果产业集群的企业不能自由出入，新的企业进不来，经营不善的企业退不出，那么原有的产业集群就会逐渐僵化，产业集群内的竞争就会逐渐减弱，集群的优势便大打折扣。政府可以促进人才的流动，使产业集群内的人才保持自由竞争、自由流入与流出。美国硅谷的发展就离不开美国实施的技术移民政策。

（二）产业的升级

产业集群的升级主要依靠产业集群的自组织和自增强能力，但在现有的条件下，产业集群内的小企业还没有自我升级的能力，需要政府提供有力的支点。现在很多产业集群还只是同一产业简单地聚集，还处于较低的层次，如在河北省就出现了许多产业集群的县、市，如清河的羊绒、辛集的皮革，但这些产业集群还没有实现自我发展的模式。最明显的就是产业集群内几乎没有研发机构，这样的产业集群迅速衰亡的风险很大。政府应想办法促进产业的升级。如通过税收等优惠政策吸引技术含量高的企业，引导和协调科研机构产业集群的联系，以促进产业集群的升级。还有一种情况就是，产业集群中的企业在产业链中更多的是“精益求精”，使自己的产品更好地适应本产业集群，而不考虑产业的升级换代，使得产业集群整体对产业的升级有很大的“惰性”，这也是政府需要加以引导的。

（三）消除产业集群负的外部性

产业集群的吸聚效应、协同效应、激烈的竞争和紧密的合作都可以认为是产业集群正的外部性。但产业集群也存在负的外部性，如产业集群内一家企业的机会主义行为，就可能会导致整个产业集群受到影响，在20世纪90年代初期，温州的制鞋业就是一个明显的例子，使温州鞋业这个产业集群受到很大的打击。产业集群内的机会主义行为可以由产业集群内的机制来消除，但产业集群外的机会主义行为往往需要政府行为来消除，或引导产业集群内的企业建立产业集群内的企业协会，从内部消除这种机会主义行为。

（四）新的产业集群的形成往往需要政府的扶持和帮助

这里，新的产业集群是指新的产业的形成。如北京中关村的崛起就离不开政府的作用，印度的IT产业基地班加罗尔岛能发展到如今的地步，与印度政府和卡纳塔克邦的扶持和帮助是分不开的。有人认为，产业集群的发展不需要政府的参与，认为政府的参与破坏了产业集群的自生性。我们认为，新的产业形成初期，产业集群的优势还没有建立，还形不成吸聚效应，需要政府的扶持和帮助。

本章小结

1. 合作创新已成为现代技术创新的一个重要且普遍的趋势，对此，有关的理论研究也作了很多说明。概括而言，这些理论基础主要包括企业资源和能力理论、交易成本理论、产业组织理论、竞争优势理论等。

2. 创新网络是合作创新的一般形式，但二者存在区别，本章对合作创新与创新网络进行了比较。实践中具体采取哪些创新网络的运作形式，取决于该运作形式是否符合企业的目的和需要。本章第二节就创新网络的成员特点及其合作目的，将创新网络的运作形式分为5大类。

3. 技术联盟是创新网络的一种重要形式。本章第三节主要探讨了技术联盟的概念及类型、技术联盟与企业的核心竞争力、技术联盟伙伴的选择、技术联盟创新网络等内容，并就技术联盟的管理提出了相关建议。

4. 产业集群也是创新网络的一种重要形式。本章第四节主要探讨了产业集群的内涵及特征、产业集群的效应，重点分析了产业集群创新网络的相关内容，并就产业集群的管理提出了相关政府政策建议。

讨论题

1. 说说合作创新和创新网络的关系？
2. 技术联盟的类型有哪些？
3. 产业集群和产业集群网络的区别和联系是什么？
4. 对于产业集群的管理，政府应该注意些什么？

参考文献

[1] 陈仲伯．高新技术企业持续技术创新体系研究［D］．中南大学，2003.

[2] 陈华，陈建，戴淑燕．高科技企业技术联盟管理［J］．科技学与科学技术管理，2005，(4)：34—39.

[3] 董静．企业创新的制度研究［D］．复旦大学，2003.

［4］傅家骥．技术创新学［M］．北京：清华大学出版社，1998.

［5］胡波．高新技术企业技术创新模式研究［D］．华中科技大学，2004.

［6］吕波．高新技术企业网络化合作创新模式与运行机制研究［D］．中国海洋大学，2007.

［7］李闯．产业集群 张江自主创新的“反应堆”［J］．中国高新技术产业导报，2007.

［8］刘兰剑，司春林．创新网络17年研究文献述评［J］．研究与发展管理，2009，21（4）：68—77.

［9］罗炜，唐元虎．国内外合作创新研究述评［J］．科学管理研究，2000，18（4）：14—19.

［10］李新春．战略联盟、网络与信任［M］．北京：经济科学出版社，2006.

［11］马萍．产业集群内的集体学习过程和机制研究［D］．华中科技大学，2004.

［12］赵修卫，黄本笑．技术创新管理［M］．武汉：武汉大学出版社，2001.

［13］联合创新．商业评论百科—专业的管理百科［EB/OL］．http：//wiki.ebusinessreview.cn/%e8%81%94%e5%90%88%e5%88%9b%e6%96%b0.

［14］罗炜，唐元虎．企业合作创新的原因与动机［J］．科学学研究，2001，19（3）：91—95.

［15］彭清洁．LYBF公司技术创新模式研究［D］．西北大学，2004.

［16］任剑新．企业战略联盟研究——一个新型企业组织的典型分析［M］．北京：中国财政经济出版社，2003.

［17］施健．民营企业与跨国公司技术合作研究［D］．同济大学，2007.

［18］孙利辉．技术创新网络的构成、层次及其特征研究［J］．青岛大学学报，2005，（1）：64—68.

［19］宋文娇．基于跨国技术联盟的合作创新研究［D］．吉林大学，2007.

［20］生延超．技术联盟创新系统理论与实证研究［M］．北京：经济科学出版社，2010.

［21］王大洲．企业创新网络的进化与治理：一个文献综述［J］．科研管理，2001，22（5）：96—103.

［22］吴德进．产业集群论［M］．北京：社会科学出版社，2006：81.

［23］王东旭．青岛明月海藻集团有限公司技术创新模式研究［D］．中国海洋大学，2010.

［24］王辉．跨国公司技术联盟管理研究［D］．复旦大学博士论文，2004.

［25］魏江．产业集群：创新系统与技术学习［M］．北京：科学出版社，2003

［26］魏江．创新系统演进和集群创新系统构建［J］．自然辩证法通讯，2004，26（1）：26.

［27］王艳．集群创新网络的内部运行机理及动态演化［D］．华东师范大学，2009.

[28] 肖渡，沈群红．知识时代的企业合作经营［M］．北京：北京大学出版社，2000.

[29] 熊鹤．基于集群创新网络的浙江服装［D］．浙江财经学院，2011.

[30] 幸理．企业合作创新的基本概念辨析［J］．现代企业，2006，(7)：37—38.

[31] 谢勇．动态价值群的协同问题：模型和方法初探［D］．东南大学，2005.

[32] 于冬．企业合作创新绩效影响因素分析［D］．大连理工大学，2008.

[33] 杨海珍，裴学敏，陈晓帆．技术创新过程中的网络研究［J］．西北大学学报（自然科学版），1999.

[34] 张公一．基于跨国技术联盟的合作创新机理研究［D］．吉林大学，2010.

[35] 张延峰．战略联盟中信任、控制对合作风险的影响及其组合绩效研究[M]．上海：上海财经大学出版社，2007.

[36] Arndt，O.，Sternberg，R. Do Manufacturing Firms Profit from Intra-regional Innovation Linkages? An Empirical-based Answer. European Planning Studies，2000，8：465—485.

[37] Culpan. Multinational Strategic Alliances［M］. INC：The Howorth Press，1993.

[38] Freeman，C. Networks of Innovations：A Synthesis of Research Issues［J］. Research Policy，1991，20（5）：499—514.

[39] Gulati，R.，Alliances and Sustained Competitive Advantage［J］. Journal of Management，1997，17（1）.

[40] Hagedoorn，J. Understanding the Rational of Strategic Technology Partnering：Interorganizational Modes of Cooperation and Sectoral Differences. Strategic Management Journal，1993，(14)：371—385.

[41] Lambe，C. J.，Spekman，R. E. Alliances，External，Technology Acquisition and Discontinuous Technological Change［J］. Journal of Production Innovation Management，1997，(14)：102—116.

本章关键词中英文对照

创新网络 innovation network
合作创新 collaborative innovation
战略联盟 strategic alliance
技术联盟 technological alliance
产业集群 industrial cluster

第七章

服务创新的概念与特性

章首案例

余额宝的服务创新模式之概念创新

1. 互联网金融

阿里巴巴集团（以下简称“阿里集团”）于2013年6月推出的余额宝由于其参与人数的广泛性、增长速度的爆发性以及对社会经济的巨大影响力而引起了整个金融业甚至全社会的高度关注。余额宝让互联网金融走进人们的视野。

谢平、邹传伟（2012）首次提出了互联网金融模式的概念，他们认为，互联网金融模式既不同于商业银行间接融资，也不同于资本市场直接融资。互联网金融能通过提高资源配置效率，降低交易成本来促进经济增长，并产生巨大的社会效益。徐迎阳（2014）指出，互联网金融是传统金融机构及互联网企业等多种主体利用互联网、移动互联网等工具向互联网用户提供的便捷、高效、智能的金融服务，体现了开放、平等、协作、分享的互联网精神的互联网金融，其透明度、参与度、协作性、中间成本、操作上的便捷程度均优于传统金融。吴晓求（2014）指出，互联网金融指的是以互联网为平台构建的具有金融功能链且具有独立生存空间的投融资运行结构。互联网技术特性与金融功能的契合性（互联网与金融系统的资源配置、支付结算、风险配置和竞价机制四种基本功能相耦合）大大优化了金融功能。他进一步指出，互联网金融在中国目前还处在初始状态，未来的金融业态是互联网金融与传统金融在竞争中共存，在共存中竞争。当前以余额宝为代表的互联网金融势如破竹，已经成为金融创新的一股重要推动力量。

2. 1元理财服务

Chris Anderson于2004年在《长尾》一文中最早提出长尾理论：只要拥有足够多的产品存储和流通渠道，众多小市场汇聚成的市场能量可与主流大市场相抗衡，需求不旺盛或销量低的产品所共同占据的市场份额可以达到甚至超过那些少数热销产品所占据的市场份额。热卖品向利基转变、富足经济以及众多小市场聚合成一个大市场是长尾理论的三个关键。Chris Anderson进一步指出，网络时代是关注“长尾”、发挥“长尾”效益的时代。

支付宝的大数据显示，截止到 2013 年年底，余额宝人均持有金额为 4307 元，其中上海宝粉客单量最高，人均 10563 元，其次是浙江 6477 元，江苏 4858 元位列第三。传统商业银行的理财产品一般最低起售点为 5 万元，若按照该标准，拥有 5000 亿的 8100 万"宝民"是无法理财的。余额宝推出后，年满 18 岁的中华人民共和国大陆居民拥有至少 1 元，即可申请成为余额宝用户。据《中国证券报》报道，余额宝 2013 年 6 月 17 日正式上线，仅一天后，余额宝的第 100 万位用户就在线诞生。推出 1 个月，其规模已经超过 100 亿，顾客规模超过 400 万。截至 2014 年年初，余额宝用户数突破 8100 万，这一用户数量甚至超过了 A 股股民的数量（同期沪深股市有效账户数分别为 6700 万和 6500 万）。

余额宝的一路高歌猛进正是"长尾理论"的写照，余额资金的财富化使得它聚集了从不理财也没有太多闲钱的无数"宝民"，为"宝民"支付宝里的大量沉淀资金创造了增值通道。

3. T+0 赎回

汇添富基金管理公司于 2012 年 12 月 21 日在业内发行的汇添富收益快线货币市场基金开启了 T+0 赎回型货币基金的先河。随后，阿里集团于 2013 年 6 月推出了采用 T+0 赎回的余额宝。余额宝的推出让 T+0 前所未有地吸引着人们的眼球。T+0 赎回意味着余额宝的流动性与活期存款相当，灵活存取。一旦向余额宝里存钱，实则是购买了一定数量的货币基金；反之，如果从余额宝里取钱，就是把手中的基金变现。T+0 赎回之所以难以实现，原因在于：开放式基金区别于封闭式基金的最大差异是投资人可以随时申购和赎回基金，因此流动性风险是开放式基金管理的最大难题，大额赎回量的确定是开放式基金控制流动性风险所不可回避的问题。

资料来源：张瑾，陈丽珍．余额宝的服务创新模式研究——基于四维度模型的解释［J］．科技与经济，2015，(2)：3—4.

1. 余额宝的横空出世会不会威胁到中国四大银行的发展？为什么？

2. 余额宝在互联网金融领域是怎样进行创新的？对我们的启发是什么？

第一节　组织服务的概念与特性

一、组织服务的重要性及其概念界定

（一）组织服务的重要性

组织（organization），作为管理的一种职能，同时也是管理职能实现的载体。在这里，我们所提及的服务也是限定于组织这个载体的，所以以下关于服务的概念均是指组织服务（organizational service）。提到服务，不得不让人先联想到服务业，也即国内所说的第三产业（tertiary industry）① 中的一部分。组织服务的持续创新无论是对于一个地区的创新还是组织自身的创新无不产生深远的影响。对于制造业来说，传统的产品模式已经逐渐被整合的服务产品模式所取代，产品服务化的趋势可谓是先进制造业的一个重要创新点；同样，对于现代服务业来说，服务产品化也日趋成为主流模式。这种服务业和制造业的融合也表明了服务作为一种产品在组织发展中的重要作用。

2008 年，我国服务业的产值超过了 12 万亿元，服务业的产值以每年 10%左右的速度快速增长。但是和世界较为先进服务业的发展水平相比，国内的服务业相对还比较滞后，一是体现在绝对数量的规模上，二是体现在服务业增加值占 GDP 的比重上。最近几年来，国内的服务业占 GDP 的比重一直保持在 40%左右；发达国家服务业占 GDP 的比重则在 70%以上，即便是世界平均水平也在 60%以上。2010 年，根据国家统计数据分析，上半年，我国的服务业在 GDP 中的比重为 42.6%，比去年同期增长了 1.3 个百分点。另根据中科院 2010 年统计，“十二五”规划的最后一年即 2015 年，我国服务业增加值占 GDP 比重将增长 4 个百分点，占 GDP 比重将达到 48%，会超过工业比重成为主导。从就业趋势来看（见图 7-1），服务业的从业人员也是在逐年递增，预计到 2015 年我国很有可能迎来一个崭新的服务经济（service economy）时代。

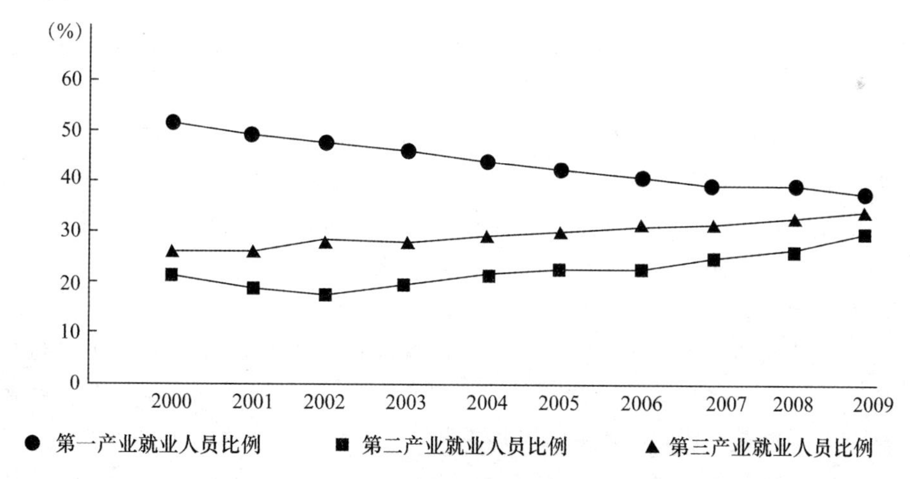

图 7-1　全国就业人员从事产业的比例变化趋势

资料来源：2010 年《中国的人力资源状况》白皮书.

在工业经济时代，服务最初是制造企业不得已而为之的附带价值活动，服务部门是“成本中心”（cost center），它是导致顾客不满意的“保健因素”（hygienic fac-

① 第三产业是英国经济学家、新西兰奥塔哥大学教授费希尔于 1935 年在《安全与进步的冲突》一书中首先提出来的。

tor)，而不是带来顾客满意的“激励因素”(motivational factor)。而在知识经济时代，制造业企业打破了对于服务的传统认识，开始强调服务的相对独立性，越来越多的制造业企业已经深刻地意识到，制造业企业如果只关注产品的生产而忽视服务的话，不可能在激烈的市场竞争中立足。他们更加注重服务的重要性，不再仅仅提供产品，而是提供产品、服务、支持、自我服务和知识的“集合体”。另外，服务在这个集合体中越来越居于主导地位，成为增加值的主要来源，制造业同服务业之间的界限越来越模糊。基于服务角色的演变，服务在制造业企业的价值链中也变得越来越重要。以前，制造业企业的价值大多来自生产过程；现在，增加值主要来自技术进步、风格特性、产品形象以及其他由服务创造的属性。①

全球化视角 **制造业的新观念：工业的服务化趋势**

近年来，“传统工业领域”有不少企业的运作模式已经转变为服务经济模式，或即将转变为服务型企业，制造业与服务业间已没有泾渭分明的界限。

经济学中把某种经济活动被纳入企业组织内部的情形称为这一活动的“内部化”(internalization)，而把与之相反的过程，即某种经济活动脱离企业内部而独立进行的过程称为“外部化”(externalization)。在知识经济条件下，社会分工向纵深发展，加之市场竞争的加剧和企业改革的深化，制造业企业将加速业务重组，大量的中间产品和加工过程独立出来，形成营销服务、技术服务等各种独立的服务行业。由于服务活动的外部化，使得原本发生在企业的“内部分工”变成了“社会劳动分工”。所以服务活动的外部化本身就是制造企业内部分工不断深化的结果和产物。现在，许多大公司都会在发展的过程中根据需要逐步地将专门性的服务部门推向外部，形成专业服务型企业，如汽车销售企业，计算机软件服务企业等，它们原本都源自内部需求分工的扩展，客观上都促成了新的服务活动的快速增长。同时，制造业结构的优化升级，也将加大对生产性服务业的需求，促使金融、证券、研发、咨询、市场营销、信息网络服务等服务业的发展。

1980年，通用电气公司(General Electric)的利润中有85%来自于实物产品的销售，但现在其75%的利润却来自于服务产品；IBM公司自出售个人电脑事业部以来，一直朝着服务型企业转变；中国的华为公司也不断推出自己的不同领域整合解决方案，无疑是看重了服务所带来的高附加价值；耐克是一个知名的运动品牌，但在生产上采取了虚拟化策略，所有产品都不由自己生产制造，而是外包给世界各地尤其是中国的生产厂家，耐克公司则主要集中人才、物力、财力开展产品设计、市场营销和品牌维护。因此，尽管耐克是制造业，但经营业务却是服务业。

---

① Quinn, J. Intelligent Enterprise: A Knowledge and Service Based Paradigm for Industry [M]. New York: The Free Press, 1992.

服务型制造（service embedded manufacturing）的典型特点主要体现在：

• 在价值实现上，服务型制造强调由传统的产品制造为核心，向提供具有丰富服务内涵的产品和依托产品的服务转变，直至为顾客提供整体解决方案。

• 在作业方式上，由传统制造模式以产品为核心转向以人为中心，强调客户、作业者的认知和知识融合，通过有效挖掘服务制造链上的需求，实现个性化生产和服务。

• 在组织模式上，服务型制造的覆盖范围虽然超越了传统的制造及服务的范畴，但是它并不去追求纵向的一体化，它更关注不同类型主体（顾客、服务企业、制造企业）相互通过价值感知，主动参与到服务型制造网络的协作活动中，在相互的动态协作中自发形成资源优化配置，涌现出具有动态稳定结构的服务型制造系统。

• 在运作模式上，服务型制造强调主动性服务，主动将顾客引进产品制造、应用服务过程，主动发现顾客需求，展开针对性服务。企业间基于业务流程合作，主动实现为上下游客户提供生产性服务和服务性生产，协同创造价值。

鉴于制造服务业巨大的发展潜力，我国应大力推进大型制造业集团和装备制造业领域服务业的发展，将其作为新时期推进产业转型的重要着力点。

资料来源：唐茂华．制造业服务化转型的新动向［J］．红旗文稿，2011，(7)：1—2.

（二）组织服务的概念界定

关于组织服务，可以追溯到1750年，重农主义者将服务定义为“农业生产以外的其他所有活动”。这个定义被亚当·斯密（Adam Smith）作进一步的修正，即“不产生有形产品的所有活动”。随着社会和生产力的发展，关于服务的定义和内容的不同见解一直持续不断。科特勒（Kotler）对服务作了如下定义：任何组织或个体以一定行为方式满足其他组织或个体的某种无形需求的活动，其过程不必依赖于有形的工具。

而市场营销学者们早在20世纪50—60年代就开始对服务的概念进行研究，然而由于服务的种类纷繁复杂，所以至今还没有一个权威的定义被大家所普遍接受。

1960年，AMA（美国市场营销协会）给服务的定义是：“服务是用于出售或是同产品连在一起进行出售的活动利益或满足感。”这一定义后来虽被广泛采用，但它仍然没有明显地将有形产品和无形服务区分开来。

我国于1991年制定并颁布的《ISO9004-2-91质量管理和质量体系要素——第二部分：服务指南》中对“服务”的定义是：服务是为满足顾客的需要，供方和顾客之间接触的活动以及供方内部活动所产生的结果，可分四个注解：

(1) 在供方与顾客的接触中，供方或顾客可表现为人或设备。

(2) 在供方与顾客的接触中，顾客的活动对服务提供可能是必不可少的。

(3) 有形产品的提供或使用可构成服务提供的一部分。

(4) 服务可与有形产品的制造和提供相联系。

由于服务实际是传递客户价值的一种重要途径，我们认为组织服务可以被定义为：组织向其客户传递价值的载体，它与产品相结合，组成服务产品，该价值也称为服务价值（service values），这里强调了该价值一定是基于客户的，也就是客户导向的价值（customer oriented values）。

二、组织服务的特性分析

1. 组织服务产品的生产（产品服务化）

产品服务化战略是所有组织未来发展的必然趋势，而有效的供应链管理是这些企业实行产品服务化战略的重要保证。"servitization"一词最先是由 Vandermerwe 和 Rada 于 1988 年提出，他们将服务化定义为制造业企业由仅仅提供产品或产品与简单附加服务向"物品+服务包"（product service bundles）转变，制造业企业不再仅仅提供物品，而是以客户为中心，提供更加完整的产品服务包，包括产品、服务、支持、自我服务和知识，并且服务逐渐在整个包中居于主导地位，是价值增值的主要来源。①

为了提供产品服务系统或集成解决方案，制造企业需要在他们的供应链中以相似的形式进行整合。在产品服务化供应链中，制造企业的产品流与服务流呈现出交叉协调传递的特征，产品流和服务流相互耦合，并伴随着供需信息、顾客参与和体验信息等在供应链中传递。（见图 7-2）由此可见，制造企业供应链发生了根本的变化，由产品供应链（products supply chain）转变为产品供应链和服务供应链（services supply chain）的交互存在。

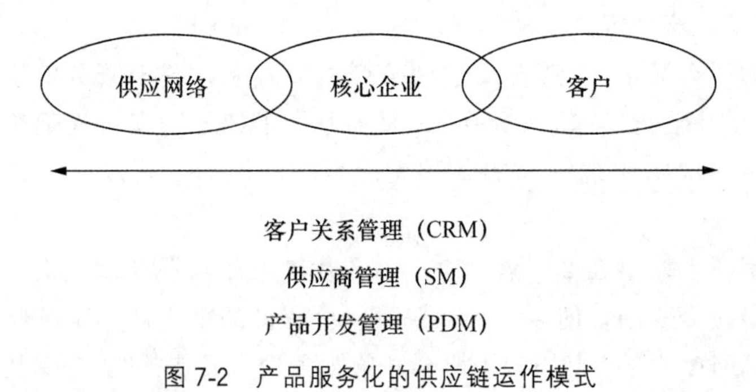

图 7-2　产品服务化的供应链运作模式

2. 组织服务的五个特性

虽然服务具有复杂性和多样性，但是服务产品本身在一定程度上却具有统一的基

---

① Vandermerwe, S., Rada, J. Servitization of Business: Adding Value by Adding Services [J]. European Management Journal, 1988, 6 (4): 314—324.

本特征和属性。曾有学者提出过服务的四大特性：无形性（intangibility）、易逝性（perishability）、同时性（simultaneity）、差异性（heterogeneity）。也有学者认为，服务的第五个特性为缺乏所有权（absence of ownership）。根据服务产品化的趋势，我们提出了组织服务的五大特性：无形性（intangibility）、易逝性（perishability）、差异性（heterogeneity）、产品化性（commercialization）、主动性（initiative）。

（1）无形性

无形性也可称为“不可触摸性”，这是与一般物质产品的有形性相对立的特征。无形性是服务最为显著的一个特性，无形和有形是服务与产品的最主要的区别。

产品是一种有某种具体特征和用途的物品，是由某种材料制成的，有一定的体积、重量、颜色、轮廓和形状的实物。而服务不是实物产品，服务是无形的，顾客在购买之前是看不见、尝不着、摸不到、听不见、嗅不到的。虽然有些服务项目包括一些物质产品（如售后维修服务的零部件供应），但服务的中心内容是向顾客提供有价值的活动，并不是转移某种产品的所有权。因此，顾客只能从看到的服务设备、资料、人员、价格上作出服务质量的评价。通常情况下，只有充分信任服务的提供者才会购买或消费。

（2）易逝性

服务是一种在特定时间内的需要。一个厂家可以先生产若干产品然后储存起来等待销售和消费，但服务却不可以储存起来等待消费。因为服务的生产与消费同时进行，当顾客购买服务时，服务即产生，而在顾客没有购买服务的时候，服务的提供者只好坐等顾客，如电脑的装机。

服务不可储存，也容易消失。服务在可以利用的时候如果不被购买或利用，它就会消失。当需求稳定时，服务的易消失性不成问题，但当需求上下波动时就会对提供服务的企业造成很大的困难。因此，需求管理是提供服务的企业的一项极为重要的工作。

（3）差异性

品质差异性是指服务的构成成分及其质量水平经常变化，很难统一界定。由于人类个性的存在，使得服务质量的检验标准很难统一。一方面，同一服务人员所提供的服务可能会有不同的水准；另一方面，由于顾客直接参与服务的生产和消费过程，于是顾客本身的因素（如知识水平、兴趣爱好等）也直接对服务的质量和效果产生影响。

（4）产品化性

由于服务自身的特性（如服务的无形性、服务的不可储藏性、服务的生产过程就是其被消费的过程等），决定了服务不能用一种有形的形态展现在人们的面前，客户在购买服务之前，看不见、尝不到、摸不着、听不见、嗅不到。虽然有些服务项目包括一些有形产品（如售后维修服务的零件供应），但服务是向客户提供有价值的活动，并非转移某种产品的所有权，因此，客户只能从看到的服务设备、资料、人员、价格上来对服务作出评价，决策是否购买某种产品。因此，只有通过有形产品，把服务展现出来，使服务产品化，才能不断增强消费者的购买信心。

(5) 主动性

服务是以客户为中心的，所以天然地会根据客户需求来选择适合的客户群投放，这是服务作为产品的主动性。企业在选择性地生产服务包前，需要进行市场的可行性分析以及客户定位，所以主动性体现了一切生产活动的这个前提。

第二节 服务创新的概念

一、服务创新的理论研究

(一) 国外服务创新的理论研究

服务创新在知识经济（knowledge economics）中有着至关重要的作用，但在创新的理论研究中服务创新的研究却比较滞后。大多数创新研究是针对传统的工业领域，只有少量的服务创新研究主要集中在产品创新、过程创新和组织创新上，其中又以产品创新居多。服务创新的研究目前主要集中在欧洲，如研究项目 SI4S，主要的研究学者有 J. Hauknes，F. Gallouj，J. Sundo，R. Bilderbeek，G. Marklund，P. Den Hertog，Miles 等，服务创新的应用在美国非常普及，从大型的跨国公司 MNC，到初创型的中小企业，都能找到服务经济的身影。

Bonas 和 Lundvall 通过研究发现，“技术发展和创新研究主要集中在工业，只给予服务业边缘的考虑”。更糟的是，当创新被认为对国家竞争力和经济增长具有很重要作用的时候，服务业却被看作是创新的落伍者，对生产力增长几乎没有贡献。有些研究学者开始挑战这个观点，他们的研究集中在知识密集型服务业（knowledge-intensive business services，KIBS）内部的关系、服务创新的特性和全球化的学习经济。他们认为，服务不再是一个单独的和外围的经济因素，而是经济系统的一部分。新的服务观强调工业和服务业之间的传统区别已经变得模糊。Lundvall 和 Bonas 发现，原来把服务看作消费部门的观点正在向把服务看作功能部门转变。这种转变来自于新知识的生产和分配，特别是和新知识的服务以及对现有服务行为的重塑有关。

Quinn 阐明了战略服务在形成竞争和比较优势中的作用，而 Reich 则关注“技术”服务能力在形成新的产业结构和组织模式中的作用。Illeris 进一步讨论了“先进的”或“优质的”商业服务在影响地方经济增长方面的关键地位。其他有关服务和服务创新的研究还包括：Mile 阐述了服务的特性，认为知识密集型服务业具有破坏客户的技术路线能力，因为知识密集型服务业在提供服务或增加其新技术的同时，可能干扰客户的知识基础。Gadrey 等人完美地回答了“生产服务的意义”，并指出除了技术能力之外，人和组织的能力对于提供服务来说也很重要。Claudia 认为，服务创新通常是由新技术诞生而引起的。Gallouj 等人还提出了六种创新模型来描述服务创新，即变革创新、改进创新、增值创新、全面创新、重组创新和形式化创新。①

近年来，专家学者们运用工业的创新以及产业研究的数据，采用案例研究、问卷调查、统计分析等方法，研究服务创新及其对其他经济部门的影响、服务创新的政策制定、信息技术对服务创新的影响、服务创新的模型、服务创新在创新系统中的角色、服务创新与工业创新的异同、某个行业的服务创新模式、某一国家或某一区域的服务创新，并特别关注知识密集型服务业在创新中的作用、知识密集型服务与其他经济部门的联系、知识密集型服务业与客户的知识管理等问题。

由欧洲委员会资助的SI4S研究了服务领域的创新及其如何影响其他经济部门的创新。他们统计分析了服务的发展，研究了服务创新及其变化过程，特别研究了知识密集型服务业的发展及其对其他服务业和工业的创新的贡献。重点研究包括：分析服务在欧洲创新系统中的角色变化；结合创新政策、技术政策和商业策略思考服务在创新中和创新在服务中的作用。另外，还有研究机构专门评估知识密集型服务业对当地经济的重要性。

Nahlinder 和 Hommen 研究了瑞典服务业的创新，分析了与服务创新有关的就业变化，特别集中在技能的需要。他们质疑了知识密集型服务业应该有就业增长和技能提高模式的假说。通过分析CIS2（团体创新调查CIS是欧洲委员会、经济合作和发展组织（OECD）与欧盟成员国一起进行的一种联合实践，以获取技术创新方面的信息资料。它跨越广泛的工业领域和国家专门收集有关创新过程中的投入和产出方面的企业层次上可比对的数据资料。第二次调查（CIS2）是在1997—1998年间进行的）。数据一方面阐述了服务创新的技能和资格的关系，另一方面提出了基于知识密集型服务业的创新理论框架、技能、资格和劳动力供需模式。

关于服务创新研究方法体系的演变，经历了从“技术主义方法”到“服务导向方法”再到“综合性方法”的三次重要演变，并形成了相应的三类学派。图7-3给出了按照时间序列划分的服务创新的三阶段示意图。

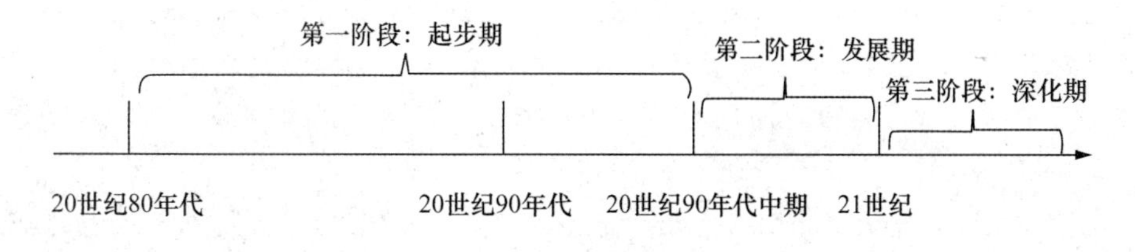

图7-3　服务创新研究的三阶段划分

① Gadrey, J., Gallouj, F. & O. Weinstein. New Modes of Innovation: How Services Benefit Industry [J]. International Journal of Service Industry Management, 1995, 6 (3): 4—161.

全球化视角 物流企业服务创新模式

1. 产业物流集成服务创新模式

该模式就是纵向一体化的模式，主要由物流企业承接制造企业或商贸企业外包的物流业务，沿着客户的供应链延伸物流服务链，集成客户不同环节的物流系统，提供综合、一体化的专业物流服务。具体包括：第一，分段提供集成服务，如八达物流铁矿石供应物流一体化服务、安得物流冰箱销售物流一体化服务，都是分别针对制造业供应链上不同阶段的物流需求，集成各种物流功能，承接一段物流外包业务。第二，提供供应链全程的物流服务，将供应链上不同的阶段进行整合，提供完整的全价值链物流服务，这类服务创新模式常见于汽车物流领域，如安吉汽车物流有限公司服务于上海大众、上海通用等知名汽车厂商，长安民生物流股份有限公司服务于长安汽车、长安福特等汽车厂商。

2. 物流与其他流集成服务创新模式

物流企业在提供各种物流服务的同时，还根据客户的需求，集成信息流、资金流的一些服务，使物流、资金流、信息流协调运作，实施组合创新，该模式属于横向一体化的模式。这种模式通过多种服务产品进行组合，是比较灵活的模式，目前许多物流企业都在尝试此类服务创新项目，主要包括：

（1）物流和资金流集成服务。这是物流企业在提供仓储、运输、配送服务的同时，与其他行业的企业合作，特别是与银行合作，增强服务功能，开展资金结算、资金融通等金融业务。目前，我国物流企业提供的物流和资金流集成服务创新模式主要包括两种：一是代收货款服务，即物流企业在派送货物时，帮助发货企业向收货人代收货款，并按照约定的周期返款给发货企业。比如，佳怡物流将代收货款业务作为企业主要的增值产品，与物流服务紧密结合；宅急送公司将代收货款业务视为核心竞争力，大力拓展电子商务服务业务；德邦物流与阿里巴巴、淘宝网等商家合作。二是仓储融资服务，即针对供应链上企业经营过程中资金不足的情况，物流企业与商业银行合作，共同开展融资业务。南储公司根据客户在采购阶段需要预付款的情况，提供先票/款后货融资服务和保兑仓服务；根据客户从支付购买原材料的现金至卖出存货阶段出现的流动资金不足情况，提供静态质押融资服务和动态质押融资服务。

（2）物流和信息流集成服务。这种集成服务最常见于物流企业在开展物流服务的同时提供全程货物跟踪服务，这种延伸服务已经被列入物流企业必须提供的服务内容之中，而且这一点也在物流业中达成了共识。

资料来源：刘丹．物流企业服务创新模式与路径［J］．中国流通经济，2014，（4）：3—4.

（二）国内服务创新的理论研究

综观国内关于服务创新的理论研究文章，研究内容主要包括如何创新、创新与客户关系怎样、服务创新的特性是什么、服务创新包括哪几个阶段、信息技术如何影响创新等方面。

1. 服务创新策略的研究

服务创新策略主要是指采取什么样的策略以实现创新。总体上，服务创新策略应该是按照客户第一性、效益性、差异化、系统优化和先进性等原则不断地进行创新。在服务组织结构上，企业应深入分析市场环境的变化动态，以顾客需求为导向，以核心竞争力为关键，以价值最大化为原则，推进服务组织结构的创新，使服务组织结构向柔性化、扁平化和分立化转变。戴延寿研究了在服务价值链流程上，按照系统化、立体化和实时化的原则对服务业务流程进行再造，塑造合理的服务价值链流程，实现服务过程中资金流、信息流等的合理流动，优化配置企业内外部资源。① 俞仁龙的研究表明，服务产品复杂多样且特点各异，以无形产品的形式独立流通，基于服务及其营销的这一特点，在服务管理上，企业应不断地进行创新，建立一个以顾客对服务的体验和满意度为基础的质量标准体系和价格标准体系。吴传水则认为，在服务营销环节上，应不断改变服务理念，尽可能扩大服务范围，创新服务内容，分配好售前、售中和售后服务，实现服务宗旨由“客户要我服务”向“我为客户服务”转变。

2. 服务创新与客户关系的研究

戴延寿认为，企业服务创新的过程是对接触服务的三要素，即企业组织、员工和顾客的重新组合。在服务创新过程中，这三者必然会产生冲突。为了协调企业组织、员工与顾客之间的冲突，发展与顾客之间的密切关系，吸收顾客参与服务生产，企业应了解顾客的期望，建立以顾客满意度为导向的企业文化，加强对员工的培训，提高员工与顾客的交流沟通水平。吕秉梅应用服务三角形理论，强调企业应在服务策略、服务系统和服务人员方面进行创新，建立以顾客为中心的服务顾客模式：把顾客的需要和意见考虑进去，对顾客的意见作出及时的反映，选择合适的人员为顾客提供服务，满足顾客的需要。

3. 服务创新特性的研究

常春喜认为，服务创新在可获得性、可靠性、个性化以及价格、质量、安全和速度等方面较技术创新更具有竞争力。戴延寿将服务创新与技术创新中的工艺创新和产品创新进行比较，认为服务创新有资金投入少、开发过程短、扩散速度快和不确定性大的特点。罗桔芬则按照服务业发展的趋势，认为未来服务产品是服务技术、服务形态、服务产品组合和现有服务产品四方面革新的产物。而陈劲等从创新四维度出发，打破传统的服务创新线性创新模式，认为任何一个服务创新是新的服务概念、新的用户关系界面、服务创新的管理和战略选择与协调这四个要素互动的结果。

4. 服务创新过程的研究

许庆瑞等从服务创新的特性角度出发，认为服务创新过程先是流程改造，应用新

---

① 戴延寿. 论企业服务创新与核心竞争力 [J]. 漳州师范学院学报（哲学社会科学版），2003，(1).

技术对老流程进行改造，形成新的流程，同时改进和完善新的流程；然后才是服务产品的创新。[1] 而韩剑则把服务看成是一种产品，将服务创新过程分为八个阶段：创意产生，创意筛选，概念发展和规划，营销战略发展，商业分析，开发，市场试验和形成完整的顾客服务创新方案。

5. 服务创新类型的研究

与技术创新类型相比，服务创新类型的划分并没那么丰富，我们在技术创新分为突破性创新和渐进性创新思想的基础上，结合服务产品的特点将服务创新分为突破性服务创新（创造新的核心服务）和衍生性服务创新。

6. 科学技术与服务创新关系的研究

科学技术对企业的生存和发展有巨大的影响。企业要生存和发展，应用新的技术进行服务创新是个策略。如网络技术对出版业的影响。网络技术不仅改变了出版业的编辑理念、印刷方式、发行手段和商务模式，而且促使了出版业的服务创新。为了吸引访问者，出版商不仅要将印刷文体转化为适合网络传输的数字化形式，而且还要提供一些有趣味、有实用价值的内容，这都需要服务意识的转变。

7. 其他的研究

这类研究主要是借鉴制造业的一些创新模式，探讨服务业服务创新问题。服务业创新与制造业创新虽然存在差异，但在创新的一般原理上有着许多相似或相近的地方，因此，服务业创新可以借鉴制造业创新的一些模式。聂文星等借鉴制造业研究与开发的典型管理模式——产品及生命周期优化法（PACE）探讨服务研发的管理模式和流程。在产品及生命周期优化法主要思想指导下，他们提出了服务企业的研发是一个由创意评价、规划设计、现场实验、测试检验和推广应用五个阶段组成的流程。服务研发要具备核心小组、阶段评价、结构化流程、服务产品开发技术与工具、服务产品战略、技术管理和管道管理这七大要素。

二、服务创新的概念界定

创新是生产要素的重新组合，即新产品、新工艺、新市场、新的原材料和新组织，是任何可以提高资源的配置和产出效率的新活动，创新是社会和经济发展的根源。创新是活动主体在已有知识积累基础上的智慧创造，是对传统观念、理论、体制、技术等进行革命性扬弃的过程，是在获取原有思想理论的基础上，研究新情况，解决新问题，形成新认识，求得新发展的过程。

服务创新是指在服务过程中服务企业应用新思想和新技术来改善和变革现有的服务流程和服务产品，提高现有的服务质量和服务效率，为顾客创造新的价值，最终形成服务企业的竞争优势。服务创新是服务组织通过服务概念、服务传递方式、服务流程或服务运营系统等方面的变化、改善或提高，向目标顾客提供更好的服务产品，提高顾客忠诚度，创造更大的服务价值和效用。广义服务创新的范畴包括服务业服务创

---

① 许庆瑞，吕飞．服务创新初探［J］．经济管理·新管理，2003，16．

新、制造业服务创新和公共服务创新三个层次，即一切与服务相关的创新活动，狭义的服务创新则是服务业的服务创新。服务创新的相关研究结果普遍认为，服务创新可以分为产品创新、过程创新、传递创新、市场创新、技术创新、组织创新、重组创新、专门化创新和形式化创新等多种形式。其中，产品创新、过程创新和传递创新等都是基于应用技术的创新，与技术创新和ICT产业的发展密切相关。

从服务创新的发展过程分析，服务创新主要是以社会科学为基础，以经济发展为前提，以客户和市场需求为导向，以新的服务概念、服务内容和服务流程为主要表现形式。20世纪80年代以来，信息技术在新兴服务业中的应用研究较多，说明服务业的服务创新在一定程度上是通过不断应用新技术，尤其是ICT技术来实现的。

服务创新一般没有常规的研发活动，没有专门的研发机构和稳定的研发投入。服务业对创新和研发投入普遍较低，创新主体主要注重于改善服务流程，提高服务质量，降低运营成本等。同时，服务产品又在一定程度上与制造业产品的设计、开发、生产和销售等过程密切相关，因而在服务产品的创新过程中又具有一定的制造业产品创新的特点。另外，服务业中的产品创新与制造业的产品创新相似，都是为客户提供全新的产品或者改进的产品，其流程都包括创新主体的设计、分析、开发和投入等一系列活动。但是，由于服务产品是无形的，在开发过程中需要有传递服务的载体——“服务包”。而且与制造业不同，客户是重要的产品创新参与者，在服务创新过程中，甚至有些服务流程的设计和开发必须由客户参与。因此，客户本身的属性，如受教育程度、经验、性别和年龄等对于服务创新影响较大。

服务流程或工艺创新、服务传递系统创新和客户界面创新是服务创新的主要表现形式和重要创新内容，服务创新中包括一定的技术创新，更多的是以技术为支撑的组织、结构、管理、流程、界面、功能等软技术创新或非技术性创新。新技术在服务生产和传递过程中的应用成为服务质量、生产效率和传递方式的重要影响因素。

服务业的创新程度和频率并不低于制造业，尤其是服务流程（或工艺）创新和客户界面创新层出不穷。这主要是由于制造业生产效率的快速提高源于技术创新和应用，而新技术在服务业中的应用则导致了服务创新，成为服务供给过程中的重要组成部分，如自动柜员机、网上银行、自助加油站等。从这一角度分析，服务创新在某种程度上可以理解为技术创新推动下的服务创新。

服务业内部各个服务部门或行业之间的相互关系及其与制造业之间的关系存在着复杂的交互关系结构。其中，以制造业为对象的服务可以分为内部服务与外部服务，直接服务于制造业的外部服务主要有研发、产品设计、销售、通信、运输、金融、医疗、公共服务以及个人服务等。其他服务部门则主要通过中介机构间接对制造业提供服务产品。

制造业与服务业关系十分密切，服务业与制造业的生产、产品、消费和市场等特征关系更加融合，很多服务产品是依附于制造业产品的，比如汽车的维修与维护，家电产品的售后服务等。同时，很多制造业产品同样需要服务产品的支撑，如文体活动中心必须有各种体育、文化、娱乐活动等。没有服务业众多的服务部门和服务种类，大多数制造业甚至难以进行生产活动。在制造业中，新技术带来生产力大幅提高的同时，也改变了原有的工作性质和工作模式，员工要熟悉新的工作任务。在服务业中，由于客户参与了服务的传递过程，新技术不仅改变了客户非可视界面——后台的服务流程，也通过顾客对新技术的接收情况改变了服务的传递过程。

服务业与制造业的创新结果表现形式不同。制造业创新结果是新的有形产品，可以进行试验。服务业创新结果是新的无形产品，如服务流程的改善和优化等。创新过程中客户参与程度不同。在服务创新过程中，客户是重要的产品创新参与者，甚至有些服务流程的设计和开发必须由客户参与。因此，客户本身的属性（受教育程度、经验、性别、年龄等）对于服务创新影响较大。制造业的产品创新过程中，市场导向和客户需求虽然对创新具有重要的影响，但是在微观层面上，客户不是制造业的产品创新过程中的关键影响因素。

服务业创新的内涵与外延与制造业相比更加丰富，并且在创新内容和创新形式上具有很大的差异性。服务创新中包括一定的技术创新，更多的是以技术为支撑的组织、结构、管理、流程、界面、功能等软技术创新或非技术性创新。服务创新的轨道更加多元化，不仅仅只包括技术轨道，还包括内部的服务研发部门和员工等形成的内部创新轨道、服务专业轨道、社会轨道和制度轨道等。与制造业相比，服务创新受到客户和竞争者等外部多种因素的影响更加显著，客户积极参与了服务创新活动，并且起到重要的影响和推动作用。

根据国内外学者对银行服务创新的研究，我们总结出服务创新的内涵：商业银行的服务创新是指商业银行在服务过程中，运用新思维、新方式和新技术对原有的服务产品和服务流程进行改进、组合或变革等创造性的活动，从而实现利润最大化和风险最小化的一系列经济活动和行为。主要包括服务理念的更新、服务范围的扩大，服务产品种类的增多、服务质量和效率的提高、服务组织的优化、顾客界面的创新、服务管理的创新等。

三、服务创新链（service innovation chain）

服务创新根据其内在及外在特性，可以划分为内部创新和外部创新两个模块，分别又连接着供应商和终端客户，这样的一个服务创新系统，我们称之为服务创新链（service innovation chain），见图 7-4：

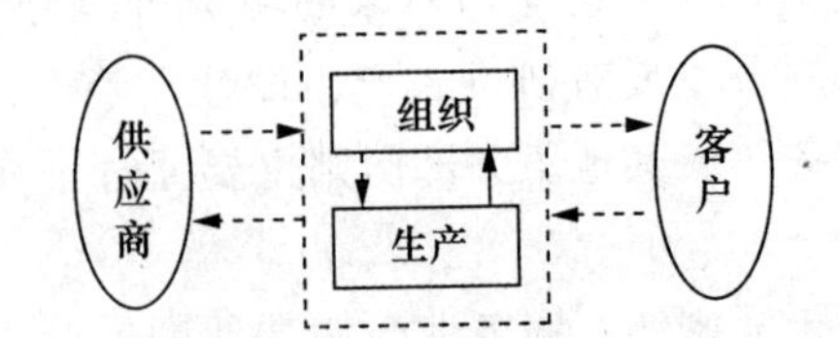

图 7-4　基于服务创新系统的服务创新链

全球化视角 D公司数字阅读基地创新互动网络

2012年8月，D公司注册成立TY阅读文化传播有限公司，正式独立于D公司，开始完全市场化运营。它是D公司发挥自身全业务的优势，通过覆盖多网络通道、多终端形式的一站式数字阅读平台，为用户提供图书、报刊、漫画、有声读物、资讯等各类内容的数字化阅读及评论分享的互动服务。目前共设四部一中心，即产品部、营销服务部、综合部、内容运营部、技术中心，引入部分外包和驻地合作伙伴组成融合团队。

Sundbo和Gallouj提出的服务创新的驱动力模型中，将外部驱动力中的行为者分为顾客、供应商、公共部门和竞争者等。欧盟2011年"开放式服务创新的社会经济影响"报告提出的开放式服务创新的概念模型，包含相互联系的5个主体，其中重要的主体之一就是创新中的组织网络，包括伙伴关系、网络管理和网络规模等。Chesbrough提出的开放式创新的理念与架构，也强调了顾客参与的共同创造以及多主体参与、范围经济和规模经济等开放创新的理念。

开放式服务创新中的互动网络界定为以企业员工、战略及创新部门为核心，包括顾客、供应商、公共部门和竞争者等在内的互动网络，在D公司数字阅读基地创新互动网络中，重点关注数字阅读基地员工，以及基地内设的产品部、营销服务部、内容运营部、综合部和技术中心，以及与基地合作的内容供应商（CP）和服务供应商（SP）等。

从内部看，D公司阅读基地各部门都参与公司产品和服务的创新，内容运营部主要负责CP的图书杂志漫画资源，超过3万小时的音频资源；也与YT科技等公司开展技术合作，使用它们的技术平台和技术服务。D公司数字基地继2011年在同行业内率先实现全网开放之后，2012年7月又举办了平台能力开放技术研讨会，将"开放、合作、共赢"的合作理念广为传播，采取更为开放与灵活多变的形式，更好地适应市场变化与需求，旨在开启数字出版行业的全新合作模式。

资料来源：陈劲，董富全．开放式服务创新协同机制研究——以D公司阅读基地为例［J］．科学学研究，2014，(9)：3—5.

第三节　服务创新的特性

服务创新由于其产品的特殊性，与制造业创新有着诸多差异，自然也表现出不同于制造业的一些创新特性。服务创新的特性来源于服务产品（service products）本身的基本特性。从服务创新链来看，分为内部特性和外部特性，其中，内部特性主要是指服务创新的内在特性，是其与生俱来的属性；外部创新特性主要包括服务的营销创新特性和供应商创新特性。

一、服务创新的内部特性

(一)服务创新的内涵较制造业创新丰富得多，从形式到内容都与制造业创新有较大差别

服务创新更多的是非技术创新，如组织创新、结构创新等，技术只是服务创新中的一部分。因此不能从太狭隘的“技术决定”观点来理解服务创新，而要从更为广阔的多维度来考察服务创新。服务创新可以是新服务产品的创造，可以是新技术的引入，可以是对待某事或某人的新途径和方法，也可以是新的组织形式等。

(二)服务创新过程(service innovation process)是一个较技术创新更为复杂的过程，顾客积极参与创新过程

与制造业的技术创新相比，服务创新最显著的一个特点就是顾客积极参与创新的过程。另外，服务创新过程还包含了很多部门和个人的参与，是一个复杂的交互作用过程。由于顾客和众多行为主体的参与，说明服务创新是一个非常复杂的过程。

(三)服务创新过程包含了相当丰富的交互作用，包括内部和外部的交互作用

服务创新首先是一个与以顾客为主的外部行为者的交互作用过程。服务创新以顾客需求为导向，在与顾客的互动作用中创新。在服务创新过程中，顾客是以“合作生产者”的身份参与创新的，并且能给企业的服务创新带来新思想。服务企业如果要更好地了解顾客需求，由此改善服务质量，提高顾客满意度，只有与顾客进行持续不断的交互作用。因此，服务企业与顾客间的交互作用就成为创新产品在市场上被接受的一个关键变量。除了与顾客的交互作用外，服务企业还与其他相关的外部行为者发生交互作用，交互作用质量的好坏，同样会对创新的最终效果产生影响。

服务创新在企业内部同样是一个交互作用过程，其中经理人员和员工以各种方式参与到不同的交互作用中。组织类型不同，交互作用的模式也有所不同。需要指出的是，相当多的服务企业并不善于以一种正式化和系统化的方式组织创新活动，也不善于从创新过程中进行有效的学习。

(四)产品创新(products innovation)和过程创新(process innovation)在服务业中的区分要比在制造业中困难得多

服务因为是一个标准、一种规程、一种过程，从本质意义上来说，服务“产品”就是服务“过程”。由于服务和产品、和过程是统一的，因此在服务的生产过程中就应同时被消费掉，而不能储存起来。因此当创新发生时，在产品创新和过程创新间划分一条明显的界限变得很困难，两者经常是同一创新。

(五)服务创新所遵循的轨道(tracks)形式多种多样

服务创新经常以某些轨道为基础，包含“服务专业轨道”“技术轨道”“制度轨道”“社会轨道”或“管理轨道”等。它所包含的轨道种类比制造企业的创新轨道种类更加丰富，是因为服务企业在创新活动中具有相当大的灵活性，因而可以同时包含几个轨道和相关行为者。

(六)新服务的生产方式具有多样性

当服务的生产和传递可以实现"标准化"时，服务就能够进行大规模生产；当服务的生产是"客户定制"时，服务就是针对单个客户问题的"特制型"服务。为提高效率，服务企业还发展了一种"模块化"的生产方式，它介于标准化与顾客化之间。此外，随着信息和通信技术等的运用、生产率的提高以及竞争的客观要求，越来越多的服务部门倾向于服务生产和传递"产业化"，在设计和运作过程中也更多发展和运用了"模块化"的思路与方法。因此，新服务的生产较制造业大规模、标准化的生产方式明显呈现出多样化的特点。

(七)开发周期短，没有专门的R&D部门

服务创新并不像传统制造企业的技术创新那样需要很长的开发期，它的开发时间一般较短，投资回报期也较短。另外，服务企业中较难发现相应的研发活动，因为几乎不存在传统意义上的研发部门。即使存在创新部门，其职能与制造业中的创新部门也有很大差别，它主要是一种诱发、搜集和整理创新概念的部门。

(八)"信任"(trust)是服务创新中的一个重要维度

服务活动在本质上是无形的。因此，创新过程中服务企业与顾客间的关系就非常重要。但由于信息不对称，这种关系通常只是主观、暗示和难以解码的。因此，顾客和企业间的相互"信任"就成为创新能否顺利进行的一个重要因素，这种"信任"关系将对最终的创新质量有相当大的影响。

二、服务创新的外部特性

(一)服务创新的营销创新特性

服务营销(service marketing)是企业在充分认识满足消费者需求的前提下，为充分满足消费者需求而在营销过程中采取的一系列活动。服务营销与市场营销既有区别又有联系。(见表7-4)首先，服务营销起源于企业对消费者对需求的深刻认识和把握，是企业市场营销观念的本质飞跃。其次，服务是一种营销组合的要素，服务营销观念丰富了市场营销的内涵。

市场营销观念是以市场为导向，企业的营销活动是围绕市场需求来做的，在市场营销观念主导下，售后服务即解决产品的售后维修，企业提供售后服务是为了销售更多的商品。

而服务营销观念是以服务为导向，企业将围绕服务设计系列营销活动。企业在产品设计、生产、广告宣传、销售安装、售后服务等各个环节均围绕服务进行设计。在服务营销观念下，企业不仅关心产品是否售出，更注重用户在服务过程中的感受。企业通过主动收集用户对产品的意见和建议，不断推出满足甚至超出用户预期的新产品，并对已售出的产品进行改进或升级。

从服务营销观念理解，用户购买了商品，营销工作仅仅是开始而不是结束。对用户而言，商品的价值体现在服务期内能否满足用户的需求。树立服务营销观念，将给用户带来完全不同的体验，这将使企业与用户建立长久的、良好的客户关系，为企业积累宝贵的用户资源。

针对企业竞争日趋激烈的市场环境，注重产品服务市场细分，注重服务差异化、有形化、标准化以及服务品牌等问题的研究，是当前企业制胜的重要保证。

表 7-1　服务营销与市场营销的特性区别

服务营销	市场营销
强调服务	不特别注重服务
关心全过程的服务	较多关心产品质量本身
全员性接触	侧重于营销人员
注重于留住客户	注重于单次营销
较多的承诺	对顾客承诺有限
长期性	短期性
相对困难	相对容易
整个组织	部分相关单位
注意员工的工作主动性	在服务方面比较被动

服务营销主要有以下四个特点：

1. 供求分散性

在服务营销的活动中，服务产品的供求具有分散性。这表现在，不仅服务的提供方覆盖了第三产业的各个部门，甚至包含了第二产业中的许多行业，其所提供的服务也广泛分散，而且需求方更是涉及各类企业、社会团体和千家万户不同类型的消费者。服务供求的分散性，要求服务提供者的服务网点广泛而分散，尽可能地接近消费者。这一点可从银行的储蓄所、加油站、汽车修理点等的分布特征上很明显地看出来。为了方便顾客，这些服务网点总是尽可能覆盖更大的区域，为更多的人群提供服务。

2. 分销方式单一性

有形产品的分销方式有经销、代理和直销等多种方式。这是由有形产品自身的特点所决定的。大多数情况下，有形产品在市场上多次转手，经批发、零售等环节才能到达消费者手中。而服务产品则由于生产和消费的统一性，决定其只能采取直销的方式，中间商的介入是不可能的。即使出现服务外包的情况，这也只表明了服务提供者的转移，而服务的生产、传递及消费方式仍然没有变。

3. 服务消费者需求差异性

根据马斯洛需求层次原理，人们的基本物质需求是一种原发需求，对这类需求，人们易产生共性，而人们对精神文化消费的需求属于继发性需求，需求者会因各自所处的社会环境和各自具备的条件不同而形成较大的需求差异。服务中同时包含了有形要素和无形要素，越是无形主导的服务，其需求差异就越大。比如对于心理咨询、接受教育这样的服务，每个人所需要的服务水平以及愿意为此付出的代价是不相同的。

同时，服务需求受外界条件影响大，如季节的变化、气候的变化、科技的发展等对信息服务、环保服务、旅游服务、航运服务等的需求造成较大影响。

4. 对服务人员的技术要求高

服务人员的技术直接关系着服务质量。消费者对各种服务产品的质量要求也意味着对服务人员的技术要求。服务者的服务质量很难有唯一的、统一的衡量标准，而只能有相对的标准和以购买者的感觉体会为标准。

互动营销（interactive marketing）是服务营销的核心组成部分，互动营销是服务企业特有且最为关键的环节，在这个过程中存在着重要的营销机会。相应地，企业的营销活动应延伸到售前、售中、售后三个阶段。（见表 7-5）企业应该在各个层面上加强与顾客的互动，培养与顾客的良好关系。

表 7-2　服务营销活动的三阶段模型

阶段	营销目标	营销功能/人员
售前阶段	使客户产生对企业及其服务的兴趣	传统的营销功能，营销/技术人员提供产品咨询服务
售中阶段	使客户的兴趣转变为现实购买	传统与互动的营销功能，营销人员服务的回报
售后阶段	创造重复购买，维护持久的顾客关系	互动的营销功能，客服人员提供服务

市场竞争加剧，企业产品的竞争优势已不明显，服务及服务质量成为扩大竞争优势的有力工具，也是提高客户满意度的有力措施。谁能够使客户得到更高的满意度，谁就能赢得客户、赢得市场。服务价值链恰好就论述了这几者之间的关系。企业服务价值链表述为：在利润、成长性、顾客忠诚、顾客满意、提供给顾客的服务的价值、员工能力、员工满意、员工忠诚及员工效率之间存在着直接相关的联系。其核心是顾客价值方程式，即：提供给顾客的服务的价值等于“结果＋提供结果的过程质量”同“价格＋顾客成本”之比。（见图 7-5）

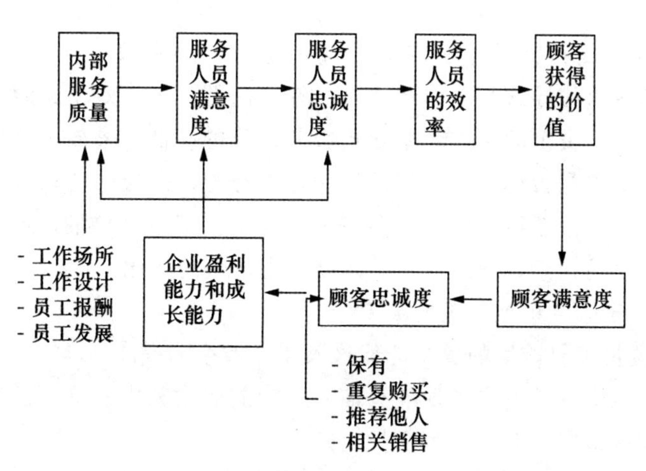

图 7-5　服务创新价值链的内在逻辑

从上图中可以看出，顾客忠诚度的提高能大大促进企业获利能力的增强。因为忠诚的顾客不仅降低了企业留住顾客的成本，而且使企业服务他们的成本比服务新顾客低，他们比新顾客更了解企业，也不像新顾客那样对价格那么敏感。据研究发现，吸引一位新的顾客所花的费用是保留一位老顾客的5倍以上；美国消费者协会所作的一项调研发现，高度满意与忠诚的顾客将向其他至少5人推荐产品，而对产品不满意的顾客将告诉其他11人；忠诚的顾客每增加5%，所产生的利润增幅可达25%—85%。但是不要试图留住所有的顾客，首先要明白哪些顾客不能让企业真正赢利。也就是说，由于他们的挑剔，使得企业服务他们的总体成本大于他们因消费而带给企业的价值。另外，也不要认为最大的顾客就最重要，有时候，拥有大批忠诚的小顾客比紧抓几个见异思迁的大顾客风险更小，回报更大。服务价值链的内在联系在于以下6个方面：

1. 顾客忠诚度是由顾客满意度决定的

2. 顾客满意度由其所获得的价值大小决定

这个价值是指顾客获得的总价值与顾客为之付出的总成本之间的差距。总价值是指顾客购买某一项产品或服务所获得的全部利益，它包括该项产品或服务价值、人员价值和形象价值等。总成本是指顾客为该项消费所耗费的时间、精力、体力以及所交付的货币资金等。客户看待服务价值高于其想象的价值，则客户就会对于这种产品或服务更加满意，反之不满意。客户对于产品和服务价值的感知、期望是不同的，每个人都有自己的衡量标准，即便是同一种产品，每个人的心理感想都是不一样的，这种感想就直接导致其满意度的变化，服务价值的大小也就反映客户满意度的高低。顾客需求及心理的复杂性，决定了其对价格反应模式的复杂性，对于同一样产品及服务，顾客会愿意付出不同的价格，这可能取决于特定的时间、地点以及此产品和服务的相对重要性。在顾客价值方程式中，结果、过程质量、价格和顾客成本是企业可以控制的因素，企业通过对这4个因素的灵活运用，提高服务的价值，进而提高客户的满意度。

3. 员工的满意度和忠诚度是提高客户满意度的有效手段

员工满意与否直接导致其工作激情、效率的高低，工作效率、激情也是导致客户满意度大小的来源。员工的工作效率导致服务价值的高低，进而可能影响客户满意度的大小。另外，员工是否忠诚，也是其工作是否努力、是否愿意采取多种手段提高工作效率的根本原因。甚至员工的跳槽会使工作拉下，带走客户量，这也势必影响客户对于企业服务价值的判断，导致客户满意度和忠诚度的变化。

4. 高价值源于服务单位员工的高工作效率

5. 服务单位员工忠诚度的提高能促进其工作效率的提高

忠诚意味着对服务单位未来发展有信心，为能成为其中一员而感到骄傲，十分关心服务单位的发展情况，并愿意为之长期效力。

6. 服务人员的忠诚度取决于服务人员对服务单位的满意度

不满意的服务人员很容易跳槽，从而使服务单位在招聘、培训上花费更多的成本；缺乏忠诚的服务人员往往工作效率低下，导致顾客满意度降低，最终产生的不良影响是难以估量的。

服务单位内在服务质量是决定服务人员满意与否的主要因素。

服务单位提供的外在服务质量，如薪金、奖金、福利、舒适的工作环境等都是人们能实际看到的；而服务人员对工作及同事的态度和感情等表面上看不到的东西构成了服务单位提供的内在服务质量。

研究企业服务价值链使营销管理人员认识到，要想获利可以从两方面入手：一是通过改进产品或服务及企业的形象来提高其总价值；二是通过降低货币成本，减少顾客消费的时间、精力与体力消耗，从而降低顾客的总成本。在致力于提高顾客所获价值的同时，还必须明确企业“内部顾客”的重要性，努力提高内在的服务质量。

如果延伸这条服务价值链的话，我们会发现顾客给企业除了带来市场价值外，还带来如下的附加价值：

（1）规模优势：如果企业的忠诚顾客在企业的市场中占据相对较大的份额，那么就会为企业带来相应的壁垒，形成规模优势。

（2）品牌优势：较大的市场份额本身代表着一种品牌形象。另外，顾客的宣传对企业的品牌形象也有重大的作用。

（3）信息价值：大量的客户信息对企业来讲是最为宝贵的资源。企业会针对忠诚客户的消费习惯等信息来制定更好的产品服务组合。

（4）网络化价值：一个满意了的客户享受了企业的服务，该客户的忠诚客户为了便于他们之间的商务活动，也可能会采用企业的产品服务。有时候客户的从众心理也能形成网络化的消费行为。

（二）服务创新的供应商创新特性

随着市场需求的快速变化和全球化竞争的加剧，企业在创新过程中逐渐加强与供应商的合作，重视供应商的参与，以提高企业在全球化竞争中的市场地位。Laura 等认为供应商参与开发过程的原因是供应商不断地拥有设计和技术专长，销售额的 56% 是花费在产品材料上的说明了供应商对产品质量和成本的潜在影响是很大的，一个对于 29 个跨国项目的研究发现，市场中有竞争优势的项目成功的原因归结于供应商参与产品开发过程，86%的企业认为他们从供应商那里获得“信息和知识”。①

在服务创新过程中，在服务产品生产率、速度和质量方面，供应商参与成为企业提高创新绩效的一个方法，供应商在提供新的创意和关键技术等方面的能力也已经显现出来。供应商参与服务创新是在各类型企业的服务创新过程中，供应商直接参与到服务创新的任何阶段，为了双方的共同利益而提供资源（能力、投资、信息、知识、创意、设计、工具等）、实现任务、完成责任并最终提高服务创新绩效的过程。

---

① Birou, L. M., Fawcett, S. E. Supplier Involvement in Integrated Product Development: A Comparison of US and European Practices [J]. International Journal of Physical Distribution & Logistics Management, 1994, (5): 4—14.

供应商参与服务创新可以是仅仅给企业提供一些小的建议或者仅仅是抱怨，也可以是负责特定子系统的开发并最终完成任务。供应商参与服务创新的不同方式给在不同阶段的供应商参与提供了基础，在服务创新过程的任何阶段都要尽量寻求供应商的积极参与。

表 7-6 是在服务创新过程的不同阶段供应商的参与过程，介绍了服务创新的五个阶段中供应商的活动。在创意产生阶段，从创新萌芽的时候供应商就能够帮助提供新的思想和创意；在概念开发阶段，供应商帮助识别新服务开发过程中的最新技术需求，识别服务变化，帮助建立新的服务创新概念框架，建立服务子系统框架，并参与概念开发；在详细设计阶段，供应商通过提供新服务生产方案、过程控制方案，提供部分设计功能和选择最适合的原材料参与到服务创新过程中；在新服务生产阶段，提供基础材料的供应商提供大多数可靠的加工、工具和设备，并保证新服务质量；在服务创新评价阶段，监控、测评整个服务创新过程的创新绩效。

总之，供应商在适当的时机参与新服务创新的过程，可以帮助提升服务创新传递效果。

表 7-3　供应商参与服务创新过程的活动

服务创新过程	供应商参与服务创新过程的活动
服务创新的创意产生	提供新创意；协助筛选创意；协助识别用户需求；避免信息模糊；减少信息失真
服务创新的概念开发	清晰描述新服务需求；识别服务变化；识别关键服务过程的技术；建立新服务框架；建立服务子系统框架；参与概念开发
服务创新的详细设计	提供服务生产方案；设计详细过程控制方案；协助选择原材料；提供部分设计功能
服务创新的产生	提供原材料；提供服务生产工具、设备；设计生产过程；保证新服务的质量
服务创新的评价	协助监控、测评整个服务创新过程的创新绩效

在不同的服务创新项目中供应商的参与程度是不同的，图 7-6 展示了从供应商不参与到供应商完全参与之间有不同参与程度的连续谱线。[①]

图 7-6 中，从左到右供应商参与程度和参与责任逐渐增加。

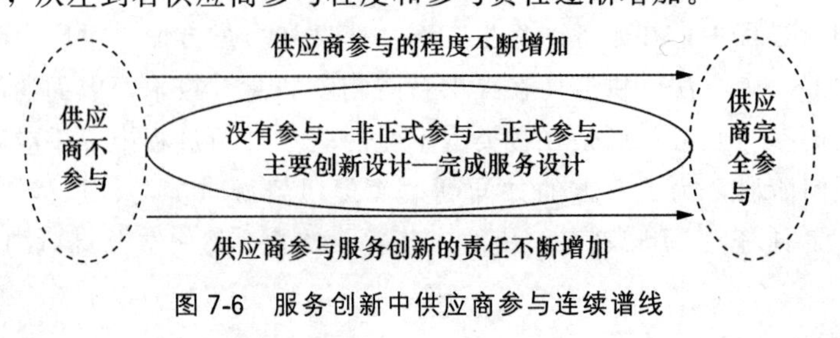

图 7-6　服务创新中供应商参与连续谱线

① Handfield, R. B., Ragatz, G. L., Petersen, K. J., et al. Involving Suppliers in New Product Development [J]. Calif Manage Rev., 1999, 42: 59—82.

供应商没有参与：在服务创新的过程中供应商基本不参与进来，供应商和企业的关系只是简单的供需关系。

供应商非正式参与：供应商和企业之间通常进行沟通讨论服务的需求，但是企业设计和生产了所有的服务，供应商只是以获取所需要的资料为目的进行较少的联系。

供应商正式参与：供应商和企业之间建立了非正式或者正式的渠道来沟通和共享服务设计和生产的内容，并进行有组织的信息与经验交流。

服务设计主要由供应商提供：企业将需求告诉供应商并完全授权供应商进行服务创新，设计过程中企业只进行阶段性的检查。这个阶段，供应商从创新计划的制订到项目的具体实施都参与进来。

供应商完全参与服务设计：供应商完全设计新产品或服务并领先使用，最终将完善的创新产品或服务交付给企业。

在服务创新过程中，每个供应商参与的程度都是不一样的，供应商参与服务创新的程度形成一个连续的谱线，应针对不同的服务创新项目选择合适的供应商，确定具体的供应商参与服务创新的开发方案，并根据具体情况建立具体的互动机制和信任体系，最终确定供应商参与服务创新的方式和适当的时机，以促进服务创新的成功。

本章小结

1. 广义服务创新的范畴包括服务业服务创新、制造业服务创新和公共服务创新三个层次，即一切与服务相关的创新活动，狭义的服务创新则是服务业的服务创新。服务创新的相关研究结果普遍认为，服务创新可以分为产品创新、过程创新、传递创新、市场创新、技术创新、组织创新、重组创新、专门化创新和形式化创新等多种形式。

2. 根据国内外学者对银行服务创新的研究，我们总结出服务创新的内涵：商业银行的服务创新是指商业银行在服务过程中，运用新思维、新方式和新技术对原有的服务产品和服务流程进行改进、组合或变革等创造性的活动，从而实现利润最大化和风险最小化的一系列经济活动和行为。主要包括服务理念的更新、服务范围的扩大、服务产品种类的增多、服务质量和效率的提高、服务组织的优化、顾客界面的创新、服务管理的创新等。

3. 服务创新由于其产品的特殊性，与制造业创新有着诸多差异，自然也表现出不同于制造业的一些创新特性。服务创新的特性来源于服务产品（service products）本身的基本特性。从服务创新链（service innovation chain）来看，分为内部特性和外部特性，其中，内部特性主要是指服务创新的内在特性，是其与生俱来的属性；外部创新特性主要包括服务的营销创新特性和供应商创新特性。

讨论题

1. 服务创新的概念如何界定？请从不同的维度阐述。
2. 与制造业相比，服务业的创新有何不同？服务创新是如何融入传统制造业的？
3. 服务创新的特性分为哪几类？
4. 请举例说明服务营销创新的特性在服务创新链中的重要作用。
5. 小组讨论：华为公司的服务创新与同行业的企业相比，带来了哪些竞争优势？

参考文献

[1] 曹礼和，田志龙．论服务与服务营销［J］．理论与改革，2001，7.

[2] 陈步峰．现代企业服务转型的新趋势［J］．企业文明，2011，2.

[3] 陈菊红，郭福利．产品服务化供应链的运作模式研究［J］．物流科技，2010，12.

[4] 戴延寿．论企业服务创新与核心竞争力［J］．漳州师范学院学报（哲学社会科学版），2003，（1）．

[5] 韩建新，宁阳．知识经济推进中国服务经济发展［J］．理论界，2011，2.

[6] 李刚，孙林岩，李健．服务型制造的起源、概念和价值创造机理［J］．科技进步与对策，2009，7.

[7] 刘聚梅，陈步峰．现代企业服务转型的九大趋势——制造业与服务业共同面临的新课题新挑战新机遇［J］．公关世界，2010，6.

[8] 蔺雷，吴贵生．服务创新［M］．清华大学出版社，2003，7：15—36.

[9] 申静，王腊梅．试探国外服务创新的研究及其发展趋势［J］．情报杂志，2004，8.

[10] 孙林岩，李刚，江志斌，郑力，何哲．21 世纪的先进制造模式——服务型制造［J］．中国机械工程，2007，10.

[11] 唐茂华．制造业服务化转型的新动向［J］．红旗文稿，2011，4.

[12] 王志强，赵中建．基于持续竞争优势的欧盟服务创新现状及其战略框架［J］．科学管理研究，2010，6.

[13] 魏江，Mark Boden. 知识密集型服务业与创新［M］．科学出版社，2004：21—81.

[14] 许庆瑞，吕飞．服务创新初探［J］．经济管理·新管理，2003：23—26.

[15] 张红琪，鲁若愚．供应商参与服务创新的过程及影响研究［J］．科学学研究，2010，9.

[16] 张述冠．开放式服务创新［J］．21 世纪商业评论，2011，3.

[17] 张秋莉，盛亚．国内服务创新研究现状及其评述［J］．商业经济与管理，2005，7.

[18] 赵俊晖，罗文标．服务利润链与内部营销［J］．经济师，2003，1.

[19] 赵明月，陈思亦，翟小辉，张珍珍．中国服务经济时代 2015 年来临？[J]．人民日报（海外版），2010，10.

[20] Birou，L. M.，Fawcett，S. E. Supplier Involvement in Integrated Product Development：A Comparison of US and European Practices [J]．International Journal of Physical Distribution & Logistics Management，1994，(5)：4—14.

[21] Christopher Lovelock. Innovation Strategy and the Impact of a Composite Model of Service Product Development on Performance. Journal of Service Research，2004，(7)：167—180.

[22] Claudia Kupper. Service Innovation-Areview of State of the Art，2001 (9)．

[23] Gadrey，J.，Gallouj，F. & O. Weinstein. New Modes of Innovation：How Services Benefit Industry [J]．International Journal of Service Industry Management，1995，6 (3)：4—161.

[24] Herzberg，F.，Mausner，B. and Snyderman，B. The Motivation to Work [M]．Wiley Co.

[25] James C. Anderson，James A. Narus. 捕获配套服务价值 [J]．哈佛商业评论，2006，6：58—67.

[26] Quinn，J. A Knowledge and Service Based Paradigm for Industry [M]．Intelligent Enterprise New York，The Free Press，1992.

[27] Vandermerwe，S.，Rada，J. Servitization of Business：Adding Value by Adding Services [J]．European Management Journal，1988，6 (4)：314—324.

本章关键词中英文对照

体验式销售 experiential marketing
组织服务 organizational service
第三产业 tertiary industry
服务经济时代 service economy age
成本中心 cost center
保健因素 hygienic factor
激励因素 motivational factor
服务型制造 service-embedded manufacturing
服务价值 service value
客户导向的价值 customer oriented values
物品＋服务包 product-service bundles
产品供应链 products supply chain
服务供应链 services supply chain
无形性 intangibility
易逝性 perishability
差异性 heterogeneity
产品化性 commercialization
知识密集型服务业 knowledge-intensive business services，KIBS
服务创新链 service innovation chain
开放式服务创新 open type service innovation
服务创新过程 service innovation process
轨道 tracks
服务营销 service marketing
互动营销 interactive marketing

第八章

服务创新的类型、驱动力及模式

章首案例

携程“服务创新”

携程定位于在线旅游服务市场，利用现代互联网与信息技术将旅游服务提供商与顾客联系在一起，以提供酒店及机票预订业务为主，同时还将机票及酒店预订整合成自助游与商务游产品。以机票分销为例，在携程之前，国内没有一家公司能统一处理全国机票，而携程利用信息系统平台在上海总部设立了集中处理机票业务的呼叫中心，各地的机票业务都由呼叫中心与IT后台统一处理。机票的出票时间、价格都得到了严格的实时监控与更新。

2000年，携程收购现代运通商务旅游服务有限公司，开始了“落地经营”策略。2002年，携程又收购了北京海岸机票代理公司，随即推出了全国机票中央预订系统，送票业务覆盖国内10个主要城市，能够提供12条国内航线，涵盖40多个国内目的地。顾客可通过呼叫中心或网上预订机票。携程为顾客递送机票，从客户处收钱，留下属于自己的佣金部分，将剩余部分交付给航空公司。携程的业务系统主体涉及航空票务代理商与酒店。

携程作为旅游电子商务的中介，连接了上游旅游服务提供商（酒店、旅行社、航空票务代理商）及顾客，以商旅客户为主，观光及度假游客也是其重要的目标客户。携程酒店网络以三星级至五星级为主，70%的签约酒店可保证分配给携程的房间数占总房间数的2%—5%。大约15%的酒店给予了携程房间保证，而其中85%的酒店供应商同时向多个服务中介提供房间分配。

与携程合作的一些酒店是采用直连形式的，即一种是携程通过电话或传真到酒店去确认房源，另一种则是酒店的预订系统和携程的信息系统直接相连，这样酒店房源的信息就可在携程的信息系统中一目了然，便于整个服务供应链整合优势的保证。携程的酒店业务部门与各酒店的合作方式是不同的。有些合作关系较紧密，如金牌酒店对携程的依赖及合作程度会更深，有些则正在尝试与携程做对接或是携程新开发的酒店，双方存在一个磨合的过程，这种合作及依赖程度的不同也决定了携程与酒店的沟通或是信息共享程度都有所不同。

服务供应链中服务集成商与顾客的互动是价值共创中的另一重要环节。在对携程与顾客的接触及互动研究中，本研究发现了价值共创黑箱中的一些具体要素。首先，携程对顾客的定位大多是中青年客户，以商务人士居多。携程有强大的客户管理体系，对客户的资料统计详尽，且有完善的会员管理机制，对各个不同层次的会员有专门的部门和团队进行服务管理，可见能否为不同需求层次的客户提供不同类别的与之相适应的产品是价值共创体系中交易能否实现的关键，也是价值能否产生的基础。携程利用其客户导向分析、体验导向研究等工具手段，建立了长效的客户需求挖掘机制；并通过客户分层开发、客户分级管理等方法，逐步挖掘消费者个性化的需求，以此为客户提供标准化及群分化兼备的优质服务。携程强大的信息系统不仅能够为其提供详尽的客户分析资料，而且能够为其服务质量的保障和服务追踪提供可实现的技术支撑。

在以携程为中心的价值共创体系中，一个最核心的内容就是其精益服务（perfecting service）管理模式。携程的精益服务是其在十多年实践基础上总结出的有携程特色的现代旅游服务业经营理论。携程的精益服务是以客户为导向，以信息技术的应用及创新为支持，通过产品研发、技术创新、流程优化、精准营销、知识管理等服务创新手段，集标准化、群分化、精细化、系统化为一体而形成的现代服务运作体系。

服务精细化必须重视细节，在“同质化”现象普遍的今天，任何一项服务的出现都会引来大量效仿者，要想脱颖而出，就必须以细节胜出。携程的成功在于把细节做到了极致。如在携程呼叫中心，接电话的语气、时长、回复顾客的方式、客人预订偏好等，几乎所有细节都有统一的标准，这使最后呈现在顾客面前的是清一色的优质服务。又如，通过携程预订机票，通常只需 200 秒左右，但这短短 200 秒内，携程将预订流程分解为 20 个“环节”、61 个 KPI 指标及 211 个可完善的“缺陷点”，这意味着在整个预订过程中的 211 个关口都有人守住。

携程的服务创新分为模式创新、管理创新和内涵创新三大类。携程在完善现有服务体系的同时，也不断进行服务模式创新，以便将更优质的服务传递给顾客。如携程开创了国内旅游业一站式服务的先河，在互联网与旅游业的结合下，将大量的机票、酒店、旅游等相关信息整合到一起，打造了一个有别于传统旅游业的新服务平台，顾客可通过这个平台查询旅游信息，预订机票、酒店及旅游度假产品等，获得覆盖旅行前、中、后的完善服务。

携程在管理创新方面的具体做法是将新的管理要素（方法、手段及模式等）引入企业管理系统，以更有效地实现组织目标。通过管理创新，能将创造性思想转化为有效的服务及作业方法，即将优质服务标准化，以大规模生产的时间和成本，实现大规模复制，满足客户特定需求。

内涵创新则重在服务内容的推陈出新。携程借助 ICT 基础设施及网络技术，推出了大量新服务产品。在旅游业中，携程是服务内涵创新的典范，2004 年率先推出自由行，引领业内风气；2006 年推出“一小时飞人通道”，使一种极速预订和登机服务模式推动了电子机票的进一步发展；2008 年又首推“透明团”，对团队游产品中的食、住、行、娱、游、购等环节作出了透明承诺；2010 年推出 60 天环球旅游，树立了高端旅游新标杆；在 2011 年的团购风下，携程又迅速推出“马上团”的团购产品，推动了旅游团购业的服务 2.0 时代。

从携程的创新理念及过程可看出，服务创新与价值共创的过程是两个相辅相成、紧密联系的整体，服务创新在价值共创的过程中孕育而生，而服务创新又进一步推动了价值共创的良性运作。

资料来源：简兆权，肖霄．网络环境下的服务创新与价值共创：携程案例研究［J］．管理工程学报，2015，(1)：4.

1. 携程服务创新的核心内容是什么？可分为哪几类？
2. 根据您使用携程后的感受，对携程的服务创新方面提出一些建议。

第一节　服务创新的类型

一、服务创新的基本类型

制造业的基本创新类型包括技术创新、组织创新、管理创新、市场创新和制度创新等，其中以技术创新为主要的创新形式。服务创新的某些形式与制造业创新形式相似，都包含产品创新、组织创新和市场创新等。同时，服务产品的无形性等特有的属性也决定了其创新形式与制造业创新的显著差异。

服务创新主要是以非技术因素（软技术）为主要创新形式，从创新内容和创新程度可以划分为根本创新、提高创新、增加创新、专门创新、二次结合创新和形式创新等。服务创新按照创新对象可以划分为产品创新、组织创新、过程创新和市场创新等。更加深入、系统的分类是将服务创新划分为产品创新、过程创新、组织创新、市场创新、技术创新、传递创新、重组创新、专门化创新和形式化创新等。（见表 8-1）

表 8-1　服务创新类型的内容和含义

创新形式	内容和含义
产品创新	创新概念来源多元化，其中包括客户、员工、消费统计数据和市场调研统计数据等。
过程创新	过程创新以客户界面分为客户可视过程创新与不可视过程创新，即前台创新与后台创新。
组织创新	组织结构和功能的变化和改进导致服务无创新的结果。
市场创新	市场细分及全新市场的开辟。
技术创新	技术来源包括信息技术、管理方法、新能源、新材料等，如基于互联网技术的电子商务、全面质量管理等。

（续表）

创新形式	内容和含义
传递创新	服务传递系统的创新活动，IT 媒介等新技术的应用是服务传递系统创新的重要表现形式。
重组创新	原有服务要素的系统性整合或重组而产生的创新。
专门化创新	针对某一客户群体或个人开发的针对性较强的专门化服务的创新。
形式化创新	主要表现形式是服务的标准化过程，使原有服务的有形性程度增加，服务更加规范化。

服务业在向客户提供任何一种服务产品的过程中，都包含服务生产活动和服务传递活动。服务的生产是指服务企业将各种投入资源要素，如人力资本、服务设施、资本、信息、技术等转变为产出（服务产品）的过程，即“投入—变换—产出”的过程。服务生产管理是基于服务生产系统或流程的，对服务产品、服务传递系统和服务生产过程的设计、规划、组织和控制等系统化活动。

服务的生产与传递可以根据客户界面划分为客户接触与客户不接触两个层面，其中客户接触层是直接面向客户提供服务产品的层面，包括有形的应用技术、服务设施、服务工具和服务人员，同时也是服务创新的主要层面。客户不接触层面一般是服务企业核心技术支持层面，主要由 ICT 部门、员工、研发和创新部门组成，同时也是基于应用技术实现服务创新的主要层面。技术支持与服务流程通过不同层面的组合，共同构成了整个服务生产与传递系统。

（一）产品创新

服务产品创新即是全新的服务产品开发和引入，产品创新的基础是新的服务概念的产生，以及基于需求分析的服务产品的功能、原理、形式、流程（见图 8-1）、界面等的设计。与制造业的模型相对应的服务业逆向产品周期模型（reverse product cycle model）理论表明，服务行业的创新过程首先是渐进性流程创新，其次是效果相对显著的激进性流程创新，最后才达到提升服务功效和质量的产品创新。

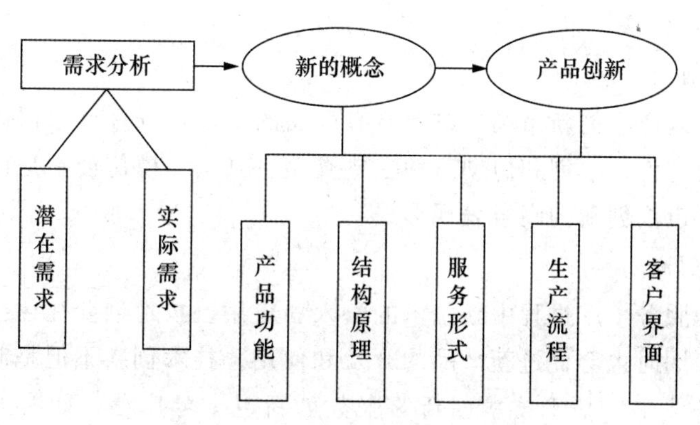

图 8-1 产品创新的流程示意图

(二) 过程创新

由于服务创新的特性决定了服务的生产、销售和使用过程基本是同时发生、进行和完成的，服务产品本身往往表现为一项服务流程或者服务过程。因此，过程创新在一定意义上或某种程度上就是产品创新。但是，服务的生产、传递和供给过程从生产流程的角度根据客户界面分为“后向”与“前向”。因此，服务过程创新可以分为后向创新（back innovation）与前向创新（forward innovation）两个阶段，后向创新主要是指服务的生产创新与组织创新，前向创新则是指服务的传递创新，包括传统意义上的传递过程创新和客户端的销售创新，我们统称为服务的营销创新（services marketing innovation）。

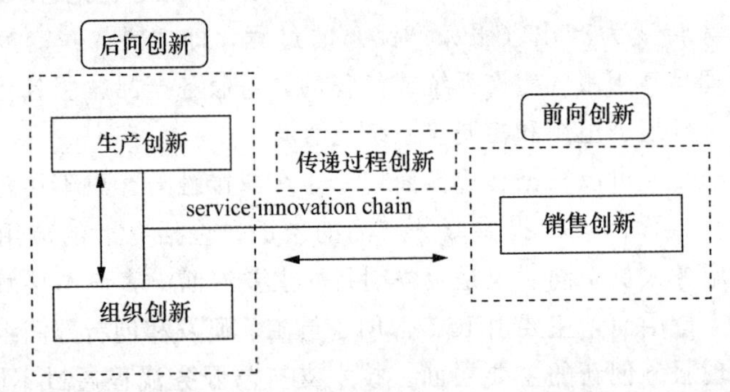

图 8-2　服务创新链（service innovation chain）：后向创新和前向创新

(三) 组织创新

组织创新是在一个团队和组织或针对一项任务有意导入相对新的、对其和社会有益的想法、过程、产品或工艺。组织创新通常表现为组织的结构、功能和表现形式的变化和改进。其主要诱导因素是市场需求变化、生产流程变化、管理方法变化和新技术的应用等。其中，组织创新的根本驱动力主要来源于组织外部，技术创新、市场拉动和组织外部的创新想法是组织创新的主要动力因素之一，组织创新从某种程度来说是外部驱动的创新。

(四) 市场创新

市场创新是以产品创新市场，或者原有产品的新市场开发。根据创新程度可以将市场创新划分为首创、改创和仿创三种主要类型。其中，模仿创新是市场创新的初级形式，首创则是市场创新的高级表现形式。

(五) 技术创新

技术创新是服务生产过程中新技术的引入和应用，技术创新往往会带来组织结构和功能的变化，同时也会促进新产品的开发和使用。技术创新不但是制造业创新的主要形式，在服务业中，基于技术创新的服务创新也十分广泛，如网上银行、电子商务、ATM 等。

本土化视角　特斯拉“体验式营销模式创新”

特斯拉创始人从一开始就宣称自己位于硅谷，提到特斯拉就是汽车行业中的苹果。苹果是被众多消费者所熟知并且使用感觉很不错的产品，借助这两样产品的良好品牌形象，使更多的人认识特斯拉汽车，并认同其文化理念。此种做法可谓是一石三鸟，即缩减了自身的营销成本，树立了自身良好的品牌形象，又重重打击了同行业竞争对手。特斯拉借助苹果公司的文化直营店模式来传递自身的文化理念，研发和销售上都有着硅谷式的创新发展理念。

特斯拉领导者像苹果创始人乔布斯般不畏成本，在美国的 10 多个州和哥伦比亚地区建立了特斯拉汽车品牌直营店，购车者可以亲身体验，只需在体验店里缴纳 5000 美元定金，特斯拉就会送货上门，特斯拉也是第一个依托互联网进行销售的品牌。这种销售模式使消费者在购车的整个过程中都可以享受特斯拉高端性能和热情的服务所带来的精神上的享受，即使最后消费者没有购车，但也会对特斯拉留下极深的印象和极高的特斯拉忠实度。特斯拉对买车、用车、保修等方面所出现的毛病，都给予了应对之策。

（1）买车环节：美国银行对购买电动汽车的客户给予高达 90%的贷款率，这意味着购买特斯拉电动汽车的客户只需付 10%的首付，就可以拥有其所有权。不仅如此，美国联邦政府和各个州政府会对于购买新能源汽车的消费者给予 7500 美元至 15000 美元的购车补贴，占总购车款项的 15%—25%，相当于汽车厂商给予了八至九折的优惠。

（2）保值环节：特斯拉许诺其生产的电动汽车在使用 3 年之后的残值高于同等的宝马和奔驰电动汽车，这样算下来相当于每月省下 78 美元的购车款。特斯拉的 CEO 马斯克（Elon Musk）还称特斯拉电动汽车 Model S 使用三年后，消费者可以把车卖给特斯拉，显示出了 Model S 的高性能。马斯克还强调说这不仅是特斯拉对于消费者的承诺，也是他个人所作出的承诺。

（3）用车环节：考虑到电价和油费使用成本的差异，如果特斯拉电动汽车一年行驶 1.5 万英里，一加仑汽油可以跑 20 英里，油价为 5 美元/加仑，电价为 0.12 美元/度，算下来每月可以省下 261 美元。

（4）电池的保修环节：特斯拉不仅提供 8 年里不限行驶路程的电池保修服务，还对因保养不当而造成的电池组损耗提供保修，可以为客户免费更换同质量或者是具有更好性能的电池，由此可见，其电池质量非同一般的好。

（5）充电装置：特斯拉 CEO 马斯克的另一家公司 Solarcity 为特斯拉电动汽车客户提供免费上门安装服务，所配备的电池是特斯拉专用电池。特斯拉全产业链的服务模式，几乎消除了消费者购车过程中的所有顾虑，让消费者用得安心、放心，其发展前景非比寻常。

资料来源：张韦．低碳经济背景下我国新能源汽车产业发展模式及政策研究［D］．武汉纺织大学，2015.

（六）传递创新

传递创新存在于服务的生产、销售、使用的全过程，以客户界面创新和前台创新为主要创新内容。物流服务在传递创新方面具有显著特征，如特快专递、邮件到付、上门取件等都是在市场需求的基础上，基于客户界面和服务流程的改进对服务产品传递过程的创新。

（七）专门化创新

专门化创新是只针对客户的某一类特殊问题提出具体的解决方案，并进一步将解决方法样板化、规范化和标准化的创新模式。

（八）形式化创新

以上创新模式都是基于技术特征、服务属性或者结构组成的量变或者质变，而形式化创新主要是服务要素的明确化、标准化过程，不存在服务特性或者组织结构的质变或者量变。快餐、清洁、法律咨询等行业具有显著的形式化创新特征，同时，在很多服务业，包括知识密集型服务业，形式化创新都存在其真实的“自身轨道”。形式化创新过程包括服务的命名、指导标准和方法建立等。

二、服务创新流程的后向创新

服务的生产过程与组织的各个部门息息相关，其创新隶属于各个业务与非业务部门的创新，在此不做赘述，以下重点阐述关于服务组织创新的内容。

服务组织创新是组织创新的重要方面。美国3M公司总裁刘易斯·莱尔指出：“一个明智的企业家，应该在他的企业中创立一种有利于创新的组织环境，鼓励并保护创新者，只有这样，企业才能有活力和希望。因循守旧、墨守成规注定要被市场淘汰。”

组织就是以营利或以提供公共服务为目的，为社会提供产品或劳务，经过有意识的选择与安排，形成的具有相对稳定的模式或结构的经济集合体。企业组织创新，就是企业组织的调整、革新、重组，以使原来的企业组织更加和谐、合理。优化企业组织创新，包括组织目标创新、组织结构创新、组织职能创新、组织流程创新和组织运行创新。企业组织创新要以新理念、新方法、新模式来指导组织的设计、调整、变革、重组，目的是使组织目标对企业行为的规范和引导作用更明显，组织结构更加合理，组织职能更加集中而有效，最终更好地实现企业的目标和战略。

企业组织创新的目标和意义有以下五点：

(1) 战略更加明确；

(2) 方便客户，满足需求；

(3) 降低成本，提高效率；

(4) 实现组织内外和谐；

(5) 求得企业持续发展。

企业需要创新发展，而发展服务外包则可以为企业组织优化创新提供一个新的推动力和新机遇。

服务外包（services outsourcing），即企业将原来在内部从事的服务活动转移给外部企业去执行的一种业务安排。根据服务外包承接商的地理分布状况，可将服务外包分为境内外包和离岸外包。有的分为境内外包（onshoring）、离岸外包（offshoring）、近岸外包（nearshoring）三个种类。无论哪种外包，都涉及企业组织创新问题，也可以为企业组织创新提供条件，奠定基础。

具体表现在以下几个方面：

（1）可以使原有企业组织全力发展核心业务，提高核心竞争力；

（2）可以弥补原有企业组织结构的不足；

（3）可以保持企业组织内的服务优势；

（4）可以使服务外包的承接方企业和发包方企业都节省成本，提高效率。

国际化视角　**跨国企业的组织创新——中国建共享服务中心**

2011 中国共享服务机构研讨会（2011 China Shared Services Organization Seminar）在成都高新区举行，来自 GE、Henkel、APL、Yum!、Wilmar、Maersk、Lafarge、Bayer 等近百位全球知名企业经理人、运营管理者，以及来自业内专家、共享中心最佳实践企业、顶级咨询公司等各方面代表针对中国共享服务机构的最新发展趋势、前景与挑战开展全方位研讨。

安永（Ernst & Young）最新发布的调查结果显示，目前，中国境内已有超过 450 家共享服务中心，涵盖金融、制造、服务、电信和交通运输等各行各业。从投资方来看，外资投建的共享服务中心数量占 47%。

安永调查结果显示，随着信息化和全球化的发展，跨国企业正越来越多地在中国投资于共享服务中心，以提升企业整体竞争力。该报告表示利用共享服务中心可以帮助企业有效降低成本并提升服务质量和效率。从地区角度而言，共享服务中心的集聚将有助于地区服务外包产业的发展、驱动专业人才的汇聚、优化服务外包产业发展环境。

安永的调查结果显示，我国境内已有超过 450 家共享服务中心，涵盖各行各业。其中，金融业占比 40%，其次为制造业、服务业、电信和交通运输业。从服务覆盖区域来看，超过 60%的共享服务中心目前关注于中国的业务，其余 40%则服务于其在国际或亚太市场的业务。从投资方来看，超过一半的共享服务中心为中资投建，外资投建的共享服务中心数量占 47%。其中欧美占外资投资的绝大比重。安永企业咨询服务中国区主管合伙人黎俊伟先生指出："我们预计，凭借在成本、人力资源等方面的持续竞争力，中国共享服务中心的发展将继续加速。在未来，随着中国经济的持续发展和技术的不断成熟，中国设立的共享服务中心在服务的广度和深度上也将趋于成熟。"

从布局上看，大部分共享服务中心选址在大城市或者其周边地区，其中包括上海、北京、广州、深圳、大连、成都和武汉。这些城市凭借自身的资源禀赋分别在业务先进性、行业代表性、服务辐射性、规模增长性四个方面呈现出各自的特色。从业务角度而言，北京在信息技术共享中心的拥有量上排第一，上海在客户服务及行业性共享服务中心数量上排第一，大连在财务共享服务中心拥有量上排第一；从行业角度，呈现出与本地优势行业紧密关联的特点，如上海在金融业共享服务中心拥有量上占有绝对优势，而苏州在制造业拥有优势；从服务辐射区域来看，全球性共享中心多布局上海，大连在服务东北亚地区的共享中心领域有较明显优势，而深圳在服务东南亚市场有较大优势。

在各类共享服务中心中，目前国际上最流行的就是财务共享服务中心，通俗说就是财务文件管理外包服务。所谓财务共享服务中心，即将企业各种财务流程集中在一个特定的地点和平台来完成，通常包括财务应付、应收、总账、固定资产等的处理。这种模式在提高效率、控制成本、加强内控、信息共享、提升客户满意度以及资源管理等方面，都会带来明显的成效。说到财务共享服务中心，就不能不提全球财务文件管理服务的领导者——富士施乐。富士施乐帮助包括诺基亚在内的众多国际知名企业建立了共享服务中心，实现了财务文件管理的共享与集中，是迄今为止在全球建立并管理着最多的财务共享服务中心的企业。

资料来源：安永（Ernst & Young）．2011中国共享服务机构调查报告．

三、服务创新流程的前向创新（服务营销创新）

服务营销创新是企业在充分认识满足消费者需求的前提下，为充分满足消费者需求而在营销过程中采取一系列创新活动来创造新的客户价值的过程。

服务营销策略，指企业为谋求长期的生存和发展，根据外部环境和内部条件的变化，对企业的发展所作的具有长期性、全局性的计划和谋略。它是企业在组织、资源和各种环境机会之间建立和保持的一种可行的适应性的管理过程。服务营销策略一般应围绕两部分展开设计：一是选择目标市场，即STP策略；二是建立能够满足目标市场需要的营销组合。

在体验经济的时代，人们越来越重视产品为自己带来的体验感知，或者说，消费的过程就是一个体验的过程。越来越少的人愿意为失望的体验买单。（见图8-3）对于服务产品来说，顾客的体验从一开始就伴随着产品同步产生，而服务中的任何纰漏都会直接带来负面的体验，这种失望情绪所积蓄的能量，足以摧毁任何程度的客户忠诚。只有在服务中以客户需求为导向，不断提升客户感知和服务体验的水平才能在经营活动中不断创新。体验营销则是服务营销的最高层次。

根据体验经济下企业、顾客和体验三者的联系，考虑到企业和顾客的目标，可以构建出如下体验营销整合模型：

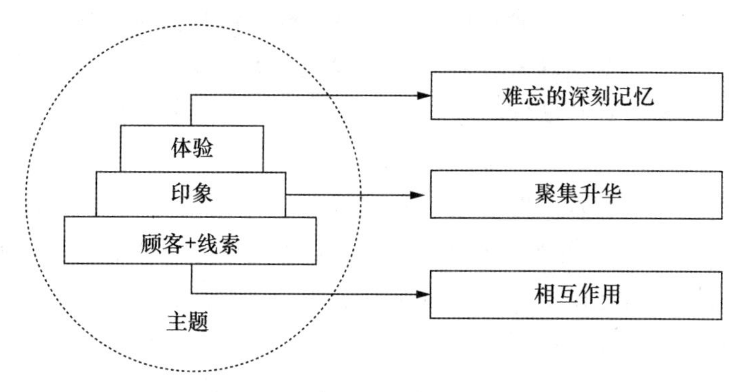

图 8-3　体验经济形成示意图

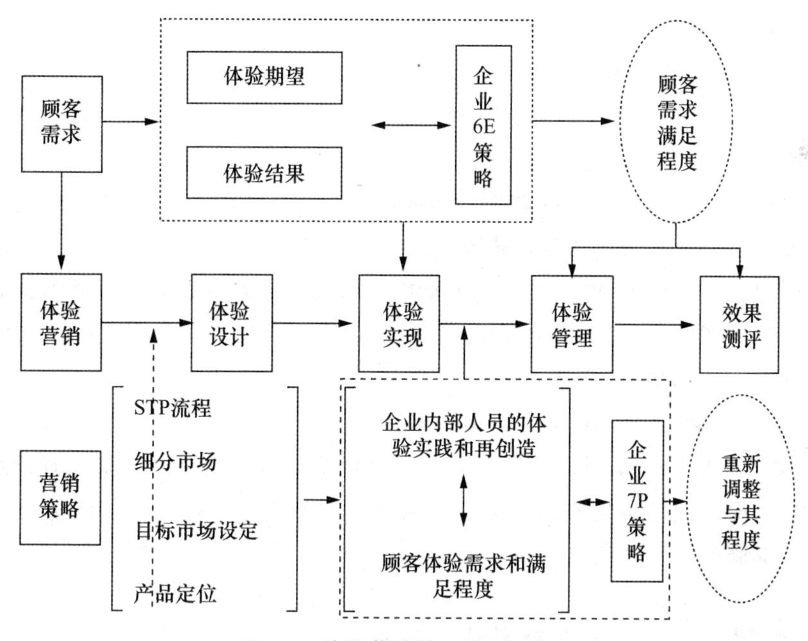

图 8-4　体验营销整合模型示意图

第二节　服务创新的驱动力

一、服务创新的驱动力系统

随着服务业在经济中的地位日益提升，服务创新也越来越重要。由制造业的服务增强研究可以看出，服务在制造业企业中也变得越来越重要。那么，是什么力量在驱动企业进行服务创新呢？如何对服务企业的创新驱动力进行整体上的识别和把握？

服务创新的基本驱动力是形成其创新模式的基础，同时还是创新模式的决定因素，而驱动力要素的组合则会构成服务企业的系统创新环境。对驱动力的正确识别和把握是制定服务创新战略的前提，也是服务业管理部门影响创新活动的重要手段。

Enkel 和 Gibber 等指出，服务企业的创新实际上是四处发生的，有关新产品和服务改进的创意和新知识更多地可以来自研发部门以外的其他员工、顾客甚至是竞争对手。通过对目前服务创新的研究进行总结，可以将服务创新的驱动力归结为以下几类：

（一）技术驱动力（technology-driven power）

Keegan 和 Turner 认为，推动创新的关键因素之一是和外部技术组织的良好交流。Kuusislo 和 Meyer 的调查结果显示，信息技术是服务创新的关键驱动力，基于数据处理和移动通信，信息技术使得新服务如远程诊断、远程监控等得以运行。新信息技术创造了完善的劳动分工和新型的部门间价值链构造，分布式的知识开发又创造了对知识密集型整合服务的需求。突出表现为知识密集型服务在一些重要的领域，如 IT 咨询、生物技术、智力资产管理等方面的运用不断增加。供应链管理和 IT 咨询就代表了这种知识密集型整合服务不断增加的市场需求。

（二）需求驱动力（demand-driven power）

Von Hippel 指出顾客在客户主导创新过程中的能动作用。他发现，在科学仪器领域大约 80%的创新中，都是由用户发现需要对仪器进行改进，从而完成创新的第一步。这种通过用户感知对产品的需求，形成解决方案，建立原型的创新范式被称为用户创新。Keegan 和 Turner 认为，推动创新首要的是对市场的关注，以及通过教育和帮助加强用户参与。Kuusisto 和 Meyer 发现，购买者行为也是减缓服务创新的因素之一，市场上的一些细分对象并不倾向于采用新服务。因此，创新服务的流动受到顾客使用新服务能力的限制。

（三）竞争驱动力（competitive-driven power）

Kuusisto 和 Meyer 发现，反常规的变化增强了竞争，使得新型服务被开发出来并提供给顾客。而行业结构的刚性、竞争的缺乏、生产能力的过剩则导致服务创新驱动力不足，形成服务创新障碍。

本土化视角 ▶ **比亚迪转型升级路径**

作为一家民营企业，比亚迪以电池代工起家，再到手机代工，最后跨行业进军汽车产业，并进军新能源产业，拥有自主品牌，实现了从电池代工到汽车自主品牌的转型升级。

1994 年，比亚迪公司成立，以 OEM 方式贴牌生产电话电池、手机电池等。2002 年，比亚迪电池超越日本三洋、松下等实现了镍镉电池全球产量第一、镍氢电池全球第二。

2008 年，比亚迪锂电池全球产量第一。2002 年进入手机代工业，为诺基亚、摩托罗拉等世界知名企业做代工。

2003 年，比亚迪跨行业收购西安秦川汽车有限责任公司，成立了比亚迪汽车有限公司，开始了比亚迪的自主品牌之路。2008 年，股神巴菲特入资比亚迪，同年比亚迪总裁王传福入选 CCTV 中国经济年度人物创新奖；2010 年 3 月，王传福以 44 亿美元位居福布斯全球富豪榜第 177 位。2010 年，来自英国品牌价值咨询公司的全球最有价值 500 品牌排行榜显示：比亚迪名列第 461 名，品牌价值为 20.65 亿美元。短短 17 年，比亚迪实现了从代工到自主品牌的跨越式发展。

资料来源：杨桂菊，刘善海．从 OEM 到 OBM：战略创业视角的代工企业转型升级——基于比亚迪的探索性案例研究 [J]．科学学研究，2013，(2)：3.

（四）政策驱动力（policy-driven power）

在欧洲 SI4S 研究项目中发现，政府的一个重要角色就是服务创新的触发器。这个角色非常重要，它可能直接促进某种创新（通过 R&D 资助等），也可能导致新规则的产生。这两种因素都可能是服务创新的动因。

对服务创新驱动力作更加系统描述的是 Sundbo 和 Gallouj。他们在对欧洲多个服务企业调查研究的基础上，从企业内部和外部两方面出发，提出服务企业创新的基本动力模型，见图 8-5：

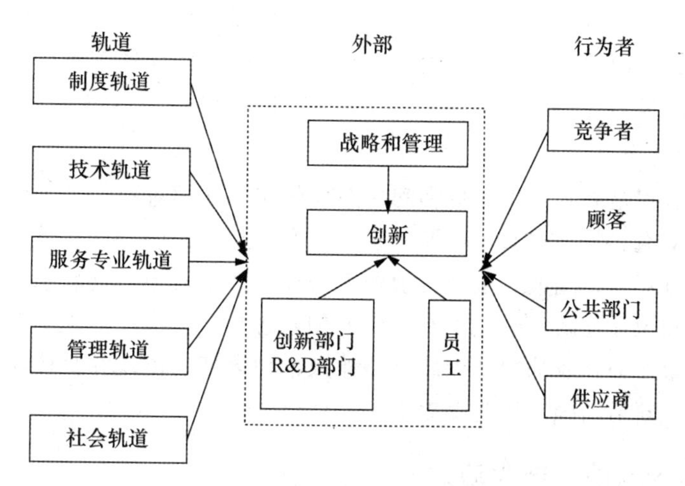

图 8-5 服务创新驱动力模型

二、服务创新的内部驱动力

服务企业创新过程中的内部动力包含企业的战略和管理，R&D 部门以及人力资源。战略作为企业发展的指导原则，对于服务创新的产生有着最直接和最根本的影响。具有创新意识的服务企业将创新目标纳入正式的战略规划中，并在企业内部自上而下形成一种创新氛围。管理作为内部驱动力之一，指的是企业高层和营销部门的管理活动。因为服务创新通常是市场驱动的，而营销部门作为直接接触客户并掌握市场知识的部门，能够将市场信号和客户需求迅速反馈给企业，从而不断地激励创新。

（一）企业的战略和管理

对企业而言，战略是一种最为根本同时也最为有效的创新内部驱动力。战略是服务企业有关自身发展的长期规划，是指导服务企业各项活动的根本准则。具有创新意识的服务企业会将创新作为战略规划的重要组成部分，并以此作为获取竞争优势、占领市场和形成良好顾客形象的根本手段，这就使创新成为企业谋求生存和发展的主动需要和内生动力。战略驱动的创新活动是一种系统性的创新活动，目前已成为服务企业创新的主导模式。

除战略外，管理是另一种关键的内部驱动力，它主要指企业高层管理和营销部门的管理活动，其中营销部门的管理活动更为频繁地出现。因为服务创新经常是由市场驱动的，而营销部门是与顾客直接接触并拥有足够市场知识的职能部门，它会根据市场的变化和顾客的需求及时通过管理活动作出反应，并激发某种形式的创新出现。高层管理活动不仅可以针对市场需求作出反应，还可以通过对组织的变革、新市场的开发、运作和传递过程的改进而促使创新发生。

战略和管理是服务创新活动发生和发展的两种重要驱动力，服务企业应主动、充分地运用这两种驱动力，通过战略规划的制订和管理活动推动创新活动的出现。

（二）研究开发部门

服务企业中的创新部门是一种形式上的、对创新出现担负一定责任的“交流”部门，它负责在企业内部诱发并搜集创新概念，因此也可能导致创新活动的出现，但它不是主要驱动因素。

（三）人力资源

服务创新过程是服务员工和顾客间一系列的交互作用过程，员工因此成为一种有价值的内部驱动力。员工在服务创新过程中具有独特关键的作用。首先，员工在与顾客的交互作用过程中，能最直接地发现顾客需要，产生较多的创新思想；同时员工还能根据自身的知识和创新经验提供有价值的创新思想。其次，员工不仅为企业提供创新思想，还经常作为企业的内部创新。企业家推动创新的出现并具体实施。这使员工成为服务企业创新活动的重要驱动力之一。

三、服务创新的外部驱动力

服务创新的外部驱动力分为轨道（tracks）和行为者（actors）两个维度。

轨道是指社会系统（一个国家、一个国际网络、一个专收网络等）中传播的概念和逻辑，它影响着服务企业创新的特征和方向。这些概念和逻辑通常由很多难以识别的行为者进行传播。轨道强调的是与创新有关的概念和逻辑，是关于我们“做什么和怎么做”的问题，而不是通过哪些行为者来进行传播。

首先是服务专业轨道，指的是存在于不同专业服务（例如，法律、咨询）中的方法、通用知识和行为准则。然后是管理轨道，指的是针对新组织形式的管理思想，例如，激励系统、服务管理等。这两种轨道在知识密集型服务中会高度重叠。第三种是指传统经济学意义上的技术轨道。新技术的引进会影响服务产品和服务生产过程。第四种是制度轨道，描述的是服务企业外部制度环境的演变趋势，包括政府政策、行收规制等。制度轨道既可以压制创新，也可以诱发创新活动的产生。第五种是社会轨道，指的是社会规则和惯例的发展，例如，生态和环境意识的日益增强促进了相关服务的创新。这五种轨道并非独立存在，它们相互交叉，共同对服务创新产生作用。

行为者是指其行为对服务企业的创新活动产生重要影响的人员、企业和组织。在图中，有四类行为者被识别出来：顾客是最重要的行为者。他们可能是创新思想的来源，也可能参与整个创新过程。从某种程度上说，服务提供者和客户之间的界面可以看作是合作创新的实验室。竞争者对于服务企业的创新活动也很重要。服务企业可以通过对竞争企业创新行为和创新产品的观察与分析，从竞争者那获取创新思想。供应商特别是知识密集型服务供应商也是服务创新的重要来源。知识密集型服务供应商在与服务企业合作时扮演着创新发起者、推动者和传播者的多重角色。

第三节　服务创新的模式

服务创新一方面受到制造业创新的影响，采取的某些创新模式与制造业类似；另一方面，服务企业自身包含更多独特的创新模式，被服务企业更加频繁和更为普遍地采用。此外，服务部门间的异质性使得不同类型的创新活动必须适应不同的创新模式。

服务创新的一般过程主要包括三个阶段：概念阶段、发展阶段、保护阶段。创新的概念来源广泛，既有组织内部各个部门员工的创新想法，也有来源于客户实际需求的创新思想，同时也有受到竞争者启发而产生的创新概念，甚至是基于某一技术创新的应用而产生的新的服务概念。

经过筛选、完善、可行性分析和市场分析等综合评价，服务创新活动将由概念阶段进入发展阶段。通过对员工团体的企业家定位和项目团队两个阶段，将员工个人的创新活动系统化、组织化地提升为项目团队的创新活动，服务创新发展阶段的后期活动主要以项目团队为主要的创新行为主体。其间涉及企业内部的营销部门、ICT 部门和其他生产部门，以及企业外部的市场（客户）、ICT 供应商和咨询顾问等多种行为群体或主体。

一般服务创新模式的后期是服务创新保护阶段，初级保护阶段主要涉及市场定位、形象提升、品牌打造等内容，第二级保护阶段主要涉及竞争条款的制定和知识产权的保护等内容。

一、传统的创新模式

在传统的 R&D 创新模式中，创新的驱动力来自于技术轨道，企业主要进行的是技术创新和过程创新。采用这种模式的企业中存在着专门从事研发和创新的部门，通常由企业中的产品技术部门或者信息科技部门来担任。创新部门同其他部门之间是一种简单的线性关系，不存在任何反馈。顾客在这种模式中只是一个创新的被动接受者，并不参与实际的创新过程。

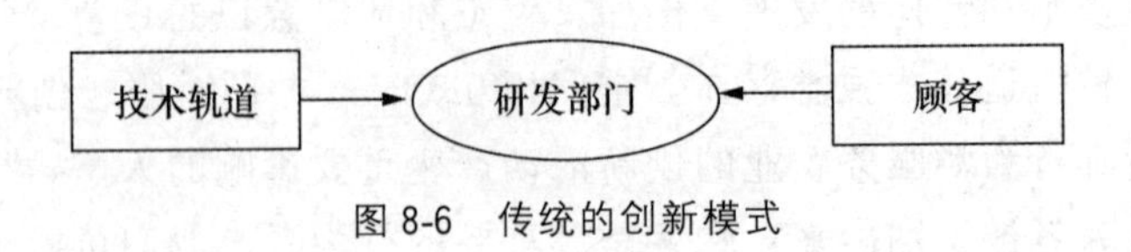

图 8-6　传统的创新模式

二、新工业创新模式

新工业模式是传统工业模式一定程度上的改进和演化。在这类企业中，创新来源于行为者之间的互动，创新过程不再是一个线性的模型，而是一个采用交互作用的复杂模型。该模式的外部驱动力是技术轨道、服务专收轨道和顾客。技术作为创新过程的驱动力之一，可能带来服务质量的提高或者服务效率的提高。该模式是一种顾客导向型创新，它的创新主要是为满足顾客的未来需求。在这种模式中，跨部门组成的项目团队更容易获得创新的成功。

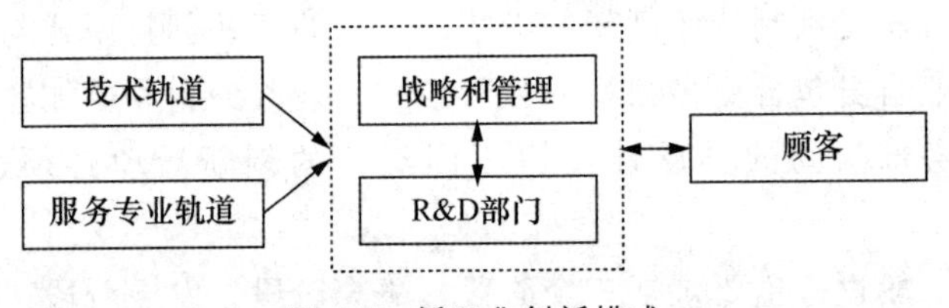

图 8-7　新工业创新模式

三、服务专业化模式

采用这种模式的企业一般是中等规模的知识密集型服务业，它们主要提供某个专业领域内问题的解决。在服务专业模式中，创新的主要驱动力来自于服务专业轨道、员工和顾客，组织中不存在专门从事创新的部门。该模式的创新过程通常是集体性活动，所有的专业人员都会参与其中。专业人员在创新时要遵从一定的行业标准和规范，因此该模式具有较强的纪律性。此外，企业与顾客的交互界面也是创新的一个重要来源。在所有模式中，服务专收模式中的顾客在创新过程中发挥着最为积极的作用。服务专业模式的优势在于较为灵活，可以对市场动态迅速作出反应，能够搜集和融合所有员工的创新思想。但是，该模式也过度依赖作为个体的员工，缺乏企业宏观上的计划和控制，导致整个创新过程存在一定的混乱和低效率。此外，虽然专业人员富有创造性，但这种情况仅仅表现在专业轨迹上。实际情况是，他们往往会被某种特定的方法和模式所束缚，因此在多数专业性服务企业中具有突破性的创新较为少见。

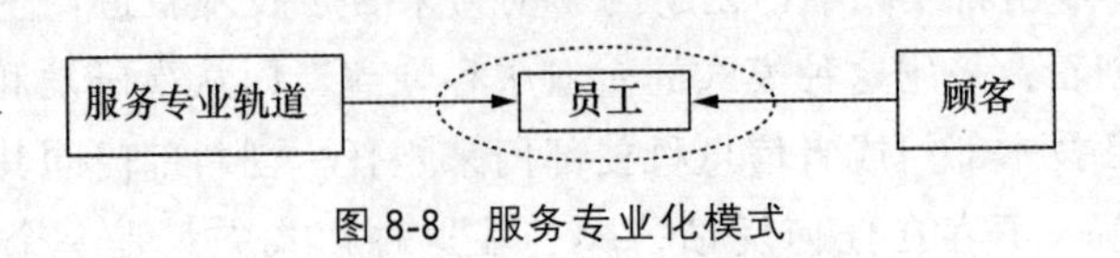

图 8-8　服务专业化模式

四、战略创新模式

战略创新模式是服务企业最典型的创新模式。该模式的创新过程是在企业战略和高层管理的指导下完成的，但是并没有特定的 R&D 部门或创新部门参与其中。创新项目的开发是由专业的项目团队来完成，通常需要较长的时间，同时这种模式下开发的新产品具有很大的可复制性。由于企业具有明确的促进创新的战略，因此所有的轨道和行为者都有可能成为创新的外部动力。

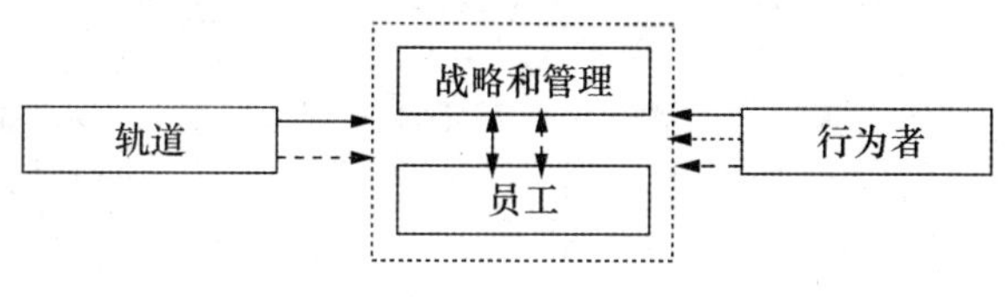

图 8-9　战略创新模式

五、配套创新模式

该模型从本质上来说是一种“跟随”或“配套”创新。它紧随在已出现的根本性创新后产生，是一种以根本性创新为基础并为其服务的创新。通过这种模式建立的服务企业通常规模很小，并且很少有 R&D 部门或创新部门。其主要活动是销售根本性创新的服务产品，并对它进行某种渐进性的改进。同时，管理部门在创新过程中起主导作用。IT 服务、汽车修理服务等都可以按这种模式来解释。由于配套创新模式是以根本创新为基础，因此包含了所有的轨道和行为者。

六、“工匠”模式

这种模式用来描述那些以运作为主的小型服务企业的创新特点，如清洁服务企业、旅馆等。这些企业没有创新战略，也没有 R&D 部门或信息技术部门，它们通常不进行创新，即使进行创新，也都是通过改进和学习过程而产生的不可复制的小创新。这些企业较为保守，只在既定的方向内发展而很少发生变化，因而外部创新驱动力只包括行为者，而不包含轨道。这些特性与传统工匠的运作模式较为相近，故称为“工匠”模式。

七、网络模式

这是一种很多服务企业联合形成一个共同的网络企业以进行创新的模式，其目的是代表网络中的成员企业进行创新或在这些企业中诱发创新。该模式经常存在于旅游业和某些金融集团的创新活动中。“网络模型”是服务企业将创新活动及其与行为者和轨道的关系置于专业化创新组织中的模式，原则上没有自己的 R&D 部门，但 R&D 部门只与成员企业发生相互作用，与顾客或供应商没有直接联系，因为它并不以顾客或供应商为导向，其客户是成员企业。因此在影响网络企业创新的外部驱动力中，除各种轨道外，行为者中只有竞争者和公共部门发挥作用。

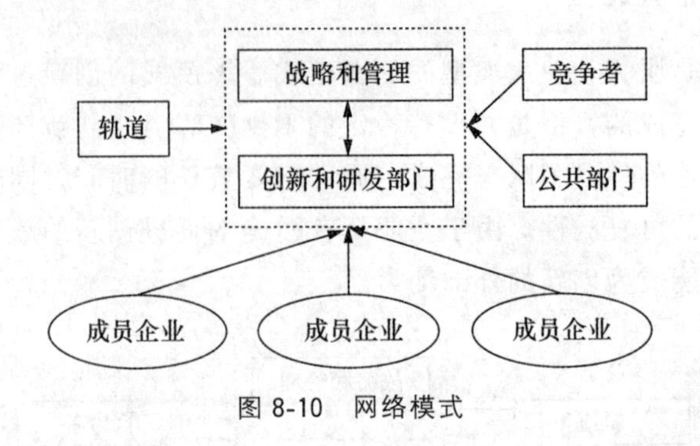

图 8-10　网络模式

本章小结

1. 服务创新主要是以非技术因素（软技术）为主要创新形式，根据创新内容和创新程度可以划分为根本创新、提高创新、增加创新、专门创新、二次结合创新和形式创新等。服务创新按照创新对象可以划分为产品创新、组织创新、过程创新和市场创新等。更加深入、系统的分类是将服务创新划分为产品创新、过程创新、组织创新、市场创新、技术创新、传递创新、重组创新、专门化创新和形式化创新等。

2. 服务创新的基本驱动力是形成其创新模式的基础，同时还是创新模式的决定因素，而驱动力要素的组合则会构成服务企业的系统创新环境。对驱动力的正确识别和把握是制定服务创新战略的前提，也是服务业管理部门影响创新活动的重要手段。主要分为内部驱动力和外部驱动力，内部驱动力有企业战略和管理、研究开发部门及员工等，外部驱动力分为轨道和行为者两个维度。

3. 服务创新的一般过程模式主要包括三个阶段：概念阶段、发展阶段、保护阶段。主要分为传统的创新模式、新工业创新模式、服务专业化模式、战略创新模式、配套创新模式、“工匠”模式和网络模式等。

讨论题

1. 服务创新的类型有哪些？
2. 试论述服务创新的驱动力系统。
3. 试对比服务创新的不同模式有何异同。
4. 试分析未来服务业将会产生哪些新的创新模式。

参考文献

[1] 2011 财务判断 [J] . 新理财，2011，10.
[2] 零售商借力第三方 技术创新提供终端服务[J] . 现代商业，2011，1.

[3] 安永（Ernst & Young）. 2011 中国共享服务机构调查报告，2011.

[4] 财务共享服务中心企业运营的优化之道 [J]．首席财务官，2009，10.

[5] 曹为军．集群中知识密集型服务业创新能力研究 [J]．黑龙江对外经贸，2009，4.

[6] 陈劲，王安全，朱夏辉．软件业的服务创新 [J]．南开管理评论，2002，(1)：48—54.

[7] 丁金辉，星巴克的顾客服务创新策略 [J]．物流技术，2008，（27）：42—44.

[8] 胡松，蔺雷，吴贵生．服务创新的驱动力和模式 [J]. 研究与发展管理，2006，2.

[9] 姜红，曾锵．服务创新模式研究现状及展望 [J]．浙江树人大学学报，2005，5 (2)：52—55.

[10] 金周英．服务创新与社会资源 [M]．北京：中国财政经济出版社，2004.

[11] 蔺雷，吴贵生．服务创新的四维度模型 [J]．数量经济技术经济研究，2004，(3)：32—37.

[12] 零售商借力第三方 技术创新提供终端服务 [J]．现代商业，2011，1.

[13] 刘阳，陈春明．发展服务外包与企业组织创新 [J]．学术交流，2008，4.

[14] 买建国，高奎峰，徐晓蕾．对我国商业银行服务转型的思考 [J]．阴山学刊，2010，12.

[15] 商业银行业务转型分析与 2012 年展望 [J]．银行家，2012，1.

[16] 王甜，钟宪文．基于动力模型的服务创新模式研究 [J]．科学学与科学技术管理，2005，11.

[17] 王瑄．财务共享服务中心：企业运营的优化之道 [J]．国际商报，2009，11.

[18] 杨瑾．产业集群环境下生产性服务业集成创新模式分析 [J]．科学学与科学技术管理，2008，10.

[19] 银联卡缴费通明年新增 20 种，http：//economy. jschina. com. cn/7359/200912/t267968. shtml.

[20] 赵晖．图书馆服务创新动力机制研究 [J]．图书馆学研究，2009，2.

[21] 周敏．技术创新给力终端服务 [J]．中华合作时报，2010，11.

[22] Browning，C.，Singelman，J. The Emergence of a Service Society [M]. Springfield，1975.

[23] Coffer，J. The Geographies of Producer Services [J]. Urban Geography，2000，21 (2)：170—183.

[24] Daniels，W. Service Industries [M]. Great Britain：Cambridge University Press，1985.

[25] Esparza，A. Kremenec A. Producer Services Trade in City System：Evi-

dence from Chicago [J]. Urban Studies, 1994, 31 (1): 29—74.

[26] Ellen Enkel, Michael Gihhert, Alexei Makarevitch, Stefanos Vassiliadis. Edited by Prof. Dr. Andrea Back and Prof. Dr. Georg von Krogh. Innovation/ Knowledge Creation, Customer Integration and Entering New Ventures [E]. University of St. Gallen, Discussion Paper, 2002.

[27] Howells, D., Green, R. Location, Technology and Industrial Organization in UK Services [J]. Progress in Planning, 1986, (2).

[28] John, T., Bowen, Jr., Leinbach, T. R. Air Cargo Services in Asian Industrializing Economies: Electronics Manufacturers and the Strategic Use of Advanced Producer Services [J]. Regional Science, 2003, 82: 309—332.

[29] Ley, D., Hutton, T. Vancouver's Corporate Complex and Producer Service Sector: Linkages and Divergence within a Provincial Staple Economy [J]. Regional Studies, 1987, 21 (5): 413—424.

[30] Nahlinder, J., Hommen, L. Employment and Innovation in Services: KIBS in Sweden, Department of Technology and Social Change. Sweden: Linkoping University, 2002.

本章关键词中英文对照

逆向产品周期模型 reverse product cycle model
服务创新链 service innovation chain
后向创新 back innovation
前向创新 forward innovation
外包 outsourcing
离岸外包 offshoring
境内外包 onshoring
近岸外包 nearshoring
技术驱动力 technology-driven power
需求驱动力 demand-driven power
竞争驱动力 competitive-driven Power
政策驱动力 policy-driven power

第九章

知识密集型服务业创新

章首案例

知识密集型服务业后劲十足

日前，广州市社会科学院及社会科学文献出版社联合发布《广州蓝皮书：广州创新型城市发展报告（2016）》（以下简称《报告》）指出，近两年来，广州在多个创新排行榜中排名靠前，知识密集型服务业发展态势良好，具有快速增长的潜力。

1. 知识密集型服务业支撑创新发展

作为知识密集型服务业代表的融资租赁业今年表现抢眼。据广州商务委统计显示，今年1—6月，全市新增融资租赁企业共40家，新增注册资金125亿元。截至6月，广州已有206家融资租赁企业，注册资本达825亿元，力争到2018年培育2至3家注册资本超过50亿元的行业龙头。

笔者了解到，最新落地广州的787-9梦想飞机价值超过1亿美元，由渤海金控有限公司通过注册在南沙的SPV公司运作，是该公司首批落地广州的波音最新型大飞机，也是广州迄今金额最高的单架飞机租赁合同。渤海金控公司计划于8月中旬再落地两架飞机，其中包括一架787-9飞机。

《报告》认为，广州知识密集型服务业发展态势良好，具有快速增长的潜力。2015年，广州金融业增加值、信息传输软件和信息技术服务业增加值分别增长14.2%和12.4%，比全市地区生产总值分别高5.8个百分点、4个百分点。

广州市社会科学院软科学研究所所长张赛飞分析，2015年，广州知识密集型服务业新登记各类内资市场主体（不含农民专业合作社）5.05万户，同比增长35.6%，比全市新登记各类内资市场主体增速高24.3个百分点。广州知识密集型服务业固定资产投资585.7亿元，同比增长33.7%，比全社会固定资产投资增速高23.1个百分点。2015年，广州知识密集型服务业合同利用外资金额达到38.8亿美元，同比增长38.2%，比全市合同利用外资增速高34.2个百分点。

张赛飞表示，信息传输、软件和信息技术服务业、租赁和商务服务业、科学研究和技术服务业呈现出迅猛发展的势头，将支撑广州创新型城市的快速发展。

2. 电子通信制造带动高新技术产业增长

《报告》数据指出，高新技术产业是创新型产业的重要组成部分，广州高新技术制造业发展值得关注。广州市社会科学院软科学研究所副所长周兆钿表示，广州2015年实现规模以上工业高新技术产值3169.15亿元，同比增长20.8%，增速高于工业平均水平14.4个百分点，电子及通信设备制造业是带动广州高新技术产业增长的主要力量。其中，电子计算机及办公设备制造业比上年增长21.9%，占规模以上工业高新技术产值的5.2%；电子及通信设备制造业比上年增长20.6%，占规模以上工业高新技术产值的81.4%；航空、航天器及设备制造业比上年增长11.9%，占规模以上工业高新技术产值的1.1%；信息化学品制造业比上年增长11.5%，占规模以上工业高新技术产值的1.5%。

《报告》显示，广州国际创新枢纽的建设正稳步推进，但也还存在高新技术产品产值增长乏力、企业研发投入偏低、科技体制制约着科技成果转化、创业投资难以满足需求等问题。数据显示，2013年以来规模以上高新技术产品产值增长速度不断放缓，由2013年的14.6%下降到2015年的8.2%。“由数据看来，高新技术产品产值增长乏力，高新技术产品的生产与更新换代的速度还不能满足国内消费的需求。”周兆钿说道。

资料来源：http：//news. sina. com. cn/c/2016-08-12/doc-ifxuxhas1643459. shtml.

1. 广州市知识密集型服务业发展态势良好的原因是什么？
2. 你怎样看待未来知识密集型服务业的发展前景？

知识与创新是当今新型服务经济不断发展和繁荣的重要因素，服务创新尤其是知识型服务创新逐渐成为人们关注的焦点。本章首先介绍了知识密集型服务业（Knowledge-Intensive Business Service，KIBS）的概念与类型；其次介绍了KIBS创新的概念和类型，并分析了KIBS创新过程及其优化和创新模式；最后分析了KIBS与客户互动创新。

第一节　知识密集型服务业概念与类型

一、知识密集型服务业的概念

（一）知识密集型服务业的概念

知识密集型服务业是一种经济活动，它致力于知识的创造、积累和传播，是目前服务业发展最快的部分，其他发展较快的还包括非商业性的公共教育和某些行政管理服务。知识密集型服务业概念的提出是服务业内涵不断延伸的结果。随着知识经济的发展，20世纪八九十年代开始，与此相关的概念如现代服务业、专业服务业、知识服务业等已经出现而且有了较多的应用。它们之间具有很大的交叉性或者重合性，同时，也为随后的知识密集型服务业概念的提出奠定了基础。例如，专业服务业是指以有偿方式运用专业知识在医疗、教育、咨询、审计、法律、会计等方面提供各式各样的技术、知识、信息、智能服务的行业。

目前，不同学者对知识密集型服务业概念有不同的表述：

Muller认为，KIBS是提供高知识附加价值服务给其他企业的组织，从广义上讲就是“咨询企业”。①

Hipp认为，KIBS公司是指具有重要知识源作用的公司，服务于制造业和服务业客户，或服务于大学或其他研发机构等。②

Nahlinder认为，KIBS是提供基于技术的知识密集型服务的商业企业，服务人员和客户均受过良好的教育，二者之间存在很高水平的交互作用。③

Kemppil和Mettanen从知识是服务的重要投入，服务高度依赖于专业能力和知识，服务提供商和客户之间有高度的互动以及为知识的扩散和新知识的产生提供可能性三个方面定义KIBS。

当前普遍接受的是由Miles从组织性质、投入资源特征以及产出特征三个角度考虑对KIBS进行界定，主要包括以下三个维度：

- KIBS是私人企业或者组织；
- KIBS非常依赖于专业知识；
- KIBS是向社会和用户提供以知识为基础的中间产品或服务，在以知识为基础的知识经济社会中发挥着主动且关键的作用。

因此，Miles定义的KIBS是一种依赖于专业知识，以提供高智力附加值的知识密集型产品或服务为主，并在知识的生产和传播中发挥作用的私人企业或者组织。④

在政策研究和实践中，不同国家或者组织结合自身实际对KIBS进行了界定。我国国务院发展研究中心从运用的工具或者技术角度对KIBS进行定义，认为知识密集

---

① Muller, E. Innovation Interactions between Knowledge-intensive Business Services and Small-and Medium Sized Enterprises-analysis in Terms of Evolution, Knowledge and Territories [J]. Physical Heidelberg, 2001.

② Hipp, C. Information Flows and Knowledge Creation in Knowledge Intensive Business Services. Measurement and Case Study Analysis. Boston, Dordrecht, London: Kluwer Academic Publishers, 1999a.

③ Nahlinder, J. Innovation in Knowledge Intensive Business Service: State of the Art and Conceptualizations. http://www.tema.liu.se/tema-t/sirp/pdf/wp2002-244.pdf, retrieved June 17th, 2006.

④ Miles, I., Kastrinos, N., Flanagan, K., Bilderbeek, R., Hertog, P. D., Huntink, W., Bouman, M. Knowledge-intensive Business Services: Their Roles as User, Carriers and Sources of Innovation [M]. PREST, Manchester, 1994.

型服务业是利用电子商务、互联网等信息化手段的现代知识服务业，在信息服务的传输和知识产权上实现其产品价值。经济合作与发展组织（Organization for Economic Co-operation and Development，简称 OECD）从投入产出的角度对 KIBS 进行界定，认为 KIBS 就是那些高附加值、人力资本及技术投入密度较高的服务行业。①

金雪军认为，KIBS 是对信息流进行收集、整理、分析、研究、储存并转化为可用知识，为用户提供信息资源和信息管理的行业，包括技术服务（硬知识服务）、咨询服务（软知识服务）和电子商务服务（混合知识服务）三类。其中，技术服务具体包括信息技术服务、软件开发与信息源管理、专利服务等；咨询服务具体包括金融投资咨询和代理服务、创业咨询服务、企业管理咨询服务等；电子商务不仅提供信息处理技术——信息处理平台，而且也提供相关的信息咨询服务，因此是一种混合知识服务。这一定义与国务院发展研究中心的界定基本相符。②

魏江认为，知识密集型服务业是指那些知识密集程度高，依靠新兴技术和专业知识，具有明显的客户互动特征的商业性公司或组织。③

知识密集型服务业作为一门新兴服务业，尚处于动态发展之中，其内涵与外延难以预期，因此，要给知识密集型服务业下一个精确的定义比较困难。知识密集型服务业与普通服务业存在差异，是依赖新技术和专业知识，为客户提供高附加值服务的新兴服务业。

（二）知识密集型服务业的特征

服务业所起的重要作用不仅仅体现在对新技术的应用方面，更重要的是体现在对新技术的创造性应用方面。人类进入 21 世纪后，为更好地应对诸如信息技术、清洁技术、低碳技术等众多的技术变革，以知识为基础的新型服务业正发挥着越来越重要的作用，它们采取与传统服务业不同的定位和活动，在传递和创造技术知识、帮助用户消化和吸收新技术等方面起着完全不同于传统服务业的功能，而且它们的作用越来越活跃，越来越显著地代表未来知识经济发展的态势。

知识密集型服务业既不同于提供非知识密集产品的普通服务业，也不同于提供可编码化产品的制造业，它具有和其他产业不同的显著特征。知识密集型服务业具有以下一些特征：④

- 很大程度上依赖于专业知识；
- 组织自身就是主要的信息与知识来源（如报告、培训咨询等）；
- 运用知识为客户的生产过程提供中介服务（如通信和计算机服务）；
- 为商业企业提供支持性服务。

---

① OECD. Innovation and Productivity in Services. Paris：OECE Report，2001.

② 金雪军. 中国知识服务业发展问题探析［J］. 软科学，2002，(3).

③ 魏江，胡胜蓉. 知识密集型服务业创新范式［M］. 北京：科学出版社，2007.

④ Miles，I.，Kastrinos，N.，Bilderbeek，R. and den Hertog，P. Knowledge-intensive Business Servise-users，Carriers and Sources of Innovation，EIMS Publication，1995，(15).

魏江将KIBS的特征归纳为“四高”，即：

• 高知识度：从知识创新过程来看，KIBS服务产品的性质是“知识密集型的”，这些“产品”作为要素参加到客户的知识创造和知识整合过程中。从事KIBS的人员，大多都是接受过高等教育和相应培训的人才，他们是公司与客户之间知识交换的界面，KIBS的知识和能力与从业人员密切相关。

• 高技术度：KIBS就像一个纽带，将技术知识与产业发展连接起来，它一方面积极地使用新技术为企业提供服务（如金融、保险、广告），另一方面创造并扩散新技术（如软件开发）。同时，KIBS包含特殊领域的技术知识，IT咨询、工程咨询、管理咨询都聚集了大量的技术知识。

• 高互动度：随着经济的迅速发展，知识密集型服务业同用户之间的互动式生产结构逐渐取代了二战后建立起来的以实验室为基础的垂直生产结构。Muller也指出强烈的交互性和顾客相关性是知识密集型服务业最主要的特征之一。[①] 客户本身拥有很多知识和能力，通过频繁的互动，能够帮助KIBS交付最佳解决方案。KIBS与用户的互动越紧密持久，就越有可能将组织和技术的诀窍结合到用户的创新过程之中。

• 高创新度：知识密集型服务业在许多方面尤其在R&D和创新方面与普通服务业存在差异。KIBS在为客户提供服务的同时，自身必须不断创新，吸收新知识、学习新技术，创造出适合技术和生产发展新要求的知识应用模式，推动客户的创新和发展。

全球化视角 ▶ **知识密集型服务业**

美国学者倾向于使用“知识服务产业”（knowledge- based service industry）来描述知识密集型服务业，将其定义为：以提供技术知识或专利为主并支援制造业发展的服务业，或具有技术背景的服务业。该定义偏重以技术服务为特征的硬知识服务。

台湾学者将知识产业定义为：知识经济时代衍生出来的新兴技术服务业，包括制造业的延伸活动（如物流、专利权管理与全球运筹管理等）、大公司内部资讯、技术中介、知识设计服务、技术资产评估等。这个界定更为具体，但仍然偏重以技术服务为特征的硬知识服务，未反映出该产业的全貌。

欧洲学者倾向使用“知识密集型服务业”（knowledge intensive business service，KIBS），并尝试给予描述性的定义。如Muller和Miles对KIBS的描述性定义。

资料来源：王泉泉．WTO框架下江苏省知识密集型服务业发展研究［D］．南京理工大学，2006.

---

① Muller，E. Innovation Interactions between Knowledge-Intensive Business Services and Small-and Medium Sized Enterprises-analysis in Terms of Evolution，Knowledge and Territories [J]. Physical Heidelberg，2001.

本土化视角 ▶ 知识密集型服务业

上海市发展和改革委员会将知识密集型服务业称为“现代服务业”，将其描述为：伴随着信息技术和知识经济的发展产生，用现代化的新技术、新业态和新服务方式改造、提升传统服务业，创造需求，引导消费，向社会提供高附加值、高层次、知识型的生产服务和生活服务。现代服务业囊括作为上海服务业重要支撑的金融、商贸、物流、房地产、旅游和信息服务业，以及作为上海服务业增长潜力领域的文化、教育、医疗、体育、航运服务、会展和中介服务业。该定义具有鲜明的地域特色，强调知识密集型服务业具有现代与传统的交融性、要素的智力密集性、产出的高增值性、供给的多层次性和服务的强辐射性等特点。

资料来源：李红．知识密集型服务业特征剖析［J］．情报杂志，2005，（8）：1—2.

二、知识密集型服务业的类型

Emile Durkheim 说过，“分类必须小心谨慎地选择那些特别重要的特征作为标准”。但 KIBS 包括的范围较为宽泛，属性特征也常随着时间与空间的变化而不定，另外，不同学者选择的分类方法又有区别，因此，就产生了很多分类标准。

目前被普遍采用的是由 Miles 提出的“两分法”，① 即将 KIBS 划分为传统的专业性服务和以新技术为基础的服务。传统的专业性 KIBS 是与技术相关性较弱、技术知识含量较低的传统专业性服务，如广告、营销等；技术型 KIBS 又称作 T-KIBS，是与技术相关性较强、技术知识含量较高的专业性服务，其运作内容和结果以技术为主，如软件开发设计，与信息技术相关的咨询和支持活动等。学者们目前研究更多的是 T-KIBS。如表 9-1 所示即 Miles 所作的分类。

表 9-1　KIBS 的分类

类型	传统专业型 KIBS（不包含新技术）	以新技术为基础的 KIBS
例子	• 营销/广告 • 培训/设计/金融服务 • 办公/建筑/管理咨询服务 • 会计/法律服务 • 环境服务	• 计算机网络/软件/计算机设备管理服务 • 通信服务 • 技术工程/技术测试/技术分析 • 包含新技术的设计/管理咨询/环境/建筑/培训服务 • R&D 咨询服务

资料来源：Miles，I.，Kastrinos，N.，Flanagan，K.，Bilderbeek，R.，Hertog，P. D.，Huntink，W.，Bouman，M. Knowledge-intensive Business Services：Their Roles as User，Carriers and Sources of Innovation［M］. PREST，Manchester，1994，19—20.

① Miles，I.，Kastrinos，N.，Flanagan，K.，Bilderbeek，R.，Hertog，P. D.，Huntink，W.，Bouman，M. Knowledge-intensive Business Services：Their Roles as User，Carriers and Sources of Innovation［M］. PREST，Manchester，1994，19—20.

从服务的生产方式维度出发对 KIBS 进行分类，可以将知识密集型服务业划分为四大类 14 子类。Sundbo 剖析了服务业创新中的定制化和标准化的特征，根据服务业生产的标准化程度，将服务业的生产方式分为“标准化”“模块化”“定制化”生产方式。[①] 在“标准化”生产方式下，服务开发流程更加接近传统制造业的创新过程模式，服务提供商与客户间互动程度相对较低；在“定制化”生产方式下，服务开发涉及大量的专门化创新，服务提供商与客户之间需要保持密切的交互作用；在“模块化”生产方式下，服务提供商与客户之间的互动程度介于“标准化”与“定制化”之间。如表 9-2 所示：

随着经济的进一步发展，知识的生产专业化不断加强，技术分工将会越来越细化，技术和管理知识也日益多样化。在此趋势下，整个经济体系中需要新的代理机构来创造、整合及扩散知识，而知识密集型服务业正是在这个领域发挥独特作用的经济单元，必将在知识经济中起着重要作用。本节通过对知识密集型服务业的概念、特征和类型的分析，使我们对知识密集型服务业有一个更加清晰的认知，为进一步学习 KIBS 的创新过程、创新模式以及 KIBS 与客户互动创新打好坚实的基础。

表 9-2　知识密集型服务业分类

大类	子类	主要行业名称
金融服务（属于 J 类*）	银行业	中央银行、商业银行、其他银行
	证券业	证券市场管理、证券经纪与交易、证券投资、证券分析与咨询
	保险业	人寿保险、非人寿保险、保险辅助服务
	其他金融活动	金融信托与管理、金融租赁、财务公司、邮政储蓄、典当、其他未列明的金融活动
信息与通信（属于 G 类）	电信和其他信息传输服务业	固定电信服务、移动电信服务、其他电信服务、互联网信息服务、有限广播电视传播服务、无限广播电视传输服务、卫星传输服务
	计算机服务业	计算机系统服务、数据处理、计算机维修、其他计算机服务
	软件业	基础软件服务、应用软件服务、其他软件服务
科技服务（属于 M 类）	研究与试验发展	自然科学研究与试验发展、工程和技术研究与试验发展、农业科学研究与试验发展、医学研究与试验发展、社会人文科学研究与试验发展
	专业技术服务	技术检测、环境监测
	工程技术与规划管理	工程管理服务、工程勘察设计、规划管理、其他专业技术服务
	科技交流和推广服务业	技术推广服务、科技中介服务、其他科技服务

① Sundbo, J. Standardisation vs. Custonmitation in Service Innovations, Service Development, Internationalization and Competences. Working Paper, No. 2, Danish SI4S WP3—4 Report. Roskilde: Roskilde University, 1998b.

（续表）

大类	子类	主要行业名称
商务服务（属于L类）	法律服务	律师及相关的法律服务、公证服务、其他法律服务
	咨询与调查	会计审计及税务服务、市场调查、社会经济咨询、其他专业咨询、广告业、知识产权服务、职业中介服务
	其他商务服务	会议及展览服务、包装服务、办公服务、其他未列明的商务服务

资料来源：魏江，胡胜蓉. 知识密集型服务业创新范式［M］. 北京：科学出版社，2007.

注：① * 是指从属于国民经济行业分类中的J类，其余类推。

② 从金融业到商务服务业，在服务生产方式上，总体的变化趋势是，从标准化生产方式过渡到定制化生产方式。

全球化视角 **知识密集型服务业类型**

对于KIBS的分类，为了统计说明的方便起见，运用OECD的统计类别，将KIBS分为7类：（1）信息服务业，包括硬件设计顾问、软件设计顾问和服务、数据处理、数据库服务、其他计算机相关服务；（2）研发服务业，在医学技术开发、其他自然科学技术、工程技术、人文社会科学等研究领域，为社会提供有偿的研究开发服务；（3）法律服务业，包括法律咨询与顾问、法律事务代理、有关专利权方面的顾问、其他法律服务；（4）金融服务业，包括簿记服务、审计服务、其他会计服务、债务清理服务；（5）市场服务业，包括市场调查、公众调查、广告代理、广告设计、其他广告活动、贸易展览和产品演示等；（6）工程性服务业，包括城市规划设计、民用工程服务、建筑服务、水电气技术设计、电力工程设计、其他建筑设计、机械工艺设计、技术测试分析、工业设计等；（7）管理咨询业，包括项目可行性分析、投资决策分析、有关资质认证机构、质量认证体系、内部管理咨询、人力资源开发管理、管理顾问等。

第二节 知识密集型服务业的创新过程与创新模式

一、知识密集型服务创新的概念和类型

20世纪80年代，服务创新开始为理论界关注，认为服务业并非是被动的制造业技术创新“采纳者”，而是重要的创新主体，尤其是新的服务业形态——知识密集型服务业的迅猛发展，为服务创新拓展了新的空间，知识密集型服务业不仅内部产生大量创新，并且在工业领域创新中扮演着创新源、创新推动者、创新携带者的角色，在区域乃至国家创新体系中发挥着重要的知识生产与扩散的节点作用。

（一）知识密集型服务创新的概念

服务创新的特性来源于服务本身具有的特征，知识密集型服务业不但具有服务业

的一般特征，还显著地基于高度专业化的知识，兼有“高知识密集度”的特征，这些在上一节已经介绍过。正是这些特征在一定程度上共同影响了知识密集型服务创新的内容和方式，使其表现出不同于技术创新的独特性，形成不同的创新内涵。

知识密集型服务创新首先具有服务创新的一般特征，如创新的无形性、创新的主动性、创新的差异性等。此外，知识密集型服务创新还表现出以下三个突出特征：

1. 高知识密集性

知识密集型服务创新在知识投入与知识产出方面都表现出高度密集的特点。一方面，在创新过程中，知识密集型服务企业运作的主要对象是某一领域的专业知识，它不仅来自于专业的服务提供商，也可能来自具备较高专业素养的顾客，甚至来自于服务提供商与顾客间的持续互动过程；① 另一方面，知识密集型服务创新的产品性质都是“知识密集的”，这些“产品”作为要素参加到顾客的知识创造和知识整合过程中，② 并且更有价值的创新产出是，通过 KIBS 与其用户的交互活动，KIBS 和顾客的知识基础和创新能力得以扩展和提升。

2. 高互动性

创新是一种交互式的双向学习过程。知识密集型服务业具有无形性、异质性、不可分性、高知识密集性等特征，因此，顾客参与到创新过程中就显得特别重要，要为需求差异化的顾客提供高度个性化的知识定制服务和专业知识设计，其服务过程必然伴随着服务机构与顾客频繁的信息沟通和强烈的互动。Muller 提出了强烈的交互性和顾客相关性是知识密集型服务创新的最主要特征之一。③ 知识密集型服务创新过程中的高互动性主要表现为两方面：一方面，顾客不仅是创新的推动者，更是以“创新源”和“合作生产者”的身份直接参与到创新过程中，④ 与顾客互动的强度和质量直接决定了最终创新产品的质量；另一方面，创新过程是一个集体性的、非系统性的过程，员工和经理人员以正式和非正式的方式参与到不同的交互作用当中。

3. 高技术性

知识密集型服务业使技术知识与产业发展连接起来，一方面，通过使用新技术为企业提供服务（如金融、保险、广告等）；另一方面，创造并扩散新技术（如软件开发）。在知识密集型服务创新过程中，往往蕴涵着特殊领域的技术知识，IT 咨询、工程咨询、管理咨询都聚集了大量的技术知识，尤其是信息和通信技术（ICT）的高度

---

① Antonelli, Cristiano. The Microdynamics of Technological Change. London and New York: Routledge, 1999.

② Hauknes, J. Services in Innovation and Innovation in Services. SI4S Final Report: 101. Oslo: STEP Group, 1998.

③ Muller, E. Innovation Interactions between Knowledge-intensive Business Services and Small- and Medium Sized Enterprises-analysis in Terms of Evolution, Knowledge and Territories [J]. Physical Heidelberg, 2001.

④ Hertog, P. Knowledge Intensive Business Services as Co-producers of Innovation. International Journal of Innovation Management, 2000, 4 (4): 491—528.

使用，对创新活动有很大的影响，这一点在芬兰林业集群案例中也得到充分证实。①

综上所述，结合前面对知识密集型服务业与知识密集型服务创新的特征分析，知识密集型服务创新体现了高知识密集性、高互动性、高技术性的特点，是指创新主体运用高度专业化知识或新兴技术，通过与客户的高度互动，对所提供服务中的服务概念、顾客界面、服务传递系统进行变革，从而为客户提供新的服务内容。

（二）知识密集型服务业创新的类型

在第八章对服务创新进行分类，以及对前面有关知识密集型服务业特征进行分析的基础上，按照知识密集型服务业和客户接触的流程顺序对知识密集型服务创新类型进行划分，可以分为三类：②

1. 前端服务创新

前端服务时期主要指的是从锁定目标客户到与客户沟通再到服务创意产生的这个时间段。企业先通过市场分析，锁定服务的目标群体，然后通过面谈、网络、调查问卷等手段与客户进行沟通，发现客户的需求，设计服务概念。这个阶段的创新主要体现在以下几个方面：

（1）目标客户群体的创新：是指服务企业在锁定客户群中的创新行为，包括开辟全新市场，在原有市场内开发新的细分市场，进入另一个行业和市场。

（2）沟通手段的创新：将新的技术手段引入到与客户沟通的过程中。

（3）概念创新。按照创意产生的方式又可分为：① 嫁接创新：将两个不同的概念嫁接到一起，形成一种新的服务概念。② 模仿创新：根据自己企业所处国家或行业的特点，将其他国家或者其他领域的服务创意修正后移植过来。③ 组合创新：通过将已有服务要素或者重新组合，或者拆分，又或者添入新的元素再次组合而产生的创新。

2. 服务过程创新

服务过程创新是指在向客户提供服务过程中的创新。这一阶段的创新主要包括以下几种：

（1）替代创新：将服务过程中旧的技术元素用新的技术元素替代。

（2）形式化创新：是指使各种服务要素的“可视性”和标准化程度产生变化，即对所提供的服务给予新的形式。这种新的形式使原本“无序、模糊”的功能变得“有序、具体”。企业形式化创新以后，要素变得更加模块化、标准化，为组合创新提供了条件。

（3）管理创新：是指以更好地为客户提供服务为目的进行的组织结构、管理方式的变革。

（4）增值性创新：采用技术或其他附加元素，对原有服务内容或质量进行改进，

---

① Viitamo，E. Knowledge-intensive Services and Competitiveness of the Forest Cluster：the case of Finland. International Institute for Applied Systems Analysis，2003，52.

② 徐建敏，任荣明. 从成功案例看知识密集型服务业创新类型［J］. 北京理工大学学报（社会科学版），2007，(10)：69—72.

使之更加完善。

（5）传递创新：是指在服务投递过程中，企业与客户沟通以及交互作用界面的创新。

3. 后端服务创新

后端服务时期主要指的是在服务项目交付后企业提供后续服务的阶段，如人员的培训、服务质量评估等。这一阶段的创新主要体现在服务跟踪方式、方法的改变。

本土化视角 知识密集型服务业发展现状

在服务业整体快速发展的同时，近年来，随着知识经济的兴起和信息技术的快速发展，我国服务业内部也出现了新的发展趋势，即金融服务业、商务服务业、科学研究与技术服务业以及信息传输、计算机与软件服务业这类典型的知识密集型服务业迅速发展。我国近年来知识密集型服务业的发展状况为：从 2004 年至 2010 年，知识密集型服务业增加值占服务业增加值的比重从 21.7%上升至 24.9%，知识密集型服务业就业人数占服务业总就业人数的比重从 3.9%上升至 4.8%，其中金融服务业增加值占服务业增加值的比重从 2004 年的 8.4%上升至 2010 年的 12.1%，成为我国知识密集型服务业发展最快的行业。随着在服务业中增加值和就业比重的不断提高，知识密集型服务业在国民经济发展中发挥的作用也越来越重要。

资料来源：赵明霏．知识密集型服务业发展研究［D］．南开大学，2013.

二、知识密集型服务业创新过程

（一）概念阶段

围绕构筑服务创新的概念出发，主要完成服务创意产生、概念初步开发、需求分析、概念检验等工作。服务创意的产生通常有两种方式：一种是为了解决某类特定客户问题而产生的创新，这种方式的创意产生经常从招投标开始；另一种是在企业战略规划指导下完成的新服务开发。这两类创新虽然构思起点不同，但实践证明其创新过程的环节却是相似的，因此可以用一个通用的过程模型来归纳。同时，这也说明了服务创新的构思来源多种多样。服务创新的构思很多，但并非每个创意都具有现实可行性，这就要求对许多创意进行优选。新服务构思经筛选后需要发展成产品概念。产品构思是公司本身希望公司提供给市场的一个产品的可能设想，而产品概念是用有意义的消费者术语表达的精心阐述的构思。顾客要购买的不是产品构思，而是产品概念。因此，KIBS 要在新服务构思的基础上对其具体概念进行研发。概念检验是新服务开发计划评价的一种研究技术，可以有效地评价概念是否被顾客所认同，并及时对新服务概念进行调整。此外，概念开发和概念检验两个过程往往与需求分析密不可分，因此这两个阶段在所有的项目中常常以需求分析的形式出现。

（二）发展阶段

此阶段是新服务开始由概念框架向具体设计和运作阶段的转变，这一阶段对新服务的最终成型和传递至关重要，主要完成方案设计、内部论证、外部检验和人员培训等工作。在新服务概念得到认同后，就进入方案设计和商业分析阶段，对产品概念进行分析论证，值得注意的是，不同行业的分析论证阶段常以不同的形式出现，如方案设计、可行性分析等。如果内部论证通过，就进入外部检验阶段；如果没有通过，要重新进行方案设计；如果外部检验时没有通过，那么也要重新进行方案设计。该阶段是新服务全面的开发和设计阶段，需要将所有的利益相关者包括进来，包括顾客、前台人员和各智能部门（营销部门、技术部门、人力资源部门等），并将新服务概念进一步细化，确定实施步骤，因此必须协调好参与新服务开发各方面人员的关系，使其通力协作，保证整个过程运转。服务本身生产和消费的不可分离性决定了顾客对服务的感知质量更多的来源于服务传递过程，而培训则是影响传递的又一重要因素，通过培训，员工和客户更加熟悉服务产品的性能和经营细节，为服务创新能够更顺利交付和传递给客户作了充分的准备，使整个发展阶段更加完备。

（三）引入阶段

此阶段是进行服务评估、交付客户和跟踪改进等工作，完成服务传递的阶段，也是服务价值最终实现的阶段。在服务评估阶段，通过与用户沟通对服务方案进行检验，通过检验后交付客户，并对客户进行跟踪，根据客户需求对服务进行改进。引入阶段是服务创新区别于技术创新的重要特征之一，它的交付往往不能通过一次简单的销售完成，而需要经过繁多的步骤（如软件服务的引入），需要经过试运行、实施、调试、跟踪等一系列阶段才能最终完成。

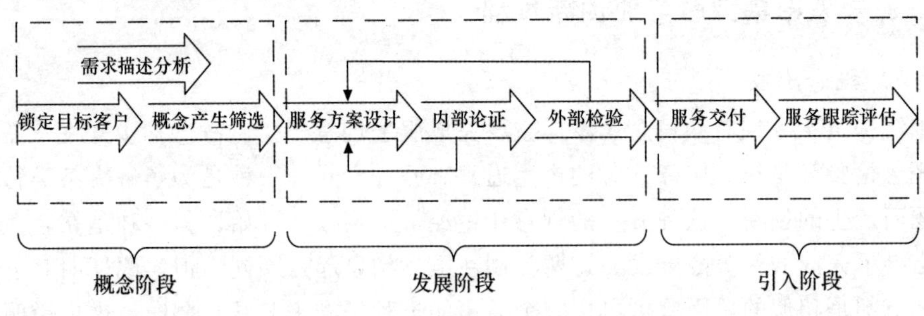

图 9-1　知识密集型服务业创新过程流程图

三、知识密集型服务业创新过程优化

（一）规范项目开发流程

目前，魏江等人通过实证分析发现知识密集型服务业在创新过程管理中存在两个方面的问题：

(1) 许多企业并没有形成标准化的新服务开发流程，在与客户进行新服务合作开发的过程中，往往根据项目经理和项目成员的经验进行项目管理，而没有将新服务并发和项目管理的知识进行编码化和知识共享，使得服务提供商在与客户开发新服务的过程中，存在许多不规范和缺陷。

（2）许多企业已经通过了ISO相关认证，将新服务开发流程的知识进行编码化，并经常组织员工进行项目管理知识的共享和学习，然而大部分服务提供商，在新服务开发流程知识的阐述中，只界定了服务提供商自己的职责，对客户在新服务开发过程中，具体扮演什么样的角色，担当什么样的责任等没有系统阐述，对新服务开发不同阶段双方互动的程度和内容的阐述也非常模糊，客观上给服务创新绩效带来负面影响。

正是由于新服务开发流程的不规范和不完善，使服务提供商在进行新服务开发过程中，出现两种问题：

一方面，许多服务提供商，尤其是规模比较大的服务提供商，往往采取本企业为主的姿态，考虑更多的是如何利用服务提供商现有的知识和经验，如何发挥自身的主体性，并基于这一思路制定相应的管理手段与方法，而在对客户需求分析和问题诊断上，却缺乏足够的深度，客观上造成了最终服务方案和客户期望之间的偏差；或者说，服务提供商出于运营成本的考虑，创新过程中更多地考虑成本和进度等方面的因素，而将客户满意度放在一个相对较低的水平。

另一方面，许多服务提供商，尤其是规模偏小的服务提供商，在与能力比较强的客户进行服务合作开发时，往往屈从于客户的意见，而选择成本、进度、技术可行性等方面次优的方案。

事实上，在进行服务的合作开发中，服务提供商与客户之间是平等的关系，双方的相互信任和支持是服务成功开发的重要保证。为了更好地建立和协调彼此之间的关系，对服务开发流程、开发过程中服务提供商客户的角色和职责、双方不同阶段互动的程度和内容等相关知识进行规范化、编码化，并在项目合作开发初始阶段对合作开发成员进行培训，对创新项目绩效将有着极其重要的影响。

（二）将客户纳入服务创新系统

知识密集型服务创新的一个重要特征就是与客户合作创新。创新过程中，客户可看作是知识密集型服务业的非正式员工。事实上，客户的知识背景和创新能力对服务项目创新起着非常重要的作用。知识密集型服务业有必要对其进行开发与管理。

为使客户能有效完成其角色，服务企业首先要让客户明确自身的角色定位及角色要求。为此，知识密集型服务业一方面需要对客户的角色进行定位，挑选和吸引合适的客户担任某些角色；另一方面，应努力吸引那些和角色要求相符的客户，并帮助客户了解其角色，这样，客户可以根据角色要求确认自己是否胜任，而该过程也可以增强客户对新服务的理解和对质量的感知。

在帮客户明确了自身的角色定位后，企业应通过多种形式的教育和培训增强客户的各种能力，包括专业技能和知识、与员工和其他客户交互作用的技能和知识等。教育和培训可以采取多种形式，如编写正式的培训材料、上门推广活动、印制宣传品、服务环境中的直接演示等。如果客户在参与创新的过程中有效和出色完成了自身的角色任务，服务企业就应给予客户适当的激励和回报，这样可以促使客户更好地参与创新。此外，不同客户需要的回报和激励也有所不同，因此应根据客户的特点采取适当的方式。

（三）有效利用信息技术

信息技术在当前环境下成为影响知识密集型服务创新过程的最重要因素之一，尤其是那些显著依赖于信息与通信技术的行业，如金融业。IT技术在知识密集型服务业中的运用代表着一种革命，它不仅反映在服务过程中，还反映在创新过程中。例如，招商银行员工提到，招商银行行长就分管两个脑——人脑和电脑。信息科技部的地位是全行最高的，技术专家的待遇也是其他岗位无法比拟的；技术已经上升到“战略”的层次，对业务的支持转变到对业务的孵化。因此，知识密集型服务业在创新过程中充分利用信息技术的手段主要有三种方式：

- 将技术供应商整合进入创新过程。当企业要把供应商整合进入创新流程时，需要考虑技术变更的速度和供应商在本行业领域的水平两个主要方面。如果正在发生技术变革，那就需要在开发周期中推迟进行供应商整合；如果供应商设计水平非常高，而且他们的设计专家具备独特的、有助于创新开发的洞察力，那么他们将很容易融入创新流程。如果能与供应商建立长期稳固的合作关系，那么最好发展成战略联盟，将有利于信息和知识的共享。技术供应商由于更深入透彻地了解企业，也会量身定做提供更为贴切的解决方案。但是，与技术供应商建立战略联盟也非易事，双方都会考虑比较交易成本和管理成本，以及知识转移的成本。为了鼓励和维持组织间的知识交流，必须进行结构上的安排，建立依靠某种形式的制度责任。
- 充分利用新技术开展创新。原始知识的分布是离散的，解决问题所需的相关“黏滞信息”分布在企业网络的不同结点上，因而必须加强对知识的整合。组织作为个体发展的环境，以及各种知识、资源和能力整合的场所，必须为知识的交流、转移和共享提供环境和条件，而信息技术在其中发挥关键作用。由于信息技术而产生的交流方式，如互联网、BBS、聊天室软件、视频会议、电子白板(electronic whiteboard)，如果能加以合理利用，会有效地促进项目创新过程中的知识交流和共享。
- 加强数据库系统的建设。服务创新过程中，客户关系的开发除需要人与人之间的交流，一个更高效的渠道是利用信息技术建立客户数据库系统。在客户关系管理中，将技术作为预先构建范围更广和更丰富的接触基础来完成面对面的互动，是一个丰富的价值源泉。知识密集型服务业必须高度重视客户数据库系统的建设，从人力、物力、财力上给予足够的保障，最终营造一个企业和客户共赢的客户化网络平台。

（四）提高员工综合技能

在知识密集型服务创新过程中，员工起到了“内部企业家”的重要作用，既是创新的生产者，也可能是创新的来源者。知识密集型服务业的本质是知识转移和开发客户关系，这两者都涉及人与人之间的互动，所以最直接促进服务创新的是发展职业人员的技能，他们是知识的使用和创造者，并与客户共同合作。

一方面，知识密集型服务业应该为员工之间、员工和客户之间的思想交流、灵感碰撞创造良好的平台，在创新过程中应该积极开展这种交流活动，鼓励创新思想。另一方面，知识密集型服务业还应该在培训、激励、授权等方面开发员工的创造能力，从而有效地进行项目创新。首先是根据创新要求正确地培训员工，培养和提升员工进行创新所需的各种能力；其次是通过有效的激励机制促使其完成创新任务。在此过程中，可以根据需要对员工进行适当授权，推动服务创新顺利、高效地完成。

知识密集型服务业需要通过各种培训使员工具备构思并完成创新项目的知识和技能。对员工的培训包括两个层面：一是对员工的专业技能进行培训，二是对员工的沟通技巧进行培训。员工技能提高不是通过一两次培训就可以完成的，而是一个不断延续的过程。此外，知识密集型服务业还应对员工进行其他形式的培训活动。例如，对员工进行轮岗培训，使员工能从事多样工作。员工通过轮岗培训所获得的经验、知识和技能具有多重作用，首先，它能够使员工充分认识到完成一项创新所需要的不同角色分工以及角色间的合作；其次，通过轮岗培训，企业避免了让毫无准备的员工与顾客进行直接接触。

当员工表现出色时，知识密集型服务业必须予以正向的反馈，对企业期望的行为和表现进行激励和奖励，这样就能增加它们以后再次出现的可能性。具体的奖励手段可以是物质奖励，也可以是精神奖励，或者兼而有之。为激励员工更好地进行新服务的开发和提供，许多知识密集型服务企业对员工进行授权，给予员工对顾客需求作出立即反应的权力。授权可以为组织带来不少好处，如在服务提供过程和服务补救过程中快速地对顾客需求和不满意作出反应，被授权的员工可能产生更多创新思想等。

四、知识密集型服务业创新模式

知识密集型服务业创新模式是指知识密集型服务业在进行服务创新时可以遵循的基本的框架体系和思路方法。对服务企业创新模式进行研究的意义，从微观层面看，在有限理性、不对称信息以及网络效应等条件下，选择何种创新模式以持续创新并提升竞争力，已成为服务业面临的重大挑战；从中观和宏观层面看，国家竞争力的核心是产业竞争力，而产业竞争力的源泉是该国能否有效地推动创新和形成竞争性环境，[①]对创新模式问题的深入分析，将有利于形成合理高效的产业政策。

从创新过程的本身来看，KIBS服务产品的性质是“知识密集的”，这些“产品”

---

① Poter, M. E. The Competitive Advantage of Nations. Harvard Business Review, 1990, 68 (2).

作为要素参加到客户的知识创造和知识整合过程中。[1] 创新过程中的知识学习对于KIBS创新起到关键作用。Lundvall将创新学习的方式归结为STI（science-technology-innovation）模式和DUI（learning by doing，using and interacting）模式，[2] STI模式基于编码化的科学与技术知识的生产和使用的正式过程，而DUI模式基于“干中学”、互动学习的非正式过程。前者主要与现象（know-what）和原因（know-why）方面的知识学习相关联，后者更多地与诀窍（know-how）和联系（know-who）方面的知识相关联。[3] STI模式在整个20世纪非常重要，大量的重要产品和技术知识是由很多执行这一模式的大企业研发部门做出的。[4] 不过，DUI也日益成为重要的学习模式，成功的创新开始取决于研发设计部门与生产和销售之间的联系与沟通，创新过程日益表现出系统整合和网络化特征，[5] 非正式的联系使得缄默的知识在创新系统中流动，这些联系已经超出了企业的边界，将专业化的制造商、商务服务提供商及它们的客户链接起来。

从创新过程的结果来看，可以根据创新强度的差异把创新分为渐进性创新（incremental innovation）与突破性创新（radical innovation）。Oslo手册提出了三种情况：

- 相对于全球市场而言全新上市产品（new to the world）；
- 产品相对于公司而言是新的，但是对于市场不是最新的（not new to the market，new to the firm）；
- 非新上市的，对于企业而言产品是改进的。

Oslo手册将前者定义为突破式创新，后两种情况定义为渐进性创新。[6]

渐进性创新对现有产品的改变相对较小，能充分发挥已有技术的潜能，并经常能强化现有的成熟型公司的优势，特别是强化已有企业的组织能力，对公司的技术能力、公司规模要求较低。而突破性创新建立在一套不同的科学技术原理之上，常常能

---

① Antonelli，Cristiano. The Microdynamics of Technological Change. London and New York：Routledge，1999；Hauknes，J. Services in Innovation and Innovation in Services. SI4S Final Report：101. Oslo：STEP Group，1998.

② Lundvall，B. A.，Johnson，B. The Learning Economy. Journal of Industry Studies，1994，1（2）：23—42.

③ Jensen，M. B.，Johnson，B.，Lorenz，E. et al. Forms of Knowledge and Modes of Innovation. Research Policy，2007，36（5）：680—693.

④ Chandler. The Visible Hand：the Managerial Revolution in American Business. Cambridge：Belknap Press，1977.

⑤ Rothwell，R. Towards the Fifth-generation Innovation Process. Innovation Marketing Review，1994，11（1）：7—31.

⑥ OECD. Oslo Manual：Guidelines for Collecting and Interpreting Innovation Data（3rd）. Paris：OECD，2005.

开启新的市场和潜在的应用。[1]

从创新过程和结果来考虑，采用学习模式和创新强度两个维度将知识密集型服务业的创新模式划分为以下四类：[2]

（一）STI渐进模式

STI渐进模式更多地可以在那些能提供“标准化”服务的企业中观察到，这些企业带有制造业管理的行为特征，服务开发和生产过程更加接近制造业。典型的行业包括银行业、保险业以及信息通信服务业。这类行业在服务、技术的研发上有专门的投入，注重与知识型的研究机构进行合作，企业的知识管理更多是基于信息通信技术（ICT）的编码化知识共享，相关领域的专家、高学历人员在创新过程中作用明显，学习模式显示出STI特征。

从企业面临的创新环境看，技术成熟度反映了技术轨迹的变动程度和创新的频率。[3] 当技术轨迹变动程度相对较弱，创新频率较低时，技术成熟度较高，企业所面临的更多是渐进式的创新机会。在服务业中存在类似规律，当一项服务已经相对成熟时，服务企业进行的是渐进性创新，如现在普遍的网络银行服务，该服务概念与运作流程已经日趋成熟，因此，目前各大银行主要在服务生产过程等方面进行渐进性创新。

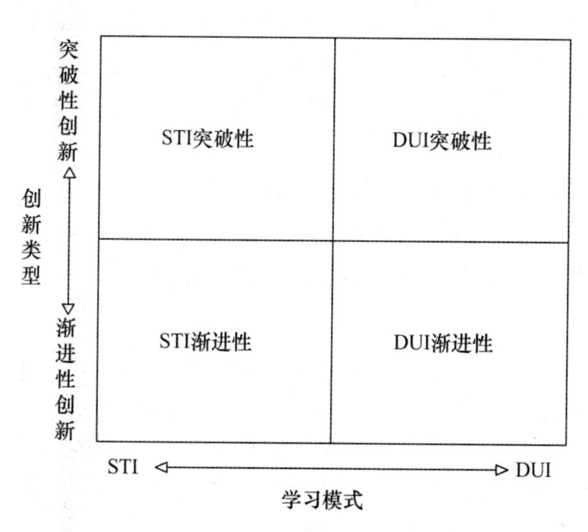

图9-2　知识密集型服务业的创新模式

在STI渐进模式下，KIBS企业主要专注于对既有创新的改进，这些改进与既有业务存在紧密联系。创新的主要组织形式是相应的职能部门，一项服务创新的效果主

① Dewar, R. D., Dutton, J. E. The Adoption of Radical and Incremental Innovation: An Empirical Analysis. Management Science, 1986, 32 (11): 1422—1433.

② 魏江，胡胜蓉. 知识密集型服务业创新范式. 北京：科学出版社，2007.

③ Lee, K., Lim, C. S. Technological Regimes, Catching-up and Leapfrogging: Findings from the Korean Industries. Research Policy, 2001, 30 (3): 459—483.

要由经济效益加以测量。这一模式主要分布在那些服务产品较为“标准化”的行业中。

（二）STI 突破模式

从创新历史来看，STI 模式对于技术的突破性创新贡献巨大。在服务业中存在着通过 STI 的方式实现创新的例子，在市场需求不确定、需求规模较小的情况下，服务企业致力于服务产品功能上的创新，以服务创新来引发市场需求。与制造业企业相比较，服务企业的组织弹性较大，企业内的服务开发部门与市场的互动也非常密切，服务生产与传递效率在初期重要性则相对较低。

在 STI 突破模式下，KIBS 企业主要是基于既有创新平台架构，开发未来新业务。服务企业通过类似于科技研发的方式进行服务开发，企业为创新提供专项资金保障，创新的主要组织形式有职能部门或专门成立的创新团队。服务创新的绩效主要由经济效益、市场占有率等加以衡量。这一模式也主要分布在那些服务产品较为“标准化”的行业中。

（三）DUI 渐进模式

服务业在创新过程中遵从着一定的创新轨迹，例如，“平衡记分卡”这一重要的战略管理工具出现后，管理咨询公司使用该工具提供管理咨询服务，解决客户遇到的难题，这期间也对“平衡记分卡”这一工具进行持续改进，但都是在这一服务工具的创新轨迹上进行的调整。大量咨询类的服务遵从这样的规律，它们在针对客户难题进行服务创新过程中，与相关主体交流着缄默性知识，使用既有的服务工具，为客户提供定制化的服务。

客户在 KIBS 企业创新过程中扮演着重要的角色，① 往往被视为创新的合作生产者，客户与服务企业间的交流和相互作用已成为服务创新的一个主要来源。② 大量基于经验的、缄默性的知识在创新过程中流动，跨专业的工作组、职能整合、柔性的工作方式成为创新的主要组织形式。

在 DUI 渐进模式下，KIBS 企业主要是在既有创新轨迹中进行改进，在创新过程中 KIBS 与多个相关主体在互动中传递运用着 know-how 和 know-who 方面的知识。创新主要的组织形式是项目团队，一项服务创新的效果主要由客户满意与客户绩效加以测量。这一模式主要分布在那些服务产品较为“模块化、定制化”的行业中。

（四）DUI 突破模式

如果企业内部积累程度高，外部联系薄弱，那么企业所能识别和选择的创新机会

---

① Miles，I.，Kastrinos，N.，Bilderbeek，R. and den Hertog P. Knowledge-intensive Business Servise-Users，Carriers and Sources of Innovation，EIMS Publication No. 15，EC，1995；Tether，B. S.，Hipp，C.，Miles，I. Standardisation and Particularization in Services：Evidence from Germany. Research Policy，2001，30 (7)：1115—1138.

② Muller，E. Innovation Interactions Between Knowledge-intensive Business Services and Small-and Medium Sized Enterprises-analysis in Terms of Evolution，Knowledge and Territories [J]. Physical Heidelberg，2001.

以渐进性为主；反之，企业有更大的突破性创新的机会。对于那些内部创新积累程度低，只能积极于外部联系的 KIBS 来说，寻求突破式创新的关键是找准利基市场，[1] 如果它们的一个突破式创新能在利基市场中寻找到机会并且发展壮大，那么它将是非常富有竞争力的。[2] 这些利基市场是一项创新的适用情境，在利基市场中，突破性创新得以在主流的标准和淘汰规则之外成长壮大。利基市场可能由于特定的客户需求而形成，也可能是由旨在引入一项创新的智慧的经济行为者或者政策制定者有意识推动而形成。服务创新和利基市场的有机结合，将会以“创新的产品、生产方式以及竞争形态，对市场与产业作出翻天覆地的改造”。

在这类企业中，know-what 和 know-why 方面的知识积累相对欠缺，但其可能拥有丰富经验与人脉的创新创业人才，在 know-how 和 know-who 方面具有一定优势。与大型服务企业中存在官僚风气、过度理性决策以及大量机械的程序化评价体系、控制方式、乃至文化氛围刚性的特征，不同的是，这类企业的服务开发人员在思维上较少有惯性束缚时敢于挑战现状、保持观点的多元化等，往往能够实现具不连续性、发散性特征的突破式创新，一举改变产业竞争结构，取得市场的领先地位。

在 DUI 突破模式下，KIBS 企业创新的主要目的是寻找利基市场、开拓新业务，know-how 和 know-who 方面的知识会提高企业成功进行服务创新的可能性。创新的主要组织形式是项目团队，但独具眼光的个人意见作用重大。一个服务创新的效果主要通过市场与产业的反应得到评估。这一模式主要分布在那些服务产品较为“模块化、定制化”的行业中。

表 9-3　KIBS 四类创新模式的特征比较

比较层面		STI 渐进模式	STI 突破模式	DUI 渐进模式	DUI 突破模式
战略管理层面		专注于对既有创新的改进，与业务有明显联系	基于既有创新平台架构，开发未来新业务	在既有创新轨迹中进行改进	寻找利基市场、开拓新业务
知识管理层面	知识类别	know-what know-why	know-what know-why	know-how know-who	know-how know-who
	知识形式	显性、编码	显性、编码	隐性、缄默	隐性、缄默
	客户互动	弱	弱	强	较弱
	ICT 作用	非常重要	重要	重要	一般

① 利基市场（又称缝隙市场、壁龛市场、缝隙市场、针尖市场，哈佛大学商学院案例分析的中文版中也是采用这种译法），指向那些被市场中的统治者/有绝对优势的企业忽略的某些细分市场，指企业选定一个很小的产品或服务领域，集中力量进入并成为领先者，从当地市场到全国再到全球，同时建立各种壁垒，逐渐形成持久的竞争优势。

② Jensen, M. B., Johnson, B., Lorenz, E. et al. Forms of Knowledge and Modes of Innovation. Research Policy, 2007, 36 (5): 680—693.

（续表）

比较层面		STI渐进模式	STI突破模式	DUI渐进模式	DUI突破模式
组织管理方面	组织结构	专门的创新部门	专门的创新部门、创新团队	项目团队	项目团队、个人
	组织文化	刚性	刚性	柔性	柔性
运营管理层面	资金筹措	预算、专项资金	预算、专项资金	项目开支	风险性投入
	成果衡量	对研发成果进行经济效益测量	经济效益测量、市场占有率	客户满意与绩效	市场与产业反应
	创新评估	正式化的评估流程	正式化的测试评估流程	非正式化的评估	非正式化的评估
服务产品特征		标准化	标准化	模块化、定制化	模块化、定制化

资料来源：魏江，胡胜蓉．知识密集型服务业创新范式［M］．北京：科学出版社，2007.

第三节　知识密集型服务业与客户互动创新

一、知识密集型服务业与客户互动创新

（一）KIBS创新对客户互动的需求

知识密集型服务业具有无形性、主动性、差异性等一般服务的特征，在其创新过程中还具有高知识密集性、高互动性、高技术性等特征，对不同界面之间的互动，尤其是服务提供商与客户界面的互动，有着更高的要求。它需要参与各方在创新每一阶段进行频繁的交互，以便共同创造价值。①

公司战略的主体部分应当是如何将公司与当今经济至关重要的资源——知识和关系连接在一起。② 对于知识密集型服务企业来说，知识转移和客户关系更是其唯一的竞争优势来源，是服务创新项目开发的本质所在。一个新服务方案的出现必然是知识密集型服务企业与客户合作生产、共同努力的结果，客户仅仅通过付款是无法购买到成功的服务的，最终产品服务的质量主要依赖于企业与客户间相互作用的质量。这种相互作用在本质上是知识转移和开发客户关系的过程。

知识密集型服务业设计出一套完美的服务方案并不是创新的最终目的，而是客户运用项目开发中所获得的知识，更好地进行企业的决策，并通过与服务提供商的互动提升自身能力和水平。因此，在知识密集型服务项目的知识构成中，知识转移与客户的核心职能息息相关，其中知识对于争取竞争优势和获得更佳商业结果尤为重要，参

① Hirvonen，P.，Helander，N. Towards Joint Value Creation Processes in Professional Services. The TQM Magazine，2001，13（4）：281—291.

② Normann，R.，Ramirez，R. From Value Chain to Value Constellation：Designing Interactive Strategy. Harvard Business Review，1993，71（4）：65—77.

与这个过程对客户核心竞争力的提升也尤为关键。同时，知识本身又存在于各种关系中，即包含在人们以及组织之间的关系之中。知识密集型企业逐渐意识到，项目创新需要与客户企业或组织密切接触并保持联系。知识转移离不开客户的参与，开发客户关系是知识密集型服务企业获得竞争优势的另一源泉。更好的知识转移必须要进行频繁的知识交流和深入的知识诱发，① 而知识交流和知识诱发都依赖于服务提供商与客户之间的高度互动，无论这种互动是面对面的还是非面对面的。

此外，要建立更加密切深厚的客户个人关系，更好地识别客户需求，寻找到双赢的商业机会，也要求知识密集型服务企业必须与客户进行深入有效的互动。通过互动，一方面知识密集型服务企业通过吸收客户的知识不断扩大自己的知识储量，增加对市场需求和发展趋势的理解，提高未来的创新能力，进而获得持续竞争力；另一方面，客户直接参与到新服务的创新过程，可以产生他们真正需要的服务，提高客户满意度；同时还丰富了他们的专业知识，转换了心智模式，提高了他们未来决策和行动的能力，② 即客户在创新过程中变得更聪明、更知识化。因此，知识密集型服务提供商与客户之间要形成不同类型的知识流动和重整，必须有大量的交互活动。

（二）KIBS与客户的交互作用

1. KIBS对客户企业的影响

（1）KIBS对客户企业的作用

知识密集型服务企业在参与客户企业的创新活动中为客户企业提供大量的知识和服务，这些知识和服务对客户企业的帮助主要体现在以下四个方面：

① 帮助客户企业开辟和引入全新的产品或服务；

② 新建或改进一些流程与规则，提高了效率；

③ 调整组织结构，引进新的管理方法和手段；

④ 开辟新的市场，提供营销方案。

如表9-4所示：KIBS为客户企业所提供的服务主要帮助客户企业开发和引入全新的产品或服务（49.7%），新建或改进流程与规则（49.1%）；同时，KIBS企业所提供的一系列服务促进了客户企业新市场的不断开拓（33.8%）以及组织结构的调整、管理方法的改进（30.1%）。因此，KIBS的服务对客户最主要的作用是帮助客户进行产品创新和过程创新，而在市场创新和组织创新方面起到的作用相对较小。③

---

① 知识交流和知识诱发是知识转移的两种类型，知识交流是指个人或者群体拥有知识，并进行交流，这样其他个人或群体也就拥有了相同或相似的知识。知识诱发描述了启发他人产生知识的过程，通过特定类型的互动作用可以引发客户创造自己的知识并理解其价值。知识诱发往往在整个知识转移中占据较高的比重，通过双方深度互动来实现。

② Dawson, R. Developing Knowledge-based Client Relationships: the Future of Professional Services. Burlington: Butterworth Heinemann, 2000.

③ 魏江，胡胜蓉. 知识密集型服务业创新范式［M］. 北京：科学出版社，2007.

表 9-4 KIBS 提供的服务对客户企业的作用体现

作用类型	被选率
开辟新的市场，提供营销方案	33.8%
调整组织结构，引进新管理方法	30.1%
新建或改进流程与规则	49.1%
开发或引入全新的产品或服务	49.7%

资料来源：魏江，胡胜蓉．知识密集型服务业创新范式［M］．北京：科学出版社，2007.

(2) KIBS 与客户企业互动的影响因素

KIBS 在参与客户企业的创新活动、与客户企业频繁互动的过程中，其互动结果如何、对客户企业创新的促进作用如何，取决于以下因素：

① 对客户企业所处行业情况的了解；

② 对客户企业经营特点和管理特点的了解；

③ 与客户的接触、交流情况；

④ 与客户的能力匹配情况；

⑤ 是否能为客户提供与其互补的技术等。

2. 客户参与对 KIBS 创新的影响

(1) 客户参与对 KIBS 创新绩效的影响

推动创新首要在于对市场的关注，以及通过教育和帮助加强用户参与。[①] 在新产品开发过程中，倾听顾客声音，能够使企业开发出比竞争对手更能满足顾客需求的更加优越的产品。[②] 企业和顾客之间的合作能够降低他们对顾客需求的无知，增加顾客对他们提出服务的信息的理解，进而减少他们将服务引入市场的风险。Shaw 认为与客户互动的作用主要是：① 提供补充性的知识，包括用户技术性的 know-how 知识；② 有助于在性能和成本之间取得平衡，对服务标准的设定尤为重要；③ 增进对顾客行为的理解，以便对创新进行改进；④ 提高为同一客户群的其他企业所接受的可能性。这种好处在服务为根本性创新，或者该客户为客户群中的其他客户所尊重，而服务的提供商知名度较低的时候尤为明显。[③]

(2) 客户参与对 KIBS 创新开发和传递的影响

由于服务的无形性、异质性、不可分性等特征，顾客参与对服务创新则显得更加重要。客户密集度和参与度是影响服务企业创新模式的两种主要的市场驱动力之一。[④]

---

① Keegan, A., Turner, J. Quantity Versus Quality in Project-based Learning Practices. Management Learning, 2001, 32 (1): 77—98.

② Griffin, A., Hauser, J. The Voice of the Customer. Marketing Science, 1993, 12 (1).

③ Shaw, B. User/Supplier Links and Innovation. Dodgson R M. The Handbook of Industrial Innovation. London: Edward Elgar, 1994.

④ Srivastava, L., Mansell, R. Electronic Cash and the Innovation Process: A User Paradigm. Electronic Working Paper Series, 1998, 23.

Kuusisito 提出服务创新是企业与顾客、供应商共同生产出来的，大部分的知识转移也发生在这种交互作用中。[①] 因此，顾客在很大程度上已经成为服务生产和创新不可缺少的一部分，特别是在针对最终顾客的服务提供中。服务提供者与顾客间的交流和相互作用已经成为创新的一个主要来源。

此外，顾客参与更是服务传递过程中不可缺少的环节，甚至顾客对服务传递过程的作用也是服务成功的关键因素，[②] 它不仅影响着服务的质量，同时也最终影响到顾客对服务解决方案的满意程度。

(3) 客户参与对 KIBS 创新过程不同阶段的影响

客户参与在创新的各个阶段能够更好地指导创新的过程。一方面，客户在创新过程中起着持续的能动作用，在服务创新项目的每一阶段都应该有外部顾客的测试，积极的顾客咨询和客户参与是服务项目成功的两大关键因素。另一方面，在服务创新的不同阶段，客户的参与程度要有所区别，在概念产生和测试阶段，需要主要顾客能够参与进来，在评估阶段，需要顾客的高度参与。

然而，伴随着服务提供商与客户互动程度的变化，企业与客户对项目的主导性和参与度在创新不同阶段也发生相应的变化。如图 9-3 所示。[③]

在概念阶段，服务提供商在创新中处于主导地位，同时服务提供商与客户的互动保持在一个很高的水平。随着客户需求的逐步明晰，客户的参与程度也逐步降低。但在这一阶段的中后期，往往还伴随对客户需求的全面论证，这时候双方互动将达到一个非常高的水平。在发展阶段，服务提供商仍旧在创新中保持主导地位，客户参与度保持在一个相对较低的水平。但随着服务方案的逐步成形，需要有更多的客户建议和意见来对其进行进一步完善，客户参与程度保持着持续上升的趋势，而服务提供商的主导性则保持相对下降的趋势。在引入阶段，客户开始在创新中占据主导地位，双方的互动程度保持在较高的水平。尤其在服务交付阶段，服务提供商在交付服务报告的同时，还往往伴随着对客户相关人员的系统指导和大规模培训，这时候双方的参与程度保持在一个非常高的水平。随着时间推移，客户在创新中的主导性进一步提高，而服务提供商的参与度进一步降低，直至整个服务创新过程的结束。

二、知识密集型服务业的客户互动优化

在知识密集型服务创新过程中，客户不仅是创新的推动者，更是以“创新源”和“合作生产者”的身份直接参与创新过程，与顾客互动的强度和质量直接决定了最终

---

① Kuusisto, J., Meyer, M. Insights into Services and Innovation in the Knowledge Intensive Economy. Technology Review, 2003, 134.

② Bettencourt, L. A., Ostrom, A. L., Brown, S. W., et al. Client Co-production in Knowledge-Intensive Business Services. California Management Review, 2002, 44 (4): 100—128.

③ 魏江. 知识密集型服务企业与客户互动创新机制研究：以某咨询公司为例 [J]. 西安电子科技大学学报（社会科学版），2008,（5）: 14—22.

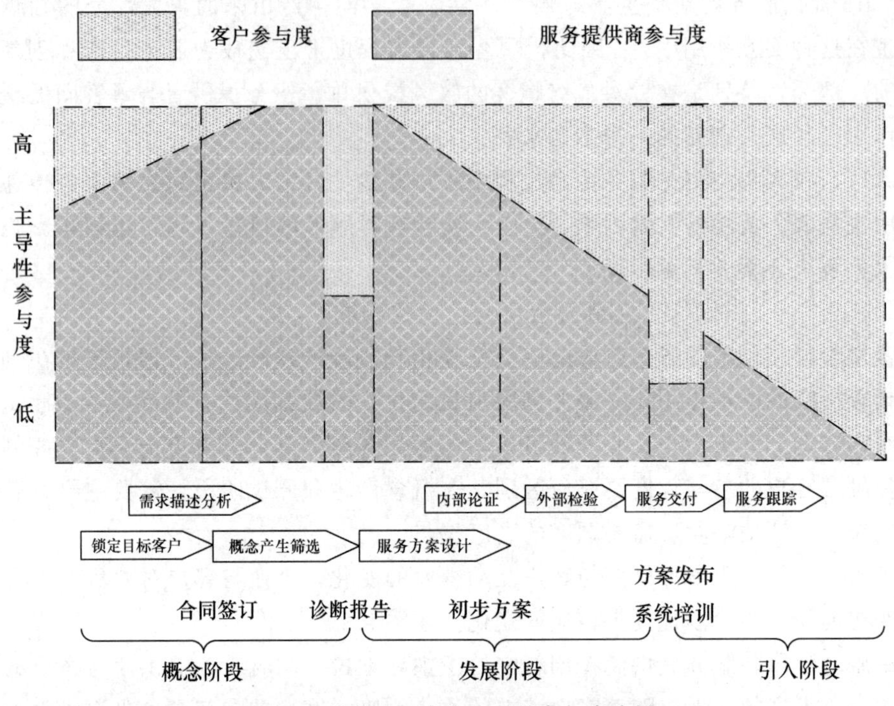

图 9-3　提供商和客户主导性参与度分析

创新产出的质量。因此，必须优化与客户互动的质量，提升知识密集型服务创新的能力。

（一）分类引导客户互动行为

客户性质、特征将对创新服务开发过程中的客户互动带来重大的影响，并且最终影响到服务创新的绩效。客户对服务创新绩效的影响最为显著的两个特征是客户的互动意愿和客户参与项目的能力。无论是客户的互动意愿，还是客户的参与能力都与服务创新不同阶段的互动程度显著正相关；然而由于客户的参与能力并没有在创意概念阶段发挥作用，却在设计开发阶段对服务提供商的方案具体细节设计给予了更多的干预，因此，在对创新绩效的影响上，客户的互动意愿与服务创新的总体绩效、客户满意度都显著正相关，而客户的参与能力与创新的总体绩效并没有显著相关，甚至与企业视角的创新项目绩效负相关。

为了更好地鉴别理解客户，并引导他们的互动行为，从互动意愿和互动能力两个维度对客户进行分类，如图 9-4 所示。

对于第Ⅰ类客户，服务提供商最主要的任务是对客户项目参与意识的培养，要让客户意识到自身的参与对项目成功的关键作用。在与客户交互过程中，由于客户参与能力较弱，为项目人员安排的任务应尽可能与其背景和表现出的专业兴趣一致，服务提供商的专业人员在与客户交流时需要注意将专业术语转化为客户能够听懂的语言，以更好地挖掘客户的需求，更多地进行知识转移。在项目正式启动之前对客户成员进行系统培训，让客户成员充分意识到项目参与的重要性，此时明确客户职责、获得项目参与的相关知识将显得至关重要。

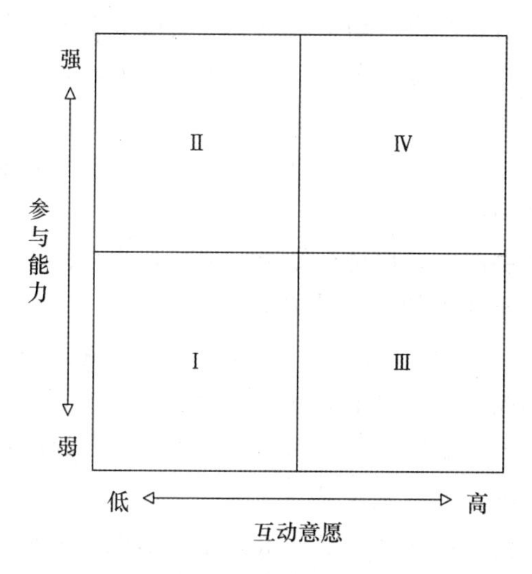

图 9-4 客户分类

资料来源： 魏江，胡胜蓉．知识密集型服务业创新范式［M］．北京：科学出版社，2007.

对于第Ⅱ类客户，对客户项目参与意识的培养依旧是服务提供商在项目初始阶段的最主要任务，项目一开始就要阐明双方的职责，以保证客户在项目中能够进行必要的参与。这里，客户在“概念创意阶段”的活动和参与将显得至关重要，服务提供商如果能够与客户在这一阶段进行足够充分的互动，将在很大程度上降低后续阶段带来的不确定性。

对于第Ⅲ类客户，他们在评价最终的服务创新绩效时，往往对创新过程的质量赋予更高的权重，因此，对于此类客户，服务提供商需要在创新过程中高度重视这类客户的参与。同时，由于这类客户的项目参与能力较弱，对他们项目参与能力的培训将成为双方互动的一个极其重要的内容。

对于第Ⅳ类客户，他们同时具有比较强的项目参与能力和项目参与意愿，因此对于服务提供商来说，对客户需求的挖掘似乎不是最大的问题。对于这一类客户，需要服务提供商在“创意概念阶段”与客户进行深入的互动，而在“设计开发阶段”则应对客户参与作适当的控制和协调。

（二）引导和控制客户不同阶段的参与

在概念创意阶段，客户被视为团队的一员，而不仅是项目发起人，服务提供商应该引导和鼓励客户组织相关人员，包括客户组织的领导、客户项目成员、客户组织中服务方案的最终使用者等，全面参与项目。在此阶段，双方的互动是服务提供商充分了解客户问题、挖掘客户需求的首要前提。这一阶段互动程度的不足，往往导致后续阶段需要对服务方案的各环节进行较大幅度的调整和修改，无论对提升客户满意度，还是项目本身成本和进度的控制，都是极其不利的。

在发展阶段，由于在概念创意阶段客户的需求已经得到了深入细致的描述，此时的客户互动并不能带来客户满意度的大幅度上升，因此，只有在客户的需求需要进行变化调整时，才有必要增加客户互动；而事实上新服务开发往往不需要太长周期，如果客户需求在概念创意阶段已得到足够细致的解释，外界环境变化只会带来相应较小幅度的调整。由于客户并不是服务提供商企业的员工，其项目参与同时也将带来不确定程度的上升，因此，这一阶段服务提供商应该适当协调和控制客户参与的程度，以降低不确定性上升带来的影响。

引入阶段是服务提供商向客户进行知识转移的最重要环节，服务提供商最终的目的应该是向客户实现专业知识的最大化转移，而不是仅仅将方案交付给对方。因此，对服务方案实施人员进行全面系统的培训，并在服务实施过程中对服务进展情况进行定期跟踪，对相应的问题进行不定期指导，不仅能实现知识向客户的最大化转移，同时也可以提升客户对过程质量的感知，以进一步提升客户的满意度。

（三）降低客户互动的不确定风险

客户参与一方面带来了服务的高效和低成本，但同时也使得不确定性上升。为了降低不确定性上升带来的风险，服务提供商可以通过与顾客建立契约关系、制定顾客参与指南、设置机密防护墙等措施保护自己的利益，保证整个系统的正常运作。

首先，要明确服务提供商与客户各自的角色和职责。在新服务开发项目中，服务提供商与客户之间的关系是平等的，客户是问题和需求的最深刻理解者，而服务提供商则掌握了服务方案设计最专业的知识和技术。因此，需要充分明晰双方的角色，客户是问题的动态描述者，其任务是将其自身的问题清晰全面地表述给服务提供商，而服务提供商是概念设计和开发者，其角色是引导客户更加清晰地描述问题和需求，并将其转化为专业技术语言，进行服务方案的开发和设计。

其次，双方就知识和信息的保护订立契约也是必要的。技能知识损失是客户参与项目开发的最大风险之一，如果顾客把从企业获得的知识和信息泄漏给第三方，企业将蒙受巨大损失。因此，在新服务开发合同订立的同时，企业和客户之间就项目开发的各具体环节，应建立保密协议，明确规定双方的保密任务。

最后，还可以通过有效的控制机制和技术手段加以保证。服务提供商必须设定客户参与生产过程的界限和信息开放的范围以调节企业和客户之间的关系，并以有效的技术手段加以保证。如在对 IT 系统地管理过程中，对不同类型和级别的客户成员，给予不同权限的口令，以防止知识的不合理外溢。

本章小结

1. 知识密集型服务业与普通服务业存在差异，是依赖于新技术和专业知识，为客户提供高附加值服务的新兴服务业。具有“高知识度”“高技术度”“高创新度”“高互动度”四大特征。Miles 提出的“两分法”，将 KIBS 划分为传统的专业性服务和新技术为基础的服务；魏江等从服务的生产方式维度出发对 KIBS 进行分类，可以将知识密集型服务业划分为四大类，即金融服务、信息与通信、科技服务、商务服务四类。

2. 知识密集型服务创新体现了高知识密集性、高互动性、高技术性的特点，是指创新主体运用高度专业化知识或新兴技术，通过与客户的高度互动，对所提供服务中的服务概念、顾客界面、服务传递系统进行变革，从而为客户提供新的服务内容。按照知识密集型服务业和客户接触的流程顺序对知识密集型服务创新类型进行划分，可以分为三类：前端服务创新、服务过程创新、后端服务创新。

3. 知识密集型服务业创新过程分为概念阶段、发展阶段、引入阶段。可以通过规范项目开发流程、将客户纳入服务创新系统、有效利用信息技术、提高员工综合技能对知识密集型服务业创新过程进行优化。

4. 从创新过程和结果来考虑，采用学习模式和创新强度两个维度将知识密集型服务业的创新模式划分为四类：STI 渐进模式、STI 突破模式、DUI 渐进模式、DUI 突破模式。

5. 知识密集型服务业创新对客户互动有比较高的需求。知识密集型服务企业在客户企业的创新活动中为客户企业提供大量的知识和服务，同时客户参与对 KIBS 创新绩效、创新开发和传递、创新过程的不同阶段有较大的影响。可以通过分类引导客户互动行为、引导和控制客户不同阶段的参与、降低客户互动的不确定风险对知识密集型服务业的客户互动进行优化。

讨论题

1. 什么是知识密集型服务业？其主要特征是什么？包括哪些类型？
2. 什么是知识密集型服务创新？其主要特征是什么？包括哪些类型？
3. 知识密集型服务业创新过程包含哪几个阶段？怎么对创新过程进行优化？
4. 知识密集型服务业创新模式有哪些？
5. 知识密集型服务业与客户是怎么进行互动创新的？怎么实现知识密集型服务业的客户互动优化？

参考文献

[1] 安静．知识密集型服务系统的服务价值共创实现模式研究［D］．吉林大学，2010.

[2] 陈建勋，傅升，王涛．高层领导行为与技术创新的关系——基于组织学习视角的实证研究［J］．经济管理，2008.

[3] 曹为军．集群中知识密集型服务业创新能力研究［J］．黑龙江对外经贸，2009.

[4] 邓爽．基于模块组合的金融服务创新模式研究［D］．浙江大学，2008.

[5] 付玉秀，张洪石．突破性创新：概念界定与比较［J］．数量经济技术经济研

究，2004.

[6] 高娟．创新视角下知识密集型服务业发展研究与政策启示［D］．中国科学技术大学，2009.

[7] 纪圣森．知识密集型服务创新的研究现状与评述［J］．引进与咨询，2006.

[8] 贾丽娜．基于用户参与的企业交互式创新项目绩效影响因素研究［D］．浙江大学，2007.

[9] 金雪军等．中国知识服务业发展问题探析［J］．软科学，2002.

[10] 廖兰芳．我国知识密集型服务业知识供应链模式研究［D］．武汉理工大学，2006.

[11] 蔺雷，吴贵生．服务创新［M］．北京：清华大学出版社，2007.

[12] 林瑶．知识密集型服务企业与客户间知识转移影响因素研究［D］．中南大学，2009.

[13] 吕铎．知识密集型服务业创新能力研究［D］．河北工业大学，2007.

[14] 盛洁．知识密集型服务业区位选择研究［D］．中国海洋大学，2010.

[15] 田霞．苏州工业园区知识密集型服务业发展对策研究［D］．苏州大学，2010.

[16] 王萍，魏江，邓爽．知识密集型服务企业与合作者合作创新现状［J］．科研管理，2010.

[17] 王萍，魏江，王甜．金融服务创新的过程模型与特性分析［J］．管理世界，2010.

[18] 魏江等．知识密集型服务企业与客户互动创新机制研究：以某咨询公司为例［J］．西安电子科技大学学报（社会科学版），2008.

[19] 魏江，胡胜蓉．知识密集型服务业创新范式［M］．北京：科学出版社，2007.

[20] 魏江，胡胜蓉，袁立宏，钟宪文．知识密集型服务企业与客户互动创新机制研究：以某咨询公司为例［J］．西安电子科技大学学报（社会科学版），2008.

[21] 魏江，Mark Boden 等．知识密集型服务业与创新［M］．北京：科学出版社，2004.

[22] 魏江，陶颜．金融服务创新的过程模型研究［J］．西安电子科技大学学报（社会科学版），2006.

[23] 魏江，陶颜，王琳．知识密集型服务业的概念与分类研究［J］．中国软科学，2007.

[24] 魏江，王甜．中欧知识密集型服务业发展比较及对中国的启示［J］．管理学报，2005.

[25] 吴艳．上海市知识服务业发展研究［D］．复旦大学，2007.

[26] 徐建敏，任荣明．从成功案例看知识密集型服务业创新类型［J］．北京理工大学学报（社会科学版），2007.

[27] 袁立宏．基于界面分析的知识密集型服务业与制造企业互动创新研究[D]．浙江大学，2007.

[28] 余亚军．知识密集型服务企业国际化路径选择分析 [D]．中南大学，2009.

[29] 张鸿．顾客参与对国内商业银行服务创新的影响研究 [D]．哈尔滨工业大学，2009.

[30] 赵威．客户与企业互动对定制化 KIBS 服务开发模糊前端绩效的影响研究 [D]．浙江工商大学，2011.

[31] 赵炎，王晨．知识密集型服务业的集群创新及创新系统文献综述 [J]．科技进步与对策，2009.

[32] 钟宪文．定制化知识密集型服务创新过程与客户互动机制研究 [D]．浙江大学，2006.

[33] 朱红梅．基于产业集群的温州市知识密集型服务业发展模式研究 [D]．武汉理工大学，2006.

[34] 朱秀丽．知识密集型服务业创新与转变经济增长方式研究 [D]．天津商业大学，2007.

[35] Antonelli，Cristiano. The Micro dynamics of Technological Change. London and New York：Rout ledge，1999.

[36] Bettencourt，L. A.，Ostrom，A. L.，Brown，S. W.，et al. Client Co-production in Knowledge-intensive Business Services. California Management Review，2002，44 (4)：100—128.

[37] Chandler. The Visible Hand：the Managerial Revolution in American Business. Cambridge：Belknap Press，1977.

[38] Dewar，R. D.，Dutton，J. E. The Adoption of Radical and Incremental Innovation：an Empirical Analysis. Management Science，1986，32 (11)：1422—1433.

[39] Dawson，R. Developing Knowledge-based Client Relationships：the Future of Professional Services. Burlington：Butterworth Heinemann，2000.

[40] Griffin，A.，Hauser，J. The Voice of the Customer. Marketing Science，1993，12 (1)．

[41] Hauknes，J. Services in Innovation and Innovation in Services. SI4S Final report：101. Oslo：STEP Group，1998.

[42] Hertog，P. Knowledge Intensive Business Services as Co-producers of Innovation. International Journal of Innovation Management，2000，4 (4)：491—528.

[43] Hirvonen，P.，Helander，N. Towards Joint Value Creation Processes in Professional Services. The TQM Magazine，2001，13 (4)：281—291.

[44] Jensen，M. B.，Johnson，B.，Lorenz，E.，et al. Forms of Knowledge and Modes of Innovation. Research Policy，2007，36 (5)：680—693.

[45] Keegan，A.，Turner，J. Quantity Versus Quality in Project-based Learning

Practices. Management Learning, 2001, 32 (1): 77—98.

[46] Kuusisto, J., Meyer, M. Insights into Services and Innovation in the Knowledge Intensive Economy. Technology Review, 2003: 134.

[47] Lee, K., Lim, C. S. Technological Regimes, Catching-up and Leapfrogging: Findings from the Korean Industries. Research Policy, 2001, 30 (3): 459—483.

[48] Lundvall, B. A., Johnson, B. The Learning Economy. Journal of Industry Studies, 1994, 1 (2): 23—42.

[49] Lundvall, B. A. National Systems of Innovation: Towards a Theory of Innovation and Interactive Learning. London: Pinter, 1992b.

[50] Miles, I., Kastrinos, N., Bilderbeek, R. and den Hertog, P. Knowledge-intensive Business Service-Users, Carriers and Sources of Innovation, EIMS Publication No. 15, EC, 1995.

[51] Miles, I., Kastrinos, N., Flanagan, K., Bilderbeek, R., Hertog, P. D., Hunting, W., Bouman, M. Knowledge-intensive Business Services: Their Roles as User, Carriers and Sources of Innovation [M]. PREST, Manchester, 1994.

[52] Muller, E. Innovation Interactions between Knowledge-intensive Business Services and Small and Medium Sized Enterprises-analysis in Terms of Evolution, Knowledge and Territories [J]. Physical Heidelberg, 2001.

[53] Muller, E., Zenker, A. Business Services as Actors of Knowledge Transformation: the Role of KIBS in Regional and National Innovation Systems. Research Policy, 2001.

[54] Nahlinder, J. Innovation in Knowledge Intensive Business Service: State of the Art and Conce Ptualizations. http://www.tema.liu.se/tema-t/sirp/pdf/wp2002-244.pdf, retrieved June 17th, 2006.

[55] Nelson, R., Sidney, G. W. An Evolutionary Theory of Economic Change. Cambridge: Belknap Press, 1982.

[56] Norman, R., Ramirez, R. From Value Chain to Value Constellation: Designing Interactive Strategy. Harvard Business Review, 1993, 71 (4): 65—77.

[57] OECD. Innovation and Productivity in Services. Paris: OECE Report, 2001.

[58] OECD. Oslo Manual: Guidelines for Collecting and Interpreting Innovation Data (3rd). Paris: OECD, 2005.

[59] Poter, M. E. The Competitive Advantage of Nations. Harvard Business Review, 1990, 68 (2).

[60] Rothwell, R. Towards the fifthgeneration Innovation Process. Innovation Marketing Review, 1994, 11 (1): 7—31.

［61］Schumpeter，J. A. The Theory of Economic Development：an Inquiry into Profits，Capital，Credit，Interest and the Business Cycle. Cambridge：Harvard University Press，1934.

［62］Shaw，B. User/Supplier Links and Innovation. Dodgson，R. M. The Handbook of Industrial Innovation. London：Edward Elgar，1994.

［63］Srivastava，L.，Mansell，R. Electronic Cash and the Innovation Process：a User Paradigm. Electronic Working Paper Series，1998，23.

［64］Sundbo，J. Standardisation vs. Custonmitation in Service Innovations，Service Development，Internationalization and Competences. Working Paper，No. 2. Danish SI4S WP3—4 Report. Roskilde：Roskilde University，1998b.

［65］Tether，B. S.，Hipp，C.，Miles，I. Standardisation and Particularization in Services：Evidence from Germany. Research Policy，2001，30（7）：1115—1138.

［66］Viitamo，E. Knowledge-intensive Services and Competitiveness of the Forest Cluster：the Case of Finland. International Institute for Applied Systems Analysis，2003，52.

本章关键词中英文对照

知识密集型服务（业）Knowledge-Intensive Business Service，KIBS

技术型 KIBS 简称 T-KIBS

知识服务产业 knowledge-based service industry

经济合作与发展组织 Organization for Economic Co-operation and Development，OECD

STI 模式 science technology innovation

DUI 模式 learning by doing，using and interacting

渐进性创新 incremental innovation

突破性创新 radical innovation

信息通信技术 Information and Communications Technology，ICT

第十章

服务业与制造业的融合与互动

章首案例 东北地区装备制造业与生产性服务业融合

东北地区作为我国老工业基地之一，受到传统计划经济体制深远而重大的影响，其表现之一就是中央和地方政府对装备制造业和生产性服务业等支柱产业制订了大量的产业规制政策以规范其发展。然而，过多的行业审批准入制度、强势的国家宏观调控和产业规制扩大化等产业规制问题在一定程度上制约了装备制造业与生产性服务业的融合发展。不合理的产业规制及其后果已引起国家及地方政府的重视，相关产业规制的放松成为必然趋势。

从国家层面来看，国家发展和改革委员会一方面对部分行业的进入审批权进行了适度下放，并简化了相应的行政审批手续，放宽了相关行业准入限制。这在很大程度上降低了东北地区装备制造业和生产性服务业的相关规制；另一方面，为实现振兴东北老工业基地的国家战略目标，国家针对东北地区的实际情况陆续出台了一些扶持政策，在一定程度上也放松了对东北地区装备制造业与生产性服务业的规制。

从区域角度来看，东北三省依据自身装备制造业与生产性服务业的发展特点，有针对性地制定了各省的发展政策，其中部分政策中提出要放松对区域内装备制造业与生产性服务业的规制，从而促进了东北三省区域装备制造业与生产性服务业规制的进一步放松。如辽宁省2011年颁布的《辽宁省促进装备制造业发展规定》中明确提出："支持在重大技术装备制造领域具有关键作用的装备制造骨干企业进行跨行业、跨区域、跨所有制重组"，"支持装备制造企业之间、关联企业之间以及企业与科研院所之间联合资本重组"以及"支持社会资本以并购、参股等形式参与国有装备制造企业的资本重组，整合现有资源"等放松产业规制和加强产业融合的政策。可见，东北地区装备制造业与生产性服务业的相关产业规制水平正在逐步下降，已能满足产业融合的需要。

综上所述，当前东北地区装备制造业与生产性服务业的融合条件均已基本满足，且充足的产业融合动因也已具备，东北地区装备制造业与生产性服务业已进入融合发展新阶段。

1. 融合水平

装备制造业与生产性服务业的融合水平反映了两大产业融合的状况，并对两大产业融合效应的实现产生重要影响。东北三省装备制造业与生产性服务业融合水平如表10-1所示：

表10-1　东北地区装备制造业与生产性服务业融合水平

区域	辽宁	吉林	黑龙江	全国最低	全国最高	区域平均	全国平均
融合水平	0.22678	0.13934	0.20428	0.11771	0.37824	0.19133	0.221153

仅辽宁超过了全国的平均水平；黑龙江省装备制造业与生产性服务业的融合水平与全国平均水平差距不大；而吉林省两大产业的融合水平则明显偏低。表10-1还显示，东北地区装备制造业与生产性服务业的融合水平同全国先进水平间存在较大差异，提升空间较大，制定科学合理的两大产业融合保障策略，将在很大程度上提升东北地区两大产业的融合水平。

2. 融合效应

装备制造业与生产性服务业融合效应是两大产业融合对融合系统内外要素所表现出的正向促进作用，是融合系统各要素所追求的目标。

表10-2　东北地区装备制造业与生产性服务业融合效应

区域	辽宁	吉林	黑龙江	全国最高	全国最低	区域平均	全国平均
融合效应指数	0.28677	0.12929	0.12618	0.05557	0.96066	0.18075	0.26330

东北三省装备制造业与生产性服务业的融合效应在全国范围内并不突出，明显落后于全国最高水平。东北三省中融合效应最突出的为辽宁省，但其融合效应的综合评价值仅为0.28677，略超全国平均水平，而吉林省和黑龙江省的融合效应则比较低，其装备制造业与生产性服务业融合效应综合评价指数仅为0.12929和0.12618，不仅落后于国内先进区域，而且与我国平均水平间也存在一定差距，提升空间巨大。

资料来源：王成东．我国装备制造业与生产性服务业融合机理及保障策略研究［D］．哈尔滨理工大学，2014.

1. 为什么要大力推进传统的装备制造业与生产性服务业相融合？
2. 你怎么看待未来东北装备制造业与生产性服务业的融合状况？

在知识经济和经济全球化背景下，服务业与制造业的区分界限不再明显，两者之间越来越多地呈现出“互动”和“融合”的趋势。本章第一节从历史的视角介绍了服务业与制造业的关系；第二节介绍了服务业与制造业的互动发展；第三介绍了生产性服务业与制造业的融合过程和模式，服务业的制造化以及制造业的服务化；第四节介绍了服务创新和制造创新的相互影响。

第一节　服务业与制造业关系的三阶段

服务业是随着工业化的发展而逐渐产生和独立于农业和制造业的，它是分工和专业化的结果，体现了劳动者素质技能不断提高和多样化的发展。作为产业结构的重要组成部分，服务业的兴起和繁荣与制造业息息相关。从历史的视角可以看出，服务业与制造业的关系经历了泾渭分明、共生互动和渐次融合三个阶段。总的来看，二者的关系由松散到密切。①

一、泾渭分明阶段

服务业的发展是一个历史过程，体现出历史性。这一历史性，既表现在服务业作为主导产业是在制造业之后，也体现在服务业本身的历史发展，即消费性服务业发展阶段和生产性服务业发展阶段。

从历史的角度看，消费性服务业的产生早于生产性服务业，服务业最早出现，就是以消费性服务业的方式表现出来的。在相当长的时期内，生产性服务业基本是不存在的。消费性服务业构成了服务业的全部内容。

从内容上看，消费性服务业包括了诸如教育、医疗、体育、娱乐、餐饮等内容。当消费性服务业构成服务业的全部内容时，服务业与制造业之间只是简单分工，它们的关系松散，彼此相对独立。因此，我们也可以称之为服务业与制造业的“泾渭分明”阶段。

在这个阶段，服务业主要提供无形的服务，制造业则主要提供有形的产品，且服务业所提供的服务是满足人的基本需求的，与制造业的生产无关，可以看作一部分家庭职能的社会化，例如餐饮业、教育业等服务业的兴起，就是一部分原本的家庭职能分离出来，通过社会来完成其职能。这一过程，体现了工业化开始后，因原有家庭和社会结构的变化而导致的需求的变化；另一方面，消费性服务业的出现，又加速了家庭和社会结构变化的过程。与家庭职能社会化相伴随的，是随着人们需求层次的提高，新的服务需求产生，相应地，新的消费性服务业出现，如种类繁多的娱乐业等。

在此阶段，制造业的服务需求，主要是通过各个企业内部的职能部门来满足的。这一阶段的制造业发展水平较低，其服务需求无论从量上还是质上，都不能与后期相比，企业内部的服务机构基本能够承担。生产性服务业尚未出现。判断行业独立化的条件之一是社会对服务产品的需求是否增大到足以支撑该行业独立化的程度。专业化服务的特征之一是由“一身数任”发展为专业性服务过程独立于实物生产过程之外、

① 王玉玲. 服务业与制造业关系研究 [J]. 中国特色社会主义研究，2007，3.

服务手段专业化、服务人员专门化。[1] 从社会角度看，在此阶段，因受到需求的量和供给的质两方面的限制，制造业的服务需求难以独立化和社会化。一方面，制造业发展的较低水平，限制了对服务的大量需求，需求数量的有限导致服务难以独立化；另一方面，劳动者素质技能尚达不到以独立行业满足制造业需求的程度，服务的质量不高也限制了其社会化。

无论是因家庭职能社会化而产生的消费性服务业，还是因新的消费需求出现而出现的消费性服务业，服务业在其主要表现为消费性服务业的时期，与制造业泾渭分明。服务业与制造业作为两个产业，与农业一起，构成社会的三大产业，满足着人们不同方面的需求。

二、共生互动阶段

消费性服务业发展代表着服务业与制造业关系的第一阶段，那么，生产性服务业的迅速发展则使得制造业对服务业的依赖加深，进而形成二者关系发展的第二阶段。这一阶段，服务业与制造业之间表现为共生互动的关系。

在这一阶段，生产性服务业迅速发展，原先作为企业内部的研发、设计、会计、营销、咨询等服务职能部门分离出来，成为独立市场主体。服务业这种由“内在化”向“外在化”发展的趋势，是专业化分工逐步细化、市场化水平不断提高的必然结果。这一趋势得以实现的内在机制是分工产生的收益大于因分工产生的交易费用，[2] 而作为其背后支撑力量的，是劳动者素质技能的显著提高。

生产性服务是指生产者在市场上购买的被用作生产商品或服务的中间服务（中间投入品）。生产性服务业提供的是市场化的中间服务（非最终消费服务），即作为其他产品或服务生产的中间投入的服务，具有专业化程度高、知识密集的特点。生产性服务业提供的服务范围很广，金融、保险、电信和其他商业服务（如广告和市场研究）以及专业和科技服务（如会计服务、法律服务、R&D 服务）等，都属于生产性服务业。生产性服务业作为商品生产或其他服务的投入，发挥着重要的中间功能，极大地提高了劳动生产率和经济增长的效率。

生产过程实际上是一种扩展的劳动过程，即由直接的车间劳动延伸到如市场调研、研究与开发、采购、产品检测、市场营销和售后服务等扩展过程。这些活动同样是生产过程的一部分。当它们在专业化基础上从现有生产体系中分离出来时，就产生了生产性服务业。一定程度上，生产性服务业就是制造业企业内部的各种服务外部化的结果，即企业活动外置。企业活动外置是指企业从专业化的角度出发将一些原来属于企业内部的职能部门转移出去成为独立经营单位的行为；或者是取消使用原来由企业内部所提供的资源或服务，转向使用由企业外部更加专业化的企业单位所提供的资

---

① 李江帆．第三产业经济学［M］．广州：广东人民出版社 1990 年版．

② 陈宪，黄建锋．分工、互动与融合：服务业与制造业关系的实证研究［J］．中国软科学，2004，10.

源或服务的行为。其出现源于：(1) 现代经济的发展加深了职业的分化，分工深化的趋势不断增强。(2) 企业内部的服务性经济活动专业化程度不断增强，服务有“标准化”的趋势。(3) 服务业本身的专有化资产要求不高，同时随服务业的“标准化”程度的加深，其资产的专有化程度不断下降，降低了这些服务外部化的成本。① 企业活动外置所带来的好处主要有：(1) 外置化使组织集中力量培养和提高自身的核心竞争力。(2) 外置化可以使组织减少成本。(3) 组织自身的专业化水平由于核心能力的培养越来越高，生产的效率也就越来越高，企业自身的盈利性和发展潜力也就越来越大。正因为企业活动的外置有以上好处，所以越来越多的企业组织在自身的重构和变革中考虑到了这一点，使得企业活动的外置越来越多。②

伴随着生产组织方式的变革（如弹性生产方式的采用）和专业分工细化的趋势，制造业企业基于自身核心竞争力，对价值链进行分解的趋势也就变得非常明显，它们将自身价值链的一些支持活动，甚至是基本活动都外包出去，例如，人力资源活动、会计活动、研发设计、采购活动、运输、仓储、售后服务，等等。这些外包出去的业务就逐渐形成了独立的行业，这些行业在为客户提供专业化服务的同时，自身的业务水平也不断提高，同时分工也更加细化，提供服务所发生的成本也在不断降低，规模经济效应和学习效应不断得到释放，进而又推动制造业企业将更多业务进行外部化，进一步促进了生产性服务业的发展。从经济学的角度来看，生产性服务业的产生和发展就是建立在成本优势基础上的专业化分工的深化，以及企业外包活动的发展。③

随着企业活动外置所发展起来的服务行业多是新兴的生产性服务业，因为企业活动外置使得企业增加使用中间投入服务，而中间投入的服务主要是生产性服务业。由于企业活动在近十年中开始大量外置化，新兴的生产性服务业在这些年中也得到了快速发展，使得生产性服务业成为服务业增长中的主导行业。有调查表明，1997 年的美国公司年收入在 8000 万美元以上的服务开支增加了 26%，信息技术服务占全部费用的 30%，人力资源服务占 16%，市场和销售服务占 14%，金融服务占 11%。在欧洲，企业对信息技术服务的开支也是增长最快的，主要国家有英国、法国和意大利。在日本，通产省在 1997 年的调查表明，工作培训（20.1%）、信息系统（19.7%）、生产方法（17.4%）、会计和税收（14.0%）、研发（13.7%）等服务也是外部采购的主要项目。④

从历史的视角看，生产性服务业的发展可划分为三个阶段，即种子期、成长期和成熟期。在种子期内，制造业企业所需要的各种生产性服务基本上是企业内部提供，还没有形成一个外部的生产性服务市场，但是，知识密集型和创新型的制造业企业已

---

① 黄少军．服务业与经济增长［M］．北京：经济科学出版社，2000：133.

② 郑吉昌．基于服务经济的服务业与制造业的关系［J］．数量经济技术经济研究，2003，2.

③ 吕政，刘勇，王钦．中国生产性服务业发展的战略选择——基于产业互动的研究视角［J］．中国工业经济，2006.

④ 李善同，陈波．世界服务业发展趋势［J］．经济研究参考，2002，1.

经对生产性服务产生了极大的需求。在成长期内，外部的生产性服务市场逐步形成，制造业企业的内部活动逐步开始外部化，同时，外部的生产性服务供应者之间的竞争也开始表现出来。在该阶段对生产性服务业的需求不仅有那些知识密集型和创新型的制造业企业，还有那些知识密集和创新程度相对较低的一般性制造业企业。在成熟期内，生产性服务业的市场细分程度更高，服务的专业化水平也更高，既有标准化的服务，也有定制化和创新型的服务。同时，在该阶段对生产性服务业的需求将来自于各类企业。①

从发达国家生产性服务业发展的经验来看，生产性服务在制造领域的作用也在发生着变化，从最初以辅助管理为主的润滑剂作用，发展到20世纪70年代至90年代以管理支持功能为主的生产力作用，从20世纪90年代以来，转向以战略导向功能为主的推进剂作用，见表10-3：②

表10-3 生产性服务业在制造领域的作用变迁

第一阶段（20世纪50—70年代），辅助管理功能（“润滑剂”作用）	第二阶段（20世纪70—90年代），管理支持功能（“生产力”作用）	第三阶段（20世纪90年代以来），战略导向功能（“推进器”作用）
财务	管理咨询	信息和信息技术
总量控制	市场营销咨询	创新和设计
存货管理	咨询工程（咨询业）	科技合作
证券交易	商业银行	全球金融中介
	房地产	国际性大项目融资服务

资料来源：李江帆．国外生产服务业研究述评．外国经济与管理，2004（11）．

在生产性服务业出现后，服务业与制造业的关系可从两方面来界定：一方面，制造业是服务业发展的前提和基础，服务业则是制造业的补充。许多生产性服务业部门的发展必须依靠制造业的发展，因为制造业是生产性服务业产出的重要需求部门，没有制造业，社会就几乎没有对这些服务的需求。对美国投入产出数据的分析表明，用于制造业部门的生产性服务在1987—1994年间增加了一倍，约占整个生产性服务产出的48%。③ 另外，不同制造业对生产性服务业的需求也是不同的。另一方面，生产性服务业是制造业劳动生产率得以提高的前提和基础，没有发达的生产性服务业，就不可能形成具有较强竞争力的制造业部门。服务业部门的扩张有助于进一步分工，提高劳动生产率；有助于降低投入制造业部门的中间服务的成本，有效提高产品的竞争

① 吕政，刘勇，王钦．中国生产性服务业发展的战略选择——基于产业互动的研究视角［J］．中国工业经济，2006．

② 李江帆．国外生产服务业研究述评［J］．外国经济与管理，2004．

③ Dilek Cetindament Karaomerioglu and Bo Carlaaon. Manufacturing in Decline? A matter of Definition［J］. Economy，Innovation，New Technology，1999，(8)：175—196.

力。生产的社会化、专业化发展，使企业在生产经营中的纵向和横向联系加强，相互依赖程度加深，引起对商业、金融、保险、运输、通信、广告、咨询、情报、检验、维修等服务的需求量迅速上升。[①] 资料表明，产品价值构成中，有高达75%—85%与生产性服务活动有关。计算机市场上增值部分的60%—70%来自软件和维护服务。[②]

值得指出的是，生产性服务业兴起后，消费性服务业并不会消失，二者共同构成现代服务业。但相比生产性服务业，消费性服务业的增长逐渐放缓。服务业的增长主要来自生产性服务业的增长。[③]

在生产性服务业兴起后，服务业与制造业的关系并非一种简单的分工关系，二者更是一种共生互动的关系。在现实的经济发展过程中，由于生产性服务业的异军突起，制造业和服务业之间彼此依赖的程度日益加深。以计算机硬件和软件业关系为例，一方面计算机硬件技术的升级需要相应的软件系统支持，另一方面软件的发展又推动着计算机硬件功能不断提升，任何一方得不到发展或发展滞后都将使另一方受到制约。这种关系再向前发展，就出现了服务业与制造业的新型关系，即渐次融合。

三、渐次融合阶段

随着信息通信技术的发展和广泛应用，传统意义上的制造业与服务业的边界越来越模糊，二者之间表现为你中有我、我中有你的融合趋势，且这一趋势不断强化。

服务业与制造业的融合属于产业融合。产业融合是指由于技术进步和放松管制，发生在产业边界和交叉处的技术融合，改变了原有产业产品的特征和市场需求，使得各产业的企业之间竞争合作关系发生改变，从而导致产业界限的模糊化甚至重划产业界限。[④] 产业融合是建立在企业融合（表现为企业兼并与重组等）和行业融合的基础上，是企业融合和行业融合发展的必然结果。同企业融合和行业融合一样，产业融合的原因是以信息和通信技术（ICT）为主的技术融合。在技术变迁中，ICT不仅对信息制造业本身起到重要作用，而且对其他制造业提供生产性服务。[⑤] 表10-4是欧盟和美国ICT在产业中的比重，可以看出，ICT本身制造业在整个产业中的比重很低，但在ICT生产性服务、使用服务等方面起到重要作用。

---

① 李江帆．第三产业发展状况的评估依据与评价指标［J］．经济新论，1996．

② 陈宪，黄建锋．分工、互动与融合：服务业与制造业关系的实证研究［J］．中国软科学，2004，10．

③ 生产性服务业成为目前世界经济和贸易增长的重要动力和源泉，据世界贸易组织统计，从1981年到2003年间，世界服务贸易总额由8250亿美元上升到15700亿美元。在这些服务贸易中，生产性服务业务发展最快，收益最高。相关研究参见聂清．生产者服务业与制造业关联效应研究［J］．国际商务研究，2006．

④ 马健．产业融合理论研究评述［J］．经济学动态，2002．

⑤ 聂清．生产者服务业与制造业关联效应研究［J］．国际商务研究，2006．

表 10-4　美国和欧盟 ICT 制造与服务业所占比重

	ICT 制造	ICT 生产服务	ICT 使用服务	非 ICT 制造	非 ICT 服务	其他
欧盟 15 国	1.3	4.9	23.3	13.6	38.3	11.7
美国	2.7	5.0	29.5	10.6	36.5	10.6

资料来源：EC. EU Productivity and Competitiveness，An Industry Perspective can Europe Resume the Catching up Process，2003：50.

在信息化进程中，随着信息资源投入增大和信息流规模扩大，生产与消费、产品与服务更加紧密地结合在一起；随着信息流的进一步泛化，其融合性将把原先的产业界限弄得不清晰，即模糊了，特别是制造业和服务业界限的模糊化。①

服务业与制造业的融合现象在高科技产品中最为明显。在高科技产品中，服务价值的比重往往超过实物价值的比重。譬如，机械、电子设备制造企业事实上不再是简单地销售产品，而是在销售产品的同时，提供与该产品配套的包括电子控制、信息系统、软件包、操作程序以及维护服务在内的完整服务系统，也称为“产品—服务包”。因此，许多制造业企业同时也是服务业企业。1995 年，老牌制造业公司——通用电气公司来自与产品有关的服务活动收入已占当年总收入的 40%，这一情况似乎表明，通用电气实际上已经成为一家名副其实的服务型企业。② 与此同时，信息技术改变了许多服务难以储存、生产和消费同时进行以及生产者与消费者需要实体接触等特征，使大量的服务物化，具有与产品同样的特征，如录像带、软件光盘和电子书籍等，从形态上已很难说它们属于产品还是服务。

服务业与制造业的融合是从两个方向进行的，即分别以服务业为主体的服务产业化和以制造业为主体的制造业服务化。一方面，在信息技术的支持下，服务产业化的趋势逐渐明朗，某些信息产品可以像制造业一样批量生产，形成规模经济优势。③ 另一方面，制造业服务化的趋势日益明显。制造业对服务的关注热情空前高涨，诸如汽车、家电、计算机等许多制造商同服务企业一样注重管理他们的服务，这些制造商已认识到进行全球竞争需要提供优质的服务。服务正成为一个至关重要的竞争手段和提供形成巨大竞争优势的关键潜力。

制造业服务化主要体现在：（1）制造业的产品是为了提供某种服务而生产，如通信产品和家电等；（2）随同产品一起出售的有知识和技术服务等，最明显的就是计算机与信息服务紧密相连；（3）服务引导制造业部门的技术变革和产品创新，服务的需求与供给指引着制造业的技术进步和产品开发方向。从通用电气、施乐、惠普、IBM

---

① 周振华. 新产业分类内容产业、位置产业与物质产业——兼论上海新型产业体系的构建[J]. 上海经济研究，2003.

② 陈宪，黄建锋. 分工、互动与融合：服务业与制造业关系演进的实证研究 [J]. 中国软科学，2004，10.

③ 吕政，刘勇，王钦. 中国生产性服务业发展的战略选择——基于产业互动的研究视角 [J]. 中国工业经济，2006.

到海尔，这些利润大都来自产品销售的企业正迅速转变为服务提供商。制造商正在迅速卷入服务当中，加入基础生产商品的服务越来越多，包括延期付款、租赁、培训、服务合同、咨询服务等，以通过新的服务领域来获取竞争优势。在制造业工作的员工大多正在从事服务工作，如研发、维修、设计等。可见，领先的制造商都是在其传统制造业务上通过增加服务获取竞争优势的。服务是产生差异性并进而获取利润的主要手段。服务经济中的制造企业也越来越多地依赖服务并将它作为重要的竞争手段，制造业逐步服务化。

在以服务业为主体的服务产业化和以制造业为主体的制造业服务化的共同作用下，制造业与服务业渐次融合。20 世纪 90 年代以来信息技术推动下的服务业与制造业的融合，突出表现为二者之间新型的竞争与合作关系，与以往任何阶段相比，彼此联系更为紧密，分工更加深入。①

第二节 服务业与制造业互动发展

一、由工业化经济时代走向服务经济时代②

由于服务业与制造业发生互动作用在不同情况下表现各不相同，要深入地分析和研究两者的互动机制，首先要对人类进入工业化时代之后的经济发展阶段进行适当的划分。

（一）前工业化时代——以制造业为中心

世界各国由于经济发展速度不同，进入工业化时代的时机也不一样，发达国家在 20 世纪 20、30 年代就已经开始了工业化进程。市场化（贸易自由化）推动了制造业往家电等日常生活用品生产领域发展，制造业由此成为服务和联系千家万户的关联产业。可以说，从战略层面上看，制造业遵循了向空间和海洋发展的规律，而从服务层面上看，制造业遵循了向应用型和提高生活质量方面发展的规律。

在工业化时期，服务业由生产性服务业和消费性服务业组成，但服务业的需求表现为以消费性服务业为主。由于经济发展水平、人们收入水平与市场化程度较低，消费性服务的有效需求不足，服务业没有形成规模的供给和需求市场，消费性服务业的活动主要是通过服务消费者以“自产自销”的“内部化”或“非市场化”的方式展开的；而生产者服务业则通常由制造企业内部职能部门在生产过程中通过“内部化”或“非市场化”的功能来进行，使制造业在发展过程中服务部门生产的价值游离在服务业总产值范围之外，从而造成了服务业总量无法提升的局面。虽然服务业中的消费性

---

① 陈宪，黄建锋. 分工、互动与融合：服务业与制造业关系演进的实证研究［J］. 中国软科学，2004，10.

② 覃利春. 服务业与制造业的互动机制研究［M］. 上海社会科学院部门经济研究所，2007，12.

服务和生产性服务出现了“内部化”或“非市场化”的现象，但在制造业的快速发展过程中，服务业并不是停滞不前，而是在悄然地成长。服务业的发展，既是制造业组织结构变革的反映，又支持了制造业的组织结构变革，制造企业为了获取竞争优势必将实施服务战略，从而推动服务业与制造业在组织层面的协调发展。这种制造业发展离不开内部服务职能部门的支撑以及带动服务业隐性成长的现象，决定了服务业与制造业之间的互动界面只能是企业组织。

在企业组织层面上，服务业对制造业的作用体现在通过制造企业内部服务活动（如财务、研发、设计、销售等）提升企业自身竞争力和提高产品附加价值，以推动制造业实现高度化发展；而制造业对服务业的拉动作用表现在企业根据要素禀赋进行跨区域产业链布局，以拉动产业链上的服务业在空间上的发展。在这种互动机制的作用下，共同实现了制造业的高度化发展和服务业的空间扩散。

（二）后工业化时代——以制造业为主伴有服务业发展的多元化经济

工业化时代后期，全球出现了从业人口由制造业向服务业大规模转移的现象，这些从业人口要从制造业务向服务业务转业，需要在行业众多的服务业中寻找机会，进行再就业培训，人才和职业培训等服务市场应运而生并得到不断发展和壮大。随着专业化分工的进一步深化，制造企业将一些原来属于企业内部的职能部门转移出去成为独立经营单位或者是由企业内部所提供的资源或服务转向使用外部专业企业单位提供的资源或服务，比如市场调研和经营规划原本是企业的内部职能，现在却可以委托专门的调研咨询公司来做；企业的财务管理和资产运作委托专门的理财机构负责；企业内部物资的储存、调拨、配送等可由第三方物流公司来完成；企业的人才招聘、培训由专业的猎头公司和培训机构来执行。显然，一切都在按照这样一种既定规律变化与发展着：只要交易成本和工作效率具有相对的优势，企业的内部职能就会逐步地外化（外包），独立为一种专门的服务业部门。这些活动的外置催生了资本市场、技术市场、信息市场等。制造企业原本严密和功能齐全的组织结构不复存在，企业成为一个精干的核心机构。在这时期，市场不断得到发展和逐步完善，并替代工业化时代的组织成为商品和服务的交易场所。无论是服务业本身需要的服务还是制造业的服务需求，都可以从市场上购买得到，而且在市场上购买支付的交易费用少于企业本身生产服务需要的成本，于是市场成为服务业与制造业实现互动的界面。

这个时期的服务业与制造业之间具有明显的双向互动关系。制造企业服务活动外置促进了生产性服务业的快速发展，不断完善服务业的内部结构并使服务业总量得到提升。同时，服务业由“内部化”向“外部化”的演进趋势，是专业化分工逐步细化、市场经济逐步深化的必然结果，它在很大程度上推动了服务业的独立发展，扩大了服务业的规模和容量，促进了服务业的国际化进程。服务业通过提高制造企业产出价值和运行效率、为有形产品创造差异化优势和增值源、提供智力型服务、提供循环架构支撑、降低交易成本等方式来促进制造业的进一步发展。

（三）服务经济时代——以服务业为主伴有制造业发展的多元化经济

随着社会经济不断发展，产业结构不断升级，全球经济结构已经由工业经济向服务经济转型。不仅发达国家已经完全建立起服务经济的产业结构，而且一些发展中国家也纷纷加入这个行列中。20世纪80年代后期开始出现的以信息技术为主的新技术革命浪潮已经由制造业向服务业全面渗透。此外，经济环境集全球经济、信息经济和知识经济于一身，经济发展深受全球化、信息化和知识化的影响。全球化意味着第二产业向外转移和第三产业取得主导地位，从国际经验来看，发达国家放弃它们在本国的制造业生产基地并不意味着它们放弃对全球制造业的控制，只是控制方式发生了变化：从控制生产基地转变为控制资本、技术和销售，即从直接控制制造业转向通过现代服务业来控制全球经济。在本质上，这反映了21世纪现代生产方式的变化，也反映了未来经济发展的方向——以资本、技术和销售为中心的现代服务业将引导整个经济的发展，包括制造业和一般服务业。全球化要求服务业和制造业把发展的眼光从国内投向国际，产业的发展要突破区域和国界的空间限制向全世界延伸，在经济全球化不断深入的过程中，全球范围内掀起了国际产业转移的热潮，并且发生国际转移的产业由当初以制造业国际转移为主转向以服务业国际转移为主。知识化要求服务业和制造业由劳动力密集型向知识密集型转型。信息化要求服务业与制造业由传统型向高科技型发展，产业的发展更多地依靠科技进步和应用。

按照产业更替理论，区域经济发展的早期主要依靠工业部门的建立和扩张，而工业经济发展到一定程度之后，推动区域经济成长的动力逐渐减弱，市场竞争日益激烈，制造业面临的升级压力加大，经济的结构调整阶段来临，服务业特别是现代服务业的重要性开始显现出来，服务产品越来越多地成为制造业的支撑要素。但不可否认，服务经济仍然是一个生产型社会，物质产品仍将大量地被生产出来，只是与工业化社会不同，服务经济中物质产品生产的过程、规模、方式及其对应的企业组织结构都发生了根本性变化。

在经济全球化大背景下，跨国公司成为企业组织的主要代表并在全球范围内组织生产和经营，跨国公司的对外直接投资成为国际产业转移的主要形式。而自90年代以来，在信息技术革命带来的巨大影响下，任何商品和服务的交易已经突破了地区或国家的界限在全球范围内实现，其消费者也遍布世界的每一个角落，市场已经演变成为全球的市场。当组织和市场失去了明显的边界之后，区域成为我们分析产业的节点，成为我们分析服务业和制造业之间互动界面的唯一选择。区域经济一体化是经济全球化背景下经济发展的重要特征，区域成为世界范围内经济竞争和集聚发展的基本单元。而以有效生产组织方式形成的产业带则支撑着区域经济的发展。中心城市的生产性服务业及其所依托区域的制造业的链接和互动，则是产业带的有效生产组织方式。中心城市以研发、总部、营销等高端职能的集聚，成为区域的管理控制中心，统领区域参与全球性的竞争与合作、融入世界经济。区域范围内服务和制造职能实现空间分离，中心城市和周边地区实现了有效的分工协作并从中推动了服务业和制造业的空间分离，服务业和制造业的空间分离又进一步加强了中心城市和周边地区的职能分工。

服务业与制造业在区域的互动界面上，主要体现在作为服务业中心的中心城市与作为制造业基地的周边城区的互动上。中心城市由于人才、信息、知识和技术等战略性要素密集，聚集了较发达的知识密集型服务业和高级生产性服务业，并以服务业带动区域经济的发展，推动了周边城区制造业的发展，促进其优化升级；周边城区制造业的进步，反过来又支撑了中心城市的服务业向更高层次提升。中心城市和周边城区在服务业和制造业的产业互动中，实现优势互补、分工合作、资源共享和整合发展，达到互利共赢的局面。

如图 10-1 所示，左边为周边城区，它的经济发展主要依靠制造业的支撑，制造业以物流为主，附着在物流上的还有商品流、人流、信息流、货币流和技术流；右边为中心城市，它的经济发展主要靠服务业为支撑，由于设施环境比较齐全，服务业的发展围绕着人流展开，附着在人流上的有货币流、信息流、技术流。在服务业与制造业的互动过程中，中心城市的服务业为周边城区的制造业提供人才服务、金融服务、信息服务和技术服务等，即从中心城市向周边城区输出货币流、信息流和技术流；周边城区的制造业为中心城市的服务业提供商品等物质产品，即通过物流的形式向中心城市输入物质产品，为服务业的发展提供物质保证。从全球的角度分析，服务业在全球星罗棋布的制造业之间以及全球制造业和消费者之间架起了纵横交织的网络，这个网络与交通运输网络、信息通信网络一道，使经济发展过程中的商品流、人流、货币流、信息流和技术流在全世界范围内无障碍地流动，使全球的经济在连续不断的经济循环中向前发展。

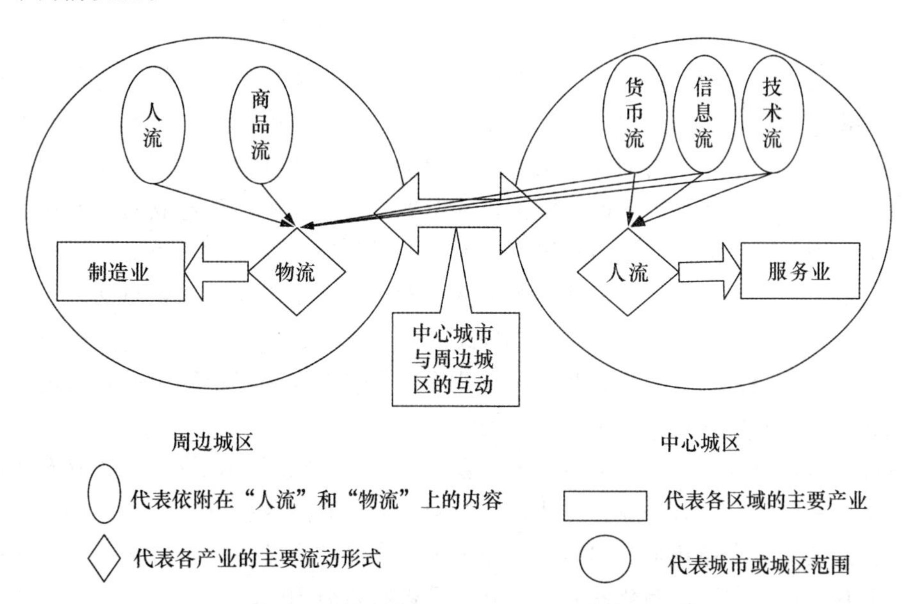

图 10-1　区域内服务业与制造业的互动机制

资料来源：覃利春．服务业与制造业的互动机制研究［D］．上海社会科学院部门经济研究所，2007，12.

二、服务业与制造业互动传导机制

在此分别从前工业化时代、后工业化时代和服务经济时代三个经济发展阶段探讨服务业与制造业互动的传导机制。①

在工业化时期，可以从内生性和外生性来分析制造业与服务业互动的传导机制。在制造业的发展过程中，企业需要的财务、物流、营销和售后服务等均由内部组织来完成，这些具有服务性质的生产辅助活动在生产过程中内部化了，这种内生性服务对服务业总量并没有影响。但是制造业的发展通过促进经济发展和社会进步以及人民生活水平的提高来使人们增加对文化教育、医疗卫生和公共服务等的服务需求，促进了这种外生于制造业但又得益于制造业的服务业的发展。服务业的发展又通过提高服务质量和丰富服务品种来为制造业提供更多的服务内容。其传导机制如图 10-2 所示：

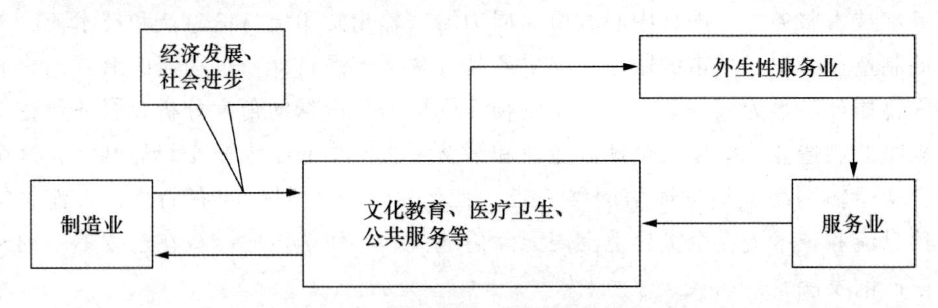

图 10-2 前工业化时代的传导机制

在工业化时代后期，一方面，根据边际效率递减规律，随着制造业的发展和专业化分工的进一步深化，企业内部组织活动效率逐步递减，内部生产服务效率低下和生产成本高，企业对服务活动的需求从原来自行生产转向从外部购买，出现了服务活动外置并逐渐市场化，促进了生产性服务业的发展；另一方面，制造业的发展在促进经济发展的同时提高了人民的生活水平，人们不断增加对餐饮、文化教育、娱乐、医疗保健等的服务需求，从而促使消费性服务业的发展。在生产性服务业与消费性服务业共同发展的情况下，整个服务业得到了快速的发展。当服务业发展到一定程度后会向更加专业化的方向发展，服务企业为制造业提供更加专业和优质的服务，促进制造业向高度化发展。其传导机制如图 10-3 所示。

在服务经济时代，随着社会经济不断发展，产业结构不断升级，服务业发展成为总体经济的主要产业。服务业在专业化的基础上，为制造业提供更加个性化和差异化的服务；而制造业产品竞争更加激烈，为了提高产品的竞争力，制造企业会不断提高产品的附加价值，需要定制化的服务。其传导机制如图 10-4 所示。

---

① 覃利春. 服务业与制造业的互动机制研究 [M]. 上海社会科学院部门经济研究所，2007，12.

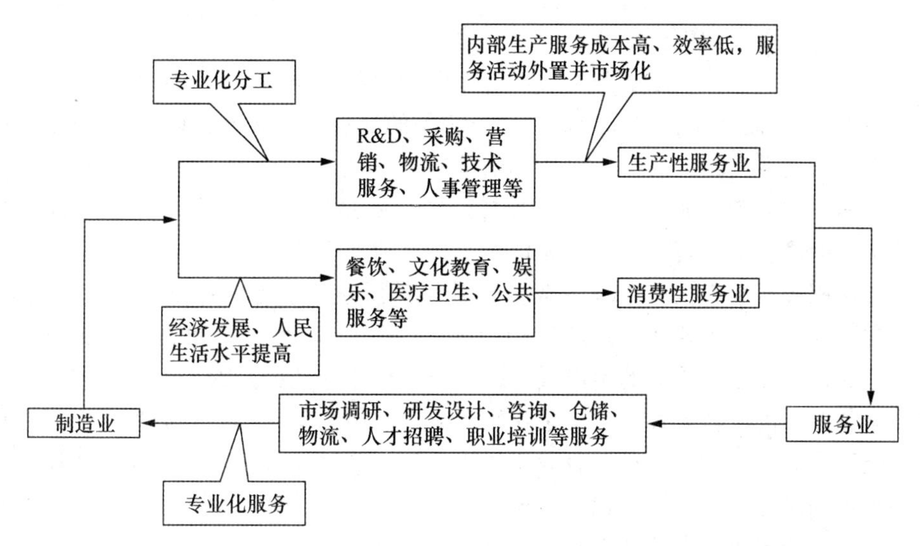

图 10-3　后工业化时代的传导机制

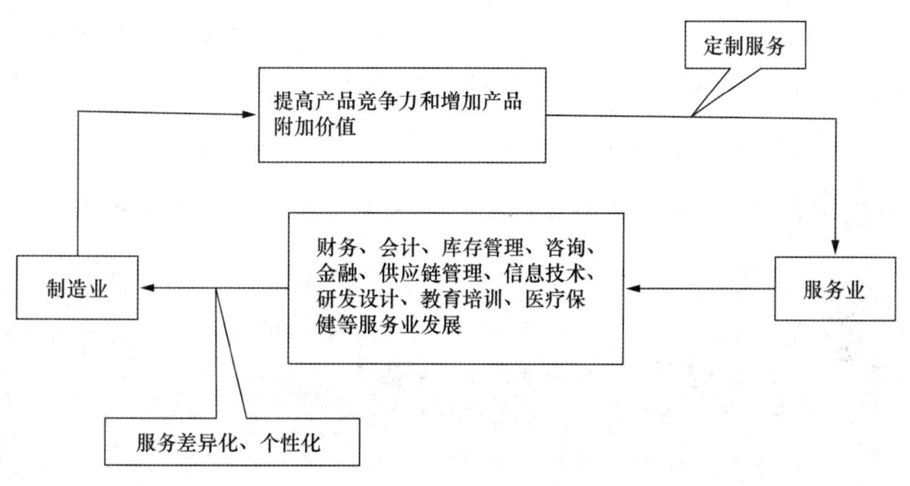

图 10-4　服务经济时代的传导机制

三、生产性服务业与制造业的互动机制

（一）生产性服务业的内涵

生产性服务（也称为“生产者服务”）指那些被其他商品和服务的生产者用作中间投入的服务，[①] 生产性服务业则指生产性服务企业的集合体。生产性服务业不是直接用来消费，也不是直接可以产生效用的，它是一种中间投入而非最终产出，它扮演着一个中间连接的重要角色用来生产其他的产品或服务。同时，这些生产者大部分使用人力资本和知识资本作为主要投入，因而他们的产出包含大量的人力资本和知识资本的服务，生产性服务能够促进生产专业化，扩大资本和知识密集型生产，从而提高

① 格鲁伯，沃克. 服务业的增长：原因和影响［M］. 上海：上海三联书店，1993.

劳动与其他生产要素的生产率。①

从外延角度看，生产性服务包括：与资源分配和流通相关的活动（如金融业、猎头、培训等）；产品和流程的设计及与创新相关的活动（如研发、设计、工程等）；与生产组织和管理本身相关的活动（如信息咨询、信息处理、财务、法律服务等）；与生产本身相关的活动（如质量控制、维持运转、后勤等）；与产品的推广和配销相关的活动（如运输、市场营销、广告等）。②

生产性服务业与直接满足最终需求的消费者服务业相比具有如下三个显著特征：第一，它的无形产出体现为“产业结构的软化”；第二，它的产出是中间服务而非最终服务，体现为被服务企业的生产成本；第三，它能够把大量的人力资本和知识资本引入商品和服务的生产过程当中，是现代产业发展中竞争力的基本源泉。需要注意的是，在经济发展过程中，生产性服务业的特性和功能并非静止不变，而是在经历不断凸现和强化的过程。在工业时代，由于生产性服务越来越广泛地被动参与到生产制造的过程中，它的角色逐渐从具有润滑剂效果的管理功能，转变成一种有助于工业生产各阶段更高效运营以及提升产出价值的间接投入。在后工业时代，经济发展不仅仅依赖于工业生产，而且仰仗于各个经济部门，生产性服务更全面地参与到经济发展的各个层面而成为新型技术和创新的主要提供者和传播者，具有更多的战略功能和“推进器”效果。

全球化视角 ▶ **国外综合性的生产性服务业集聚区产业结构演化**

国外综合性的生产性服务业集聚区产业结构的演化趋势是从早期以交通、通信和商贸业为主体的流通服务业的集聚逐渐走向高端商务服务业的集聚。现代大都市中央商务区的功能越来越高级化和专业化，聚集了外部效应较高的资本和知识密集型行业，如金融业、保险业和房地产业（Financing，Insurance，Real Estate，FIRE）以及高端生产服务业（Advanced Producer Services，APS）。其中，FIRE企业规模一般较大，主要以资本要素投入生产过程，充当“资本的中间人”（brokers of capital）；ASP企业主要包括广告公司、市场调查机构、会计事务所、律师事务所和管理咨询企业等商业服务业，这类企业的规模相对较小，多数是对商业活动进行抽象分析，其定制化程度高，以知识要素投入生产过程，充当“知识的中间人”（brokers of knowledge）。随着经济全球化和科技革命的迅猛发展，世界著名大都市的中央商务区成为全球或区域经济大系统中的枢纽，是一个国家或地区产业结构高级化的标志和经济实力的象征。

资料来源：毕斗斗，方远平．生产性服务业集聚区发展的国际经验及启示［J］．规划师，2015，（5）：3.

---

① Coffer，J. The Geographies of Producer Services［J］. Urban Geography，2000，（2）.

② Dilek Cetindament Karaomerioglu and Bo Carlaaon. Manufacturing in Decline? A matter of Definition［J］. Economy，Innovation，New Technology，1999，（8）：175—196.

（二）生产性服务业与制造业的互动机制

1. 生产性服务业与制造业互动外在机制①

生产性服务业与制造业的外在机制是外部环境对两个产业互动形成和发展客观存在的要求，具体可以表现为共生机制、竞争机制、协同机制和创新机制等。

（1）共生机制

生产性服务业和制造业的共生机制反映共生过程中生产性服务业和制造业之间的相互作用、协调适应与演化。生产性服务业和制造业的共生促进企业通过专业分工来获得比较优势，通过交换来增加边际“分配”收益。在市场经济体制下，共生系统中的共生企业是以各自利益为基础的，这是共生单元是否能连接起来形成共生系统的关键，也是共生关系持续推进的物质基础。生产性服务业和制造业的共生降低了企业的交易费用。生产性服务业和制造业的共生提升企业合作效应。这种合作效应的提升主要是通过市场集聚效应从而形成的产业集群体现出来的。

（2）竞争机制

制造业与服务业间的互动关系也可以从获取相对竞争优势的角度加以解释。面对不确定性，企业会通过外购或者分包方式分散风险，将资源集中在最有竞争优势的环节，从而增强企业的灵活性和效率，提高企业核心竞争力。通过签订合约外购生产服务作为“半结合”式的非完全市场化组合形式（如企业联盟、分包等），可以使原生产单位既具有一定效率，又能在竞争方面保持灵活性且更能专注于自身的核心竞争力。

（3）协同机制

在知识经济中，以“信息”和“知识”为主要内容的技术进步使得制造业和生产性服务业的产业界面相互渗透，日趋模糊。两者的关系绝非简单的“供给主导”，而是全新的“协同”关系。在生产性服务业和制造业协同演化的过程中，各要素之间的协同关系以非线性的作用方式导致“新质”出现，从而改变了原系统的结构，促进了新系统的创生。协同效应在现实中直接表现为产业结构升级、竞争力提升以及技术创新和服务创新的完成。因此，“协同”关系的形成和演变是生产性服务业与制造业双向的、必然的战略选择。

（4）创新机制

生产性服务业与制造业的互动创新是一个被双方优势及外在优势内在强化的循环累积过程，对于生产性服务业和制造业而言，创新更是不断发展的驱动力。创新的要求促使生产性服务通过包括组织形式、管理体制在内的各种变革实现质变。生产性服务业本身具有不断创新的特征，由于生产性服务企业之间在地理位置上相互接近，使得生产性服务企业之间的频繁交流成为可能，生产性服务业的集群为企业之间的合作与创新提供了现实基础。

---

① 庞博慧．生产服务业与制造业互动机制研究［J］．经济研究，2011，5．

2. 生产性服务业与制造业互动内在机制

生产性服务业与制造业的互动内在动力机制是一种促进产业互动的形成和发展的自发的内在动力，具体可以表现为关联机制、价值增值机制、学习机制和融合机制等。①

(1) 关联机制

生产性服务业和制造业之间存在着广泛和密切的经济技术联系，其实质是二者之间相互的供给与需求关系，一方面生产性服务业和制造业都需要对方为其提供产出作为要素投入和消耗，另一方面又向对方提供要素需求。许多学者对制造业与生产性服务业之间的产业关联进行了实证研究，结果表明制造业部门是生产性服务业产出的主要需求部门，反过来，生产服务作为制造业中间投入的重要组成部分，提高了生产过程的产出价值和运行效率。生产性服务业和制造业之间以产品劳务联系、生产技术联系和价格联系等作为相互联系的依托，进而形成产业间联系的不同类型。

(2) 价值增值机制

生产性服务业价值增值效应主要靠延长产业价值链和提高劳动效率，生产性服务业的显著特征就是提高制造业的效率，这是生产性服务业使得制造业价值增值的重要体现。生产服务的价值通过作用于制造业体现出来，作为服务这样一种以活动形式存在的商品，其价值增值必须以制造业为对象，在这个过程中，生产性服务业是知识以及人力资本转化为生产力的最有效、最直接载体。

(3) 学习机制

生产性服务业是知识型服务业，在制造系统中的角色越来越高度化和知识化。制造业企业对知识学习和创新的需求是生产性服务业快速发展的重要原因。从知识网络的角度来看，制造业企业帮助生产服务组织之间所构成的合作关系是一个由学习主体参加的知识交换和启发网络。二者合作关系的形成是源于网络中知识的互补性和不对称性。随着知识经济时代的到来，生产性服务业与制造业的融合更多的是知识、信息、技术的交互性学习，并形成比较完整的知识链条。制造业生产投入的服务化与制造业服务外包，特别是研发设计等关系企业核心竞争力的部分都可能通过服务外包而实现知识创造。

(4) 融合机制

随着信息通信技术的发展、经济全球化进程的加快，生产性服务正向制造业的各环节进行着全面渗透，两业的边界开始逐渐模糊，相互之间出现了融合互动趋势。生产性服务业与制造业融合表现为制造业的中间服务投入大量增加，出现了制造服务化的趋势。生产性服务业与制造业的融合可提升产业链的竞争力，实现各产业的协调发展。融合性反映的是未来的产业演变趋势，制造业本身的发展是一个深刻的社会经济变革过程，现代制造业的发展并不简单等同于单纯发展传统工业，提高工业产值比重。现代制造业不仅包括工业自身发展方式的变革，也对生产性服务业的发展提出了

---

① 庞博慧. 生产服务业与制造业互动机制研究 [J]. 中国城市经济，2011，5.

更高的要求。

本土化视角 广州打造服务业与制造业互动发展产业体

广州市发展改革委员会近两年来致力打造现代服务业、战略性新兴产业和先进制造业有机融合、互动发展的现代产业体系，以服务经济为主体，不断加快产业转型升级步伐。

广州2009年服务业占地区生产总值比重已经突破60%，在中国城市中排名第二，仅次北京；广州2010年服务业从业人员占全社会从业人员比重突破50%。“60%和50%”是两个重要跨越，标志着广州迈上服务经济为主体的发展新起点。

在《珠江三角洲地区改革发展规划纲要》引领下，广州实施中心城区产业“退二进三”战略，经济发展重心和资源配置的重心不断向现代服务业、战略性新兴产业和先进制造业转移，去年全社会固定资产投资投向服务业领域比重超过80%。

广州市发改委表示，广州是现代展贸之城，广交会、广博会、留交会、国际汽车展等会展品牌云集，现代服务业配套发展；广州也是金融集聚之城，广州地区2009年金融机构存款余额、产权市场交易额、保险市场保费收入保持全国第三位。

在广州，先进制造业有力拉动产业链条向高端延伸，在汽车、造船、石化、重大装备制造等领域，广州靠技术创新在激烈的市场竞争中胜出。

广州发改委举例称，龙穴造船基地30.8万吨超大油轮下水，结束华南地区不能建造大型船舶的历史，单船生产能力跃居中国首位。在输变电、楼宇、包装等装备制造领域，广州的研发和生产能力均处于全国前三甲。

此外，在战略性新兴产业方面，广州在电子信息、生物工程技术、新材料、新能源与节能环保、新能源汽车、海洋工程等领域，发展起一批拥有自主品牌和核心技术的战略性新兴产业异军，先后获得多项国家级高技术产业基地授牌。战略性新兴产业与现代服务业、先进制造业共同发展。

资料来源：http：//www.chinanews.com.

第三节 生产性服务业与制造业的融合创新

生产性服务业和制造业之间的关系日益密切，二者主要是通过价值链环节上活动的相互渗透、延伸和重组，形成了互补型、延伸型和替代型的融合模式。制造业服务化和服务业制造化是生产性服务业与制造业融合发展两种主要表现形式。

一、生产性服务业与制造业的融合过程和模式

（一）生产性服务业与制造业的融合过程

生产性服务业与制造业价值链环节上活动的相互渗透、延伸和重组，是生产性服

务业与制造业融合发展的反映。生产性服务业与制造业价值链融合过程可分为价值链的分解与价值链的重构两个阶段。在这一过程中，当原有的制造业和生产性服务业的价值链由原来的链式结构分解为混沌的价值活动网络后，散落的价值链条被截取出来，并有所取舍地整合到新的产业价值链中。生产性服务业与制造业融合意味原有产业链的分解和新的融合型产业价值链的形成。

1. 价值链的分解

随着技术的进步，市场范围的扩大，社会分工更加细化，价值链的增值环节越来越多，其结构也更加复杂。当在技术创新和放松规制导致生产性服务业与制造业融合发生时，原有的制造业和生产性服务业价值链断裂分解为散落的价值链条，并最终导致原有制造业和生产性服务业价值链的分解，形成混沌的价值活动网络。根据作用方式的不同，价值链的分解分为以下三种情况：

(1) 渗透方式下的价值链分解

生产性服务业向制造业渗透是主要发生在那些保障制造业正常生产运作的生产性服务业。当这些生产性服务业渗透到制造业中，制造业价值链中一些原有为生产服务的功能将从相关价值创造环节分离出来。在制造业价值链中，从基本活动中的内外部后勤中分离出物流服务，生产活动中分离出维修服务；从辅助活动中的基础设施分离出诸如财务会计、法律、质量管理的基础设施服务，从人力资源管理中分离出人力资源服务，这些分离最终将导致原有价值链的断裂和分解，而相关的生产性服务业价值链则被保留。

(2) 延伸方式下的价值链分解

采用价值链延伸方式的生产性服务业主要是与制造业的研发、销售与服务密切联系的研发设计、销售代理服务、客户服务，这些生产性服务处于制造业价值链的上游或下游环节。因此，这些生产性服务业价值链向上或向下延伸与制造业价值链发生交叉时，制造业价值链就会发生分解。在一般情况下，制造业价值链中与生产相关环节的价值链被基本保留，而上游或下游的生产性服务环节的价值链则会被分离出来。

(3) 重组方式下的价值链分解

在重组方式下，生产性服务业与制造业分解各自的价值链，价值链中那些在技术上和经济效果上可分离的价值活动将逐一分解，形成一种混沌状态下的价值链网。这些价值活动的技术性和经济性将决定价值链分解的程度的大小。价值链的分解应遵循两个基本原则：一是各个价值活动具有一定的技术上和经济上的独立性，即这些价值活动单独就能存在；二是该价值活动对竞争优势具有较大的影响，例如对价值链差异化产生很大的潜在影响，或在成本中占有较大的比例。因此，与前两种分解方式相比较，这种分解方式的生产性服务业与制造业价值链分解程度最高。

2. 价值链的整合

对于生产性服务业与制造业融合过程来说，不同作用方式的价值链分解后价值链的整合过程也不尽相同。

（1）渗透和延伸方式下价值链的整合

生产性服务业与制造业融合通过生产性服务业向制造业渗透或延伸来实现，称为“制造业服务化”过程，这一过程意味着原来以实物产品生产为价值链核心的制造业，必须重新审视其以往的价值链。当原有制造业的价值链中包括的自我服务环节，如研究开发、市场推广、服务等从制造业价值链分离出来，分解为混沌网状结构后，企业根据自身的核心竞争力和未来潜在的市场需求，整合价值链，形成新的价值链，此时，价值链的核心将发生根本性变化，从原来以实物产品生产为核心的价值链，转变为以实现客户价值、为客户提供全方位服务为核心的价值链。新的价值链不仅包括制造业价值链的核心价值活动，还融合生产性服务业价值链的核心价值活动，这些价值活动不是简单的集中，而是分解后进行截取后的有序整合。

（2）重组方式下价值链的整合

生产性服务业与制造业价值链中技术上和经济效果上可分离的价值活动被逐一分解后，截取其中一些价值活动单位，整合形成一新的价值链。在价值链的重组过程中，根据现有的产业特性和未来潜在的市场需求，截取原有价值链核心增值价值活动，这时并非截取原有制造业和生产性服务业价值链的所有价值活动，进行有序的重组整合，从而形成新的价值链。新的价值链使得原来有生产性服务的核心能力和服务体系转移到新的价值链中，从原来各自分散提供顾客的服务融合形成新的高效服务系统，为顾客提供一体化的解决方案，Wirtz 把这种不同价值链的重组整合过程称为“价值增值环节一体化”。

总的来看，生产性服务业与制造业价值链上的活动差异以及活动间的协调程度是生产性服务业与制造业融合发展的反映。

生产性服务业与制造业融合通过价值链上的分解与整合，一方面，生产性服务业必须关系性地融合到制造业价值链基本活动中，以保持制造业生产经营活动的连续性和协调性，形成生产性服务业与制造业基本活动的融合，例如融合形成物流服务、制造维修服务、客户关系管理、销售代理服务等，这种融合使得企业间可以不断地以低成本、高效率交换那些至关重要的，无法通过市场机制获得的信息和知识。生产性服务业与制造业的基本活动融合，实现企业内外部价值链更好地融合，使得信息交流更加顺畅，这就超越了市场交换关系中价格体系所起的作用。

另一方面，生产性服务业与制造业的辅助活动融合，发生在生产性服务业价值链中的人力资源服务、研发服务、基础设施服务等融合到制造业价值链辅助活动中，融合到企业的社会网络中，依靠自身专业化的技能，提高专业化水平，从而提高企业资源配置的效率，增加产出。该融合网络形成良好的信任和合作关系，企业间的关系就转变为“社会实施”的、“多次性”的信任博弈，从而降低交易费用，获得经济报酬递增的经济效果。①

---

① 刘明宇等. 生产性服务价值链嵌入与制造业升级的协同演进关系研究 [J]. 中国工业经济，2010，(8).

综上所述，在生产性服务业与制造业融合过程中，原有的价值链分解为价值活动单位，形成混沌的价值活动网络，通过市场选择，截取一些最优或核心环节参与融合，并按照一定的联系进行价值系统重构，形成新的价值链。因此，价值链的分解不是目的，而是为了更好地进行生产性服务业与制造业价值链融合，融合成新的价值链，以创造出更大的价值。

有关生产性服务业与制造业融合价值链模型如图 10-5 所示：

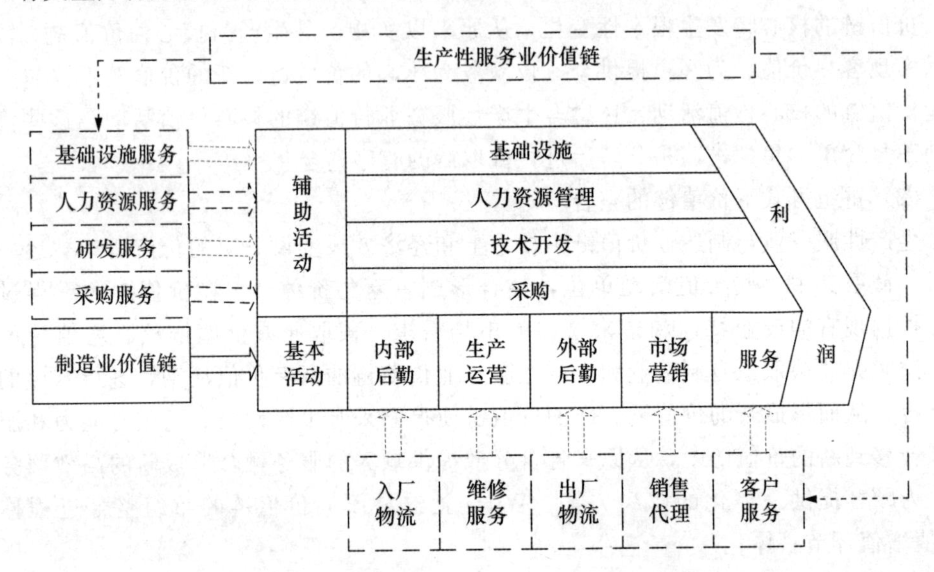

图 10-5 生产性服务业与制造业融合价值链模型

资料来源：根据 Michael E. Porter (1985)、李美云 (2007)、Wirtz (2001)、刘明宇 (2010) 的研究成果综合整理。

(二) 生产性服务业与制造业的融合模式

根据生产性服务业与制造业融合过程中价值链的相互渗透、延伸、重组作用方式，形成不同的生产性服务业与制造业融合模式。①

1. 互补型融合模式

互补型融合模式是指生产性服务业与制造业价值链间相互渗透，使生产性服务业与制造业之间融合成一种新型融合产品，融合后的产品更多地体现制造业的功能，同时兼有生产性服务业的特征。在这一融合过程中，生产性服务业与制造业通过相互合作以及价值链的相互渗透来实现两者的融合发展，这时，整个制造业价值链得以保留，相关的生产性服务业的价值链融入其中。在开发、生产、销售等活动构成的制造业生产价值链上，制造业与生产性服务业只有通过密切渗透和相互配合，才能实现制造产品和生产性服务捆绑销售，如产品的开发和设计是由产品和生产性服务集成商完成，而制造和维修等业务则是由相关的生产性服务业提供。在此模式下，生产性服务业与制造业在本质上是相关的，通过满足客户对于实物产品和生产性服务的完整需求

① 杨仁发，刘纯彬. 生产性服务业与制造业融合背景的产业升级 [J]. 改革，2011，1.

来实现，只有通过制造业与生产性服务业在价值链上相互渗透，才能提供完整的解决方案。

这种融合模式主要发生在为保证制造业正常运作的生产性服务业与制造业之间。Hockers 所指的“需求导向服务”以及 Marceau 和 Martinez 提出的“产品服务整合”都属于这种互补型融合模式下的融合产品。需求导向服务并不与特定产品有关而旨在提高顾客满意程度，如最小成本化计划、制造业设备管理；“产品服务整合”是指制造企业在生产过程中根据客户特别要求或偏好额外增加研发、设计、技术服务。这种融合模式扩展了生产性服务业与制造业价值链内涵，更加关注消费者的需求，因而能有效地提高消费者的满意度，制造企业通过提高顾客满意度来提高客户或品牌忠诚度，从而提高其市场渗透力，提高产业竞争力。这种融合模式最为典型的是 IBM 为客户提供的信息系统整体解决方案。在这一融合模式下，培训、咨询等生产性服务全面渗透到 IT 制造业中，从而 IBM 为客户提供解决方案。这一解决方案不但包括服务器、终端机、网络设备以及信息采集设备等硬件以及相关软件，还包括提供培训、咨询等生产性服务；而且根据客户的特点和特别需求，分析客户的业务流程、信息种类及处理、客户战略等问题并提供相应的服务，以使其方案与客户需求相匹配。

2. 延伸型融合模式

延伸型融合模式是指生产性服务业通过制造业价值链的延伸，在同一价值链上游或下游衍生出与实物产品相关的融合型产品。在制造过程中，随着产品对投入资源的要求增加，以及客户对产品需求的更加多样化，将形成对生产性服务的需求，因此，制造业通过分析产品特点，挖掘其从研发到售后的整个价值链，找到新的生产性服务需求，从而发掘新的利润增长点，这样就拓宽生产服务业和制造业的领域，延伸生产性服务业和制造业价值链，也在一定程度上增强了生产服务业和制造业的辐射功能，这样既开拓新的制造业市场，也带动生产性服务业的发展，这将在一定程度上增加产品的市场地位和竞争力，从而提升生产服务业和制造业的竞争力。基于延伸型融合模式，制造业的实物产品衍生出新的基于“用户导向”的生产性服务需求，这就使得生产性服务业领域不断拓展并渗透到制造业中，在生产性服务业与制造业融合的过程中，生产性服务业通过分工更加细化，发展集群化和提高专业化水平，从而提高服务能力，进而促进生产性服务业发展。

这种融合模式主要发生在与实物产品销售和使用密切联系的生产性服务业与制造业之间，或者与实物产品研发相联系的研究设计等知识密集的生产性服务业与制造业之间。Hockers 所指的“用户导向服务”以及 White 提出的“产品扩展服务”都属于这种延伸型融合模式下的融合产品。产品扩展服务是指服务提供者不拥有产品所有权，但必须随产品一起提供的服务，如维护、升级等服务，使制造者超越产品销售时点而与顾客保持长期的接触关系。这种延伸型融合模式较易出现在比较昂贵的产品或大型设备制造业上，如汽车制造业、大型机械设备制造业。以通用汽车、上汽集团和上海通用汽车合资建立的上海安吉安星信息服务有限公司为例，安吉安星信息服务公司通过不断拓展汽车价值链需求，从而为汽车用户提供更多有价值的生产性服务。该公司不断推出服务品牌和相关产品，如金融贷款服务、二手车业务等，进行价值链的延伸，同时为用户提供广泛的汽车安全信息服务，例如撞车自动报警、道路援助、远程解锁服务、远程车辆诊断等，服务于消费者，为消费者创造更多价值，通过这种拓展提升上海通用汽车的产品竞争力和服务竞争力。这种模式是在价值链上通过创造和开发客户需求来实现产品的生产性服务。

3. 替代型融合模式

替代型融合模式是指生产性服务业与制造业通过价值链的分解、重组，形成新的价值链通道，从而形成新的融合型产品。在这一模式下，消费者购买产品的同时，可以获得能保证其有效运营的系列服务，从而大大增加产品的使用价值。制造业可以利用其在实物产品生产过程中长期积累的整个产品生产周期所要求的相关服务知识以及专业技术和设备，很方便地进入与实物产品相关的生产性服务业领域，通过价值链重组，推进相关技术、资源、业务以及管理组织的融合，扩展或改造其价值链上的价值创造环节，从而在向消费者提供"一站式购买"解决方案的同时，保持与顾客的多点接触，使双方的价值最大化。

在替代型融合模式下，制造业的实物产品与生产性服务业的服务通过技术、资源、业务、管理和市场等价值链的重组，给客户提供替代型融合产品。在这种模式下，企业提供满足客户一定需求的实物产品和生产性服务，当二者重组结合出售，充分利用实物产品和生产性服务的不同优势，实物产品通过品牌、销售渠道等方面的优势来增加生产性服务业的需求，生产性服务业通过较低的交易费用、专业化水平等方面的优势来促进产品销售，从而占据和扩大不同的市场，产生更多的价值，形成"1＋1＞2"的效用。该模式通过替代型模式创新，使生产性服务和制造业在价值链上寻找新的重组结合点，从而在一定程度上拓宽生产性服务业和制造业的领域。在替代型融合模式下，企业通过价值链分解和重组，进行跨地区、跨行业的重组、合并和转型，此时，企业所属产业的定位不再清晰，转型后的企业不一定能清晰地定位是属于制造业还是生产性服务业，如GE在转型后，通过具有优势的产品和服务在市场上占据不同地位，形成替代型融合模式下新的竞争优势。在这一融合模式中，重要的是结合制造业自身业务的特点，找到制造业与生产性服务业价值链的最佳重组点，通过这种转型，企业能够产生新的竞争优势。这种替代性融合模式适合于大中型企业，尤其是拥有一定的品牌和市场地位的企业。这种融合模式主要发生在电信、通信、机械设备等行业。

二、生产性服务业与制造业融合的表现形式

(一) 制造业的服务化

一些制造企业开始不只是制造实物产品，为了更好地提高企业的核心竞争力，纷纷设立独立的研发部门，按照客户的需求，提供产品研发设计服务；不只是简单地向客户提供产品，为了更好地满足消费者的需求，向客户提供包括制造品和相关服务在内的一体化解决方案，从而使得原来具有明显产业边界特征的制造业越来越具有服务

业的特征，制造业变得越来越像服务业，这一现象被称为制造业服务化。

制造业的服务化主要表现为两种情况：一是由于制造业领域原有的服务活动大幅度增加而导致的制造业的服务化，我们称之为制造业的内生型服务化；二是由于被并入制造业领域的外部服务活动大幅度增加而导致的制造业的服务化，我们称之为制造业的外延型服务化。

制造业服务化主要体现在制造业发展过程中信息服务、技术服务和金融服务等变得日益重要，不仅生产活动中与服务相关的业务比重不断增加，包括信息管理、研究开发、融资理财、综合计划、市场推广、售后服务等，而且在整个价值链中与服务相关环节的价值含量也在增高，制造业附加值中越来越大的比重来源于服务，而不是加工制造。另外，制造企业面临的需求日益多样化以及竞争强度越来越高，为了保持核心竞争力，追求专业化而不是范围经济，逐渐将非核心业务外包出去，便成为企业普遍诉求的一个重要的战略选择。如表 10-5 反映了一些公司的制造产品和服务包。

表 10-5　制造产品和服务包

公司	制造产品	服务包	满足最终消费者要求
AstraZeneca	肿瘤药品	肿瘤服务	肿瘤照顾/治疗
福特	汽车	提供财务和租赁、维修服务	汽车行进
通用电气	航空发动机	租赁或出售飞行小时	空中旅行
通用电气	医疗诊断设备	医疗分析和诊断	诊断
Rolls Royce	航空发动机	租赁或出售飞行小时	空中旅行
施乐	复印设备	维修和租赁	影印

资料来源： 魏江，Mark Boden 等．知识密集型服务业与创新［M］．北京：科学出版社，2004.

制造业的服务化过程，表现为制造公司通过不断地为用户提供更多与实体产品相关联的服务，使制造活动和服务活动相辅相成。比如，汽车制造商提供金融服务可以方便消费者购买它们的汽车；通过提供与售后服务相联系的实体维修，降低顾客的后顾之忧；通过销售途径买回那些二手车，降低顾客的退出风险。汽车业中的制造和服务紧密结合的趋势，在航空产业中也越来越明显，航空发动机制造者不仅向客户提供金融服务，而且还提供便利的维修服务。比如，通用电气设有财务和租赁公司，为用户提供金融服务和售后服务。越来越多的发动机制造商，已经不再单独地把发动机看作是一件有形产品，而将其视为一项服务。

产品总是同质化，服务才具差异化。制造业服务化更有助于帮助传统制造企业寻找到自己的“蓝海”，从而实施差异化竞争。因此，制造业服务化实质上成为制造企业提升和不断保持核心竞争力的重要手段。同时，制造业中服务的投入大量增加，使制造业和服务业之间的依赖关系越发突显。美国企业自 20 世纪 90 年代以来，一直致力于提高企业的核心竞争力，通过把企业的专业服务进行全球范围内的外包，极大地提高了美国产品和服务的全球竞争力，同时也进一步刺激了其他国家制造业对服务业的关注热情不断提升，全球各地的许多制造商（诸如汽车、家电、计算机等）同服务企业一样注重管理和提升他们的服务。这些制造商已充分认识到企业要进行全球竞争必须要提供优质的服务，要获取全球范围内的竞争优势，必须将价值链由以制造为中心向以服务为中心进行转变。

全球化视角 ▶ **全球制造业服务化的趋势**

随着全球进入服务主导的经济，服务已成为制造企业获得竞争力的重要手段，服务收入占公司总收入的比重逐渐上升。从全球范围来看，IBM、戴尔、GE、耐克等一大批制造企业向服务化转型，如2011年IBM的服务收入占到总收入的82.1%，服务业务的税前利润占到总利润的92.9%。

目前，努力创造优质的服务来提升有形产品竞争力的做法已经普遍被人们所接受，随着市场竞争进一步全球化，企业争创服务优势的竞争意识越来越强烈。如日本的丰田汽车公司为了提高公司的市场竞争力、推销丰田系列休闲游览车，在丰田休闲游览车系列销售店推出了开销巨大的为客户24小时服务的举措，免费提供事故处理、故障电话、客户购车咨询、铁路、航空、住宿以及就医等信息服务。

资料来源：黄群慧，霍景东．中国制造业服务化的现状与问题［J］．学习与探索，2013，(8)：2.

（二）服务业的制造化

制造业已经具备了许多服务特性，在一定程度上，服务公司越来越具有创新性，服务业在创新过程中也变得更加像制造业，用研发支出或专利数量等制造业的指标来衡量服务创新活动，很容易得到这个结论。除此之外，服务业的创新还存在其他更复杂的变化，不断增多的服务公司在创新过程中也变得越来越具有前瞻性，尤其是知识密集型服务业中，服务创新经常主导着制造创新。

现代信息技术的广泛运用及网络化一定程度上改变了服务的固有属性，如面对面服务、个别性服务、即时性服务等，数字化的服务产品也可存储、可远距离传送，从而具有可交易性，使现代服务业也呈现出“制造化”的新趋向，即像制造业那样的规模经济和定制生产，同时也可以像制造业那样获得规模经济带来的好处。同时，一些知识密集型、创新创意型服务企业的品牌、技术等无形资产通过授权、特许、代理或者贴牌生产等方式，把产业触角服务延伸到制造环节，向客户提供包含服务品牌或者服务内容的实物产品，这样服务业也越来越具有制造业的特征，这一现象被称为服务业制造化。

在制造业服务化的同时，服务产品化的趋势也逐渐明朗。信息技术改变了许多服务难以储存、生产和消费必须同时进行以及生产者与消费者需要实体接触的特征，大量的服务物化，可以像制造业一样批量生产，形成规模经济优势，从形态上已很难说它应属于产品还是服务，如软件光盘、影像制品和电子书籍等。①

此外，服务创新和制造创新之间边界的模糊还可以从服务产业在市场范围拓展过程中得到体现。传统服务由于受生产和消费间联系方式的限制，往往只能集中在特定的地理区域内，其发展受到空间范围的制约，很难进行国际贸易和出口。为了克服空间范围的制约，服务公司必须在国外目标市场设立专门的海外运营部。这种海外市场部门的设立，一方面为了解决产品出口的服务远距离传递的各因素制约，另一方面由于这些国外市场对服务业设置了较高的进入壁垒，而且文化、语言、规则条款等方面的贸易壁垒在许多情况下对服务业的限制更高，为了降低或消除服务业走向国外过程中所面临的障碍，企业就把服务作为附着在产品中的配件，“陪嫁”出口，于是，出现了“制造领导，服务跟随”的局面。

随着贸易壁垒的不断下降，服务贸易在全球范围内得到快速增长，在服务业带动下，国际直接投资迅速地得到扩大。在此背景下，服务贸易反过来成为制造产品出口的领路人，于是，出现了“服务领导，制造跟随”的格局。服务活动在国家间扩展，有利于服务创新在更为广泛的范围内快速传播，并由此带动整个制造业的全球化，因此，服务业和服务公司的全球化扩张必将成为未来经济发展的一个趋势。服务市场不再像以前那样局限于当地化或者扎根于一国之内，服务产品也必将日益国际化和标准化。这种趋势其实已经可以从航空服务、金融服务等行业中得到充分体现。比如，在老牌资本主义国家英国，尽管其市场高度发达，但到 19 世纪末，银行业仍然是一个高度的地方体系，不同地方分别被当地银行所控制，而现在，整个英国的银行业实际上几乎已经形成了互联网银行。②

正是在这种技术进步和范围扩展的条件下，服务业已成为由一种不同经济活动组成的多样化群组，并越来越呈现出“非中介服务”“虚拟化服务”的新特征。与此同时，在第三产业内部，无论是以金融、市场中介服务、房地产等为支柱的服务业，还是以专利、版权、商标和设计等为内核的文化创意产业，其快速发展都离不信息技术的运用。因此，服务业已日益成为智力密集型部门，处在价值链的高端，其高能量通常是超地域的辐射。

全球化视角　**服务型制造成为全球制造业发展新趋势**

全球经济正在从产品经济向服务经济过渡，传统的制造价值链不断扩展和延长，工业产品附加值构成中纯粹制造环节所占的比例越来越低，研发设计、物流配送、产品营销、电子商务、金融服务、战略咨询等专业化生产服务和中介服务所占的比例越来越高，这些都已经成为提高企业竞争力和经济效益的主导因素。

① 刘徐方. 现代服务业融合研究 [D]. 首都经济贸易大学，2010.

② 魏江，Mark Boden 等. 知识密集型服务业与创新 [M]. 北京：科学出版社，2004.

从生产型制造向服务型制造转变是当前制造业发展的一个基本趋势。它在微观层面上表现为企业从生产型企业向服务型企业转变，在中观层面上表现为从制造业城市向服务业城市转变，在宏观层面上表现为服务型经济的形成。

随着经济全球化的加剧，各国制造业产业分工逐步细化，跨区域的产业融合不断升级，制造与服务融合型企业迅速增加，服务型制造成为全球制造业发展的新趋势。当前全球制造业的服务化呈现出三种态势。

一是制造业企业的产业价值链逐步由以产品为中心向以提供服务为中心转变。越来越多的制造企业不再仅仅关注产品的生产，而是将注意力逐步转移到产品的开发、改进、销售、售后服务以及回收等领域。企业不再仅仅提供产品，而是以提供产品、服务、支持、自我服务和知识的“集合体”为最终目标。生产企业加速从生产型制造向服务型制造转变。这个转变的过程大致经历以下三个阶段：第一阶段是以制造业为中心的工业化时代，此时制造与服务相互独立，生产型服务只是企业的内部活动；第二阶段是以制造业为主伴有服务业的后工业化时代，此时制造与服务共生互动，生产型服务逐渐市场化；第三阶段是服务业为主伴有制造业的服务型经济时代，此时制造与服务渐次融合。据德勤公司研究报告《基于全球服务业和零件管理调研》表明，在其调查的80家制造业公司中，服务收入占总销售收入的平均值超过25%；有19%的制造业公司的服务收入超过总收入的50%。

二是制造企业提供的服务类型逐步多元化。根据对全球上市公司财务分析库(OSIRIS)中排名前50位的制造业企业的分析，可以将其提供的服务类型分为以下12种：(1)咨询服务；(2)设计和开发服务；(3)金融服务；(4)安装和实施服务；(5)租赁服务；(6)维护和支持服务；(7)外包服务和运营服务；(8)采购服务；(9)知识产权和房地产；(10)零售和分销服务；(11)系统和解决方案；(12)客运和货运服务。其中，最常见的服务产品包括设计和开发(21.92%)、系统和解决方案(15.70%)、零售和分销(12.18%)以及维护和支持(11.94%)服务。

三是制造业服务化的水平与地区经济的发展程度呈正向相关。调查公司AndyNeely对全球13000家制造业上市公司提供的服务进行了研究，结果表明，发达国家制造业服务化的水平明显高于正处在工业化进程中的国家。美国制造与服务融合型的企业占制造企业总数的58%，芬兰的这一比值为51%、马来西亚是45%、荷兰是40%、比利时是37%。中国制造业的服务化进程相对落后，具备服务型制造能力的企业仅占所有企业的2.2%。

第四节　服务创新与制造创新的相互影响

一、现代服务业对制造业发展与创新的促进作用

（一）现代服务业的内涵

现代服务业是在工业化比较发达的阶段产生的，是指工业产品的大规模消费阶段以后出现的快速增长的服务业。主要依托信息技术和现代化管理手段发展起来的信息和知识相对密集的服务业，包括信息、物流、金融、保险、会计咨询、法律服务、商务服务、科技服务和人才服务等。

美国学者马克卢普在《美国的知识生产与分配》一书中突出强调了现代服务业的知识性和信息服务性，并提出现代服务业具有的五大基本特征：

（1）现代性。主要是指在传统服务业基础上的现代化改造和提升，现代服务业采用了最新信息技术、现代化管理手段，知识和技能相对密集。

（2）先进性。包括理念上的先进性，管理上的先进性和手段上的先进性。如以人为本的理念，以客户为中心的理念；管理的制度化、程序化、人性化，数字化技术和信息网络技术的广泛应用。

（3）创新性。现代服务业正将前所未有的资源和信息用于拓展新的生产行业和经济领域，可以全面突破大规模和低成本的思维瓶颈，引入全新的“服务竞争”模式。

（4）技术、知识和人力资本密集性。随着产业间、产业内和产品价值链分工的细化，把传统上由企业内部组织进行的服务活动和环节外包出来，由拥有专门人才和专业技术的服务企业或机构应用专业知识和实践经验，为客户提供某一领域的专业服务，从而提高服务效率和服务质量，并有效降低交易成本。

（5）高附加值和集群性。现代服务业处于产品价值链的利润高端，在整个产品价值链中咨询、创意、研发、工业设计、销售、物流、售后服务等服务活动的价值含量日益增高。各类服务相互融合，产生集聚效应和规模效应，引起现代服务业的不断扩张，专业分工细化和高效益的协作。

（二）现代服务业对制造业作用的机理

现代服务业尤其是现代生产性服务业与制造业出现了一体化、融合化发展，它们之间共同构建起信息—知识—技术平台。在这个平台上，不同产业、不同厂家的不同产品或者某一职能可以由一家企业提供，并以现代服务业为中心将分工价值链的各个环节串联起来，出现了以“生产为中心”向以“服务为中心”的转型。制造业国际营销网络和生产网络的形成就是集聚营销人才，研发产品，整合资源，发挥专长，实现产业创新的过程。其产品的运输与储存、广告、保险、会计、法律服务等开发市场的过程都伴随着生产性服务，极大地提高了制造业的生产率，尤其是金融、物流等现代服务业与制造业的紧密结合构成了产业集群的服务支持体系，推动了制造业产业集群的健康发展。就业的增长，投资环境的优化，推动了制造业产业结构的优化升级，出

口竞争力的提高，经济的可持续发展。如图 10-6 所示，说明了现代服务业具有促进制造业发展创新和地区经济增长的作用。

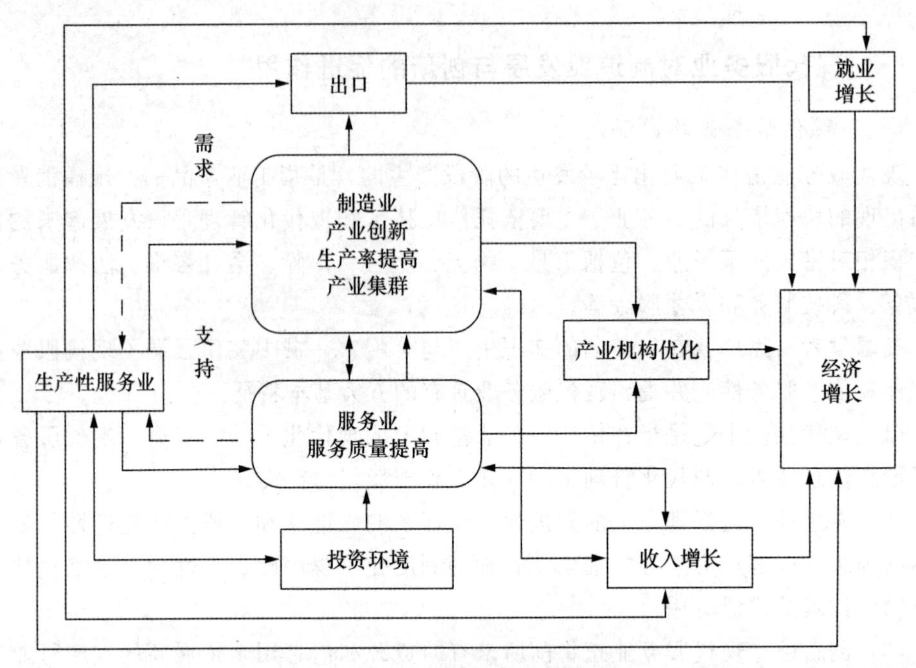

图 10-6 现代服务业促进制造业发展创新和地区经济增长

(三) 现代服务业为制造业创新提供服务支持

1. 专业的服务能够提高制造企业的财务管理水平，增加技术创新内源资金

通过专门的财会服务机构可以充分挖掘企业自有资金潜力，降低企业成本水平，是增加技术创新内源资金的重要手段。装备制造业企业作为国家的支柱企业更应该通过加强全方位的管理降低成本，增加利润，加强自身积累水平；采用先进的管理手段，有效控制原材料采购、产品销售费用，降低生产成本中制造成本的支出，实现企业价值最大化，增加资金积累；加强资本运营，通过兼并、控股、参股等形式进行资本运作，完成企业资产重组和资源整合，实现资本保值增值目标；采取有效的监管、激励措施，完善公司治理结构，降低委托代理成本，减少财务损失，提高资金利用效率。

2. 金融市场服务为制造业技术创新提供资金支持

在加强企业自身资金积累的基础上开发运用多种金融工具融资，合理安排权益资本和债务资本的比例。运用资本市场筹资不仅能为企业筹集大量资金，还能起到分散风险的作用。我国装备制造企业应立足于国内和国外两大资本市场，积极争取运用这一融资手段，通过上市来解决资金问题。适当采取发行特种债券方式募集资金，建立债券基金，灵活运用债券及其衍生工具，使企业既可扩大融资范围，多方吸引资金，增加融资量，又可降低融资成本，提升企业价值。建立良好的银企关系，吸引银行及非银行金融机构的资金，解决企业长期资金的不足，并可以运用杠杆作用得到较低成本的资本。

3．中介服务为制造业的技术创新注入风险投资等民间资本

装备制造业在技术创新的过程中完全可以通过中介机构等完成。吸引个人资本投资，通过金融机构融资可有效地吸引个人资本投入；努力争取民间团体、私人机构和海外捐赠、赞助。西方国家都有发达的R&D捐赠、赞助的民间团体与私人机构网络，发展风险投资，吸引民间风险投资机构的加入。

4．创新提供智力服务

现代服务业为装备制造业技术创新提供急需的智力服务。现代经济发展中，人力资本和知识资本在装备制造业中的作用日益突出，人力资本和知识资本进入生产过程是通过厂商使用人力资本和知识资本进行的。企业投资项目的可行性分析、资本运作和融资服务、保险服务、产品研发、产品设计、工程技术服务、产品市场推广、品牌推广、法律咨询、会计服务、信息技术服务、管理咨询等，这些智力服务进入企业生产过程，加快了装备制造企业技术创新的步伐和企业知识的进化，人力资本也越来越成为现代服务业发展的主导因素。现代生产性服务业内部的结构升级趋势体现为服务业随着知识的进化转向知识密集型产业，知识、技术含量高的现代服务业占据了主导地位，形成了现代生产性服务业与制造企业的创新循环体系，如图10-7所示，PS代表生产性服务业。

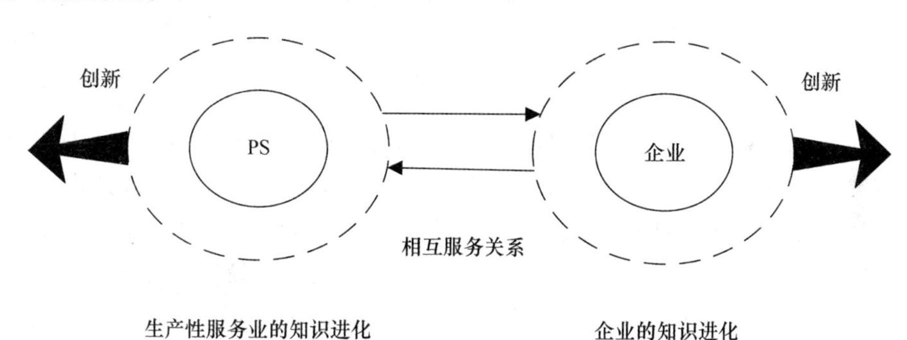

图10-7　现代生产性服务业与制造业的创新循环体系

二、社会分工的深化、制造业的升级推进了现代服务业的发展创新

（一）社会分工的深化为制造业的升级和发展提供了良好的机遇

分工是指人类社会经济领域中，为了进行合理的劳动而使劳动专业化的过程。而生产专业化的发展必然导致社会分工的不断深化，生产性服务业的出现就是社会分工深化的产物，其本身的发展也反过来进一步促进了社会分工的深化。在工业化之后，从产业间分工向产业内分工演进，而更多的是一种产品分工，即在同一产业内同一产品的不同生产阶段、生产环节的分工，其实质是生产布局的区位选择，既可以在一个国家不同企业间分工，也可以在国家之间进行。在出现了要素分工，即建立在产品价值链基础上的分工后，一件产品从其研发、创新、模块生产、组装到销售、售后服

务，经过了多个价值增值过程。现代生产性服务是制造业中间投入的重要组成部分，而且这种中间服务延伸到用户售后服务，极大地提高了制造业生产过程不同阶段的产出价值和运行效率，是有形产品创造差异化优势和增值的主要源泉。产品附加值“微笑曲线”则更形象地展示了现代生产性服务对打造制造业竞争优势的贡献，如图 10-8 所示。

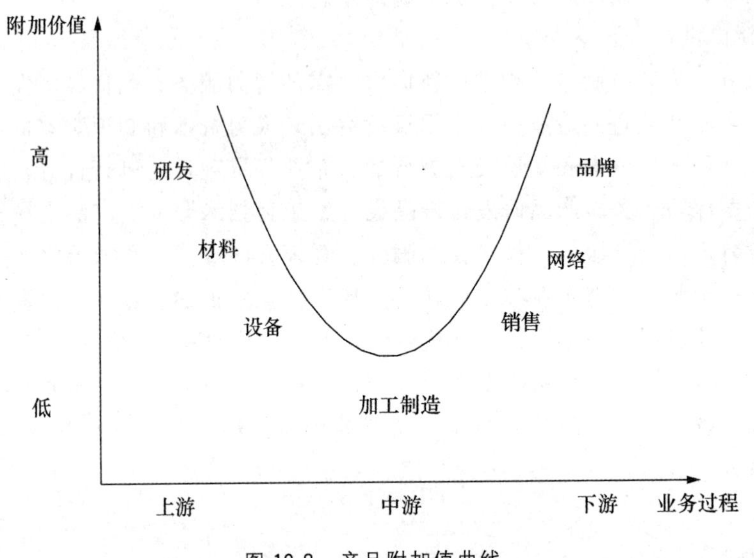

图 10-8 产品附加值曲线

产品内国际分工扩展了比较优势的范围。即使一国某些产品的生产不具有优势，但只要在这些产品的特定生产阶段上具有优势，就可以参与国际分工和贸易。从制造业的中间服务投入来看，我们可以将特定产品生产中相对无效率的环节转移出去，从国外进口高质量的中间服务投入，与此同时扩大自身具有比较优势环节的服务生产，提高生产效率。产品内国际分工还可以产生积极的技术外溢效果。进口的中间投入可能包含专业的技术知识和国外研发成果，高质量、多种类的中间服务产品应用到生产制造中，提高了生产效率，推动了制造业产业升级。对于发展中国家来说，这种技术扩散效应更为明显。

（二）制造业的服务化推动了现代服务业的发展创新

制造业的增长无论采取何种方式，都会遇到能源、原材料和环境资源供给约束的限制，产品内的国际分工，使制造业发展所遇到的能源、原材料瓶颈被技术、金融、物流在内的服务业所打破。现代经济出现了现代服务业主导制造业的发展态势，而且制造业的服务化趋势非常明显。表现在：一是制造业是为了提供某种服务而生产的，如新研发的装备制造产品都是为了提供一种新的服务功能；二是随着产品一同售出的还有知识和技术服务；三是服务引导着制造部门的技术变革和产品创新。

既然现代服务业成为新技术的重要促进者，现代服务业的发展越来越离不开自身的创新活动。现代服务业是新技术的最主要使用者，如研发和物流服务，又是新技术最主要的推广者，特别是从事技术服务和支持的服务业。现代服务业本身需要对新技术发展前沿有准确的把握，能够指引新技术的发展方向。服务业生产新的需求是现有技术研发的方向，是新技术追求的目标，对新技术的发展起到了重要的拉动作用。如现代物流业的发展就促进了多项技术之间的相互沟通和发展，直接融合了运输技术、仓储管理和信息技术多个领域。为了满足最终消费者的要求，流通服务商与生产制造商通过各种承诺、协议、契约进行多方位的整合而结成优势互补、资源利益共享、风险共担的松散型网络组织，即供应链动态联盟。在供应链动态联盟中，供应链上的流通企业和生产企业可以实现信息共享、基础设施共享，流通企业不仅建立了与生产制造企业的长期稳定关系，并且进一步参与到产品的设计和生产中，同时能保证规模经济的实现，获得低成本，又可以减少市场风险和交易成本。流通服务商也需要运用现代信息工具，使企业能方便快捷地进行信息的传输、存储、处理、分析、应用，企业信息化的发展有利于企业内外的信息交流。流通服务对生产制造过程的监控，可以通过创造需求、把握需求来控制生产制造商，从而实现规模经济和大规模定制，并满足消费者个性化需求。①

本章小结

1. 从历史的视角看，服务业与制造业的关系经历了泾渭分明、共生互动和渐次融合三个阶段，二者的关系由松散到密切。

2. 由工业化经济时代走向服务经济时代过程中经历了前工业化经济时代、后工业化经济时代、服务经济时代三个阶段。前工业化经济时代特征是以制造业为中心；后工业化经济时代特征是以制造业为主，伴有服务业发展的多元化经济；服务经济时代特征是以服务业为主，伴有制造业发展的多元化经济。在不同的时代，服务业与制造业有不同的互动传导机制。

3. 生产性服务（也称为生产者服务）指那些被其他商品和服务的生产者用作中间投入的服务，生产性服务业则指生产性服务企业的集合体。生产性服务业与制造业互动有外在互动机制和内在互动机制。外在互动机制主要有共生机制、竞争机制、协同机制和创新机制；内在互动机制主要有关联机制、价值增值机制、学习机制和融合机制。

4. 生产性服务业和制造业之间的关系正在变得越来越密切，二者主要是通过价值链环节上活动的相互渗透、延伸和重组，形成了互补型、延伸型和替代型的融合模式。制造业服务化和服务业制造化是生产性服务业与制造业融合发展两种主要表现形式。

---

① 本节主要参考郭振、李波的国家软科学研究计划项目“东北老工业基地技术创新体系实现模式研究”和黑龙江省自然科学基金项目“外包推动下的黑龙江老工业基地制造业自主成长战略研究”两个项目的研究成果。

5. 现代服务业是在工业化比较发达的阶段产生的，是指工业产品的大规模消费阶段以后出现的快速增长的服务业，主要依托信息技术和现代化管理手段发展起来的信息和知识相对密集的服务业，包括信息、物流、金融、保险、会计咨询、法律服务、商务服务、科技服务和人才服务等。现代服务业为制造业创新提供服务支持；社会分工的深化、制造业的升级推进了现代服务业的发展创新。

讨论题

1. 从历史的视角看，服务业与制造业的关系经历了哪几个阶段？每个阶段各有什么特点？

2. 由工业化经济时代走向服务经济时代过程中经历了哪些阶段？每个阶段具有什么特征？并说明在每一阶段服务业与制造业是怎么互动发展的？

3. 什么是生产性服务业？其与消费性服务业相比具有哪些特点？生产性服务业与制造业互动机制包括哪些，并具体阐述。

4. 生产性服务业与制造业是怎么融合的？融合模式有哪些？生产性服务业与制造业融合发展的主要表现形式有哪些？

5. 什么是现代服务业？现代服务业与制造业在创新过程中是怎么相互影响的？

参考文献

[1] 安筱鹏．服务型制造：制造业崛起的必由之路 [J]．中国电子报，2009.

[2] 安筱鹏．推动“两化融合”的战略举措：从“生产型制造”到“服务型制造” [J]．中国信息界，2009.

[3] 陈宪．服务业演进的历史与逻辑 [J]．解放日报，2005.

[4] 陈宪，黄建锋．分工、互动与融合：服务业与制造业关系演进的实证研究 [J]．当代中国：发展·安全·价值——第二届（2004 年度）上海市社会科学界学术年会文集，2004.

[5] 格鲁伯，沃克．服务业的增长：原因和影响 [M]．上海：上海三联书店，1993.

[6] 顾乃华，毕斗斗，任旺兵．生产性服务业与制造业互动发展：文献综述[J]．经济学家，2006.

[7] 郭振，李波．促进现代服务业与制造业的互动发展和创新 [J]．服务业发展与创新国际研讨会论文集，2007.

[8] 韩颖，魏颖晖，汤荻，乐嘉东．装备制造业技术创新过程有效融资的几点建议 [J]．技术经济，2005.

[9] 洪银兴．论加入 WTO 后我国现代服务业的发展 [J]．经济纵横，2002.

[10] 黄少军．服务业与经济增长 [M]．北京：经济科学出版社，2000.

[11] 霍景东，夏杰长．制造业与生产性服务业：分化、互动与融合的实证分析［J］．经济研究参考，2007.

[12] 梁光雁．现代制造业企业的服务创新研究［D］．东华大学，2010.

[13] 李江帆．第三产业经济学［M］．广州：广东人民出版社，1990.

[14] 李江帆．国外生产服务业研究述评［J］．外国经济与管理，2004.

[15] 李江帆．第三产业发展状况的评估依据与评价指标［J］．经济新论，1996.

[16] 李善同，陈波．世界服务业发展趋势［J］．经济研究参考，2002.

[17] 李秀珍．上海现代服务业集聚区演化发展与经济效应研究［D］．华东师范大学，2009.

[18] 李予阳．以需求为导向推动大型装备国产化［J］．经济日报，2007.

[19] 李正明．论生产性服务革命与制造业的关系和影响［J］．上海应用技术学院学报（自然科学版），2004.

[20] 刘美玲．论国家综合配套改革试验区中的现代物流业发展［D］．湘潭大学，2008.

[21] 刘明宇等．生产性服务价值链嵌入与制造业升级的协同演进关系研究［J］．中国工业经济，2010.

[22] 刘一琳．生产性服务业与制造业协同创新研究［D］．浙江大学，2008.

[23] 刘徐方．现代服务业融合研究［D］．首都经济贸易大学，2010.

[24] 吕政，刘勇，王钦．深度拓展价值链，推动制造业与生产性服务业互动发展［J］．中国工业报，2006.

[25] 吕政，刘勇，王钦．中国生产性服务业发展的战略选择——基于产业互动的研究视角［J］．中国工业经济，2006.

[26] 马健．产业融合理论研究评述［J］．经济学动态，2002.

[27] 聂清．生产者服务业与制造业关联效应研究［J］．国际商务研究，2006.

[28] 庞博慧．生产服务业与制造业互动机制研究［J］．经济研究，2011.

[29] 覃利春．服务业与制造业的互动机制研究［D］．上海社会科学院部门经济研究所，2007.

[30] 宋文玉．发展服务业与制造业良性互动的现代产业体系［J］．商业研究，2008.

[31] 孙衍林．制造业服务化的分析及对策［J］．江苏商论，2009.

[32] 谭仲池．现代服务业研究［M］．北京：中国经济出版社，2007.

[33] 魏江，Mark Boden 等．知识密集型服务业与创新［M］．北京：科学出版社，2004.

[34] 韦辉联．“两型”社会下长株潭城市群生产性服务业的发展研究［D］．中南大学，2009.

[35] 王玉玲．服务业与制造业关系研究［J］．中国特色社会主义研究，2007.

[36] 谢芳．论生产性服务业与制造业的互动发展——以浙江省为例［J］．第12

届中国科协年会第31分会场海峡两岸区域合作与协同发展论坛论文集，2010.

[37] 徐从才，原小能．流通组织创新与现代生产者服务业发展［J］．财贸经济，2008.

[38] 杨书群，冯勇进．生产性服务业——“中国制造”走向“中国创造”的必由之路［J］．工业技术经济，2010.

[39] 杨仁发，刘纯彬．生产性服务业与制造业融合背景的产业升级［J］．改革，2011.

[40] 于秀霞．生态关系视角下生产性服务业研究［D］．大连理工大学，2007.

[41] 张乐乐．知识密集型生产性服务业的集聚化发展及合作服务创新研究［D］. 重庆大学，2009.

[42] 张巧玲．江苏设计产业与制造业关系的实证研究［J］．南京航空航天大学，2010.

[43] 张德存．中国发展服务型制造业面临的问题与对策［J］．对外经贸实务，2010.

[44] 张晓林．基于价值链的服务企业理论与创新研究［D］．天津大学，2006.

[45] 赵群，张翔．经济全球化趋势下我国制造服务业的发展综述［J］．机械制造，2010.

[46] 郑吉昌．基于服务经济的服务业与制造业的关系［J］．数量经济技术经济研究，2003.

[47] 郑吉昌．服务业革命：对工业发展的影响与前景［J］．工业工程与管理，2004.

[48] 郑吉昌，服务业革命对制造业的影响［J］．商业时代，2003.

[49] 郑少甫．自主创新与我国经济发展［D］．首都师范大学，2008.

[50] 周向宇．生产服务业的发展与制造业产业结构的升级［D］．湘潭大学，2007.

[51] 周振华．现代服务业发展研究［M］．上海：上海社会科学院出版社，2005.

[52] 周振华．新产业分类内容产业、位置产业与物质产业——兼论上海新型产业体系的构建［J］．上海经济研究，2003.

[53] 朱胜勇．生产性服务业与制造业竞争优势研究［D］．暨南大学．2006.

[54] 加快发展现代服务业研究［J］．2007—2008中国生产力发展研究报告，2009.

[55] Coffer，J. The Geographies of Producer Services［J］. Urban Geography，2000.

[56] Dilek Cetindament Karaomerioglu and Bo Carlaaon. Manufacturing in Decline? A matter of Definition［J］. Economy，Innovation，New Technology，1999.

本章关键词中英文对照

生产性服务（业）Producer Services，PS
消费性服务（业）Consumer Services，CS
价值链 value chain
服务创新 service innovation
制造创新 manufacture innovation
现代服务业 modern service industry

第十一章

创新并购

章首案例

联想海外并购历程

1. 联想并购 IBM PC 业务

并购背景：IBM，又称国际商业机器公司，于1914年创立于美国，是世界上最大的信息技术和业务解决方案公司。目前拥有全球雇员30多万人，业务遍及160多个国家和地区。从20世纪90年代开始，IBM因为在个人电脑领域利润逐渐降低而开始转型为提供电脑服务的企业，因此IBM公司急需脱手其个人电脑品牌ThinkPad。根据IBM公司年报，2003年，IBM的个人电脑业务的销售总收入为956亿美元，毛利率虽然达到了25%，但是净利润却亏损了2.58亿美元。紧接着在2004年，IBM的业务盈利状况每况愈下，仅仅在上半年就亏损了1.39亿美元。据美国摩根士丹利估计，IBM公司PC业务的每股利润贡献率已经不足1%。所以，IBM公司PC业务已经成为利润增长的一个累赘。当时个人电脑市场的竞争方式开始以"低价"和"个人销售服务"为主，IBM在这些方面难以与惠普和戴尔这两个更加擅长个人电脑销售的公司相竞争，因此剥离个人电脑业务无疑成为IBM公司解决这个问题的最佳手段。

与之相较，联想集团也在面临着新一轮的转型。新世纪以来，由于全球IT市场的过饱和以及互联网泡沫破裂的影响，中国IT市场的增长逐渐放缓。同时，由于联想集团在香港市场的饱和，联想集团需要扩大市场寻求新出路。2001年，联想集团决定从一个单纯的个人电脑硬件生产厂商转变为全方位IT服务提供商，进行战略转型，力图在三年内成为一个IT领域多元化技术领先的国际大型公司。随后，联想集团进行了一系列的重组整合，注资整合了一系列手机业务、信息技术业务等公司，但是联想当时的重组整合并没取得良好的效果，企业利润主要来源仍然是PC业务，所以联想集团决定将多元化战略转回专业化战略，将专注于个人电脑业务。然而，国内个人电脑领域内竞争激烈，联想集团在2001年国内个人电脑市场份额已达30%，并且停滞不前，国内市场的过饱和使得联想集团将目光转向国际市场。但是依靠自己的品牌在国际中打开市场还是有一定的难度，并且竞争对手又多是惠普、戴尔等当时正处于繁荣期的国际大公司，跨国并购成为联想集团在短时间内登上国际舞台打开国际市场最可能的手段。

并购过程：2004 年 12 月 8 日，联想集团发布公告称已与 IBM 公司签署收购协议。根据协议，双方同意联想集团以现金和股票的方式收购其旗下个人计算机业务，包括 IBM 个人计算机业务的相关资产和此业务承担的相关债务。其中 IBM 的个人电脑业务不仅包括台式计算机和笔记本计算机，同时还包括 PC 业务相关的研发中心、生产设施、全球经销网络和服务中心。此次并购，联想集团的并购总成本为 12.5 亿美元，其中联想集团须以现金形式支付 IBM 公司价值为 6.5 亿美元，余下的成本，联想集团通过向 IBM 公司发行总价值为 6 亿美元的新股和无投票权普通股来支付。

交易结果：联想集团将在全球范围内与 IBM 公司在 PC 销售与服务、客户融资等领域达成长期战略联盟。同时，IBM 集团也入股联想。联想集团在并购前的股权配置为：联想控股占 57%股份，其余 43%股份为公众持有。并购后，联想控股所占份额降为 45.9%，在资本市场流通的股权份额降为 35.2%，IBM 公司拥有联想集团 18.9%股份，其中，8.9%是有投票权股份，10.0%是无投票权股份。这次并购没有改变联想控股对联想集团的控制权。联想集团将总部搬至纽约，并且接纳 IBM PC 业务相关工作人员 9500 名。

2. 联想与 NEC 成立个人电脑合营公司

并购背景：NEC，即日本电器股份有限公司，是一家跨国信息技术公司，主营业务是商业企业、通信服务以及政府提供信息技术（IT）和网络产品，同时 NEC 也是日本国内最大的计算机生产厂商。根据美国市场调查公司 IDC 分析报告称，2009 年 NEC 在日本国内的市场份额为 18%，位列首位，但是 NEC 在国际市场的份额只有 0.9%。相比较而言，在日本国内市场份额只有 11.2%的东芝集团，所占据的国际市场份额则有 5.2%；日本国内市场份额仅为 6.1%的索尼，国际市场份额为 2.2%，都远远高于 NEC 的国际市场份额。同时受到 2008 年金融危机的影响，全球 PC 业务都受到打击，日本国内的 PC 市场业务也不例外，NEC 发展遭遇瓶颈，业务领域需要新的突破。与此同时，联想集团在 2008 年遭受亏损，PC 市场萎缩情况下发展也遭遇瓶颈，尤其在日本市场领域一直未有太大突破，2009 年联想集团日本市场份额仅为 4.9%。而日本市场公认的一个显著的特征就是封闭和排外，2009 年日本 PC 市场上本土品牌市场份额达到 53.9%。联想集团若是想要在日本打开新的市场，与日本本土品牌的合作无疑是很好的方式。

交易过程：2011 年 1 月 27 日，联想集团发布公告称已与 NEC 签署合并协议，拥有并经营彼此在日本的个人电脑业务。根据协议，联想集团的全资附属子公司 Lenovo BV 将在日本注册成立合营公司——NEC 联想日本集团，联想集团和 NEC 将各自现有的 PC 业务转入合营公司，联想集团持有合营公司 51%股份，NEC 持有 49%股份。此次交易成本为 1.75 亿美元，联想集团通过向 NEC 发行股份支付，同时与NEC签订对赌协议，若是合营公司在2011财年至2016财年期间达到约定的财务里程碑，NEC有权向联想集团收取最高为5000万美元的现金花红。

交易结果：日本是全球第三大PC市场，成立合营公司，使得联想集团在日本市场份额占有率排名第一。同时双方各自保留联想品牌和NEC品牌，双方产品通过各自的销售渠道进行销售。

3. 收购德国个人消费电子企业Medion

并购背景：Medion是一家德国消费性电子公司，其销售领域主要在欧洲，主营产品为电脑、电冰箱等家电产品和健身器材。Medion年市场销售额达20亿美元，并在欧洲尤其是西欧拥有一定的影响力，但是其在采购成本和生产上没有规模优势，被联想集团并购会降低Medion的成本，同时在移动互联网方面，Medion运营一个虚拟的网络业务，并向消费者提供移动互联网终端和虚拟数据业务。Medion的相关经验对于联想集团的移动互联网战略也将有很大的促进，联想集团也可以借此进一步打开欧洲市场，增加全球市场份额中欧洲市场尤其是西欧市场的比重。

交易过程：2011年6月1日，联想集团发布公告：宣布收购德国个人消费电子企业Medion，希望通过这笔收购占据德国PC市场14%份额，以及西欧PC市场7.5%份额。根据公告，交易前，联想集团按照每股13欧元的价格收购了Medion公司股东持有股份，最终联想集团占有已发行总股份的36.66%。同时，联想还与卖方签署股东协议及期权协议重要条款，以使得联想能够后续顺利增持Medion股份及联想集团对Medion公司的业务整合。至2011年7月29日交割时，联想集团拥有Medion已发行股本约51.89%。本次交易，联想集团需支付现金为2.31亿欧元。

交易结果：交易完成后，Medion和联想将继续保留各自的产品品牌，并通过各自相应的现有渠道进行销售和提供支持。

4. 联想收购美国Stoneware公司

随着移动互联及云计算等新兴领域的飞速发展，以及传统的消费及商用个人计算机领域竞争的日益加剧，全球个人计算机行业进入前所未有的转型阶段。联想集团在取得全球PC业务领军地位的基础上，也面临着转型，拓展扩大了平板电脑、智能手机、云端服务等业务的发展，进一步奠定了联想集团多元化发展的战略。在此背景下，联想集团先是在2012年8月与全球信息储存领导企业EMC建立起长期战略合作。随后2012年9月，联想宣布收购美国的Stoneware公司，以加强和扩展联想云计算解决方案业务。Stoneware是美国一家软件公司，主要为公共和教育领域提供云计算产品。Stoneware是联想集团收购的第一家软件公司，本次收购将为联想带来重要的新技术，加速提升联想提供商业和消费云产品的能力，尤其是向教育和政府机构的各类设备提供安全云内容的能力。但是此次收购，联想并没有对外公告，因此并购成本和相关细节都不得而知。这次海外并购事件的意义更多是表明了联想在企业发展战略方面有意拓展云计算业务。

5. 联想收购巴西电子生产商CCE

并购背景：CCE是巴西电子制造厂商，主要制造个人电脑和消费电子产品等，拥有近50多年的历史，在巴西是广受认知的品牌。联想并购CCE之前，巴西PC市场份额占有最大的两个品牌是惠普和宏碁，联想集团在巴西市场的份额较低，仅排名第七，CCE在巴西PC市场份额排名第六。根据IDC全球市场统计报告，2012年巴西个人电脑市场已经超越日本个人电脑市场成为全球第三大个人电脑市场，巴西个人电脑市场广阔，但是巴西市场的高关税壁垒使得联想在巴西的市场开拓难有进展，若联想收购CCE，联想在巴西市场份额将上升至第三，仅次于惠普和宏碁。

交易过程：2012年9月5日，联想集团发布公告宣布收购巴西个人电脑和消费电子行业的重要企业CCE公司。联想集团须为此次交易支付CCE股东约3亿巴西雷亚尔，约合11亿港元，其中以现金支付约2亿巴西雷亚尔，约合7.8亿港元，其余以股份方式支付。

交易结果：收购完成后，联想集团将持有CCE 100%股权。同时联想拥有CCE在巴西的生产制造基地和销售渠道网络，帮助联想集团加速本地化进程，提高在南美市场的份额。

6. 联想收购IBM x86服务器业务

并购背景：根据IBM公司2013年第四季度财报显示，IBM硬件业务销售额急剧下滑，从2012年的43亿美元跌至2013年的2亿美元，虽然IBM新型业务营收在不断上涨，但是无法抵消传统硬件业务的萎缩，去硬件化成为IBM新型战略布局的方向。其中x86服务器业务近年呈现出了亏损状态，成了IBM公司盈利上的累赘。IBM x86服务器业务与当年出售给联想集团的PC业务类似，IBM再一次出现了想剥离亏损业务的想法。与此同时，全球PC市场萎缩，虽然联想PC出货量连续多个季度排名第一，但是全球PC出货总量却在逐年下滑，联想需要在新的业务领域打造新型支柱性业务。服务器领域中，国内市场一直被惠普、戴尔和IBM垄断，本土服务器制造商一直无法在市场中占有优势。联想集团在寻求多元化战略转型中，企业级业务也一直是其重点打造对象，其中服务器业务具有很大的开发潜力。

交易过程：2014年1月23日，联想发布公告宣称已经与IBM就相关x86服务器业务收购事项达成协议。根据协议，此次收购联想集团应付代价为23亿美元，其中须以现金支付的代价为20.7亿美元，其余由等价股份进行支付。随后在2014年7月和2014年8月，中国商务部反垄断局和美国外国投资委员会均同意了此项交易。2015年4月1日，联想宣布此次收购业务首次完成。

并购结果：此次收购完成后，x86服务器业务全球团队将并入联想企业级业务集团，包括x86服务器业务的高层和主管，将加盟联想继续带领该业务。

7. 联想集团收购谷歌旗下的摩托罗拉移动智能手机业务

并购背景：谷歌在2012年宣布收购摩托罗拉，然而在收购之后摩托罗拉的盈利状况并未好转，在被谷歌再次出售移动业务之前，摩托罗拉已经亏损超过10亿美元，其中仅2012年前三季度就亏损达8亿多美元。同时，因为谷歌作为安卓系统的开发者，在收购摩托罗拉业务之前，许多依附安卓系统的手机厂商和谷歌之间是纯粹的合作关系，然而在收购了同样依附安卓系统的摩托罗拉之后，无形中将之前的合作关系演变成了竞争关系，进而很多手机厂商宣布“去安卓化”，纷纷开始研发自己的手机系统，谷歌公司客户流失潜在风险加大，加之各种管理上的分歧，摩托罗拉移动越发成为谷歌公司的一个巨大的甩不掉的包袱。

联想手机业务和个人电脑业务是联想早期最主要的两个业务领域，但是联想手机业务相比PC业务，在营收和创利能力方面就弱势很多。近年，PC市场萎缩，智能手机市场开始崛起。但是联想在国内的手机市场不占有优势，相对于联想在PC市场上的龙头地位，手机市场上联想面临着苹果、三星、华为、小米等品牌的竞争。

并购过程：2014年1月30日，联想发布公告宣称将收购谷歌旗下摩托罗拉移动智能手机业务，收购内容包括摩托罗拉品牌和商标，摩托罗拉移动3500名员工及2000多项专利，同时联想也将拥有摩托罗拉与全球50多家运营商的合作伙伴。此次收购，联想需支付代价为29.1亿美元，其中以现金方式支付6.6亿美元，于2014年10月30日，即交割日支付给谷歌；以股份支付方式支付7.5亿美元；剩余15亿美元作为递延代价，联想将在交割日向谷歌发行承兑票据，承诺在交割日满三周年之日，以现金形式支付给谷歌。同时，因为摩托罗拉在转让交割时，在估值外还存有额外现金净额和营运资金，联想还需向谷歌支付约2.28亿美元现金补偿。

交易结果：联想此次并购同2004年并购IBM个人计算机业务类似，摩托罗拉与当年ThinkPad品牌类似，都在拥有强大的品牌知名度和影响力后处于亏损状态下被出售。联想在拥有摩托罗拉品牌后国内市场份额跃居前列。在并购摩托罗拉完成后，联想的四个独立的业务集团——PC业务集团、移动业务集团、企业级业务集团、云服务业务集团正式形成。

总结联想在2004年至2014年这十年间，持续进行的至少7次成功的海外并购可以看出，联想集团利用并购方式迅速实现自身的国际化扩张。联想利用自己对各业务领域深刻的理解和清晰的战略，针对进入不同市场、发展不同业务能力的需要，寻找到最优合作伙伴，依靠自身多变的并购政策、丰富的并购经验、强大的并购整合能力，确保每次并购的成功。联想在每次海外并购的目标选择上主要考虑的因素有三点：(1) 目标企业的业务所处市场是否足够大及有足够的吸引力；(2) 目标企业的业务与联想已经拥有的关键资源能力和竞争优势是否相吻合；(3) 联想是否有足够的资源和能力通过协同效应的实践方式和步骤来弥补不足与短板。

资料来源：马星迪．基于联想持续并购案并购绩效的分析探究［D］．首都经济贸易大学，2016.

1. 自联想创立以来并购过很多海外企业，联想是出于什么目的进行并购？

2. 联想的并购能给予联想什么增益，对于联想的创新和企业发展又有什么影响？

3. 每一次并购都是一次重要的选择，那么联想是如何选择和辨别并购目标的？

4. 联想的海外并购历程对于我国企业在国内外的并购有什么启发？

第一节 创新并购

一、并购的概念

并购（Mergers & Acquisitions，M&A）指企业间的兼并（merger）和收购（acquisitions），这两者在概念上既有密切的联系又有各自的特点，一般连在一起使用，简称并购。并购的内涵和外延，随着收购方式和金融衍生工具的不断创新，也在不断地扩展。威斯通①等更是广泛地将兼并、收购、资产剥离、联盟、联营企业、重组、少数股权投资、特许经营以及跨国经营等都包括在并购活动的范围内。

兼并（merger）是指物体之间或权利之间的融合或相互吸收，通常融合或相互吸收的一方在价值或者重要性上要弱于另一方，融合或相互吸收之后较不重要的一方不再独立存在。兼并是指一个公司接纳其他公司（目标企业），目标企业解散，接纳方继续存在（称为续存企业）。② 续存企业保留其名称及独立性并获取前者的财产、责任和权利，而目标企业不再保留法人地位，我国《公司法》将其定义为吸收合并。

收购（acquisition）是指一家公司购买另一家公司的大部分资产或股权，以获得公司的控股权，③ 其目的通常是对被收购公司进行资产、业务等重组。收购可以分成资产收购和股份（股权）收购两种方式。资产收购是指收购方收购目标企业的全部或者部分资产；股份收购是指收购方收购目标企业股东的全部或者部分股权，使目标企业成为其全资子公司或控股子公司。如果收购方是被收购公司的管理人员，则为管理层收购（Management Buyout，MBO）。

兼并和收购之间的主要区别在于，兼并是一家企业与其他企业合为一体，而收购则是一方相对于另一方居于控制地位。在实际运用过程中，兼并和收购往往交织在一

① J. 弗雷德·威斯通，S. 郑光，苏珊·E. 侯格. 兼并、重组与公司控制［M］. 唐旭等，译. 北京：经济科学出版社，1999.

② 哈罗德·德姆塞茨. 所有权、控制与企业［M］. 段毅才，译. 北京：经济科学出版社，1999.

③ J. 弗雷德·威斯通，马克·L. 米切尔，J. 哈罗德·马尔赫. 接管、重组与公司治理［M］. 大连：东北财经大学出版社，2000.

起，很难严格区分开，因此学术界和实业界都习惯将两者合在一起使用，即“并购”。“并购”一词使兼并和收购的法律意义和经济意义结合起来，即企业为获取目标企业的控制权（全部或部分），而运用自身可控制的资产（现金、证券及实物资产）去购买目标企业的控制权（股权或实物资产），并因此使目标企业法人地位消失或引起控制权改变的行为。也可以表述为，在市场机制作用下，企业为了获得其他企业的控制权而进行的产权交易活动。①

国际化视角 ▶ **兼并的概念**

根据《大不列颠百科全书》，“兼并”（merge）一词的解释是：“指两家或更多的独立的企业、公司合并成一家企业，通常由一家占优势的企业吸收一家或更多的公司”。

《大美百科全书》也对“兼并”一词作了界定：“Merge 在法律上，指两个或两个以上的企业组织组合为一个企业组织，一个厂商继续存在，其他厂商丧失其独立身份。惟有剩下的厂商保留其原有名称和章程，并取得其他厂商的资产，这种企业融合的方法与合并（Consolidation）不同，后者是组成一个全新的组织，此时所有参与合并的厂商皆丧失其原来的身份。”

《国际社会科学百科全书》则做了比较简单的定义：“兼并是指两家或更多的不同的独立的企业合并为一家。这种合并可以采取多种形式。最典型的一种是一家企业用现金、股份或负债方式来直接购买另一家企业的资产。”

本土化视角 ▶ **合并的概念**

摘自我国《公司法》第九章“公司合并、分立、增资、减资”：

第一百七十二条　公司合并可以采取吸收合并或者新设合并。

一个公司吸收其他公司为吸收合并，被吸收的公司解散。两个以上公司合并设立一个新的公司为新设合并，合并各方解散。

第一百七十三条　公司合并，应当由合并各方签订合并协议，并编制资产负债表及财产清单。公司应当自作出合并决议之日起十日内通知债权人，并于三十日内在报纸上公告。债权人自接到通知书之日起三十日内，未接到通知书的自公告之日起四十五日内，可以要求公司清偿债务或者提供相应的担保。

第一百七十四条　公司合并时，合并各方的债权、债务，应当由合并后存续的公司或者新设的公司承继。

---

① 〔美〕亚历山德拉·里德·拉杰科斯. 并购艺术整合［M］. 丁慧平，孙先锦，译. 北京：中国财政经济出版社，2001.

国际化视角　百度并购历史

2004年，百度宣称以5000万元收购国内最大网站http：//Hao123.com，实际收购金额仅为1000万元。

2006年5月，百度收购天空软件，开出的3000万元则是真金实银。

2006年7月，百度收购了千千静听。千千静听是一款音乐下载软件，百度希望以此提高终端用户桌面占有率。

2009年10月，百度全资收购了点讯输入法的开发公司，并将点讯输入法更名为“百度输入法”。

2011年8月，百度收购番薯网40%股份，与中搜在线并列成为最大机构股东。此举有助于百度文库业务获得更为优质的版权资源和较为成熟的电子商务平台支持，加强文库业务的变现能力。

2010年10月，百度联手乐天推出乐酷天；此站于2012年4月20日，宣布关闭，百度B2C布局失败。

2011年6月，继百度巨资投资线下品牌百丽后，百度与百丽将合资建立B2C品牌，主营鞋帽与服装，并邀请原京东副总裁徐雷加盟出任高管之一。

2011年9月，百度人才获得百度的1亿元投资，随之改名为“百伯网”。11月，百伯得母公司第二笔亿元投资，不过该网站已经半死不活。

另外，百度通过Baidu Netcom持有北京莱富特佰网络科技股份有限公司29%的股权；通过Beijing Perusal持有Beijing Paibo Times Technology Co. 41.2%的股权；通过Baidu HK持有乐酷天49%的股权；通过Baidu Netcom持有Chongqing Rongdu Technology Co. 40%的股权；通过Baidu Netcom持有Henan Feidian Network Technology Co. 40%的股权。

2011年11月，百度收购创新工场旗下图片工具魔图精灵和photosola。目前，魔图精灵已更名为“百度魔图”。

2012年初，百度低调收购国内安全公司“超级巡警”。

2012年11月，百度战略投资刷机工具卓大师，投资金额接近5000万元。

2012年11月，百度收购影视剧搜索及推荐服务“今晚看啥”的团队。

2013年2月，百度收购创新工场旗下手机OS项目点心（目的是安卓优化大师，同一团队现已推出百度手机卫士）。

2013年5月，百度以3.5亿美元收购PPS视频业务，并将PPS视频业务与爱奇艺进行合并。

2013年7月，百度宣布，将出资19亿美元收购91无线已发行的全部股本。

2013年11月，百度表示战略投资百分之百数码科技公司，投资金额约为数千万人民币，意在通过加强百度云智能终端平台与硬件厂商和B2B渠道的深度结合，发挥百度云的技术优势及百分之百的硬件及渠道优势，完善移动云生态。

2013年12月，百度以1.9亿元收购纵横中文网，欲布局网络文学，此次合作也有助于完美世界进一步专注于其核心网络游戏研发和运营业务。

2014年1月，百度宣布收购人人所持的全部糯米网股份，交易完成后百度将成为糯米网的单一全资大股东。

2014年8月，百度以3000万元全资收购传课网，主要看好传课网的K12教育内容和在线教育技术优势。

2014年10月，百度全资收购巴西最大团购网站Peixe Urbano，希望借此正式进入巴西市场，将巴西打造成其快速增长的优先市场。

2015年6月，百度全资收购日本PopIn，望借助百度能将PopIn的广告相关业务与技术带到中国与全球市场中。

二、创新并购的概念

创新型并购（innovation-targeted acquisitions）的出发点是为了获得正在开发中的新产品，或获得新技术和新的生产技能，运用到收购企业的新产品开发过程中。①

创新并购（innovation acquisitions），即创新型并购，定义为企业并购是为了获得新的技术、技术能力运用于新产品的开发中或直接获取新产品和新的组织形式。即创新型并购的目的是为了获得新技术进入新领域，或实现技术升级、技术完善和技术互补。可以认为创新并购是一种战略型的并购，是企业达到某种战略的有效手段。它的特点是有着强烈的创新性并以此获得目标企业技术或市场快速、优质的成长力。②

三、创新并购的分类

无论是以创新为目的，或者是以扩张规模为目的的企业并购，本质上都是在市场经济条件下企业通过产权交易获得其他企业的产权，并以控制其他企业为目的的经济行为。这种并购按照不同的分类标准，可以分为不同的形式。我们可以认为，当公司增长呈线性趋势时，公司的战略性发展有3个方向，即水平方向、垂直方向和斜线方向（diagonal）：③

（1）水平并购，也叫横向并购，即竞争对手间的合并，④ 并购企业和目标企业属于同一行业，生产同类产品，具有较高的产品和市场相关性。⑤ 它表现为资本在同一

---

① Hayward, M. Second-Order Loose Coupling and the Performance of Integrating Acquired Entrepreneurial Technology Projects. Working Paper, University of Texas at Austin. 2003: 62—89.

② 钱丽丽. 浙江民营企业创新型并购研究［D］. 浙江工商大学，2007.

③ 杨洁. 企业并购整合研究［M］. 北京：经济管理出版社，2005.

④ 吴晓求. 公司并购原理［M］. 北京：中国人民大学出版社，2002.

⑤ Hagedoom, J. and G. Duyster. Measuring Innovative Performance: Is There an Advantage in Using Multiple Indicators?［J］. Research Policy, 2002, 32 (8): 1364—1379.

生产部门或销售领域的集中，资本存量[①]由于企业利润率差异而被集中到资本边际效率[②]更高的企业，这是替代企业在同一产业内部的竞争引起的资本存量在不同企业间的重新组合，是扩大并购企业份额、提高行业集中度的基本方式。由于并购对象是生产同类产品的企业，所以可以实现企业实力增强的愿望，使产业结构更趋合理．在更大范围内实现专业化分工协作，采用先进技术设备和工艺；可以使企业统一技术标准，加强技术管理和进行技术改造；可以使企业增加品种，提高质量和扩大批量，降低单位产品成本，实现规模经济效益，从而增强产品的市场竞争能力。这种并购特别适合企业偏小、产品生产能力分散的行业。从我国来看，那些市场集中度低、存在过度竞争的产业适宜采用这种方式。

（2）垂直并购，也叫纵向并购，即供应商或客户的并购。并购发生在原料生产、供应和加工及销售上有密切关联关系、买卖关系，分处于生产和流通过程的不同阶段的企业之间的并购，即当前存在或潜在买卖关系的企业，从而获得更强的市场支配力。[③] 从并购方向来看，垂直并购又有前向并购和后向并购之分。前向并购是指并购生产流程前一阶段的企业，如纺织厂并购服装厂；后向并购是指并购生产流程后一阶段的企业，如钢铁厂并购矿山。并购的目的是为了提高经济协作效应，控制该行业生产经销的全过程，从而获得一体化效益。这种并购，一方面通过连续化生产大大提高生产效率，节约通用设备、仓储、资源、能源和运输费用；另一方面将市场内部化，将原来的市场买卖关系转化为企业内部供求调拨关系，可以节省交易费用。它表明资本的跨部门集中，资本存量受部门利润率差异吸引和排斥，流向资本边际效益更高的产业部门，这是互补企业在不同产业之间的竞争所引起的资本存量的重新组合，是产业结构适应需求结构的基本形式。

（3）斜向并购，一般称为混合并购。即并购双方或多方是属于没有关联产业的企业间并购，并购的宗旨在于改善和优化自身的产业结构，积极参与和尽力控制企业可占领的市场。它不是以加固企业在原有行业的地位为目的，而是以扩大企业可涉足的行业领域为目的。混合并购中又分为三种形式：[④] ① 产品扩张型并购。即一定企业以原有产品和市场为基础，通过并购其他企业进入相关产业的经营领域，达到扩大经营范围、增强企业实力的目的。② 市场扩张型并购。即一个企业为扩大其竞争地盘而对它尚未渗透的地区生产同类产品的企业进行并购，它是扩大市场规模、提高市场占有率的主要手段。③ 纯粹混合并购。即生产经营活动彼此之间毫无联系的产品或服务的企业间的并购。由于不同行业、不同产品的生命周期不同，企业利用多角化经营，实

---

① 从企业资本经营角度看，资本存量是指企业现存的全部资本资源，它通常可反映企业现有生产经营规模和技术水平。

② 边际效益就是你每得到一件物品给你带来的新增加效益，随着你拥有该物品的增多，你得到的边际效益便递减。

③ Harris，C. and J. Vickers：Racing with Uncertainty ［J］. The Review of Economic Studies，54 (1)：1—21.

④ 杨洁．企业并购整合研究［M］．北京：经济管理出版社，2005.

现跨行业的多种产品组合，能降低经营风险，使企业获得稳定的经营利润。混合并购的效益主要来自两个方面：一是企业资源的充分利用；二是经营风险的分散化。在混合并购中主要利用了经营管理以及由经营管理形成的无形资产。当一个企业跨入新的经营领域时，其自身的优势就是先进的经营管理经验，也只有通过充分利用本企业的剩余管理资源，才能使并购后企业所支配的资源得到更充分的利用。

国际化视角 ▶ **LED 产业并购案例**

2016 年 3 月 31 日，由金沙江 GO Scale Capital（金沙江创业投资与橡树投资伙伴联合组成的基金）牵头，亚太资源开发投资有限公司和南昌工业控股集团有限公司等中资、外资财团的鼎力支持下的并购基金日前宣布成功收购荷兰皇家飞利浦公司旗下 Lumileds 80.1%的股份，飞利浦公司将保留剩余的 19.9%的股份。飞利浦 Lumileds 目前包括 LED 与汽车照明事业部。此次交易价值约 33 亿美元，预计将于 2015 年第三季度获得监管部门批准等交易条件后完成。

此次交易后，新公司将由 Lumileds LED 现任首席执行官 Pierre-Yves Lesaicherre 执掌。飞利浦仍将是 Lumileds 的重要客户并将继续保持与 Lumileds 在研发与供应上的合作关系。此次交易还包括飞利浦公司转移 600 余项有关 LED 生产与汽车照明的专利至 Lumileds。

此次收购是一场 LED 照明产业的跨国资源整合。通过合作，飞利浦不但可实现技术和资本两轨驱动，还可以加快在中国 LED 产业的布局，以及提升技术研发能力。这对中国 LED 照明产业而言是一个难得的机遇，可借助该平台加速中国 LED 照明产业的国际化，以及提升产业的技术及制造能力。

第二节　创新并购动因

一、并购动因

（一）内在动因

1. 规模经济

公司并购可以扩大企业生产经营的规模，从而获得规模经济效益。规模经济(economy of scale)，是指由于企业生产和经营规模扩大而引起企业投资和经营成本降低从而获得较多利润的现象，即产品的单位成本随着企业规模的提高而逐渐降低。

当企业的投入产出在适度的规模以内，企业的效益最大，此时企业能更好地利用一些先进技术设备进行专业化生产和分工，提高投入产出率，降低生产成本，获得规模收益，从而在竞争中处于有利的地位。在市场竞争中，许多企业纷纷进行资本积累来扩大企业规模。但是企业的资本积累会受到很多限制，而并购加速了个别资本的增大过程，使单个资本很快满足了最佳企业规模对资本扩张的要求，获取了更好的规模收益。因此，企业并购是企业最佳规模形成的重要机制。

2. 交易费用

交易费用学说认为，创建和扩张公司成为有利可图之事的主要原因在于存在着利用价格机制的成本。由于市场中存在机会主义和不确定性，企业在生产经营中存在相当大的交易风险，降低这种交易风险的其中一种办法即纵向并购形成纵向一体化，使市场交易风险和投资机会内部化，从而避免投资与连续性决策二者之间的冲突，可以相应地降低交易成本。①

交易费用的节约是企业兼并收购产生的一种重要原因，而企业兼并收购的结果又直接带来了交易费用的节约。在市场经济中，企业不仅仅是商品的生产单位，而且还需要在生产前后进行大量的交易活动。这些交易活动连接生产和消费的纽带，本身包括着风险责任，必须对此交付一定费用，企业通过并购可以导致企业组织结构和规模结构的变化，进而改变交易费用的支付量，使原有企业市场交易“内部化”，将兼并前供、产、销不稳定的市场关系变为相对稳定的内部分配关系，从而可以降低因市场交易的不确定性而形成的风险费用。

3. 管理经验与资本

管理经验是指在企业内部通过以往成功实践的总结而获得的员工技巧和能力以及效率上的提高，包括两方面的内容：单个员工经验的积累和生产效率的提高——团队效应。团队生产的总产量大于团体中的成员单独生产的总产量，即团队生产具有协同效应。管理经验可划分为三种类型：“泛管理经验”、行业特有的管理经验和生产技术经验。这三个方面有机地结合在一起的管理经验很难通过劳动力市场自由地转移到其他企业中去，公司并购则是实现这种转移的有效途径。

管理资本是指企业所特有的信息资产。信息资产具有整体性，它由各种信息综合而成，一旦被分割，其价值则可能为零。它表现为由特有信息所产生的团队效应。只有整体转移时，团队效应才会扩展到其他企业中并提高效率。这种“整体性”是企业并购的基础。虽然为了适应被收购或被合并企业的新环境要重新获得其他类型的管理资本，但在并购中，管理资本中协同效应的部分将会保留下来。所以，对于管理资本，企业间的并购要比个别管理人员的流动更有效率。

4. 协同效应

协同效应，是指并购后公司的总体效益大于并购前两个企业的效益之和。协同效应可分为管理协同效应和财务协同效应，一般与横向并购或混合并购有关。

管理协同效应主要指并购给企业管理活动在效率方面带来的变化及效率的提高所产生的效益，可以认为是合并后管理能力在企业间的有效转移。并购产生的管理协同效应，可以节省管理费用，会提高企业的运营效率，充分利用过剩的管理资源。

财务协同效应是指在企业并购发生后通过将收购企业的低资本的内部资金投资于

① Ronald H. Coase. The Nature of the Firm. Economics，1937.

被收购企业的高效益项目上，从而使并购后的企业资金使用效益更为提高。并购产生的财务协同效应，可以使企业内部现金流入更为充足，在时间分布上更为合理；经营多样化为企业提供了丰富的投资方案，企业内部的资金流向更有效益的投资机会。

国际化视角 ▶ 中粮海外并购

1. 并购背景介绍

（1）中粮简介

1949年成立的中国粮油，起步业务为粮油贸易和加工，后来不断完善其产业链条，将业务拓展至种植养殖、物流储运、食品原料加工、生物能源、品牌食品生产销售以及地产酒店、金融服务等多个领域。

（2）并购过程

2014年2月28日，中粮控股荷兰Nidera，该公司是全球农产品及商品贸易集团，中粮对其控股迈出了国际化的第一步。4月2日，中粮集团又加速了国际化的步伐，斥巨资发起第二次海外并购，与位于香港总部的来宝集团（Noble Group）达成最终协议，收购该集团下属的来宝农业有限公司（以下简称“来宝农业”）51%的股权，成立合资公司，持股比例为51∶49。中粮集团通过两次总计约28亿美元的并购，实现控股的总资产价值约为110亿美元，与四大国际粮商ABCD（美国的ADM、邦基、嘉吉和法国路易达孚）不相上下，转身变为第五大国际粮商，创下了中国粮油行业海外并购史上之最。

2. 并购目的

（1）对粮食定价有一定的话语权，保障国家农产品安全

近几年，中国进口农产品逐年增加，预示着我国农产品的巨大缺口，这对许多贸易公司形成巨大的诱惑。国际四大粮商ABCD正是预见了这种趋势，已在中国布局多年。国内许多农产品的原料采购都来源于四大国际粮商，下游加工企业对原料供应厂商的依赖性强，使得政府对农产品价格的调控力不足，威胁着我国的粮食安全，这是亟待解决的问题。以大豆为例，有资料显示，每年进口的大豆中需通过四大粮商采购的占80%。当然，处在大豆产业链下游的企业也大都难逃外资掌控，被国际粮商参股或控股的中国榨油企业高达70%，比如金龙鱼、鲁花等品牌均有外资介入。从2011年开始，中国食用油价格经常大涨大跌，发改委屡次约谈大型油企，却收效甚微，究其原因为这个行业基本都是外资掌控。

收购了荷兰Nidera之后，中粮可以利用其在阿根廷、巴西、中欧等地强大的采购能力平台获得低成本的农产品原材料，建立从农产品最大生产地拉丁美洲到农产品最大的需求地亚洲的贸易桥梁，并由此获得稳定的粮食来源，以缓解我国农产品缺口不断增加的焦虑。同时，中粮的并购还可以打破国际四大粮商对农产品原材料的垄断性定价权，利于中国政府的宏观调控，保障国家安全稳定。

(2) 拓展了中粮的全产业链战略，增强了其国际竞争力

随着日趋激烈的竞争，企业意识到未来的竞争不再是个体公司之间的竞争，而是商业生态系统之间的对抗。ADM、嘉吉、邦吉和路易达孚等著名跨国粮商都已在全世界范围之内形成了全产业链模式（种植—加工—物流—贸易），以增强企业的核心竞争力。中粮为了跟上国际粮商的步伐，也顺势提出了全产业链的战略目标。但是此前该战略的推进仅是通过对国内企业的并购，虽然并购使中粮的资产规模与四大粮商不相上下，但是因业务范围小，盈利能力与四大粮商依然有不小的差距，在一定程度上仍受制于四大粮商。可见，中粮的全产业链战略的优势因地域的局限性而大打折扣。通过此番并购，中粮获得了遍布全球的采购、仓储、加工、运输等业务，增加了其在瞬息万变的国际市场中的灵活性。至此，中粮国际竞争力有了质的提高，成了具有一定国际水准的全产业链粮油食品企业。

(3) 获取优质资源，实现协同效应

所谓协同效应，就是通过资源共享实现1+1>2的效应。

来宝是一个全球化的公司，在全球范围内都有完整的采购、存储、运输、销售链条，供应链和销售渠道非常完善，而Nidera在巴西、阿根廷和中欧地区拥有强大的粮食采购能力平台和全球贸易网络。中粮收购来宝和Nidera后不仅可以从被并购企业中获得丰富的供应链管理经验、全球化的采购和营销渠道、优良的管理团队以及顶尖的商业智慧，还可以全面延伸其在全球的贸易网络，获得新的发展机会，实现买全球卖全球的商业梦想。来宝和Nidera也可以利用中粮国内的贸易、加工、品牌、渠道等优势在未来实现更好的发展。

(二) 外在动因

1. 科学技术革命

科学技术革命对公司并购的影响是显而易见的。一方面，企业并购增强了企业的经济实力，企业投入研究与开发的资金也大大增加，有利于企业进行技术创新从而促进经济的发展；另一方面，技术的进步又导致社会生产的可能性边界[①]和企业的规模边界[②]的扩大，从而为企业并购和资本集中创造了前提条件。

2. 职业经理人的发展

企业并购后，企业的规模会扩大，当规模扩大到某一点的时候，反而会导致规模不经济，企业的效率下降。规模不经济是指企业由于规模的扩大使得管理无效率而导致长期成本增加的情况。由于企业家和职业经理人的诞生与发展，企业的管理水平大为提高，管理的深度延长，管理的幅度拓宽，管理的效率也明显提高，因此，企业的

① 生产可能性边界：用来表示经济社会在既定资源和技术条件下所能生产的各种商品最大数量的组合，反映了资源稀缺性与选择性的经济学特征。

② 企业边界是指企业以其核心能力为基础，在与市场的相互作用过程中形成的经营范围和经营规模。其中的经营规模是指在经营范围确定的条件下，企业能以多大的规模进行生产经营。

最优规模也在相应扩大。

3. 产业结构与经济周期

产业结构分为第一产业即农业、第二产业即工业和第三产业即服务业。产业结构发生变动，必然要求在全社会内重新配置资本、劳动力和技术等经济资源，经济资源将随产业结构的变动而流动和重新组合、调整。这种调整有两种方式：一是通过资本积累；二是通过企业兼并等，将需求降低的产业部门的存量资产或资源迅速转移到需求增长旺盛的产业部门，以适应产业结构和需求结构的变化。企业并购因“速度快、风险小、资本集中迅速”等优点被许多企业广为采用。

4. 激烈的市场竞争

企业为了在激烈的市场竞争中生存，必须提高企业的生产效率、降低生产成本，以谋取高市场占有率，击败竞争对手或潜在竞争对手。这些都需要企业有相当的实力，包括生产技术水平、管理水平、生产效率和资本大小等，拥有雄厚资本的企业就会在市场竞争中处于有利地位，而其有效的方法是兼并其他企业，扩大自身规模，加速资本集中。激烈的市场竞争环境导致一部分企业由于经营不善要被淘汰，从而提供了被兼并对象，同时有一部分企业愿意兼并其他企业。

二、创新并购动因

并购动机本身十分复杂，可能冗杂了各种原因，创新型并购也不例外。创新型并购的主要目的是为了获得新技术进入新领域，或实现技术更新、技术完善和技术互补，同时考量的动因也可能是规模经济、交易成本、管理经验与资本和协同效应等。

(1) 进入新领域

市场的竞争越来越激烈，而一般企业会专注于一个领域或几个相关领域重点突破。当企业在原领域获得一定成就或者受到了竞争压迫时，企业出于发展的需要，希望进入一个全新的或者不相关的高新技术领域。对于新领域，自行开发研究投入高、产出低，与相关企业合作也只能获得小部分技术和管理经验，不利于快速进入市场稳固地位。此时，收购合适的目标企业，可快速拥有目标企业的核心技术和团队，以及管理经验和信息资产，以目标企业的优势突破行业进入壁垒，快速研发出新产品，从而顺利进入新兴市场。并购方还可以通过资源和能力的注入和转移，把所并购的目标企业发展成为收购企业的替换企业，实现重心从原有领域向新的技术领域转移。

(2) 技术更新

技术更新指技术发展过程中技术的改进和更换。技术的改进包括改进产品设计，改进生产工艺和操作方法，改进设备和工艺装备，采用新材料和新燃料等。技术的更换则是用新技术更换旧的技术，以提高产品质量，提高劳动生产率，节约原材料，降低产品成本，改善劳动条件等。在技术方面进行一系列改进、更换，将不断地促进生产力的发展，提高经济效益，使企业能适应社会的变化。

由于科技的发展，技术革新变化迅速。为获得更好的效益，企业往往专注于技术更新，以此来增加产品的竞争力或减少成本投入。对投资技术更新的企业而言，其成功的标志是给企业带来利益。技术更新有两种途径，一种是技术开发，一种是技术引进。当企业主要从事的生产经营领域内，已有其他企业在该产品的关键技术上有了新的突破，实现了技术的全面升级，为了保持企业的行业地位，选择收购目标企业的新技术，进行技术引进，快速完成技术整合升级。相对而言，技术开发存在较大的风险，成功率也不能保证。例如，IT 行业技术升级革新快，变化十分迅速，产品和市场的周期短，这些特点使大部分领导者企业采取并购的方式维持企业的竞争地位。①

（3）技术完善

技术完善指技术发展过程中关键技术或核心技术的获取。在企业发展时，由于资金、人才或环境等的限制，导致企业没有开发或获得一部分复杂的技术，该技术一般称为关键技术或核心技术。这部分技术的缺失，使产品的研发受制于人。同时，由于某些关键技术或核心技术的市场垄断能力，降低了企业的利润率，并且跨企业合作或投资也不易获得该技术，而自行研发的投入产出比十分低下。此时通过收购目标企业中相关的一项或多项关键或核心技术，可以有效提高企业的研发新产品的能力和经营绩效。技术的获取是并购的优势所在。

（4）技术互补

技术互补是指在技术方面双方进行技术上的交流，使双方共同提高进步，互相补充不足。在竞争中，企业一般处于对立方，而适当的合作会使双方都获得一定的增益，以期获得优势互补的“双赢效应”。技术互补来自于双方企业各自拥有核心产品的互补型关键技术，通过并购互补的技术，资源也可共同调配整合，共同完善新产品的功能，共同提高消费者满意度。在该层面上，技术互补比单纯的技术买卖更能获得目标公司的认同感。

本土化视角　技术并购

技术并购是指拥有雄厚实力的大公司，以自身技术需求为导向，提高技术能力为目的，并购拥有独特技术能力的中小公司的经济行为。②

利用现存知识并获取、吸收外部知识是公司提高创新能力的关键。技术并购作为公司获取外部知识源的有效手段，日益受到公司青睐。通过对 2001—2008 年我国高技术上市公司为主并方的 96 起技术并购的实证研究，得出以下结论：技术并购对并购公司的创新绩效影响为正，非技术并购对并购公司创新绩效没有显著影响；目标公司技术知识基础规模对并购后并购公司的创新绩效影响为负；目标公司与并购公司技术知识基础的相对规模对并购后并购公司的创新绩效影响为负。

① 钱丽丽．浙江民营企业创新型并购研究［D］．浙江工商大学，2007．

② 刘开勇．公司技术并购战略与管理［M］．北京：中国金融出版社，2004．

例如，万向集团收购美国A123系统公司：

2013年，中国万向集团收购美国A123系统公司，万向创造了一个收购美国高科技公司的成功范例。

2013年1月28日，CFIUS宣布同意万向集团收购美国规模最大、技术最先进的锂电池制造商——A123系统公司除军工合同以外的所有资产。

万向与A123首次签订收购协议已过去半年，这期间发生了签订协议、A123申请破产、竞拍资产、剥离敏感资产、CFIUS审查等惊心动魄的故事。但最终万向获得了A123公司汽车、电网储能和商业业务资产，不仅包括其所有技术、产品和客户合同及其在美国密歇根州、马萨诸塞州和密苏里州的工厂设施，同时也包括A123在中国的阴极电池制造业务以及与上汽合资的上海捷新动力电池系统的股权等。

“我们收购的是它的团队和已经成熟的技术，这个价值无可估量。”万向集团董事长鲁冠球在收购之后表示，新能源是万向集团未来新的增长点所在。

他宣称，A123的美国公司将会整合成三个部分，即储能、汽车和技术中心。希望A123能够依托万向自身的经营优势和汽车产业链的资源整合优势，在继续亏损三年到四年之后扭亏为盈。

万向进入美国已有19年，一直由倪频挂帅，他前后收购了20余家公司，一手打造了万向的美国军团。

部分资料来源：温成玉，刘志新. 技术并购对高技术上市公司创新绩效的影响［J］. 科研管理，2011，32（5）.

本土化视角 ▶ *滴滴收购优步*

2016年8月1日，滴滴出行宣布与Uber达成战略协议，滴滴出行将收购优步中国的品牌、业务、数据等全部资产在中国大陆运营。这一里程碑式的交易标志着中国共享出行行业进入崭新的发展阶段。

双方达成战略协议后，滴滴出行和Uber全球将相互持股，成为对方的少数股东。Uber全球将拥有滴滴5.89%的股权，相当于17.7%的经济权益，优步中国的其余中国股东将获得合计2.3%的经济权益。滴滴也因此成为唯一一家腾讯、阿里巴巴和百度共同投资的企业。Uber创始人Travis Kalanick也将加入滴滴出行董事会。

滴滴出行将整合双方团队在管理和技术上的经验与专长，在用户资源、线上线下运营和营销推广等层面共享资源、协同发展。同时，滴滴出行亦会倡导内部竞争和相互促进，以更加精细化、多元化的创新服务，满足消费者日趋丰富的出行需求，持续提高司机收入。

滴滴出行总裁柳青表示，超过1500万司机和三亿注册用户已经加入滴滴社群，共同搭建将人、车、交通和生活方式互联互通、开放共享的生态圈。优步全球人才和经验的加入，将让我们更好地服务中国人的需求。滴滴也将继续积极拓展国际化策略。

第三节 创新并购整合

一、战略整合

在以创新为目的的并购中，通过保存、传递和运用目标企业系统设计、制造、销售产品的能力来开发、制造和销售并购后的新产品，从而构建有效的整合流程，驱动并购价值的创造。即创新型并购中整合战略的关键尺度包括双方企业组织结构整合的程度，收购企业采纳目标企业生产流程的程度，双方企业知识共享的程度。关键问题就在于如何针对不同的情况采取不同程度的整合。寻找解决问题的方法，考虑并购双方潜在的差异，激发合作、创新、管理的热情都是企业创新型并购研究中需要认真考虑的方面。

二、组织与管理整合

组织是战略得以实施的组织基础，组织整合是文化整合、人力资源整合的战略真正得以顺利进行的保证。威廉姆森（1973）认为，同在市场上公开进行核心能力交易相比，使用组织的内部机制实现在各业务单元之间转移核心能力通常更有效率。① 因而并购交易完成后整合的首要目标是将并购双方的关系变成统一企业内各业务单元的关系，以此为基础进行内部能力的整合。事实上，企业并购后的整合过程本身就是一种如熊彼特所说的“创造性破坏”的过程，因而可以把组织整合看作是对企业能力进行更新的一种手段，它是构筑和培育企业核心能力的一种重要方式。当并购双方经营业务领域在生产、技术、管理和市场等各方面存在着相关性时，通过重新配置双方不同的资源，一般能弥补内部能力的不足，消除在长期发展中可能存在的不合时宜的惯例和规范或消极因素，从而促进企业核心能力的形成和发展，这也是组织整合的重要作用所在。组织整合可以从三个方面着手：一是重构组织愿景。组织整合是一项系统工程，涉及组织内外各种利益相关者的利益，是牵一发而动全身的工作。因此，制定企业发展愿景，并且使其为内外股东、管理者和员工所认同、理解和接受，是组织整合的重要内容。二是重构组织结构，包括组织的职位分析、部门设置和人员配备。并购后的组织结构应有利于各环节、各部门相互适应、相互交流和互相学习。三是实现组织资源的快速和有效转移，以避免由于时间的延长，使正面有利的影响消失。

以核心能力构建与培育为目标的管理制度整合，是在资源结构、管理格局和企业

① 魏江. 基于核心能力的企业购并后整合管理 [J]. 科学管理研究，2002，1：31—36.

规模发生变化的条件下，对能够提高企业竞争力，获得长远发展的管理观念、模式与方法进行的调整和重构，并形成新的一体化的过程。它体现在并购双方财务、人事、营销和开发等各职能制度的优势互补上。通常，并购方会将本公司优秀的管理制度移植到目标公司，以改善其内部管理效率。同时，并购方还会充分利用目标企业优良的制度来弥补自身的不足。管理制度整合的实质是将管理技术和管理实践融为一体，推进管理体系的创新和管理品质的提升，使管理技术更具工具性和针对性、管理实践更具思想性和效率性。

三、文化整合

企业文化作为企业鼓舞士气，加强沟通和优化管理的核心因素，具有个性化、一贯性和隐含的控制性特征，对企业并购的过程起着极为重要的作用。任何一个成功的企业，必然有一种良好的企业文化。在企业并购的过程中，由于并购双方企业的发展轨迹和演变过程不同，文化的变迁、冲突和碰撞是不可避免的，管理者应把握这种变迁的方向，探索双方发生文化冲突和碰撞的可能性和影响程度，发现和寻找企业文化风险的控制手段，在企业的各个层次上建立起彼此信任的关系，塑造企业共同的价值观，有意识地将企业文化塑造成一种理想的模式，这就是文化整合的内涵。只有这样的企业合并才是真正的合并，而不仅仅是企业规模的简单扩张，企业才有可能实现并购的初衷。

四、人力资源整合

企业并购是生产力的重新配置和优化组合，而人力资源作为生产力各要素中最活泼、最关健的要素，对企业并购后生产效率的发挥起着决定性的作用。并购实践表明，并购交易完成后，被并购企业员工会产生明显的压力感、紧张感和焦虑感。这种压力、嚣张和忧虑如果不能得到释放，就会出现人力资源流失，最直接的后果是企业短期经营业绩下滑，长期则会导致具有战略性资产特征的人力资源受到破坏。而人才的大量流失等于宣告并购的破产。因此，留住人才、稳定人才从而整合人才，以减少因并购引起的人员震荡，就成为人力资源整合的首要问题。由于人力资源整合受个体内在的心理、激励、人群关系、价值观和行为方式等无形因素的影响，对其整合难度相当大。在并购完成后，应根据员工的实际能力和水平，定机构、定岗位和定人员，通过考核，使他们适才录用。基于核心能力构建和培育人力资源整合的目标，是协同并购双方专业分工的差异，建立一个有竞争力的管理团队。

五、财务资产整合

企业并购是由并购方为获取目标企业可用资产而引起，也是目标企业摆脱困境、调整债务结构、减轻负债的一种选择途径。根据并购协议，调整并购双方资产债务是并购后的重要内容。企业资产主要包括流动资产、固定资产、长期投资、无形资产、递延资产和其他资产等。从中国企业并购整合的实践来看，对资产的整合一般着重于对固定资产、长期投资和无形资产的整合，而对流动资产、递延资产以及其他资产的整合则主要通过财务处理来进行。在各种资产的整合中，并购方结合自身发展战略和核心能力构建的要求，对资产进行鉴别、吸纳或剥离。吸纳目标企业资产应注重使整合后的企业资产适应战略发展规划的需要，具有核心业务所涉及的原材料采购、生产销售及服务等完整的组织管理体系。而对于目标企业长期不能产生效益的资产，或者不适应并购后总体发展战略要求的资产进行剥离出售。对于无形资产的整合（包括专有技术、商标权、专营权及土地使用权等），要关注对无形资产现实价值的评估，对那些产品质量上乘、突出企业形象的商标权予以保留和发展；对不能转让、具有独特性的专营权应充分利用。债务整合是将债务人负债责任转移或债转股。债务整合没有从总体上减少或增加企业的资产总额，但调整了债务结构，使企业的负债率调整到一个比较合理的水平。

本土化视角 优酷土豆集团

2012年2月24日，优酷、土豆各自的管理者和部分公司董事集聚香港，确定并购过程中的相关事宜。同年3月份，优酷和土豆最终宣布合并协议，以100%换股的方式进行合并。协议内容还包括合并后的公司名称——优酷土豆股份有限公司，双方各自占有的股权比例及此次合并整合的核心思想为“尊重、合作、包容、开放”。同年8月份，优酷土豆的合并方案最终获得政府批准，优酷土豆集团正式成立。

1. 文化整合

在优酷土豆合并之后，土豆的管理者王微、王祥云等人相继退出集团，土豆一方没有了领导方向，企业文化也将面临着被优酷全面同化。为了安抚土豆方的人员，优酷管理者作了很多的努力。首先，邀请了麦肯锡团队对集团内的文化整合情况进行了详细的调查，在经营理念上，优酷是“速度定成败”，土豆是“快比慢好，为赢而做”，两者较为相似。而在研发能为和创新方式方面，土豆坚信每位员工的想法都是值得借鉴和学习的，其创新点从员工中来，最终被管理层接纳，是一个自下而上的过程。而优酷拥有着自己的创意团队，所有的创新能力都集中于此，在被管理层认可后，交由下级人员具体实施，这是一个自上而下的过程。为了能够很好地融合两种不同的创意流程，优酷建立“创意角”，每位员工的创意都可直接上报至合并委员会，其中每一个优质的想法，都会得到大力支持。

2. 人才资源整合

在合并前，优酷和土豆作为独立的企业运营，是相互竞争的关系，虽然表示不裁员，但是合并后的局面并没有想象中的那么美好。管理部门冗杂，行政人员数目较大，人员重新分配过程困难重重，这看似是一个简单的问题，但是如果没有得到完美的解决，对企业的长远发展也是有着不少的负面影响。为了解决这一问题，优酷土豆集团成立了“合并委员会”，成员包括优酷、土豆各自的管理者，对于整个集团在产品设计、播放技术和销售流程等方面的发展进行联合掌控。对于人力资源的整合方面，委员会在了解了每一位员工的意愿后进行职位分配，以保留人才资源为主。在如此人性化的整合后，过去剑拔弩张的公关团队已经开始相互协作、共享资源。并购后四个月内，优酷、土豆的技术人员也结合完全，原土豆方面的相关技术人员搬入优酷办公室，原优酷方的无线技术人员也搬入土豆。

3. 广告播放模式整合

广告收入是网络视频企业盈利的关键，而广告投放技术的发展好坏直接影响着广告收入的多少。用户在观看视频的过程中，对于广告播放时间、内容和质量是有着一定的容忍容量的，所以广告投放精准程度的高低，代表了企业客户规模的大小。因此完成合并后，对于广告播放模式的优化整合是十分重要的。土豆的广告播放模式是视频中插入短时广告，用户虽然只能被动观看，但是却能选择其他的播放源，这种方式是得不偿失的。优酷在考察了土豆的广告投放系统之后，取消了这种播放模式，采用了一种能够根据用户特点而控制频次的新系统，同时针对优酷、土豆重合部分的广告减少其播放次数。在广告选择中，对于广告内容、广告创意等方面加大关注度，在满足广告商的基础上，满足用户需求。

参考文献：王雪梅．我国网络视频行业的并购协同效应研究［D］．浙江工商大学，2015.

国际化视角 并购整合

1998 年，美国《商业周刊》评选“80 年代最为成功与最为失败的交易”时指出：“并购后的精明、谨慎的整合是交易成功最为重要的因素”。科尔尼（Kearney）公司在 1998/1999 年对全球 115 个并购交易的调查表明，58%的并购交易未能达到最高管理层预订的价值目标。在超过半数的案例中，两个合作伙伴没能将新企业带到一个更高的水平，而是以支持者失望、合作者不努力工作和价值被破坏而告终。在对并购价值被破坏案例的原因调查中，被调查者认为并购的不同阶段对并购失败的风险的影响程度是不同的。图 11-1 表示出并购成败的两个关键阶段。

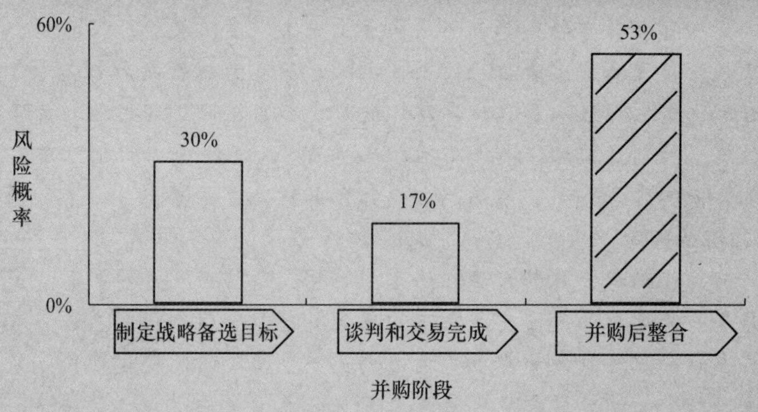

图 11-1 哪个阶段失败的风险最大

资料来源：1. 李道国．企业购并策略和案例分析［M］．北京：中国农业出版社，2001.

2. 马克思·M. 哈贝等．并购整合［M］．张一平，译．北京：机械工业出版社，2003.

国际化视角　**并购整合模式**

并购整合模型的最早提出者是 Haspeslagh 和 Farquhar（1987）。

整合模式的选择取决于并购双方之间的相互依赖程度。根据并购企业与目标企业战略依赖性与组织独立性需求程度的不同，可以采取不同的整合类型。这里的战略依赖性（战略相关性），是目标企业在产业方向、市场或技术能力方面增进或补充并购企业战略的程度，组织独立性（组织关联性）是指目标企业与并购企业在文化、人员和管理上的关联程度或匹配程度。综合考虑战略依赖性与组织独立性需求，并购整合模型有四种形式，如图 11-2 所示：

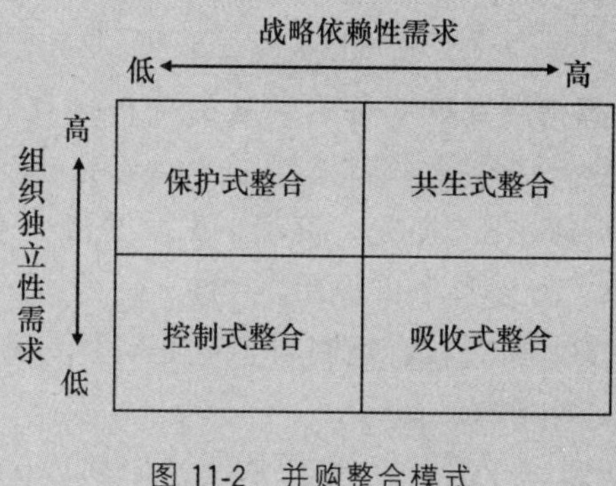

图 11-2　并购整合模式

本章小结

1. 并购指企业间的兼并和收购，并购的内涵和外延，随着收购方式和金融衍生工具的不断创新，也在不断地扩展。兼并是指一个公司接纳其他公司（目标企业），目标企业解散，再保留法人地位，接纳方继续存在。收购是指一家公司购买另一家公司的大部分资产或股权，以获得公司的控股权，其目的通常是对被收购公司进行资产、业务等重组。并购可分为水平并购、垂直并购和斜向并购。

2. 创新型并购的出发点是为了获得正在开发中的新产品，或获得新技术和新的生产技能，运用到收购企业的新产品开发过程中。创新并购，即创新型并购，定义为企业并购是为了获得新的技术、技术能力运用于新产品的开发中或直接获取新产品和新的组织形式。即创新型并购的目的是为了获得新技术进入新领域或实现技术升级、技术完善和技术互补。

3. 并购的动因有很多种，不同的并购行为融合了很多动因。内在动因可分为规模经济、交易费用、管理经验与资本和协同效应等，外在动因可分为科学技术革命、职业经理人的发展、产业结构与经济周期和激烈的市场竞争。而创新型并购动因有进入新领域的需要、技术升级、技术完善和技术互补。

4. 创新并购整合是并购后极为重要的一步，整合的不成功昭示了并购的失败。创新并购整合分为战略整合、组织与管理整合、文化整合、人力资源整合和财务资产整合等。

讨论题

1. 创新并购与普通的并购有什么区别，它的出发点是什么?
2. 并购的动因有很多种，你认为创新型并购企业最容易考量哪些方面的动因?
3. 创新并购整合是极为重要的一步，企业如何有效地整合企业创新资源?
4. 并购案例有成功的也有失败的，请找出或猜想创新并购案例为何会失败?

参考文献

[1] 马星迪．基于联想持续并购案并购绩效的分析探究［D］．首都经济贸易大学，2016.

[2] J. 弗雷德·威斯通，S. 郑光，苏珊·E. 侯格．兼并、重组与公司控制［M］．唐旭等，译. 北京：经济科学出版社，1999.

[3] 哈罗德·德姆塞茨．所有权、控制与企业［M］．段毅才，译．北京：经济科学出版社，1999.

[4] J. 弗雷德·威斯通，马克·L. 米切尔，J. 哈罗德·马尔赫．接管、重组与公司治理［M］．大连：东北财经大学出版社，2000.

[5] 亚历山德拉·里德·拉杰科斯．并购艺术整合［M］．丁慧平，孙先锦，译．北京：中国财政经济出版社，2001.

[6] Hayward, M. Second-Order Loose Coupling and the Performance of Integrating Acquired Entrepreneurial Technology Projects. Working Paper, University of Texas at Austin, 2003: 62—89.

[7] 钱丽丽．浙江民营企业创新型并购研究［D］．浙江工商大学，2007.

[8] 杨洁．企业并购整合研究［M]. 北京：经济管理出版社，2005.

[9] 吴晓求．公司并购原理［M]. 北京：中国人民大学出版社，2002.

[10] Hagedoom, J. and G. Duyster. Measuring Innovative Performance: Is There an Advantage in Using Multiple Indicators? [J]. Research Policy, 2002, 32 (8): 1364—1379.

[11] 杨洁．企业并购整合研究［M］．北京：经济管理出版社，2005.

[12] Ronald H. Coase. The Nature of the Firm. Economics, 1937.

[13] 刘开勇．公司技术并购战略与管理［M］．北京：中国金融出版社，2004.

[14] 魏江．基于核心能力的企业购并后整合管理［J］．科学管理研究，2002, (1): 31—36.

[15] 温成玉，刘志新．技术并购对高技术上市公司创新绩效的影响［J］．科研管理，2011，32（5）.

[16] 王雪梅．我国网络视频行业的并购协同效应研究［D］．浙江工商大学，2015.

[17] 李道国等．企业购并策略和案例分析［M］. 北京：中国农业出版社，2001.

[18]〔德〕马克思·M. 哈贝等．并购整合［M］. 张一平，译. 北京：机械工业出版社，2003.

本章关键词中英文对照

并购 Mergers & Acquisitions，M&A

兼并 mergers

收购 acquisitions

管理层收购 Management Buyout，MBO

合并 consolidation

创新型并购 innovation-targeted acquisitions

创新并购 innovation acquisitions

斜线方向 diagonal

规模经济 economy of scale

交易费用 transaction costs

协同效应 synergy effects

技术更新 technology update

第十二章

创　　客

章首案例

创新的实践体——“创客”

1. 阿里巴巴

阿里巴巴网络技术有限公司（简称“阿里巴巴集团”）是以马云为首的18人，于1999年在中国杭州创立，他们相信互联网能够创造公平的竞争环境，让小企业通过创新与科技扩展业务，并在参与国内或全球市场竞争时处于更有利的位置。

阿里巴巴集团经营多项业务，另外也从关联公司的业务和服务中取得经营商业生态系统上的支援。公司业务和关联公司的业务包括：淘宝网、天猫、聚划算、全球速卖通、阿里巴巴国际交易市场、1688、阿里妈妈、阿里云、蚂蚁金服、菜鸟网络等。

从一开始尝试建立的小公司，经过10几年的发展，阿里巴巴已是庞然大物，一个由7000多万用户和1000万商家构成的贸易平台。

可以说，阿里巴巴构成了创客经济中不可或缺的组成部分。

最大的便利来自于个人也能向工厂发订单。《创客》作者克里斯·安德森体验了这种模式的威力：他在美国加州，通过阿里巴巴向中国东莞的一家特殊发动机制造商订购电动机，用于自家组装的自动化飞艇，他详细说明了自己所需的轴长、线圈数量和电线类型。10天之后，模型机就送达手中。

安德森感叹道，新时代已经赋予个人通过电脑来制造产品的能力。如果你有本钱，你可以拥有自己的3D打印机，或者你可以通过阿里巴巴这样的网络平台来订购。过去，工厂只接受大公司的最大订单，而现在，很多工厂会接受任何规模的订单。世界供应链终于实现了与个人的“阻抗匹配”。现在，人人都可以生产产品。马云将这一模式称为“C2B”——客户对企业，“如果我们能够鼓励企业接受更多跨界小订单，就能获得更高的利润，因为这些小订单都是独特的非商品产品”。

如果说淘宝上千奇百怪的小众商品，可以用来解释安德森早几年提出的“长尾理论”，即海量商品和小众需求实现了完美匹配，那么，在提出“创客”理论时，阿里巴巴则成了安德森的最佳例证。产业的进化，把长尾从消费端推进到生产端。

2. 小米

北京小米科技有限责任公司成立于2010年4月，是一家专注于智能产品自主研发的移动互联网公司。“为发烧而生”是小米的产品概念。小米公司首创了用互联网模式开发手机操作系统、发烧友参与开发改进的模式。

当人们紧盯小米的性价比和硬件参数时，却忽略了更好玩的部分，即小米社区和MIUI论坛。MIUI被小米公司称为米柚，是一个基于Android的操作系统。许多发烧级手机玩家，买了HTC、三星等品牌，但对手机自带的系统又不太满意，多半会自己刷机，而MIUI、Cyanogen就是他们的选择。

MIUI的开发过程，则类似于一个开源项目：小米开发团队的工作就是泡论坛，广泛收集粉丝的反馈，根据这些反馈来解决bug，推动升级。所谓以互联网思维做手机，MIUI扮演了重要角色。和那些更新缓慢的手机系统不同，MIUI号称实现了每周升级。要不要做某些功能，某个功能如何改进，都由这数十万粉丝驱动。所以雷军会说，“用户跟粉丝是两回事，用户是在没有更好选择的时候用你”。

安德森在《创客》一书中提到，他的3D Robotics公司也采用了开源设计：数以百计的人享有共享代码、错误修正和设计创意，这样的机制下，创新的推进速度远远高于传统的研发模式。对用户来说，社区是产品不可或缺的一部分。从MakerBot、Sparkfun和Adafruit那些精彩纷呈的博客跟帖，到Kickstarter和Etsy会员的视频资料，社区人群（同时也是用户）获得了别的公司无法给予的归属感和荣誉感。显然，小米社区和MIUI论坛是这种开源设计的中国版本。

安德森认为，一旦有了社区，互联网营销也就顺理成章了。“创客们不停地在博客和Twitter上更新产品进程，上传到网上。社区管理、教程帖、Facebook更新……所有这些都是营销。无论是产品的命名，还是某种功能的取舍，都是社区决策的一部分。”这段话不也是在描述小米手机和相关产品的开发过程吗。

不过，两者的差异也同样明显。在安德森那里，创客是DIY精神的延续，各种开源产品，比如自动操控的飞机、降噪无线耳机、水母水族箱……都是小众需求。而在中国，小米却是在最大众化的产品——手机市场里打拼，小米已经把明年的销售目标定为1000万台。

这样一来，小米需要应对的是老牌手机厂商的竞争，以及千万级消费者和大众媒体的压力，而不再是几十万小众拥趸了。因此雷军只能往“雷布斯”的形象发展，而不能以“发烧帮”帮主的角色出现。其实，扮演后者会轻松和自在得多。

幸好，小米仍在论坛里延续自己的发烧文化。小米社区有一个名为“酷玩帮”的论坛，从小米盒子到小钢炮蓝牙音箱，甚至遥控机器人等产品，都从这个论坛诞生。或许，这里才最符合安德森心目中的“创客”文化。

3. 海尔U+创客大赛

2015年8月26日，在“智汇U+创未来”2015海尔U+创客大赛启动仪式上，来自智能家居领域的行业领导、权威专家、重量级风投机构的资深专家、U+开放平台的合作伙伴、U+各产业线的接口人、数以百计的优秀创客，以及上百家媒体齐聚一堂，一场行业高峰智慧间的交流分享盛大开启。其间，目前已在海尔U+平台成功完成孵化、释放商业价值的两个优秀项目代表，咕咚洗衣机主创郭翠女士、小智音箱CEO何永先生代表U+平台数以万计的优秀创客，向与会各界嘉宾和创客界新人们，分享了“天鹅成长记”的励志故事，令人们对U+平台的项目孵化模式、创客得到的机会，有了全景的认知。

【0到64000，井喷背后是创造】

咕咚是一款解决局部污渍的手持式洗衣机，体积小巧到了可以随身携带、意外污渍可以随时随地洗涤、局部污渍可以便捷洗涤。咕咚首次亮相是在上海家博会，并以惊人的洗涤效果惊爆所有人眼球，5月29日咕咚正式线上发售，在半个月的时间之内接收到的订单达到64000笔。

郭翠女士讲述了咕咚背后的故事，完美的背后，是孵化过程的坎坷，咕咚codo历时一年半，进行了几万次试验，曾经三次将方案推倒重来……今天咕咚身上的每一个细节，都来自于研发人员的反复雕琢。诚然，它并不是一款智能硬件，却生动展现了“创造”过程的不易。这一点，深深地引起了在场创客们的共鸣，如果没有海尔U+平台对咕咚项目从开发资源、展示机会和推广渠道领域的全方位扶持，咕咚很难走到今天，或者远没有今天完美。

【如何成为中国第一个真正拥有类人类智慧的智能设备】

小智音箱是国内真正拥有类人类智慧的设备之一，它改变了用户传统的听歌体验，给人语言交互的体验，并具有学习的能力，可以通过系统云端的升级学习用户听歌的习惯。小智的优势还在于可以让用户通过语音控制智能家居，小智音箱作为家庭语音的控制中心，将用户与智能家居结合在一起。

小智的成长，更像是海尔U+孵化模式的全流程展示，“U+智慧生活开放平台”以U+智慧家庭互联平台、U+云服务平台以及U+大数据分析平台为技术支撑，向加入U+的开发者、创客团队、合作伙伴、中小创业企业开放SDK、API开发包，并提供实际的资金支持和技术孵化支持。正是这样的支持，让小智有机会从一款聪明音箱单品，升格为家联网的控制中心，使得真正意义上的机人交互成为可能。

【创意到创业，桥梁是U+】

咕咚和小智音箱的成功，让更多后来者看到了未来的方向。

创客在路上，创意只是开始，创造和创业才是真正的考验。自古千里马常有，而伯乐不常有。优秀创意向商业价值转化的道路，充满荆棘。正如海尔U+负责人熊赓超所说，机会很多，但是对于新生创客来说，从创意到商业价值的转化，并不是一蹴而就。很多团队有技术、有创意，但对于生产、供应链、生产管理、质量控制、售后服务等产品生命周期的关键环节缺乏经验。

那么，U+能给创客什么？

- 开放软硬件和平台接口，技术开发包，项目展示机，成长路上的“新手大礼包”。
- 由海尔优秀资源、风投资本以及U+联盟和各大创客们的多样资源汇聚而成的价值基石。
- 触角延伸到了几乎所有智能生活场景的智慧洗护生态圈、智慧用水生态圈、智慧空气生态圈、智慧美食生态圈、智慧健康生态圈、智慧安全生态圈、智慧娱乐生态圈等海尔U+七大生态圈——创意施展空间，创业的沃土。

给天鹅以鼓励和呵护，直到它一飞冲天；擦亮慧眼，不让任何一匹千里马驹埋没——这就是海尔智能家居与产业链伙伴们一起发起海尔U+创客大赛的初衷。全产业链和风投资本的联手，为创客们提供更多的包括技术、资金、资源等全方位的支持，以加速优秀创意到完美创造的孵化进程。任何一个契合智能家居发展趋势，具有商业转化前景的创意，都可以加入到U+大赛的PK之中。

后续，创客大赛将在全国更多城市举办大赛沙龙，聚集更多创客，以智慧的力量，为生活添加色彩。

4. 创客空间

【上海新车间】

上海新车间是中国第一个创客空间，也是全球数百个创客空间之一。尽管每个创客空间都自主运营，但大家都秉承着相同的理念——在创作中寻求快乐。在创客环境中，大家可以捣鼓新技术，可以与团队一同协作，也可以参与国际竞赛，寻找并创造新的机会。新车间的使命是支持、创建并推广物理计算、开源硬件和物联网。为了达成这个目标，新车间会积极举办讲座、研讨、项目、初创推广、工坊、竞赛，同时新车间也会参与国际竞赛。我们的长期目标是在中国各地传播创客空间的理念以及推广创客的文化。

李大维在2010年创办了上海第一个非正式的黑客空间“新单位”，后来正式与全球黑客网络结盟，搬到了现在位于长宁区的地址。新车间的成立让上海与全球的黑客运动网络“黑客空间”（hackerspace）联系了起来。只要每个月交上500元的会员费，人们就可以拥有进入这个“车间”、摆弄任何自己想完成的技术项目。李大维与他的伙伴和项目发起人伍思力一起开办了这个吸引电子爱好者、DIY迷和业余爱好者“扎闹猛”的技术天堂。大家顺便在这里交流心得、造造东西。用伍思力的话来说，最重要的就是“享受科技的乐趣”。

他们的工作室不大，在一幢不起眼的大楼里，面积不到50平方米。这个黑客的“游乐场”里乱哄哄地堆着各种电路、电脑零配件和微芯片，靠墙还排着几个便宜的锻铁架子，上面堆满了会让每个极客做梦会笑的好东西：DIY用品。空间里的这股能量明摆着就是在“邀请”发明和创造的光临。新车间将现实世界和虚拟世界联系起来，通过“黑客”的方式，让技术变得不那么神秘。

【深圳柴火空间】

2010年，柴火创客空间正式成立。作为深圳第一家创客空间，承载了一分执着，一份信念，当然也终于给在深圳的创客们带来了一个可以拧成一绳的契机。柴火创客空间寓意于“众人拾柴火焰高”，为创新制作者（maker）提供自由开放的协作环境，鼓励跨界的交流，促进创意的实现以至产品化。

柴火创客空间是机器科技的工作坊。柴火空间是提供基本的原型开发设备如3D打印机、激光切割机、电子开发设备、机械加工设备等，并组织创客聚会和各种级别的工作坊。现在拥有开源硬件、Linux及嵌入式开发、物联网、绿色能源、城市农场等多个主题，并在不断增加中。

柴火的理念都是为创客们提供一个好的场所，让来自各界各有所长的人碰撞出更多的火花，并且加些催化剂，把这火花炸得更欢腾，让普通大众能够看到、能够感受、能够喜欢。创客来源于生活但不拘泥于生活，归根结底，柴火一直都想把不甘寂寞的人变为创客，让创新创业变为他们不甘寂寞的一种宣泄。

从柴火走出的项目与成就大家都是有目共睹的：柴火第一位会员王建军的Makeblock、海归帅气的高老师的Betwine、国内创客大神级人物张浩的Dorabot，以及充满乐趣像朝阳一般的Shenzhen DIY。创客社区的小伙伴们共同成就了柴火，柴火只是深圳创客社区的一个缩影。深圳的创客们都是有独立思想，有高尚情怀以及有梦想的。众人拾柴火焰高，创客们不只是柴火的会员与访客，每一个创客都是柴火的缔造者。

2015年1月4日，李克强在深圳考察柴火创客空间，体验各位年轻“创客”的创意产品，称赞他们充分对接市场需求，创客创意无限。总理说，你们的奇思妙想和丰富成果，充分展示了大众创业、万众创新的活力。这种活力和创造，将会成为中国经济未来增长的不熄引擎。李克强总理探访深圳柴火创客空间的新闻，引起创客们的相继转发，未来创客运动将有机会获得政府的进一步扶持。

【杭州Onion Capsule（洋葱胶囊）】

杭州创客OnionCapsule（洋葱胶囊），成立于2011年11月10日，是国内首个由艺术院校建立的创客空间，由几位来自中国美术学院跨媒体艺术学院的学生创建。Onion Capsule位于美丽的南山路中国美术学院。跨媒体学院开放媒体工作室的老师为Onion Capsule提供了一间很大的工作室，为所有热爱新媒体技术、互动艺术、机械DIY的学生、艺术爱好者及业内高手提供了交互的社区、开放的实验空间和尽可能完备的基础设施。与国内其他创客空间相比，它会更加地关注互动艺术、声音艺术、活动艺术，以及电子、软件、硬件与艺术结合的无限可能性，并欢迎所有有梦想的技术宅。Onion Capsule 的真正内涵是，努力成为一个友好、开放的交流和发布平台。工作坊的成熟作品，会定期被放到 Onion Capsule 的网站上。这样的发布方式，需要参与者用创作艺术品的态度去工作，而不同于以往的项目跟踪式发布方式。

1.“创客”的出现，需要具备哪些条件？

2. 创客平台的出现对“创客”的益处是什么？

3. 如何更好地融合“创客”的创新，促使企业或者地区的创新能力进一步提升？

4. 未来的“创客”可能是什么样的？

第一节　创　　客

一、定义

创客是指出于兴趣与爱好，努力把各种创意变为现实的人。在“大众创业、万众创新”的新浪潮下，创客不仅极具创新精神，而且他们以用户创新为核心理念，借助 3D 打印、网络制造等先进技术设计不同的创意设计方案可供不同的消费者选择。①

“创客”一词源自英文 maker（制作者）和 hacker（创造性地运用技术资源的人）的综合释义，② 起源于 DIY 文化和美国硅谷“车库精神”，是利用开源硬件和互联网将各种创意变为实际产品的人。最早出现于 Cory Doctorow 创作的一部科幻小说的名字《创客》(Makers)③，他在书中写道：“通用电气、通用磨坊以及通用汽车等大公司的时代已经终结。桌面上的钱就像小小的磷虾：无数的创业机会等待着有创意的聪明人去发现、去探索。”2012 年，美国《连线》（Wired）杂志原主编 Chris Anderson 出版的《创客：新工业革命》让“创客”概念风靡全球，他认为典型的“创客”是一群具备特定知识含量，具备创新、实践、共享、交流的意识，愿意挑战技术难题并将

① 徐广林，林贡钦. 公众参与创新的社会网络：创客文化与创客空间 [J]. 科学学与科学技术管理，2016，2：11—20.

② 赵婀娜，李银鸽. 清华有一群懂艺术、爱艺术、好捣鼓的学生创客科技动手派 [J]. 人民日报，2014，(20).

③ 穆胜. 未来是创客平台的天下 [J]. 中外管理，2015，1：36—40.

创意转变为现实的人。①

创客不同于传统的发明者。发明者追求的是根本性创新，而创客更多的是改造和扩散已存在的技术或是寻找新的应用——他们更可能引发增量创新。从广义上讲，创客并不仅限于技术制作。在中国，创客的概念存在着泛化的趋势，也存在一些诸如“文化创客”“科技创客”“教育创客”的细分类别，“创客文化”所鼓励的是跨界交流，因此，从行业或技术背景去对创客群体进行区分的必要性或可商榷。而当下现实社会中最需要关注的创客群体，即是安德森从一开始强调的，以数字化技术为手段，将互联网智慧运用于现实世界的人。

个体创新，推动全民创造。创客对于激发社会性创新和对制造业进行升级的价值，绝对非同凡响。在人人当创客的风潮下，把个体化的创新能量引入企业，企业与创客“结盟”能更好地激发个体创新。创客时代，只有融合、创新和分享，才能加速梦想与现实零距离地实现。创客产品的市场不缺乏，一方面，创客本质上只是使创新活动更加灵活，对个体创新能力释放得更加充分。而另一方面，即使一些创客创造的产品属于小众产品，也有长尾需求②等着创客。从创意到产品的创客创新过程见图12-1 所示：

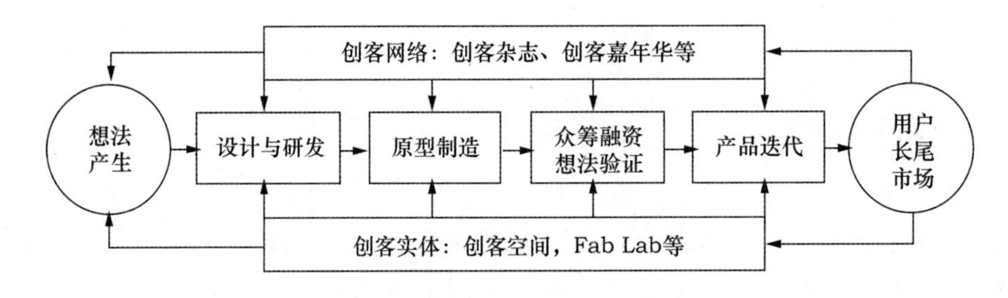

图 12-1 从创意到产品的创客创新过程

资料来源：徐思彦，李正风. 公众参与创新的社会网络：创客运动与创客空间. 科学学研究，2014，32 (12).

“创客”的概念传到中国后，本土化的解释开始出现。其中，最著名的是海尔集团董事局主席张瑞敏先生的巧妙运用，他在海尔进行组织转型的过程中，提出了“企业平台化，员工创客化，用户个性化”的创新理念。

创客将不再小众和另类，而代表着全新的未来。

---

① 克里斯·安德森. 创客新工业革命［M］. 萧潇，译. 中信出版社，2012：9—23.

② 长尾理论认为，只要存储和流通的渠道足够大，需求不旺或销量不佳的产品共同占据的市场份额就可以和那些数量不多的热卖品所占据的市场份额相匹敌甚至更大。

本土化视角 关于创客的观点

创客充分展示了大众创业、万众创新的获利，将会成为中国经济未来增长的不熄引擎。

——国务院总理 李克强

未来创客和大企业之间是以一种相互合作的方式存在的。

——北京创客空间的创始人兼首席运营官 王盛林

新车间是上海最便宜的“英语角”，它是一个可以自由去发挥创造的地方，把创造的快乐、创作的生活方式带给所有人。

——新车间联合创建者 李大维

创客只是一种生活方式，你可以把它当成休闲、个人兴趣的方式去玩，也可以当成谋生的方式，就看你怎么选择。对我而言，创客只是我的一种兴趣爱好，并非谋生工具。

——北京创客空间联合创始人 肖文鹏

二、创客文化

当创新的主体从科研技术人员拓展到普罗大众，“创客文化”（maker culture）逐渐兴起。创客文化通常出于创业者乐趣和自我实现的需要，主张建立非正式、网络化和共享学习的社会环境，鼓励计算机编程等新技术的应用，探索不同领域和有别于传统之间的工作方式。①

McCall将“创客文化”定义为：致力于个人制造的专业人士与爱好者形成社群并不断壮大的景象；对于其制作的作品，可以是技术装置、开源硬件或软件、时装、家庭装饰，乃至任何可用于现实生活中的作品。② 换言之，“创客文化”的使命在于使更多的人参与到创新中来，并把新的技术带到人们的日常生活中去。

而“创客文化”发展的现实意义也在于：首先，“创客文化”扩大了创新主体，从专业科研人员扩展到普罗大众，从实验室走向车库、创客俱乐部、创业咖啡室以及创客学校等社会空间；其次，“创客文化”拓展了创新领域，从科技创新、企业创新拓展到生活的各个方面，并鼓励来自不同背景的创客跨界合作，推动产业革新；最后，基于以上两点，“创客文化”推动了创新文化的发展，为创新、创业奠定了基础。

创客文化的核心在于用户创新。技术的发展，尤其是互联网技术的普及应用，降低了创新、创业的门槛，方便快捷地满足了人们对资源和工具的需求。在互联网时

---

① 徐广林，林贡钦．公众参与创新的社会网络：创客文化与创客空间［J］．科学学与科学技术管理，2016，2：11—20.

② McCall，L. What is Maker Culture? DIY. http：//voices. yahoo. com/what-maker-culture-diy-roots-2810966. html，2009.

代，除了畅销商品占据的主流市场之外，小众产品也出现了市场，冷门产品同样存在可观的利润空间。主流产品满足共性需求，而创客则依据创新和实践满足个性化需求，获得自己的市场份额和消费群体。在电子工程、工业设计、物流快递等诸多领域，创客逐渐成为技术和产品创新不可忽视的力量。

美国是“创客文化”最为兴盛的地方，由最初的车库创业、硅谷创新到反传统的DIY思潮，再到网络高科技催生的黑客文化，处处都可见到创客文化的影子。①

自2010年上海成立“新车间”以来，“创客文化”也在深圳、北京、杭州等其他地方生根发芽，目前已形成北京、上海、深圳三大“创客圈”。北京的“创客文化”受中关村的影响，倾向于科技创新与创业孵化；上海的“创客文化”则更注重以兴趣和爱好为基础的制作与分享以及国际交流；而深圳因其华强北完善的电子产业链，已被视作“创客文化”的新中心和产品生产基地，并将依靠城市的科技实力，成为创新、创业的热土。

与其他国家相比，我国的“创客文化”发展存在着一系列问题。首先，创客群体相对小众，尚未形成人人动手制作的局面，且作品相对同质化，创新能力不足。其次，除创新创业孵化器以外，致力于“创客文化”培养的创客空间还占少数。最后，开源创新与知识产权保护之间的关系尚未厘清；创客经济生态尚未形成。②

“创客文化”的发展经历了从一开始发生在自家车库的萌芽的阶段，到由创客俱乐部、创客空间、创客嘉年华等机构化扩散阶段，再到现在进入政府、企业、教育机构、图书馆共同参与的蓬勃发展阶段。与经济直接相关的创新、创业获得了热切关注。创客不等同于“创业”，以兴趣为基础的制作与分享是其核心精神。因此，“创客文化”是创新、创业的根基和土壤。同时，它也对整个市场产生影响：当人们不再对主流产品感兴趣，而是倾向于个性化商品，甚至热衷于自己参与产品制作过程时，创新、创业才能燃起燎原之势。

全球化视角 ▶ CircuitHub创业项目

前沿的硬件创新对接后端的优质生产资源的CircuitHub创业项目，其公司于2012年成立于硅谷，作为Y Combinator的孵化项目，不仅获得了Google Ventures等著名公司的投资，同时基于互联网硬件设计的制造平台也帮助欧美电子产品公司的设计和制造工厂实现了标准化对接，解决了创业者和创新团队的硬件制造从设计到量产的难题。CircuitHub公司的CEO Andrew Seddon将公司定义为“按需生产”模式，即通过调研市场的需求，增强客户的需求，让硬件公司更容易从设计阶段迈向生产阶段，实现每个公司的凝聚力和合力。

---

① 丁大琴. 创客及其文化历史基因探源［J］. 北京社会科学，2015，8：22—28.

② 温雯. “创客文化”的历史图景与未来路径［J］. 福建论坛（人文社会科学版），2015，8：55—61.

目前，CircuitHub 已经成为世界上最大的硬件社会化的分享交流平台。用户在公共区域登陆，通过各种库内电子元件模块设计自己的产品，Circuithub 则可以帮助这些用户对接供应链和制造资源，将芯片的设计者，生产商、供应商都联系起来，形成了规模效应。

三、创客运动

创客运动（maker movement）是指在全球范围内推广创客理念和创客精神的一项运动，其中包括了开放分享的精神、自己动手的习惯、对技术的钻研和对自由的不懈追求等。① 创客运动体现了一种设计、制作、创造与创新的文化，典型特征是在 DIY（自己动手做）或 DIWO（和其他人合作做）理念的支持下，许多人聚集起来进行一些制作或创造活动。尽管国际上开展创客运动的形式是多样的，但是它们都基于开放探究、内在兴趣和创新的理念。②

创新模式刚兴起时，创新活动体现出由政府或相关机构组织引导的特征，大众虽大规模参与创新过程，但多为被动。原有的精英主导创新过程的模式尚未改变，直到创客运动的兴起，才使得创新不再由少数精英企业或个体垄断，草根大众第一次可以主导创新活动的整个过程。

创客运动兴起的直接原因可归结为两方面，一方面是新世纪以来互联网与跨境电子商务的飞速发展，充分地释放了大众市场原本就多元化，但由于受传统单一供销渠道的约束而无法得到充分满足的需求。通过阿里巴巴这类平台，世界各地的工厂向拥有数字设计和信用卡的草根大众敞开大门，提供基于互联网的按需制造服务。通过淘宝、亚马逊这类平台，符合各种细分消费市场需求的小众化产品被摆上虚拟的货架，可以把任何创新产品卖给任何人。另一方面是包含 3D 打印、3D 扫描、CNC 激光蚀刻等在内的制造技术，以及包含开源硬件、开源软件、社交网络等在内的信息技术的飞速发展，为创客降低了将创意转化为原型产品的门槛，可用很低廉的成本完成传统由精英企业或个体垄断的研发创造过程。借助这些技术工具，即使你的才智不如乔布斯，也可以凭借微小的创意创造出满足细分消费市场需求的微创新制品，并获得成功。长尾理论充分地解释了这一现象：只要产品的存储和流通的渠道足够大，需求不旺或销量不佳的产品所共同占据的市场份额可以和那些少数热销产品所占据的市场份额相匹敌甚至更大，即众多小众市场汇聚成可产生与主流相匹敌的市场能量。③

安德森指出了“创客运动”具有的三个变革性共同点：

---

① 徐思彦，李正风. 公众参与创新的社会网络：创客运动与创客空间［J］. 科学学研究，2014，12：1789—1796.

② 李芳. 创客运动的国际现状分析［J］. 中国医学教育技术，2016，2：135—139.

③ 克里斯·安德森. 长尾理论. 乔江涛，译. 中信出版社，2006.

• 人们使用数字桌面工具设计新产品并制作出模型样品（“数字 DIY”）。

• 在网络社区中分享设计成果、进行合作，已经成为一种文化规范。

• 如果愿意，任何人都可以通过通用设计文件标准将设计传给商业制造服务商，以任何数量规模制造所设计的产品，也可以使用桌面工具自行制造。

创客运动从欧美来到中国大约是 2010 年，时间虽短却发展迅猛，因为国内强大的制造业生态体系、丰富的人力资源、雄厚的资本和艺术积淀是创客扎根成长的肥沃土地。同时，中国正处在一个由“中国制造”向“中国创造”转型升级的大潮中，创新驱动发展的国家战略和整个社会对创新的渴求成就了创客理念在国内的迅速传播。① 国内迅速形成了北京、上海、深圳为中心的三大创客文化圈。

四、发展现状

（1）全球创客发展现状

近年来，创客运动在全球范围内蓬勃发展。2013 年，全球创客空间已达 1300 个，且数量还在快速增长。目前活跃的创客空间分布于五大洲的各个国家，其中以美国和德国居多。交易平台方面，全球每年有数百万的创客卖家在美国专业为创客服务的网络市场 Etsy 平台上销售自己的产品，2013 年 Etsy 的交易额达到 10 亿美元。② 在创客活动方面，全球开展了很多有影响力的创客活动，如美国的制汇节（Maker Faire）、德国的欧洲黑客大会（Chaos Communication Camp）以及中国的创客嘉年华等。在资源共享方面，开源软件和开源硬件的结合，为创客准备好创作的要素，推动了创客运动的发展。目前，全球有数十家大规模的开源硬件公司，如美国的 Adafruit、SparkFun、MakerBot 公司和中国的北京龙凡汇众机器人科技有限公司、深圳矽递科技有限公司（以下简称“矽递科技”）等。在资金方面，众筹平台为创客募集资金，有效支持创造活动的持续发展。目前，全球有很多众筹平台，如 Kickstarter、IndieGoGo、Indegogo 等。kickstarter 平台 2011 年为约 12000 个创客项目募资近 1 亿美元，2012 年为 18109 个创客项目募资 2.74 亿美元。③

（2）中国创客发展现状

从 2010 年李大维在上海创办中国第 1 个创客空间——“新车间”开始，创客概念进入中国。经过 5 年多的发展，中国的创客主要集中在北京、上海、深圳 3 个城市，且各有特点。北京积累了众多的顶尖技术人才，同时高校云集也让北京拥有丰富的艺术和设计的人才资源，这里的创客更具跨界协同创新以及创业精神，更多会在追求跨界中寻找价值；上海是国内第 1 个成立创客空间的城市，这里的创客把创造当作一种兴趣爱好；深圳可以让创客完成从产品研发到做出样品、再到批量生产的整个过

① 牛禄青. 创客中国创新新势力 [J]. 新经济导刊，2014，12：10—17.

② 习牧歌. 创客运动跃动中关村 [J]. 中关村，2014，12：28—30.

③ 夏自钊. 创客：“自时代”的造物者 [J]. 决策，2013，6：26—28.

程，是国内创客产业链最完整的一个城市。[①]

目前，中国较为知名的创客空间有北京“创客空间”、上海“新车间”和深圳“柴火空间”等。其中，北京“创客空间”是目前亚洲规模最大的创客空间，影响人数超过10万人。深圳“柴火空间”资助者矽递科技、与“新车间”紧密合作的上海智位机器人有限公司分别成为全球排名第2的开源硬件和排名第3的微型机器人制造商。这两家公司成功的原因包括：中国强大的电子制造业基础；中国的创客文化开始蓬勃发展。

自2010年创客概念进入中国以来，国内制造业生态体系、人力资源等方面的优势促使中国创客文化迅猛发展。此外，中国正处在一个由“中国制造”向“中国创造”转型升级的大潮中，创客理念在中国的迅速传播还得益于我国实施“创新驱动发展”的国家战略以及整个社会对创新的渴求。

不同地域的创客社群，显现出差异化的定位和发展方向。受各地产业结构与社会文化差异的影响，这些创客组织在聚集参与者、进行项目开发的过程中各具优势：

① 华北地区：充足的原材料供给；政府定向支持；工程类高校众多，拥有庞大的目标人群基础；资本密集。

② 长三角：开源硬件企业在资金和技术上的支持；工程、艺术类高校云集；国际化程度高。

③ 珠三角：更贴近机电产品的上游原材料供应链；政府定向支持；互联网企业众多，信息化人才聚集。

近年来，我国一些地方政府也极为重视创客事业的发展，尤其是北京、上海、深圳等地政府，主要措施包括出台支持政策、举办创客活动、搭建创客平台等。

中国的创客事业已经取得了一定的成果，但依然处于起步阶段，还存在一些问题，包括一些好创意还只是停留在样品上，没有转化为商品；创客缺乏资金和融资渠道，对目标市场和竞争对手情况也缺乏了解，创业难度较大。因此，需要努力争取政府、企业、社会、金融等各个方面的有效支持，进一步突破创新思维，全力打造适合中国创客发展的生态系统；另外，还需要加强创客与开源硬件公司、开源软件公司、众筹平台等机构间的互通交流、相互融合、不断完善，构建有助于创客发展的链条式协作平台。

五、未来

近年来，随着可穿戴、智能硬件、3D打印、开源制造、物联网、互联网、新能源等一系列新技术和新模式的迅猛发展，创客运动在推动“中国制造”向“中国创造”转型升级的过程中发挥重要的作用。[②]

创客运动促进创新模式的改变。传统的技术创新一般由高校院所、企业研究中心

---

① 白晶．深圳争创全球创客之都［J］．宁波经济（财经视点），2014，12：20．

② 黄翠．“创客”的发展现状与趋势［J］．新材料产业，2016，1：54—56．

等的专业技术人员开展。而现代互联网技术的发展为创客在线分享、合作创造、材料供应等创造了条件，再加上 3D 打印技术的出现，技术创造的门槛降低，普通大众也可以低成本地获取、设计和生产工具，开展技术创新，这些都将激发普通大众中蕴藏的创新力。普通大众往往更了解市场和应用需求。因此，未来的技术创新主体将不仅限于少数专业人员，普通大众也将参与设计和制造新产品，成为社会创造和创新的新力量。

创客运动推动传统制造业的转型。传统制造业的设计和制造都由公司或工厂开展，专注满足大众基本需求，规模化生产利润丰厚的热门产品，大众消费则以共性产品为主。创客运动主要针对特定用户提供设计和制造，生产满足特定群体需求的小批量产品。随着社会经济和大众需求的个性化发展，创客运动带来的个性化、定制化和小众化的生产模式是对传统制造业的巨大挑战。更多的新型制造企业会越来越多地依据大众群体的个性化需求来设计、制造、生产小众商品。小众商品相对于大众商品优势明显，更能满足大众越来越多的个性化需求，这将给个体制造业带来更好的发展机遇。

创客运动创造就业岗位。创客文化促使更多的创客自主创业，同时带动千千万万的小微企业成长壮大。随着创业规模的逐渐扩大，将吸收越来越多的劳动者就业，实现创业带动就业，有效缓解就业压力。庞大的高校学生群体就是创客运动的最佳人选，他们拥有巨大的创新潜力和一定的研究能力，可以将创意转变成创客项目，实现自主创业，同时带动更多不同层次的社会人才就业。此外，创客运动推动个体制造业迅速发展壮大，也会创造出更多技术、工程、艺术等各行各业的就业岗位。

创新是一个国家、一个民族、一个地区最核心的竞争力。如今的创客运动就是将创新、创意转化为现实，只有这样才能推进“中国智造”，实现由“中国制造”向“中国创造”的转型升级。随着目前智能硬件产业的爆发式增长，可以预计创客运动将对各个科技领域的创新创业发挥更大的作用。

第二节　创客平台

一、分类

当前，创客崛起的趋势和创客能够带来的价值已毋庸置疑。各类机构倾巢而出，创客平台如雨后春笋。但是，要搭建平台，首先要解决“导流”的问题，换句话说，平台必须要有理由让“创客”进入。创客平台（maker platform）可分为三类。

1. 社交群落类，聚合创客

做这类创客平台的大多数是媒体，例如，《创业家》《创业邦》等。这类媒体成长于新旧媒体交替之间，由于与读者有较好的交互性，又具有一定的内容资源（智力资源）和合作企业资源，能够吸引创客进入。另外，创客进入此类平台的其他目的，也可能是为了加速项目的公开传播，这也是助推商业或获得资金的好机会。

以“黑马营”为例，《创业家》通过“申请—审核”的模式挑选学员，主要针对成立1—5年，营收3000—5000万元，未接受过风险投资，有独特商业模式的“黑马”公司。进入黑马营的学员，能够获得学习、融资、推广、合作、咨询等服务。

尽管学员是通过线上媒体的吸引进入平台，但这类社交群落的稳定连接主要是在线下。黑马营通过各类线下活动（课程、私董会、导师辅导等）最大程度地制造创客之间、创客和合作者之间的交互，聚合了创客群体。

这类创客平台主要是通过“卖内容和咨询”来获利，这实际上是在细分市场上分流商学院和咨询公司的收益。

当然，这样的模式下，创客本身的发展好坏对于平台来说，仅仅是一种声誉机制，并不会直接影响平台的收益。所以，它们没有办法（如通过抽取佣金等模式）分享到创客的成长价值。

2. 线下支持类，众包资源

做这类创客平台的大多是传统企业。它们亟待向“平台＋创客”的方向转型，引入外部创客。

这些企业并不具备较好的社交属性，它们依靠“线下支持力”吸引创客，或者直接把内部员工变成创客。在这类创客平台上，创意（技术或资源整合的）能够快速地以企业的形式进行运作。这类似于早期许多地方政府或大机构打造的“孵化器”。区别在于，这些“孵化器”更多是以本地资源作为支持。但是，像海尔这类企业却意图为创客引入云端的资源。这个“大云端”包括HOPE、模块商资源网等组成的“众包资源”，以及天使基金、VC基金和产业基金组成的“众投资金”。

这里不仅有海尔的“私有云”，而且还加入了外部的“公有云”，外部的资本就可以进入海尔创客平台上的项目。这让海尔创客平台的支持升级，所以，这个“大云端”一旦连接上“创客”的“众创群落”，就能全面推动创意落地。

不同于海尔的开放和创业驱动模式，微软的创客平台更多针对内部员工，更像是安德森理解的兴趣驱动模式。

在“微软车库”，有包括微软员工利用业余时间开发的诸多项目。Next Lock Screen for Android就是其中之一。这个锁屏App，可以替代用户Android手机的原有锁屏，提供当天日历安排、滑动电话拨号、快速应用启动等，从而为微软提升存在感寻找新的机会。正如微软新掌舵人Nadella（纳德拉）所说：“我们需要改变主流的产品开发文化和实验文化!”

在推动“创客运动”上，联想也已经连续举办了两届创客大会（2013年和2014年）。英特尔在手机、平板、电视等项目上未能实现战略布局后，正在积极地开发一系列产品和计划，想要加速可穿戴设备领域的创新。其中，纳入个人开发者的作品就已被提上日程。

这类创客平台主要通过“风投模式”来获利。由于创客基于企业的生态成长，企业具有最好的机会进行早期及更早期的投资。而投资也可以通过资源投入的形式进行，实际上是用最小的资金杠杆撬动最大的商业项目。另外，像海尔这类企业还会引入外部资本对项目的优劣进行甄别，这就在最大程度上降低了投资风险。

3. 线上支持类，数据交换

创客正在获得许多大企业的垂青。连阿里巴巴这类线上企业也开始蠢蠢欲动了。

2014 年 10 月 14 日，阿里在北京宣布无线开放战略，启动“百川计划”。该计划中，阿里将分享阿里无线资源，重点从技术、商业、数据等方面为移动开发者提供基础设施服务，目标是构建“云＋端”的移动时代商业生态。

加入百川计划后，App 开发团队甚至不需要 CTO（精通技术的人），只需要有产品经理（有概念、有想法的人），有思路、有想法就能迅速开发成长出一款优秀的 App。对于初创阶段的开发者，百川所提供的技术支持将让 App 开发周期最快节省一半，从而技术成本也将大大降低。此外，除了开放的商业数据，阿里还将提供电商服务能力，助力开发者完成 App 商业模式的架构，授权其实现淘宝账号登录，接入阿里交易体系，打通商品推广、交易支付、后台管理的全链条。

可以想象，通过百川计划，阿里把任何加入的 App 都变成了自己的“终端”，而自己则专心经营“云端”为“终端”提供共享服务，再通过“终端”的繁荣导入数据，壮大“云端”。尽管没有声称自己是“创客平台”，但阿里却为创客们提供了线上支持。创客们则可以“有点子就能（线上）创业”。

这类创客平台的盈利模式更有意思。阿里 COO 张勇强调，百川计划不会参与 App 开发者的利润分成，而且在初期几年时间也并不考虑盈利，其背后的逻辑是双方数据的交换。可见，阿里看重的是数据，而不是钱。但实际上，在这个时代，数据就是钱。只要 App 开发者基于阿里平台接触用户、沉淀数据，阿里未来就可根据这些数据进一步巩固自己的商业帝国。如表 12-2 所示：

表 12-2　三类创客平台

	社交群落类	线下支持类	线上支持类
类型	媒体	传统企业	互联网企业
代表	创业家、创业邦	海尔、联想	阿里巴巴
目的	聚合创客	向“平台＋创客”的方向转型，引入外部创客，或把内部员工变成创客	为移动开发者提供基础设施服务，以期获得数据
获利方式	买内容和咨询	风投模式	数据即钱
评价	创客的发展好坏不会直接影响平台收益，平台无法分享创客成长价值	企业具有最好的机会进行早期和更早期投资，用最小的资金杠杆撬动最大的商业项目	App 开发者基于阿里平台接触用户，沉淀数据，通过这些数据，阿里可进一步构建数据帝国

资料来源：穆胜．未来是创客平台的天下［J］．中外管理，2015，(1)：36—40.

二、创客平台的比较

人人都可以通过平台变现自己的创意，获得价值反馈。这使得越来越多的企业开始运营创客平台。而内部、外部的创客都会根据平台提供的价值选择自由进入，以求最大程度上助力自己的项目。三类创客平台各有优劣。

社交群落类的创客平台，因无法提供如海尔一般的线下强力支持，和阿里一般的线上强力支持，最终会成为创客们早期的栖息地，起到启蒙心智、撮合早期资源的作用。

当项目走上正轨，需要线上和线下资源时，创客们会选择进入另外两类平台；而如果不需要两类资源，创客们则会选择自己玩。另外一个风险是，这类创客平台具有太强的“群落性”，而非“平台性”。也就是说，封闭有余，开放不足。这也许正是这类创客平台过于依赖线下活动形成链接关系的结果。缺乏线上的互动，创客们相互之间的链接受到限制，平台纳入创客的规模也受到限制。

线下支持类的创客平台，其主要问题在于缺乏“社交界面”。在新媒体时代，在网状社会结构的时代，品牌如果不能够实现人格化或者群落化，是不能够引入足够的流量（创客）的。

创客们个性十足，自然需要寻找到能够实现价值认同的栖息地。所以，海尔之类的大型企业就面临两个选择：其一，打造一个社交界面；其二，导入嫁接一个社交界面。两者当中，我更看好后者，这些社交界面并不贵，大企业也有足够的资金。另外，传统大型企业打造的线下支持类创客平台还面临一个更大问题，就是“数据云端孱弱”。由于企业并不具备原始的互联网基因，在数据云端（尤其是用户数据）的累积上，很多企业一开始并未重视，甚至根本没有与用户交互的界面。海尔等企业已经开始重视这些问题，用“网器”的思路来打造家电硬件“终端”，用“云端”来强化“终端”的体验。但这条强化云端之路对于传统企业并不容易实现。

线上支持类的创客平台，可能是互联网时代最具前景的存在。它们唯一的问题是如何解决“最后一公里”的问题。尽管可以通过创客们各自为政解决线下体验，但作为平台，不能提供包括线下的“一站式”创业支持，仍然是平台值得改进的地方。也就是说，阿里的“云端”够强，但“终端”仍需发力。这里的“终端”并非指屏幕上的 App，而是指企业提供的服务或产品与用户接触的界面。如果非要从阿里这类创客平台上挑问题，综合分析创客平台最大的软肋，其实是数据够广而不够深。换句话说，海尔如果要在阿里的数据帝国里寻找自己的生存空间，那么，深入累积家居解决方案所需要的数据就是出路。可以想象的是，依赖自己深入每个家庭的“网器”，一定可以在家居解决方案的领域打造强大的“云端”。

看懂趋势的大型企业正以飞快的速度向平台进化，并且使平台不断“加厚”。

第三节　创客模式

一、创客模式

在传统创新模式下，创新成果往往诞生于装备精良的实验室、高校、企业研发部门以及研究所等。成果创造者通常是拥有丰富知识储备的专业人才，他们或出于兴趣驱使，或迫于谋生需要，聚集于特定的研发场所。新产品研发之初，研发单位需要深入市场进行广泛调研，在准确挖掘产品需求的前提下，方才进入研发环节。从市场需求催生出新的研发目标，至最后创新成果的成功发布，往往需要历经较长时间的研发过程。而随后在创新成果从小范围试点应用至产品大范围投放市场这一阶段，消费者关于产品体验信息的完整反馈更是耗时耗力，具体流程见图 12-3。[①] 因此，产品生产周期漫长的传统创新模式一旦遭遇市场客户频繁更新换代的产品诉求，便往往力不从心，而创客模式却能够借助自身优势应对自如，这便是创客模式的核心魅力所在。

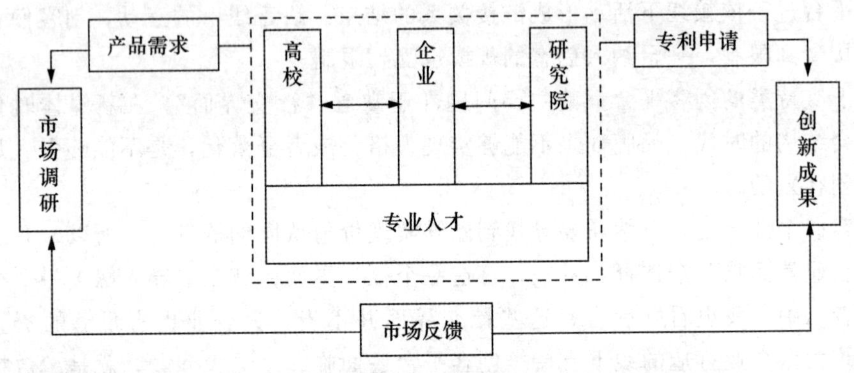

图 12-3　传统创新模式

那么，相较于传统模式下的创新方式，创客模式的最大优势在于以下三点：一是大大缩短了冗杂的创新链条；二是巧妙解决了创新过程中的融资难题；三是知识的深度共享将释放更为强劲的经济增长动力。

创客模式与传统创新模式的不同之处在于，创客空间这一共享平台将全球各地的兴趣爱好者汇聚一处。在这里，后来的创新者可以免费使用前辈们共享的智慧成果，依照就近原则选择距离自己最近的创客实验室，支付一定会员费用，例如，利用 3D 打印机和激光切割机作为基本操作工具设计出高度贴合目标需求的产品。人们既能够在这里发布特定产品需求，又可以定制喜欢的产品，除此之外还能及时向研发团队反馈新产品使用体验并给出改进意见或方案，以帮助目标产品实现用户体验的高度优化，[②] 详细流程见图 12-4。[③] 可以说，创客模式的产生不但将需求调研与产品研发有机结合到一起，大大缩短了整个产品生产周期，更为重要的是将发明创造从必须配备昂贵实验设备或研究机构的高门槛中解放出来。至此，发明创造不再是专业科研人员

---

① 康继军，孙彩虹．创新驱动经济增长：创客模式与创痛模式比较研究［J］．科技进步与对策，2016，33（2）：1—5.

② Mandavilli，A. Appropriate Technology：Make Anything，Anywhere［J］．Nature，2006，442：862—864.

③ 康继军，孙彩虹．创新驱动经济增长：创客模式与传统创新模式比较研究［J］．科技进步与对策，2016，2：1—5.

的专利，创客模式让创新成果更加平民化——任何人在任何地点只要手握创意并愿意付诸实践，或者具备足够好的点子或诉求，便可借助创客平台，让一切成为可能。

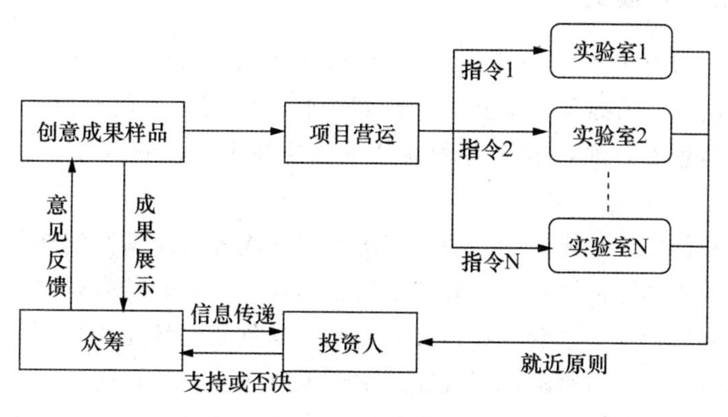

图 12-4 创客模式

在筹融资方面，创客模式与传统创新模式也存在显著区别。在旧模式下，创新项目的初始研发与后期投入往往需要数额庞大的经费予以支持，这些经费的提供者或是企业自身，或是外来风投，也可能是相关政府机构。除企业本身出资的情况外，创新项目发起人必须拿着手中的创新成果或项目计划书四处游说以寻找合适出资人，出资人在同意接受项目计划书之前还需对整个项目进行综合评估并予以严格审批。因此，就算创新项目最后可以顺利进入运营阶段，也难逃各类繁杂手续与层层审批的困扰。一旦延误商机，整个创新项目可能还未见天日便早已胎死腹中。在创客模式下，整个项目的生杀权利则牢牢掌握在产品的最终用户手中，只有获得市场用户的认可，项目才可以顺利进入营运环节。为此，项目发起人首先需要在创客空间线上平台发布其产品的详细说明书，对产品的性能、功效以及使用方法等进行全面介绍。兴趣不足的用户通常会直接走开，而受到吸引并想购买该产品的用户则会为其投票给予支持，并通过预定方式提前支付。只要项目发起人收到来自客户支付的金额总和超过创客空间线上平台设定的基准线，整个项目便可正式投入营运，这就是当下受到全民追捧的众筹(crowd funding)。在新模式下，出资人也是最终的产品用户，他们在选择产品时通过用脚投票的方式支持自己喜欢的产品。不仅如此，他们还能够和新产品研发人员就产品的性能改进进行实时沟通，最大程度地参与到新产品整个研发过程。创客模式不仅大大缩短了新产品生产周期，还实现了新产品研发与市场实时诉求的高度契合。较之于目前大规模批量生产的传统制造业，创客们更擅长根据客户的个性需求完成新产品设计的高端定制。

两大创新模式的本质区别在于知识成果的共享方式。传统创新模式讲求智慧成果的产权归属。一项创新成果在其诞生之初就被贴上了专利、商标等归属权标签，后来创新者若想借用则需找到该项成果法律上的所有人，经过一段可能相当漫长的谈判过程，方可在支付许可费的前提下继续使用。创客模式讲求的则是知识成果的高度共享：集聚众人智慧合力创新的模式将会给一国长尾市场的经济增长带来持续不断的动力。

二、创新2.0模式

产业进步的动力来源于持续创新。如今，新的趋势已经充分显现：以用户为中心、以“人人创造”为标志、以开放式创新为特点的创客式创新模式已经加速到来。这种让全民参与创新，通过利用各种新技术，让知识和创新共享、扩散的模式叫做“创新2.0”。

Web 2.0和创新2.0模式的出现，解决了用户或者大众满怀创新创意与大企业垄断创新资源的矛盾。这种模式的核心就是以人为本，大企业越来越关注用户的个性需求，并且发现如果开发一整套工具箱交给那些充满创意的领先用户或者社会大众，不但会降低自己包办创新的风险，而且还经常会大有收获。一旦这些创意型的产品和服务能够满足一大批人的类似需求，所产生的利润就会更可观了。而对于领先的用户或社会大众，创新这个过程本身就相当令人愉悦，而且随着各种专业工具包的出现，其创新速度都会大幅提升，创新成本也会大幅下降。①

创新2.0模式的核心是开放式创新。所以克里斯·安德森呼吁：传统制造业在大型技术上优势尽显，但如果它想和新兴的小众制造公司竞争，就必须尽快地进行革新，进行开源创新，比如建设一个开源平台，让顾客参与进来。

第四节 创客空间

一、定义

创客空间（maker space）是指具有加工车间、工作室功能的开放实验室，是创客们共享资源和知识、产品发明和实现的场所。② 安德森对创客空间的界定是：“创客空间是指配备创客所需设备和资源的开放工作场所，创客在创客空间里完成其产品”。③ 创客空间由“车库”衍变而来，创客在这种带有加工车间和工作室功能的软硬件开放实验室里将创意变成产品原型，可以直接委托产品孵化平台进行设计优化和小批量生产，即实现从0到1。另外，还可以在众筹网站（如kickstarter）筹资，获得产品的早期资金和市场反馈。创客空间具有DIY导向、资源可及、开放共享、属性多样等特性。④

---

① 洪进，刘志迎，徐毅．众创空间：从“奇思妙想”到“极致产品”[M]．北京：机械工业出版社，2016.

② 徐思彦，李正风．公众参与创新的社会网络：创客运动与创客空间［J］．科学学研究，2014，12：1789—1796.

③ 克里斯·安德森．创客新工业革命［M］．萧潇，译．北京：中信出版社，2012：9—23.

④ 王佑镁，叶爱敏．从创客空间到众创空间：基于创新2.0的功能模型与服务路径［J］．电化教育研究，2015，11：5—12.

全球第1个真正意义上的创客空间诞生于1981年——德国柏林的混沌电脑俱乐部，中国第1个创客空间是于2010年诞生的上海“新车间”。现在许多创客空间在产品设计和原型创造基础上，还延伸兼具产品孵化和企业孵化功能，如北京创客空间，在这里不仅可以实现从0到1再到100，即从创意到产品原型再到小批量产品，还能给创客提供创业场地、管理咨询、投融资、渠道销售等服务。创客空间是“创客文化”发展的重要载体。它为创客活动提供物理空间和硬件平台；同时，在线上虚拟社区的技术共享及讨论也大大拓展了创客空间的物理边界。据hackerspace.org统计，全球已有近1200家创客空间正在运营，并且数量还在不断增加。以创客空间为核心的创客生态圈如图12-5所示：

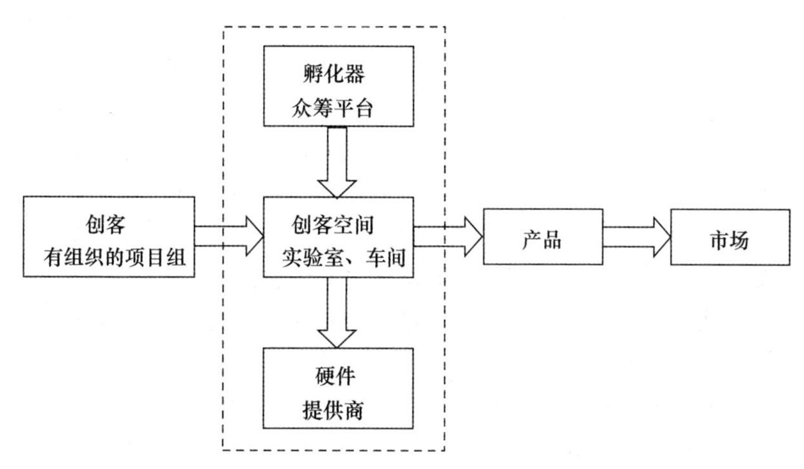

图12-5　以创客空间为核心的创客生态圈

二、运营模式

创客空间不仅提供了新技术和新知识学习交流场所，而且提供了把创意转变为原型的设计制作实验空间，还提供了把原型转变为成品及小批量产品的产业链服务。创客空间从创意到原型，到成品及产品全过程，如图12-6所示：

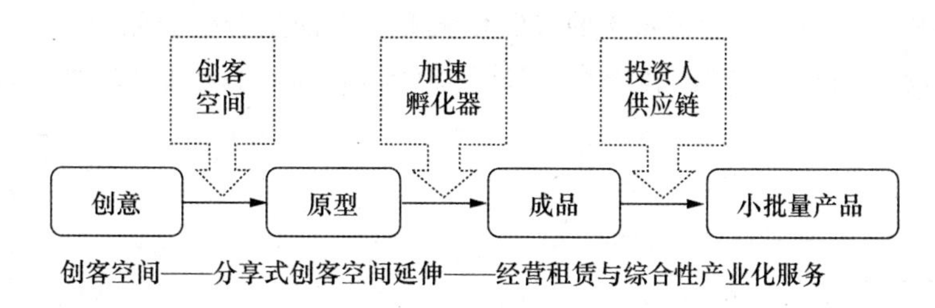

图12-6　创客空间的运营模式

资料来源：徐广林，林贡钦．公众参与创新的社会网络：创客文化与创客空间[J]．科学学与科学技术管理，2016，37(2)：11—20.

创客空间经历了早期会员制社群、网络开放组织、国际化创客运动、产品孵化平台的形态转变。国内创客空间兼具以往创客空间的形态特点，作用形式包括兴趣团体、项目孵化与加速、技能培训、专业工艺、社交空间、企业家资源导入等。[①] 例如，深圳柴火创客空间（简称“柴火空间”）不仅为会员提供空间、工具、材料，从而把创意转变为原型，[②] 而且提供原型到成品的加速孵化服务以及提供小批量生产及供应链服务；[③] 北京创客空间除提供创意设计服务，还提供创业资金、工业设计、技术开发、供应链等创业资源对接平台。[④] 创客空间不仅辅助创客把创意转变为原型，而且从自身利益出发积极推动原型的产品化。

创客空间普遍使用的是社区自治的运行方式。目前国内的几大创客空间运营模式各不相同，上海的新车间沿袭国外社区实验室的 NGO 运作模式，以会员费维持运营。北京创客空间作为“新型创业孵化器”由海淀区和北京市政府提供部分支持，并孵化智能硬件项目。深圳柴火空间背后有开源硬件电商 Seeed Studio 在支持。

创客空间运营模式的主要特点：

（1）分享式经营租赁。所谓经营租赁是出租人在一定时期内将其所拥有的资产转让给承租人使用以取得租金的一种交易。在创意到原型的阶段，创客空间为创新发明购置了各类必要资源并提供给创客们分享使用，同时向创客们收取较少的、优惠的会员费、材料费、培训费等费用。因此，创客空间运营模式兼具经营租赁和分享使用的特点，称为分享式经营租赁。创客空间提供的创意实现资源主要是共享空间服务、共享设施服务和共享培训指导服务。

创新者在创新时有不少障碍。首先，创新者通常面临资金少、融资难、风险承受能力低等困难，而创新项目往往投入大、风险高、周期长，购置整套设计制作设备对他们来说难以负担、风险巨大。其次，创客空间购置设备并租赁给个别创客使用的模式仍存在问题，不仅创客进入门槛仍然过高，而且创客空间若收费低廉将难以收回成本且风险较大。分享式经营租赁化解了上述难题：由于创客们共同缴纳费用，不仅极大降低了每个创客的费用，而且极大提高了运营者租赁收入；项目众多使得成功项目容易出现、远期项目收益分成将提高，这有利于创客空间的盈利和发展。

（2）综合性产业化服务。所谓产业化服务，此处指在把原型转化为产品并推向市场的过程中所提供的与产业链对接的专业化服务。在创意转变为原型后，还要对原型进行实际检验并通过产品迭代过程，以获得市场和同行的认可；在原型转化为成品

---

① 王德宇，杨建新，李双寿. 国内创客空间运行模式浅析［J］. 现代教育技术，2015，5：33—39.

② 谢丹丹. 柴火空间中国创客的“网络社区”［J］. 中外管理，2015，1：49—50.

③ 谢莹，童昕，蔡一帆. 制造业创新与转型：深圳创客空间调查［J］. 科技进步与对策，2015，2：59—65.

④ 柳进军. 创客空间助推智能硬件创新创业［J］. 中关村，2015，3：89.

后，还要依据市场预测进行小批量生产以投放市场。①② 由此可见，开发出符合市场的产品并投放市场产生收益是一个复杂的产业化过程，是决定项目成败的关键环节，还是缺乏商业经验的创客们的短板。创客空间延伸提供咨询、融资、营销、采购、生产等综合性产业化服务，促使创意最终能转化为产品和收益。创客空间提供的综合性产业化服务主要有研产融容合作平台和产业链服务。

创客空间聚集了众多潜在创新项目和产业界人士，积累了丰富的项目鉴别经验。首先，商业经验欠缺的创客能及时找到适合的合作者，极大提升原型向成品和产品转化并取得市场成功的可能性。其次，由于项目聚集和充分的信息交流，创客、运营者和其他产业界人士的信息搜索成本、信用成本、谈判成本极大降低。最后，运营者与创客间的密切合作保障了双方收益，即运营者相信创客的远期收益分享承诺，反过来能更好地提供综合性产业化服务。③

本土化视角 深圳柴火创客空间

深圳柴火创客空间提供了从创意到原型、到成品、再到小批量产品的全程服务，呈现出分享式经营租赁与综合性产业化服务的特征。

（1）分享式经营租赁。在创意到原型阶段，柴火空间为创客和来访者配备了场地、设施、设备、管理员、导师、网站等各类共享资源，组织了讲座、培训、聚会、制作等各类活动。矽递公司（柴火空间创立者）提供了场地租借与管理员费用。柴火空间实行会员制，仅向会员按服务类别收取少量会员费。例如，从体验会员、普通会员、升级会员到 VIP 会员，分别收取按次 20 元、按月 168—1024 元会员费，分等级提供参加或举办工作坊、分享会和聚会，以及提供进入或使用创意区、信息交流区、工具材料、操作台、露台和固定桌子等服务。服务内容丰富，会员费用低廉，充分体现了创意阶段分享式经营租赁的特点。

（2）综合性产业化服务。首先，在原型到成品阶段，矽递公司与天使基金合作成立硬件孵化器，为创业团队项目提供加速孵化服务，包括提供种子基金、免费办公空间、导师扶持资源、商业化运作等方面扶助，孵化器则取得项目 6%—10%的股权作为回报；其次，在成品到小批量生产阶段，矽递公司为项目提供小批量生产，代理销售或者利润分成销售创客团队的产品，并向国内外创客销售开源硬件。

---

① 王德宇，杨建新，李双寿．国内创客空间运行模式浅析［J］．现代教育技术，2015，25（5）：33—39．

② 谢莹，童昕，蔡一帆．制造业创新与转型：深圳创客空间调查［J］．科技进步与对策，2015，32（2）：59—65．

③ 常耀中，余博．创客空间的分享式经营租赁与综合性产业化服务研究［J］．中国科技论坛，2016，3：24—29．

柴火空间创立4年来，注册会员超过1000人，成功孵化包括开源智能机器人、四轴并行机械臂、折叠式代步小车等一批项目；矽递公司过去3年收入年增长率均超过100%，产值达到5000万元人民币，利润率高达40%—50%，充分体现了分享式经营租赁与综合性产业化服务促进创新产出和实现运营收益的有效性。

三、发展现状

据 hackerspace. org 统计，全球已有近1200家创客空间正在运营，并且数量还在不断增加。① 而根据2015年3月全球创客空间维基站点的统计，在其网站注册的国内创客空间共有21家，中国实际正式运营的创客空间总共53家，广泛分布于北京、上海、深圳、南京、杭州、成都、广州、东莞、香港和武汉。国内统计显示，目前已正式运行处于较为活跃状态的创客空间或创客聚集地有约28处，辐射区域覆盖了华北、长三角、珠三角、华中、西部地区和东北地区。除此之外，各地方院校、中小学校、社区，不断出现新的，或是由原兴趣社团演变而来的拥有固定活动场所和专属设备的创客空间。尽管创客是文化创意产业重要的助推者之一，但是中国创客的规模仍比较小。

上海是国内第一个成立创客空间的城市，这里的创客是在玩的氛围中创新，把创作当成一种休闲方式，继承了国外兴趣使然的创客理念；深圳是国内创客产业链最完整的城市，被誉为创客天堂，创客在这里可以找到齐全的电子元器件、各类加工厂和技术工程人员，快速完成从创意到产品原型再到小批量生产的全过程；北京创客更具跨界协同创新及创业精神，这得益于北京云集了众多顶尖技术人才、文艺人才和资本机构。

此外，一些高校和企业也逐步建立了创客空间，比如海尔 M-lab 企业创客空间以及清华创客空间、北京大学创客空间、中国农业大学创客空间、北京信息科技大学机器人团队、哈工大智能机器人俱乐部等。

中国的创客空间很大程度上是借鉴欧美国家先进经验的基础上发展起来的，在形态和模式上基本都具有美国创客空间的典型特征。中国创客空间的运作方式与美国创客空间基本类似，主要体现为会员制、政府支持型、核心成员承担型以及复合型的特征。

与美国相比，我国创客空间的发展才刚刚开始，不仅数量和规模比较小，而且分布也呈现出不均衡的特点。从整体上看，我国创客空间的发展与美国创客空间的差距还相当明显，除了前述位于一线城市的十来家走在国内前列的创客空间外，其余标称创客空间的场所，特别是在中西部地区和二、三线城市的所谓创客空间，仅仅还只是“物理空间”的提供者。虽然国内创客空间在形态特征、运用模式等方面学习借鉴了

① https：//wiki. hackerspaces. org/List _ of _ hackerspaces.

美国经验，但是由于国内“创客生态”的底子薄，创客文化和氛围还有待完善，在以创客空间为中心的创客生态链上，创新资源的整合和创新体系的支撑，都还存在明显的不足，因而创客空间无论是功能还是影响力均十分有限，在发展过程中也面临诸多的困难。譬如，在创新资源的整合方面，我国创客空间所能共享的资金和技术支持的平台相对缺乏，创客空间与企业、市场的对接能力较为薄弱。

本土化视角　北京创客空间

北京创客空间的前身是FlamingoEDA开放空间，当时是王盛林和几个朋友在宣武门附近租的一间20平方米的小房子。在这里面，王盛林和他的朋友每周都会举办“工作坊”活动，一起打造3D打印机、多点触摸桌等在常人眼里是非常神秘的东西。

令人意外的是，几个人捣鼓出来的3D打印机引起了不少北京高校的注意，并向他们预定了几十台规格不同的产品，价格在六千到一万之间。经过一番商议后，他和Arduino中国创始人肖文鹏各自拿出5万块钱，在其他朋友的帮助下成立“创客空间科技有限公司”，并把相应的场地对外开放，也就是现在的北京创客空间。

自成立以来，他们很长一段时间都没找到合适的商业模式，创客空间的运营资金成了最大的难题，团队成员也没拿过工资，最后一些成员选择了退出。为了让更多的人关注这个创客空间，王盛林与一些创客运动相关人士交流后，自掏家里留给自己买房的60万来举办“创客嘉年华”，没想到这一活动引起了中关村管委会的关注。随后北京创客空间被授予中关村创新孵化器的称号，在政策的支持下，他们以比较优惠的价格搬进了中关村国际数字设计中心200平方米的办公室，并获得了很多资助器材。

现在的北京创客空间已经具备创造、社区与孵化的多重功能。除了每周都会举办工作坊和技术交流会外，他们与深圳富士康等制造企业成功合作，已经生产加工了多个创客产品，并与风险投资合作建立了以产业链为支撑的孵化中心（占地1000平米），利用专门的投资基金支持孵化器内创客项目（已有多个项目获得10万—300万不等投资）。

全球化视角　国内外创客空间

国内外创客空间及功能特点一览表

名称	成立时间	国别	功能
Chaos Computer Club	1984年	德国	一个开放的实验室平台。欧洲最早、最大的hackerspace，以揭露重大的技术安全漏洞而闻名于世。创客们聚集在一起分享思想、技术，并通过使用激光切割机、3D打印机等设备，将好的创意转化为新产品。

（续表）

名称	成立时间	国别	功能
Noisebridge	2007 年	美国	一个创客文化推广平台。由创客“教父”米奇·奥德曼创建。崇尚开放、自由、互助的创客文化，设置相关课程和研讨会。
TechShop	2006 年	美国	一个连锁商业机构。通过会员费和收费课程盈利，以公司形式运营。为会员提供所需焊接设备、金属板材加工设备、复合材料等工具以及教学和支持人员。
Access Space	2004 年	英国	一个持续时间最长的多媒体实验室。早期以回收废旧电脑并再利用为主题。配备有机械加工设备、3D 打印机以及激光切割机等，涉及艺术、电子、科技等多个领域。
Metalab	2006 年	奥地利	该国第一个创客空间。为技术创意爱好者、数字艺术家等提供免费信息交流，是一个 IT、数字艺术和黑客文化等领域合作交流的物理空间。
新车间	2010 年	中国	中国第一个创客空间。运营较成熟，将会员分为干部会员、周末会员等，收取不同费用，但会员可以用自己的劳动抵消会费，目前一周开放三次。
北京创客空间	2011 年	中国	亚洲规模最大的创客空间。在北京创客会员超过 300 多人，以新媒体艺术家和设计师为主。全天开放，不收会员费。
柴火空间	2011 年	中国	一个公益性质的，由会员自发管理的，集知识分享、创意交流以及协同创造为一体的非营利组织。吸纳电子、科技、服装设计、手工达人等跨界人才加入，文艺气质明显。全天开放，不收会员费，场地和运营经费由一家公司提供赞助。
洋葱胶囊	2011 年	中国	国内首个由艺术院校建立的创客空间。关注互动艺术、声音艺术、Kinetic Art 等等。提供交互的社区、开放的实验空间和尽可能完备的基础设施；积极提供课程、讲座、工作坊及艺术项目。

四、众创空间

近年来，随着国外开源硬件平台的广泛引进，“众创空间”也成为一种新型的创业孵化模式正在悄然兴起。众创空间不仅为年轻创业者提供了工作中心、社交中心和网络中心，而且基于大数据、云计算等技术的广泛应用也为许多企业构建了低成本、便利化、全要素的开放式创业生态系统。

2015 年 3 月，国务院办公厅的《关于发展众创空间推进大众创新创业的指导意见》，首次提出“众创空间”。其中，众创（crowd creation）的概念是“大众创业”和“万众创新”的核心，也是“创新 2.0 时代用户创新、大众创新、开放创新趋势”的体现，众创空间是“把握互联网环境下创新创业特点和需求，通过市场化机制、专业化服务和资本化途径构建的低成本、便利化、全要素、开放式的新型创业服务平台的统称”。

从创客和创客空间的发展史来看，国外并没有出现过“众创空间”这个词。但实际上很多创客空间就是在“众创空间”的功能定位上运作。众创空间是国家科技部在调研北京、深圳等地的创客空间、孵化器基地等创业服务机构的基础上，总结各地为创业者服务的经验之后提炼出来的一个新词。从表述上，众创空间是一个中国特色的词汇，也可以说是创客空间本土化的产物。这样看来，与传统创客空间不同的地方，主要表现在对创业孵化功能的强化，所以可以理解为：众创空间＝创客空间＋创业孵化。

从创客空间到众创空间，并非简单字面上的改变，而是有其功能上的差异。除了传统创客空间注重创新创意分享与物化的基本功能外，众创空间更多的是一种创新创意转化空间，是一种创业孵化平台。需要说明的是，很多国内外的社会化创客空间本身具有创业孵化功能，只不过沿用创客空间这一称呼而已，而众创空间则是通过创新创意的自造与分享，最终直接指向创业孵化。这是一般所指的创客空间与众创空间最大的区别。因此，虽然说创客不等于创业，但严格意义上的众创空间却是很好的创业集散地。尽管从出发点上看，创客们更多是出于兴趣与爱好，而努力把头脑中的想法转变为现实，至于是否实现商业价值，不一定是他们的目的。但是，众创空间作为技术创新活动开展和交流的场所，是技术积累的场所，也是创意实现以及孵化甚至交易的场所。

众创空间是在中国“大众创业”“草根创业”的特殊背景下形成的，符合“万众创新”“人人创新”的新态势，是传统创客空间发展到一定阶段后的产物，可以理解为众化后的创客空间或创客空间的“升华版”。一方面，与传统的孵化器相比，众创空间提供门槛更低、更便利的创客成长和创业服务平台；另一方面，除了提供创新创业分享与创造空间，众创空间还构建了一种融创业培训、投融资对接、工商注册、法律财务、媒体资讯等于一体的、全方位创业服务的生态体系。这种众创空间不但可以用于社会个体进行创新创意创业孵化，也可以用于中小学、大学的创新创业教育和实践体验。

众创空间与孵化器略有重叠，但比后者范围更大，是一种个人创新创业和小微创新企业成长的综合服务平台，体现了市场化、专业化、集成化、网络化的特点；强调了创新与创业、线上与线下、孵化与投资相结合。① 实际上，各类创客空间、创业咖啡、创新工厂等，都是众创空间的具体表现形式，现有的孵化器、创客空间是目前众创空间主要的两种业态。② 众创空间功能模型如图 12-7 所示：

---

①　国务院办公厅．关于发展众创空间推进大众创新创业的指导意见［EB/OL］．http：//www. gov. cn/zhengce/content/2015-03/11/content _ 9519. htm，2015-07-25.

②　王子威．众创空间的核心价值在于提供辅助创业服务［N］．中国经济导报，2015-06-11(B07).

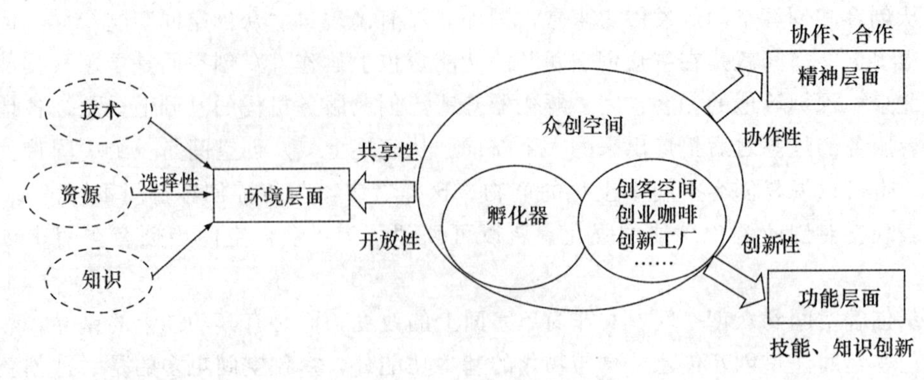

图 12-7　众创空间的功能模型

本章小结

1. 创客是利用开源硬件和互联网将各种创意变为实际产品的人，不仅极具创新精神，而且他们以用户创新为核心理念。创客不同于传统的发明者，发明者追求的是根本性创新，而创客更多的是改造和扩散已存在的技术或是寻找新的应用——他们更可能引发增量创新。

2. 创客文化通常出于创业者乐趣和自我实现的需要，主张建立非正式、网络化和共享学习的社会环境，鼓励新技术的应用，探索不同领域和有别于传统之间的工作方式。创客文化的核心在于用户创新。“创客文化”扩大了创新主体，拓展了创新领域，推动了创新文化的发展，为创新、创业奠定了基础。

3. 创客运动是指在全球范围内推广创客理念和创客精神的一项运动，其中包括了开放分享的精神、自己动手的习惯，对技术的钻研和对自由的不懈追求等。创客平台可分为三类：社交群落类，聚合创客；线下支持类，众包资源；线上支持类，数据交换。

4. 传统创新模式需要历经较长时间的研发过程，一旦遭遇市场客户频繁更新换代的产品诉求，便会受到较大影响。而创客模式的最大优势在于以下三点：一是大大缩短了冗杂的创新链条；二是巧妙解决了创新过程中的融资难题；三是知识的深度共享将释放更为强劲的经济增长动力。

5.“创新 2.0”指以用户为中心、以“人人创造”为标志、以开放式创新为特点的创客式创新模式已经加速到来。这种让全民参与创新，通过利用各种新技术，让知识和创新共享、扩散的模式。

6. 创客空间是指具有加工车间、工作室功能的开放实验室，是创客们共享资源和知识、产品发明和实现的场所。创客空间不仅提供了新技术和新知识学习交流的场所，而且提供了把创意转变为原型的设计制作实验空间，还提供了把原型转变为成品及小批量产品的产业链服务。众创空间是指把握互联网环境下创新创业特点和需求，通过市场化机制、专业化服务和资本化途径构建的低成本、便利化、全要素、开放式的新型创业服务平台的统称。

讨论题

1. 创客与传统的发明者有什么区别？中国的创客含义是什么？

2. 创客对于市场有什么优势，对创新的影响是什么？未来创客的发展趋势是什么？

3. 创客对于其他创新人员有什么借鉴，从而更好地推动个人、企业甚至地区的创新？

4. 创客平台对于创客有什么作用，未来能延展出什么更好的服务吗？

5. 创客模式的主要内涵是什么？创客模式与传统创新模式有什么不同？

6. 怎样更好地发展创客空间以给创客们更好的环境？

参考文献

[1] 徐广林，林贡钦．公众参与创新的社会网络：创客文化与创客空间 [J]．科学学与科学技术管理，2016，2：11—20.

[2] 赵婀娜，李银鸽．清华有一群懂艺术、爱艺术、好捣鼓的学生创客科技动手派 [N]．人民日报，2014-08-26（20）.

[3] 穆胜．未来是创客平台的天下 [J]．中外管理，2015，1：36—40.

[4] 克里斯·安德森．创客新工业革命 [M]．萧潇，译. 北京：中信出版社，2012：9—23.

[5] McCall，L.（2009）. What is Maker Culture? DIY. http：//voices. yahoo. com/what-maker-culture-diy-roots-2810966. html.

[6] 丁大琴．创客及其文化历史基因探源 [J]．北京社会科学，2015，8：22—28.

[7] 温雯．“创客文化”的历史图景与未来路径 [J]．福建论坛（人文社会科学版），2015，8：55—61.

[8] 徐思彦，李正风．公众参与创新的社会网络：创客运动与创客空间 [J]．科学学研究，2014，12：1789—1796.

[9] 李芳．创客运动的国际现状分析 [J]．中国医学教育技术，2016，2：135—139.

[10] 克里斯·安德森. 长尾理论 [M]．乔江涛，译．北京：中信出版社，2006.

[11] 牛禄青．创客中国创新新势力 [J]．新经济导刊，2014，12：10—17.

[12] 习牧歌．创客运动跃动中关村 [J]．中关村，2014，12：28—30.

[13] 夏自钊．创客：“自时代”的造物者 [J]．决策，2013，6：26—28.

[14] 白晶．深圳争创全球创客之都 [J]．宁波经济（财经视点），2014，12：20.

［15］黄翠．“创客”的发展现状与趋势［J］．新材料产业，2016，1：54—56.

［16］康继军，孙彩虹．创新驱动经济增长：创客模式与创痛模式比较研究［J］．科技进步与对策，2016，33（2）：1—5.

［17］Mandavilli，A. Appropriate Technology：Make Anything，Anywhere［J］. Nature. 2006，442：862—864.

［18］洪进，刘志迎，徐毅．众创空间：从“奇思妙想”到“极致产品”［M］．北京：机械工业出版社，2016.

［19］王佑镁，叶爱敏．从创客空间到众创空间：基于创新2.0的功能模型与服务路径［J］．电化教育研究，2015，11：5—12.

［20］王德宇，杨建新，李双寿．国内创客空间运行模式浅析［J］．现代教育技术，2015，5：33—39.

［21］谢丹丹．柴火空间中国创客的“网络社区”［J］．中外管理，2015，1：49—50.

［22］谢莹，童昕，蔡一帆．制造业创新与转型：深圳创客空间调查［J］．科技进步与对策，2015，2：59—65.

［23］柳进军．创客空间助推智能硬件创新创业［J］．中关村，2015，3：89.

［24］常耀中，余博．创客空间的分享式经营租赁与综合性产业化服务研究［J］．中国科技论坛，2016，3：24—29.

［25］https：//wiki. hackerspaces. org/List _ of _ hackerspaces.

［26］国务院办公厅．关于发展众创空间推进大众创新创业的指导意见［EB/OL］. http：//www. gov. cn/zhengce/content/2015-03/11/content _ 9519. htm，2015-07-25.

［27］王子威．众创空间的核心价值在于提供辅助创业服务［N］．中国经济导报，2015-06-11（B07）.

本章关键词中英文对照

创客/制作者 makers

创造性地运用技术资源的人 hacker

创客文化 maker culture

创客运动 maker movement

自己动手做 DIY

和其他人合作做 DIWO

创客平台 maker platform

众筹 crowd funding

创客空间 maker space

众创 crowd creation